Lily Brett
Von Mexiko nach Polen

Lily Brett

Von Mexiko nach Polen

Aus dem Englischen von Melanie Walz

Deuticke

Für David, für David, für David, für David

Meine Liebe zu dir ist das Klarste
An mir, nicht verwischt, nicht vernarbt
Weitgehend unberührt vom Chaos

Seit dreißig Jahren
War ich bemüht
Putzend und scheuernd und wischend

Meine Träume und mein Handeln zu klären
Und ich modulierte Kadenzen und Krächzen
Bereit, zu orchestrieren oder zu lösen.

Inhalt

Mexiko

Zwei Reihen zarte, haarlose, rosafarbene Häute, feucht und glitzernd, hängen von einer Wäscheleine im Hof eines Hauses. Es sind Schweinehäute, frisch abgezogen, und teilweise sehen sie den Schweinen, zu denen sie gehört haben, noch ähnlich. Sie wurden aufgehängt, damit man das Fett von ihnen schaben kann. Im Wind klatschen sie unbeholfen. Zu sehr mit Körperflüssigkeit belastet, um graziös zu wirken. Sie sehen aus wie Babys. Wie Neugeborene. Aber etwas fehlt. Ich gebe mir Mühe, die Schweinehäute nicht im Geist mit den Körperteilen von Schweinen zu vergleichen.

Später wird man sie zu steifen, blaßbraunen Blättern fritieren, die als Imbiß verzehrt oder zu verschiedenen Speisen verkocht werden. Sie werden nicht im geringsten an die Schweine erinnern, denen sie entstammen. Ich wende den Blick ab.

Ich bin in Mexiko. Ich bin wieder einmal auf dem Weg nach San Miguel de Allende, einem kleinen Ort in den Bergen, 274 Kilometer nördlich von Mexico City im Bundesstaat Guanajuato. Ich bin gekommen, um mich zu erholen. Um mich vom New Yorker Winter zu erholen und von Kleinkram und Ablenkungen meines Alltagslebens. Ich bin für zehn Tage nach San Miguel gekommen, um zu mir zu kommen. Um mir über einen Roman klarzuwerden, an dem ich schreibe.

Ich habe Hunderte von Seiten mit Notizen vollgeschrieben. Ich habe vier Hauptfiguren und Fragmente weiterer Personen. Fragmente von Szenen. Ganze Blöcke von Dialogen und Stücke von Beobachtungen und Meinungen. Ich habe einen Mann im Bus. Er ist vierunddreißig. Er ist sehr groß und sehr nett. Er hat kurzes, widerspenstig gelocktes, dichtes, kastanienbraunes Haar.

Zu Beginn der zweistündigen Busfahrt erzählt er, daß er nach New York fährt, um sich mit einem ehemaligen Kollegen zu treffen. Einem ehemaligen Arbeitskollegen. Bis zum Ende der Fahrt wird er allen im Bus mitgeteilt haben, daß seine Frau ihn verlassen hat und daß er nach New York fährt, um dort das Wochenende mit seiner neuen Freundin zu verbringen.

Ich weiß, daß er drei Kinder und eine eigene Firma hat, aber ich weiß noch nicht genug über ihn. Oder darüber, welchen Platz er im Leben meiner Hauptfigur einnehmen soll. Sie habe ich. Bis auf weiteres nenne ich sie Pearl. Sie sitzt im selben Bus wie der Mann mit dem kastanienbraunen Haar. Zu verschiedenen Zeitpunkten hieß Pearl Hattie, Heddy oder Rose. Ich habe größere Probleme als Pearls Namen. Ich kann mich nicht entscheiden, ob sie zweiundvierzig oder zweiundfünfzig sein soll. All diese Dinge muß ich entwirren und ordnen. In San Miguel.

Es ist erst halb zwölf Uhr vormittags, aber die Temperatur beträgt bereits über zwanzig Grad Celsius. Das Klima von San Miguel ist fast das ganze Jahr über nahezu ideal - tagsüber warm und sonnig, nachts etwas kühler; im Winter liegen die Temperaturen um die fünfundzwanzig Grad, im Sommer um die dreißig Grad. Der Ort befindet sich 6.400 Fuß über dem Meeresspiegel. Die Luftfeuchtigkeit ist gering, und für meine Haare ist das ausgezeichnet, denn Feuchtigkeit ringelt sie zu drahtigen Spiralen.

Ich bin hier mit dem Mann, mit dem ich zusammenlebe. Ich denke an ihn immer als an den Mann, mit dem ich zusammenlebe. Oder als den Mann, den ich liebe. Nebenbei ist er mein Ehemann. Er liebt Mexiko. Die Menschen, die Kultur, die Landschaft, das Essen. Er liebt alles Mexikanische. Seinetwegen kam ich zum ersten Mal nach Mexiko. Er wollte unbedingt Mexiko kennenlernen. Oder wenigstens einen Teil von Mexiko. Also fuhren wir hin. Das war vor vier Jahren. Wir landeten in Mexico City. Er trat aus dem Flugzeug, und noch bevor er einen Fuß in den Lärm, das Chaos und die Menschenmengen des Flughafens gesetzt hatte, sprach dieser Australier irischen Ursprungs ein Englisch mit unverkennbar spanischem Akzent.

Sein halbes Dutzend spanischer Begriffe verwendete er ausgesprochen freigebig. »*Buenos dias*«, sagte er zu der Angestellten der Continental Airlines. »Willkommen in Mexico City«, antwortete sie. Es störte ihn nicht. »*Buenos dias*«, begrüßte er den Zollbeamten.

Mir fiel es weniger leicht, mich anzupassen. In Mexico City kam ich gut zurecht. Nun ja, so gut, wie ich irgendwo zurechtkomme, wenn ich die Landessprache nicht spreche. Dann ging es nach San Miguel. Die Busfahrt von Mexico City nach San Miguel raubte mir bereits den letzten Nerv. Die dürre, stoppelige Landschaft. Der Staub. Die Kakteen. Die streunenden Ziegen und Esel.

Alles, was sich dem Blick präsentierte, sah trostlos aus. Wir kamen an Schnellimbissen vorbei, die oft nur aus einer Kochstelle, einem Koch und einem Tisch am Straßenrand bestanden. In kleinen Orten liefen die Kinder barfuß durch den Schmutz. Und räudige, magere Hunde lagen schlafend im Staub. Wir kamen an verrotteten, notdürftig reparierten Bruchbuden vorbei, an baufälligen, fensterlosen Steingebäuden mit nur einem Raum, in denen zweifellos Menschen wohnten und arbeiteten.

Am Straßenrand saßen Frauen und boten entstachelte Kaktusblätter als Salatgemüse feil. Andere saßen neben Stapeln selbstgemachter Tortillas. Das handgemalte Schild eines Mechanikers, das auf dem verrosteten Chassis eines

Schrottautos steckte, versprach erstklassige Reparaturarbeiten für alle Wagentypen.

Was mich verstörte, war die grenzenlose Unordnung. Das Organische, das Architektur und Handel eignete. Vermutlich hatte ich Städte mit Polizeiwachen und Krankenhäusern erwartet. Und mit Verkehrszeichen. Aber nicht Hunde und Esel und Staub. Und Tacos, die am Straßenrand gebacken wurden. Und keinerlei Hygienevorschriften.

Im Bus war die Hölle los, und das, seit wir Mexico City verlassen hatten. Zwei heißblütige Frauen stritten sich offenbar um einen Mann, der im übrigen nicht sonderlich attraktiv war. Jedesmal wenn eine der beiden ihre Kontrahentin übertrumpfte und sich bei ihm einschmeichelte, wurde laut gestöhnt und gejammert und schwer geatmet. Das alles ereignete sich in einem Fernsehgerät vorne im Bus. Die Lautstärke war ohrenbetäubend aufgedreht, damit auch die Passagiere in der letzten Reihe mithören konnten. Fast alle starrten wie gebannt auf den Bildschirm.

Als wir San Miguel erreichten, schien die Jüngere sich den Mann gekapert zu haben. Und mein Kopf schmerzte unerträglich. Am liebsten wäre ich nach New York zurückgeflogen. Aber das konnte ich nicht. Wir hatten unser Loft in Soho untervermietet.

So etwas ist in New York nichts Ungewöhnliches. Das Geld, das man dafür bekommt, ist nicht zu verachten. Wir hatten so etwas noch nie getan. Ich war immer zu ängstlich gewesen. Obwohl ich nicht genau wußte, wovor ich mich fürchtete. Davor, daß Fremde in meinem Bett schliefen? Daß die Wohnung verwüstet wurde? Gegenstände beschädigt wurden? Ich wußte es nicht.

Als eine Freundin, die in einem alten New Yorker Brownstone-Haus voller Antiquitäten im East Village lebt, mir erzählte, daß sie ihr Haus seit sechzehn Jahren jeden Sommer untervermietet, ohne daß auch nur ein Glas zerbrochen wurde, dachte ich mir, das könnten wir auch tun. Wir würden unser Loft vermieten. Nach Mexiko fahren. Eine neue Kultur erleben. Und arbeiten. Und das Mietgeld würde unseren Kontostand aufbessern. Wir vermieteten unser Loft für zwei Monate. Den Mietern ließ ich eine Flasche Champagner da. Und ich nahm einen Koffer voll Arbeit nach Mexiko mit. Es war ein kleiner Koffer. Er enthielt Nachschlagewerke und umfangreiche Notizen für meinen Roman. Ich konnte ihn nicht als Gepäck aufgeben. Ich mußte ihn im Flugzeug bei mir haben. Ich konnte ihn nicht aus den Augen lassen. Die Nachschlagewerke hatten mein Arbeitszimmer nur zweimal verlassen: das erstemal, als wir nach New York zogen, und das zweitemal, als wir in das Loft umzogen.

Ich bat meine jüngere Tochter, eine Liste aller Titel und ihrer ISB-Nummern anzulegen für den Fall, daß ich den Koffer verlor. Ich machte Kopien von der Liste und hinterlegte eine Kopie in New York. Der Roman, an dem ich schrieb, spielte in Polen. Ich war kurz zuvor zum wiederholten Mal in Polen gewesen. Und in Auschwitz. Wenige Tage, nachdem ich aus Polen zurückgekommen war, reiste ich nach Mexiko ab.

Wenige Tage, nachdem ich in Polen in leeren Synagogen gesessen hatte und über ungepflegte, überwucherte Friedhöfe gegangen war, befanden wir uns in San Miguel. Für zwei Monate. Ich und der Mann, mit dem ich zusammenlebe. Und zweiunddreißig Bücher über den Holocaust.

Die ersten zwei Wochen in San Miguel war ich wie benommen. Der Ort war wunderschön. Fast zu schön. Kopfsteingepflasterte hügelige Straßen. Pastellfarben gestrichene Betonhäuser von atemberaubender architektonischer Schlichtheit und Eleganz und Ungekünsteltheit.

Blaue, gelbe, grüne, ockerfarbene und rosa Häuser. Häuser, die Gedichte hätten sein können. Die Farben zum genau richtigen Ton gemischt. Keine schrille Note darunter.

Zeitlose Mauern und Türen und Eingänge. Und über diese Mauern und Türen und Eingänge ergossen sich beinahe lachhaft vollkommene Blumen: Bougainvilleen, Jasmin, Rosen, Orangenblüten. Als hätte Gott all das beiläufig farblich abgestimmt, damit es zu dem leuchtendblauen Himmel und der tiefrotbraunen Erde paßte. Sogar die mit Holzscheiten oder Milchkannen beladenen Esel schienen genau die richtige Farbe zu haben. Und die Pferde, auf denen man bisweilen mitten in den Laden ritt, waren ästhetisch äußerst ansprechend.

San Miguel war in meinen Augen einer der schönsten Orte, die ich je zu sehen bekommen hatte. Und die Leute waren so freundlich. Aber ich konnte mich nicht daran gewöhnen. Ich konnte mich nicht anpassen. Ich konnte mich nicht entspannen. Die Telefonnummer eines Arztes, der Englisch sprach, lag nachts griffbereit neben meinem Bett. Und ich begann die Tage zu zählen, die ich hier verbringen mußte, bevor ich nach Hause fahren konnte.

In dem pittoresken Ort war immer etwas los. Aktivitäten. Bewegung. Leben. Straßenverkäufer gingen mit ihren Erdbeeren und Erdnüssen und mit ihrem Knoblauch und ihren getrockneten Bohnen und Blumen von Tür zu Tür. Andere hielten ihre Waren auf der Straße feil.

Scherenschleifer und Glaser verkündeten ihre Anwesenheit vor den Häusern. Bauarbeiter klopften und hämmerten und mischten Zement. Und immer war Radiomusik zu hören und jemand, der sang.

Überall waren Kinder. Schöne schwarzhaarige, braunäugige Kinder. Frischgeschrubbt rannten sie morgens auf dem Weg zur Schule die steilen Straßen hinunter. Nachmittags veranstalteten sie im Park Stierkampfübungen. Und der Klang der Kirchenglocken war allgegenwärtig.

Eines Abends besuchten wir auf dem Zócalo, dem größten Platz, ein Konzert mit klassischer Musik. Die Orchestermusiker erschienen und setzten sich.

Der Dirigent ordnete seine Notenblätter auf einem Notenständer.

Der Zócalo von San Miguel ist nicht groß. Zwei Mariachikapellen spielten bereits, eine lauter als die andere. Der Zeremonienmeister trat ans Mikrofon, um das Orchester anzukündigen. Die Mariachikapellen spielten weiter. Die Stimme des Zeremonienmeisters war nicht zu hören. Es sah aus, als würde er nur die Lippen bewegen. Der Dirigent verbeugte sich und eröffnete das Konzert. Die fünfundzwanzig Musiker spielten um ihr Leben. Die Mariachikapellen ebenfalls. Der Lärm war entsetzlich. Eine ohrenbetäubende, chaotische Kakophonie. »Wann hören die Mariachikapellen endlich auf?« rief ich meinem Mann zu. »Wenn sie fertig sind, nehme ich an«, sagte er. Niemand schien sich daran zu stören. Alle lächelten. Bis auf mich. Mir kam alles so fremd vor. Die Leute lächelten, wenn man sie ansah. Alle waren fröhlich. Zu fröhlich. Mir war elend zumute. So viel Fröhlichkeit deprimierte mich. »Warum sind sie so glücklich?« fragte ich meinen Mann. Er schwieg. »Es muß etwas Genetisches sein«, sagte ich. »Du würdest nie erleben, daß Juden in Gruppen herumstehen und so glücklich aussehen.«

Ich versuchte mich anzupassen. Dennoch kam ich mir befremdlich fehl am Platz vor. Wenn ich das Haus verließ, war mir, als hörte ich die Leute Polnisch sprechen. Von den unterschiedlichsten Leuten, denen ich auf der Straße begegnete, schnappte ich polnische Wörter und Satzfetzen auf. Ich war davon überzeugt, daß zwei Frauen vor einem Friseurgeschäft an der Calle San Pedro sich auf Polnisch unterhielten. »Allzu viele Polen kann es in diesem Bergdorf nicht geben«, sagte ich zu meinem Mann. »Wahrscheinlich gar keine«, antwortete er.

»Der Mann da drüben hat eben *terraz* gesagt«, sagte ich und deutete auf jemanden, der an einem Stand am Straßenrand Zwiebeln kaufte. »*Terraz* heißt auf Polnisch *jetzt*.« –

»*Terraza* heißt auf Spanisch *Terrasse*«, sagte ein Mann, der neben meinem Mann stand. Ich kam mir sehr dumm vor. Ich bemühte mich nach Kräften, mich an den Lärm und die Farben und die Sprache zu gewöhnen. Zum Geräusch der Kirchenglocken, des Klopfens und Hämmerns und Singens und zu den spanisch-polnischen Lautschnipseln zu arbeiten.

Eines Tages schrieb ich an einem Kapitel, in dem eine zweiundvierzigjährige New Yorkerin am Flughafen von Warschau auf ihren Vater wartet, der aus Australien kommt. Mitten in einem Absatz, in dem Ruth Rothwax, meine alleinstehende, kinderlose, zweiundvierzigjährige New Yorkerin, sich darüber Gedanken macht, warum andere Leute es nötig finden, Kinder zu haben, wurde ich unterbrochen. Unterbrochen wurde ich durch das Plärren und Kreischen kleiner Kinder. Das Plärren und Kreischen wurde immer lauter. Und immer unüberhörbarer. Der Lärm kam aus der Nähe des Hintereingangs unseres Hauses. Offenbar ein Gruppenspiel. Ich fragte mich, ob ich die Kinder dazu überreden könnte, woanders spielen zu gehen.

Ich legte die Blätter, die sich auf meinem Schoß stapelten, auf einen Stuhl und ging nach draußen. Ich rätselte, warum diese Kinder nicht in der Schule waren; das Geschrei wurde noch lauter. Es war später Vormittag. An einem Wochentag. Sie hätten in der Schule sein müssen.

Ich überlegte, wie ich meine Bitte ausdrücken sollte. Wie ich ihnen meinen Wunsch klarmachen sollte. Ich öffnete die Tür im Zaun. Und trat mit klopfendem Herzen einen Schritt zurück. Vor mir befand sich ein riesengroßes Schwein. Eine riesige schwarz- und graugefleckte Muttersau mit elf rosa, schwarzen und grauen Ferkeln.

Ich war wie vom Donner gerührt. Noch nie hatte ich ein Schwein aus solcher Nähe gesehen. Ich fürchtete mich ein bißchen. Die Sau war entsetzlich groß. Die Hälfte der Ferkel klebte an ihr, gierig saugend. Die anderen balgten sich um eine Zitze oder versuchten ihren Platz an der zu behaupten, die sie gefunden hatten. Und sie quiekten um die Wette. Ich stand da und starrte sie an. Keines der Schweine interessierte sich für mich. Sie purzelten übereinander, schoben und drängelten und saugten. Sie saugten so kräftig, daß es mir vorkam, als müßten sie sich geradewegs bis in Herz und Lungen der Muttersau saugen. Die Sau lag auf der Seite. Sie wirkte überfordert. Sie hatte den Gesichtsausdruck aller Mütter: den der Erschöpfung. Und der Resignation. Plötzlich empfand ich Solidarität mit der Sau. Sie tat mir leid. Ich hätte ihr gerne erklärt, daß ich auch Mutter bin. Und daß ich weiß, wie sie fühlt. Ich nickte ihr mitfühlend zu. Zu spät. Sie war eingeschlafen. Sie schnarchte. Die Ferkel quiekten und kreischten noch immer. Und Schweine zu stören ist nicht meine Art. Ich mag sie tatsächlich. Ich habe schon große Schweine erlebt, kleine Schweine, gefleckte und gescheckte Schweine und sogar ein Albinoschwein.

Wir befinden uns am Ortsrand von San Miguel de Allende. In wenigen Minuten werden wir angekommen sein. Ich bin aufgeregt. Es ist mein dritter Besuch. Ich habe begonnen, die Stadt zu lieben. Ich freue mich auf das morgendliche Joggen im Juárez-Park. Darauf, in der Bäckerei mit der blauen Tür, auch als La Colmena Panaderia bekannt, Brötchen zum Lunch zu kaufen. Ich freue mich auf mexikanische Getreidekleie. Sie ist dunkelbraun und schmeckt köstlich. Sie ist fester und körniger als amerikanische oder australische Getreidekleie.

Ich weiß, daß ich meinen fettfreien Joghurt bei Remos kaufen kann, in dem Käseladen an der Calle Codo. Er ist hausgemacht. Dort gibt es auch den besten Ricotta, den ich je gegessen habe. Er gilt als fettfrei. »*Sin grasa*«, sagt die Verkäuferin jedesmal zu mir, wenn ich welchen kaufe.

Auf dem Markt kaufe ich Mangos, Papayas, Ananas, Guaven und Passionsfrüchte. Mit meiner Freundin Elizabeth

Montes, einer Fitneßtrainerin, die mit ihrem mexikanischen Ehemann in San Miguel wohnt, kann ich im Fitneßstudio trainieren. Höchstwahrscheinlich wären wir die zwei einzigen Frauen, die das Fitneßstudio aufsuchen.

Ich bin sehr glücklich. Froh, daß ich hier bin. Mein Kopf ist schon viel klarer. Ich bin mir schon viel klarer über das Personal meines Romans und sein Tun. Ich sehe den Mann an, mit dem ich zusammenlebe. Er strahlt.

Das Taxi, das wir am Busbahnhof erwischt haben, fährt in die Huertas ein. An dieser Straße liegt das Haus, das wir gemietet haben. Die Straße ist so steil, daß der Wagen sich ruckend abmüht. Wir haben ein bescheidenes Haus mit drei Schlafzimmern gemietet. Zu dem Haus gehört ein Hausmädchen. Das gilt für die meisten Häuser hier.

Ich hatte bereits eine Reihe umständlicher Verhandlungen zu diesem Themenkomplex mit der Hausbesitzerin. Ich hatte sie gefragt, ob das Hausmädchen, das in dem Haus für uns gekocht hatte, in dem wir bei unserem ersten Besuch wohnten, auch in ihrem Haus für uns kochen könne. Und hinzugefügt, daß ich ihr eigenes Hausmädchen nicht kränken wolle.

Die Besitzerin des Hauses, die nicht in San Miguel lebt, hatte gesagt, das müsse sie mit dem Hausmädchen besprechen und sie könne sich durchaus vorstellen, daß so etwas ihrem Hausmädchen nicht passe. Ich hatte gesagt, ich würde sie wieder anrufen.

Als ich wieder anrief, erklärte mir die Hausbesitzerin fröhlich, daß Lupe, ihr Mädchen, sich nicht im geringsten daran störe, daß ein anderes Mädchen koche. Offenbar hatte Lupe gesagt, sie sei eine fürchterliche Köchin und habe nichts dagegen, daß Lucrecia, unser früheres Hausmädchen, diesen Teil des Haushalts übernehmen werde.

Aber eine Bedingung hatte Lupe. Sie bestand darauf, daß die andere nicht putzen dürfe. Ich sagte, das wolle ich Lucrecia ausrichten. Ich rief Elizabeth an. »Liz«, sagte ich,

»kannst du Lucrecia anrufen und ihr sagen, daß Lupe einverstanden ist, wenn sie bei uns kocht, aber daß sie nicht putzen darf?«

»Kann Lucrecia nach dem Kochen in der Küche aufräumen?« fragte Liz. »Keine Ahnung«, sagte ich. Angestellte zu dirigieren überforderte mich allmählich. Ich empfand leises Mitgefühl mit den Rockefellers und den Rothschilds. »Kannst du Lupe anrufen und das mit ihr klären?« bat ich Liz. »In Ordnung«, sagte sie. »Und danach rufe ich Lucrecia an und erkläre ihr alles.« – »Ich danke dir«, sagte ich.

Wir hielten vor Nummer Vierundfünfzig an. Ich erkannte das Haus wieder, das wir auf Fotos gesehen hatten. Es war ein bezauberndes Haus. Es war in gedämpftem Hellrot gestrichen, mit blaßrosa Fensterrahmen und Fensterläden. Vor dem Haus parkte ein dunkelbrauner alter VW. Ein perfektes Bild.

Der alte VW-Käfer wird in Mexiko noch heute gebaut. Alle alten und neuen alten VWs, die in San Miguel herumknattern, sind in den entzückendsten Farben lackiert. Sie sehen aus, als wären sie eigens entworfen, um zu den Häusern und dem Kopfsteinpflaster und den Esel und Schweinen zu passen.

Beide Hausmädchen erwarteten uns. Lupe war eine große, schöne junge Frau mit breitem Lächeln. Sie stand auf den Eingangsstufen und lächelte ununterbrochen. Neben Lupe stand die schüchterne Lucrecia. Ich hatte ganz vergessen, wie still und bescheiden Lucrecia war. In dem Haus, das wir bei unserem ersten Aufenthalt gemietet hatten, hatte sie nahezu geräuschlos gekocht und geputzt. Oft wußten wir gar nicht, in welchem Teil des Hauses sie sich gerade aufhielt.

Und ich hatte vergessen, wie klein Lucrecia war. Mit dem Kopf reichte sie mir kaum bis zur Brust. Manchmal waren wir gemeinsam einkaufen gegangen, und ich hatte immer den Eindruck, daß wir ein überaus kurioses Paar abgaben.

Lucrecia war Großmutter. Sie zog ihre Enkelkinder auf. Sie sah aus wie eine Großmutter, obwohl sie vielleicht kaum älter als vierzig war.

Ich bückte mich, um Lucrecia zur Begrüßung zu küssen. Verlegen senkte sie den Blick zu Boden. Ich schüttelte Lupe die Hand. »*Buenos dias, buenos dias*«, sagte Lupe zu uns. »*Buenos dias*«, antwortete mein Mann. Lupe strahlte. Sie streckte die Arme zum Willkommen aus und sagte alles mögliche auf spanisch. Es klang wie eine Begrüßung. »*Bien*«, sagte sie. Gut? »*Muy bien*«, sehr gut, antwortete ich und verbrauchte zwei meiner sechs spanischen Wörter. Mein Mann nickte. Lupe lächelte über das ganze Gesicht und geleitete uns in die Küche.

In der Küche stand Lucrecia am Herd und rührte emsig in einem Topf. Der Tisch war mit Besteck, Tellern, Gläsern, Servietten und Blumen wunderschön gedeckt. »*Pollo sin grasa*«, sagte Lucrecia und deutete auf den dampfenden Topf. Huhn ohne Fett. »Ohne Fett«, ist eine Wendung, die ich in mehreren Sprachen sagen und verstehen kann.

»Ohne Fett« auf spanisch habe ich gelernt, als Lucrecia zum erstenmal für uns arbeitete. Lucrecias Arbeitgeber, ein amerikanisches Ehepaar, dem das Haus gehörte, hatten uns gesagt, daß das Hausmädchen Lucrecia eine ziemlich gute Köchin sei. Sie hatten uns auf einem Zettel die Gerichte notiert, die Lucrecia kochen konnte.

Zu dieser Liste zählten Boeuf Bourgignon, Ente à l'Orange und Crêpes Suzette. Offenbar hatten sie Lucrecia auf einen französischen Kochkurs geschickt, den ein ortsansässiger Amerikaner leitete.

Boeuf Bourgignon? Ente à l'Orange? Ich hatte das Ehepaar gefragt, ob Lucrecia mexikanisch koche. »Das weiß ich nicht«, hatte die Frau gesagt. »Wenn sie für eine Abendgesellschaft kochen soll, geben Sie ihr einen Dollar mehr«, hatte sie hinzugefügt, bevor sie nach Florida entschwand. Ich zeigte Lucrecia die Liste.

Ich deutete auf Ente à l'Orange und auf Crêpes Suzette und verzog das Gesicht. Zuerst sah Lucrecia mich ratlos an. »Mexikanisch?« sagte ich. »Mexikanisch?« Und dann fiel der Groschen, und sie kicherte.

Lucrecia und ich führten das Gespräch über fettfrei, fettarm und so fettarm wie möglich unter Schwierigkeiten, aber es gelang uns. Und dann begann Lucrecia für uns zu kochen. Sie entpuppte sich als außergewöhnliche und begabte Köchin. Statt Fett zu verwenden, reduzierte Lucrecia Obst- und Gemüsebrühen als Geschmacksträger.

»*Sin sal*«, verkündete Lucrecia mir eines Tages zufrieden über ein Bohnengericht. Salzlos. Sie hatte schnell gemerkt, daß ich darauf achtete, was ich aß, und hatte daraus abgeleitet, daß weniger Salz mir zusagen würde.

Und so kochte Lucrecia alles für uns. Fettfrei und salzlos. Sie bereitete phantastische Suppen und Salate und Saucen und Salsas und gefüllte Paprika und Enchiladas und sogar fettfreie Tamales zu.

Lucrecia, die in einem Abbruchhaus von der Größe eines kleinen Zimmers wohnte, bereitete die Art von Schonkost zu, für die Amerikaner in einem teuren Sanatorium Tausende von Dollar zahlen würden. In Amerika hätte sie damit ein Vermögen machen können.

Ich lächelte Lucrecia an. »*Gracias, gracias*«, sagte ich in bezug auf das fettfreie Huhn. Wir hatten Lucrecia seit Jahren nicht gesehen, doch ich wußte, daß sie keines unserer vielen mit Händen und Füßen geführten Gespräche vergessen hatte.

Lucrecia blickte zu dem Huhn und deutete auf ihre Brust. »Hühnerbrust«, sagte ich und deutete auf meine eigenen Brüste. »Keine Hühnerbeine«, sagte ich, klopfte auf meine Schenkel und schüttelte den Kopf. Keine Hühnerbeine, wiederholte Lucrecia und ahmte meine Gesten nach.

Ich begreife, daß Lucrecia erwartet, daß wir jetzt essen. Aber ich habe keinen Hunger. Nach der Busfahrt vom Flughafen her ist mir sogar ein bißchen übel. Und wir haben noch nicht geduscht und nichts ausgepackt. Lucrecia beginnt Teller mit Speisen aufzudecken. »Ich glaube, wir müssen jetzt essen«, sage ich zu meinem Mann. »Prima«, antwortet er. Er hat Hunger. Lucrecia, die seine Miene beobachtet hat, braucht keine weitere Ermunterung. In nicht einmal zwei Minuten hat sie den ganzen Tisch mit Speisen bedeckt.

Sie hat rote und grüne Salsa aufgetischt, mehrere Salate und eine große Schüssel Guacamole. Sie hat zwei Suppen vorbereitet und *chiles rellenos*, gefüllte Paprikaschoten, für meinen Mann und geschmorte Hühnerbrust für mich. Wohl oder übel muß ich mich setzen und essen.

Lucrecia steht daneben und sieht uns zu. Lupe steht neben Lucrecia. Beide blicken ernst. Seit wir Lucrecia zuviel bezahlt haben, kocht sie zuviel für uns. Der durchschnittliche Lohn eines Hausmädchens in San Miguel beträgt fünfunddreißig Dollar. Wir haben Lucrecia nur für das Kochen dreimal soviel bezahlt.

Wir essen, bis wir nicht mehr können. Lucrecia räumt jeden Teller ab, sobald wir die Gabel hinlegen. Und Lupe eilt zum Spülbecken und wäscht ab. Ich esse meinen Salat und meine Salsa auf. Sofort gibt Lucrecia mir Hühnerbrust nach. »*Sin grasa*«, wiederholt sie.

Es ist nicht der richtige Zeitpunkt, um zu erklären, daß ich momentan wieder einmal vegetarisch lebe. Daß ich hin und wieder über längere Zeiträume nicht zwischen Schlachtfleisch und den lebenden Tieren unterscheiden kann, die seinen Ursprung bilden. Selbst wenn ich nicht vegetarisch lebe, esse ich wenig Fleisch. Aber Huhn esse ich. Ich esse das Huhn.

»*Muy bien*«, lobt mein Mann die *chiles rellenos*. »*Muy bien*«, wiederholt Lupe und stößt Lucrecia mit dem Ellbogen an. Lucrecia lächelt. Beide Frauen sehen sehr zufrieden aus. Mein Mann und ich essen weiter.

22

Ich esse das Huhn auf. Es war köstlich, aber mir ist entschieden unwohl. Ich denke mir, daß es an der Anspannung liegt, die es bedeutet, beim Essen beobachtet zu werden. Und von Personal bedient zu werden. Ich leide unter akuter Hausmädchenneuralgie. Wie ertragen die Rothschilds ihre Hausangestellten? Ich esse gern allein oder mit meinem Mann. Ich beschließe, meine Freundin Liz zu bitten, diesen Umstand Lupe und Lucrecia zu erklären.

Abends gehe ich erschöpft zu Bett. Ich freue mich, daß ich müde bin. Im allgemeinen bedeutet es, daß ich gut schlafen werde. Vor achtzehn Jahren litt ich ziemlich lange an Schlaflosigkeit. Seitdem war gesunder Schlaf nie mehr eine Selbstverständlichkeit für mich.

Sehr lautes Krähen weckt mich. Ein Hahn. Ich kann nicht fassen, daß es schon Morgen ist. Und daß wir einen Hahn zum Nachbarn haben. Der Hahn kräht unaufhörlich weiter. So laut, daß man meinen könnte, er befände sich im Schlafzimmer. Ich schalte das Licht an. Kein Hahn ist im Zimmer. Ich frage mich, wieviel Uhr es ist. Ich finde meine Uhr. Es ist fünf nach zwölf.

Kikeriki, kräht der Hahn. In meinem Halbschlaf fällt mir auf, daß ich noch nie bewußt einen Hahnenschrei gehört habe und daß echte Hähne im echten Leben genauso krähen wie die im Kinderbuch: Kikeriki.

Kikeriki. Dieser mexikanische Hahn hat noch nicht einmal einen spanischen Akzent. Sein Krähen klingt schrill und grell. Vielleicht trifft das auf alle Hähne zu. Sein Krähen scheint immer lauter zu werden. Ich liege im Bett und versuche mir einzureden, daß dieser Hahn möglicherweise nur Gutenachtgrüße kräht. Daß er nur ein geselliger Kumpan von einem Hahn ist, der sich bald in die Federn trollen wird. Aber ich habe keine Geduld mehr. Und keine Nerven. »Warum ist dieser Hahn nachts wach?« frage ich meinen Mann. Ich mußte ihn wecken, um ihn das zu fragen. Mein Mann kann in jeder Situation schlafen.

»Wieviel Uhr ist es?« fragt mein Mann. Ich schalte das Licht wieder an. »Es ist zwei Uhr«, sage ich. Er stöhnt. Hähne sind um diese Zeit normalerweise nicht wach, oder?« frage ich. Mein Mann kennt sich mit der Natur aus. »Nein«, antwortet er.

»Ich dachte, Hähne würden nur bei Sonnenaufgang krähen«, sage ich. »Draußen ist es noch dunkel. Vielleicht leidet der Hahn an Schlaflosigkeit.« – »Vielleicht«, sagt mein Mann verschlafen. Bis zum Morgengrauen sind es noch Stunden. Was ist bloß mit dem Hahn los? Ist er vielleicht eine überängstliche Strebernatur, die ihren *compadres* um Längen voraus sein will? Wer weiß.

Der Hahn kräht weiter. »Meinst du, er wird irgendwann müde und schläft?« frage ich meinen Mann. Er antwortet nicht. Er schläft. Ich liege im Bett. Ich versuche, der Situation gelassen zu begegnen. Ich versuche, nicht zu glauben, daß sich dieses Spektakel jede Nacht wiederholen wird. Vielleicht wurde die Nachtruhe des Hahns gestört, so wie meine.

Das Krähen nimmt kein Ende. Hin und wieder antwortet dem Hahn ein Hund mit Bellen. Und ein paarmal gesellen sich weitere Hunde hinzu. Ich fühle mich immer erschöpfter. Warum muß ausgerechnet ich an einen redseligen und langatmigen Hahn geraten? Sehnsüchtig denke ich an meine ruhige New Yorker Wohnung. Die einzigen Geräusche, die ich dort nachts höre, sind vereinzelte Krankenwagen und Polizeisirenen.

Als es fünf Uhr morgens ist, hasse ich den Hahn. Ich bin bereit, ihm den Hals umzudrehen. Um sechs Uhr tritt Stille ein. Wahrscheinlich macht der Hahn ein Nickerchen. Ich nehme eine Kopfschmerztablette.

Um sieben Uhr ruft mein Vater mich aus Australien an. »Hallo, hallo«, begrüßt er mich. »Wie ist es in Mexiko?«

»Ich bin erst seit einem guten halben Tag hier«, sage ich ein bißchen unfroh.

»Ich habe extra gewartet, bis es hier in Melbourne zwölf Uhr nachts ist«, sagt mein Vater, »bevor ich dich anrufe. Weil ich habe gewußt, daß sogar meine Tochter, was gerne früh aufsteht, noch nicht an der Arbeit sitzen wird.« Seine Stimme klingt so herzlich und fröhlich. Ich schäme mich, daß ich mich über seinen Anruf nicht unbeschwerter freuen kann. Mein Vater hat so vieles durchgemacht. Das Ghetto. Die Todeslager. NS-Europa. Er ist fünfundachtzig. Und ich weiß, daß seine Beziehung zu mir ihm viel Glück und Freude bereitet.

»Was ist los mit dir?« fragt mein Vater. Er hat am Ton meiner Stimme gemerkt, daß etwas nicht in Ordnung ist. Ich hätte mir mehr Mühe geben müssen, fröhlich zu klingen. Mein Vater spürt immer, wie es mir geht.

»Ich bin müde«, sage ich. »Ein Hahn hat mich fast die ganze Nacht wachgehalten.« – »Weißt du, was ein Hahn ist?« frage ich. Obwohl mein Vater gut Englisch spricht, vergewissere ich mich immer aus reiner Gewohnheit, ob er seltene oder ungewöhnliche Wörter versteht. Er ist gekränkt.

»Natürlich weiß ich, was ein Hahn ist«, sagt er eingeschnappt. »Ein Hahn ist ein Huhn, was ist ein Mann.«

»Richtig«, sage ich.

»Natürlich ist das richtig«, sagt er. Dann beginnt er zu lachen. Er scheint zu denken, daß es sehr komisch ist, von einem Hahn wachgehalten zu werden.

»Wo ist der Hahn?« fragt er. »In dem Haus, was du hast gemietet?«

»So klingt es«, sage ich, »aber er ist nicht hier. Er muß in der Nähe sein.«

»*Oj, a broch*«, sagt mein Vater. »Du bist nach Mexiko gefahren, um dich auszuruhen, und jetzt hast du diesen Hahn.« *Oj, a broch* ist Jiddisch und bedeutet: Oh, verwünscht.

»Der Hahn hat die ganze Nacht gekräht«, sage ich. Darüber muß mein Vater wieder lachen.

25

»Die ganze Nacht?« fragt er.

»Die ganze Nacht«, erwidere ich. »Und dann haben Hunde zu bellen angefangen, um ihm zu antworten.« Mein Vater kann nicht mehr an sich halten. Er lacht sich halb tot. Ich merke, daß er Mitgefühl zu zeigen versucht, aber er kann nicht aufhören zu lachen.

Ich persönlich finde das alles überhaupt nicht komisch. »Ich weiß nicht, was ich tun soll«, sage ich zu meinem Vater. »Was soll ich tun, wenn er das jede Nacht macht? Dann gehe ich auf dem Zahnfleisch, bis ich nach New York zurückkomme.«

»Und die Fehler von deinem neuen Buch kannst du auch nicht beheben«, sagt er.

»Ich versuche, keine Fehler zu beheben«, sage ich giftig. »Ich will den roten Faden der Geschichte herausarbeiten.«

»Das ist kein Unterschied«, sagt er. Ich schäme mich für meinen giftigen Ton. Warum will ich mit meinem Vater Streit anfangen? Ich sollte lieber mit dem Hahn streiten.

»Du hast recht, es ist kein Unterschied«, sage ich.

»Ich habe eine Idee«, erklärt mein Vater unvermutet. »Du solltest gehen zu den Leuten, denen gehört dieser Hahn, und ihnen sagen, daß du ihn möchtest kaufen. Biete ihnen mehr Geld an, als was kostet so ein Hahn.«

»Was für eine großartige Idee«, sage ich und fasse neuen Mut. »Darauf wäre ich gar nicht gekommen.«

»Es ist gut, wenn man hat einen Vater«, erklärt mein Vater.

»Und was mache ich mit dem Hahn, wenn ich ihn gekauft habe?« frage ich.

»Das ist egal«, sagt er.

»Ich weiß«, sage ich. »Ich packe ihn ins Auto und setze ihn irgendwo aus.«

»Ausgezeichnet«, sagt er.

Jetzt lachen wir beide, bis uns die Tränen kommen. »Meinst du, Hähne sind wie Hunde und können den Weg nach Hause finden?« frage ich ihn.

»Das glaube ich nicht«, sagt er, als er schließlich zu lachen aufhört.

Mir ist viel leichter ums Herz als vor dem Anruf meines Vaters. Ich bin richtiggehend heiter. »Wie geht es dir, Dad?« frage ich ihn. »So gut, wie man erwarten kann«, antwortet er. Das ist seine Standardantwort seit Jahrzehnten. Ich erinnere mich, daß er es gesagt hat, als ich sieben, acht, neun Jahre alt war. Damals klang es in meinen Ohren wie ein Krankenbulletin und hatte etwas Erschreckendes. Ich hätte ihn am liebsten gefragt, was nicht in Ordnung war. Noch heute empfinde ich so, aber ich nehme mich zusammen und stelle ihm keine Fragen. Ich weiß, daß die Worte »so gut, wie man erwarten kann« eine Versicherung dagegen sind, das Glück herauszufordern, den bösen Blick auf sich zu ziehen, alles zu ruinieren – Glück, Frieden, Wohlbefinden. Im übrigen teile ich diese Neigung. Es fällt mir schwer zu sagen: »Gut«, wenn man mich fragt, wie es mir geht. Am liebsten antworte ich: »Nicht schlecht« oder: »In Ordnung«.

»Was macht das Gewichtheben?« frage ich meinen Vater. Fast ein Jahr lang habe ich ihn angebettelt, es mit dem Gewichtheben zu versuchen. Ich habe gebettelt. Und geschmeichelt. Auf ihn eingeredet. Ihm erklärt, daß das Gewichtheben seine Knochendichte verbessern, sein Gleichgewichtsgefühl steigern und seinen ganzen Körper kräftigen würde.

Er stellte sich taub. Er hielt es für eine fürchterliche Idee. Aber ich ließ nicht locker. Und mein Vater, ein Mann, der nie einen Schritt ging, wenn er fahren konnte, und der noch nie im Leben eine Gymnastikübung gemacht hatte, gab zuletzt nach. Ich glaube, daß ich seinen Widerstand tatsächlich erschöpft habe. Und er versprach, es zu probieren.

Wenn mein Vater verspricht, etwas zu probieren, erfüllt er sein Versprechen verblüffend prompt und gründlich: Keine zwei Tage später hatte er ein Fitneßstudio und einen Trainer gefunden. Vier Häuserblocks von seiner Wohnung entfernt. Das war vor zwei Jahren. Damals war er dreiundachtzig.

Er geht zweimal in der Woche zum Gewichtheben. Nie im Leben würde er zugeben, daß es ihm Spaß macht. Ganz im Gegenteil. Er läßt keine Gelegenheit aus, sich über das Gewichtheben zu beschweren. »Du hast behauptet, es würde mir fallen leichter, wenn ich es wäre gewohnt«, erklärt er mir regelmäßig. »Aber es ist nicht geworden leichter, sondern es wird schwerer jeden Tag.« – »Aber ich will mich nicht beklagen«, fügt er jedesmal als Coda hinzu.

Die gleichen Beschwerden bringt er anläßlich des halbstündigen Spaziergangs vor, den er jeden Morgen macht. Den ich ihm ebenfalls eingeredet habe. Aber keinen Tag läßt er ihn aus. Und noch nie hat er das Gewichtheben versäumt.

Ich weiß, daß er seinen Trainer heiß und innig liebt. »Er läßt mich nicht allein, keine Sekunde lang«, hat mein Vater mir hundertmal erklärt. Ich habe ihm erklärt, ebenfalls hundertmal, daß darin die Aufgabe eines Trainers besteht. Aber das beeindruckt ihn nicht.

»Selbst wenn das Telefon klingelt, läßt er mich nicht allein«, sagt mein Vater, »und er sieht mir bei jeder Übung zu.« Mein Vater kann es noch immer nicht fassen, daß der junge Mann die ganze Stunde über bei ihm bleibt.

Der Unterschied in der Kondition meines Vaters, seit er Gewichte hebt, ist auffällig. Als ich das letztemal in Australien war, habe ich gesehen, daß er zehn Minuten auf dem Boden hockte und im Telefonbuch nach einer Nummer suchte; ich kann mir nicht vorstellen, zehn Minuten in der Hocke zu verbringen, ohne das Gleichgewicht zu verlieren.

Und ich habe gesehen, wie er die lange Einfahrt vor seinem Haus entlangrannte, um ein Taxi aufzuhalten. Ich traute meinen Augen nicht, so schnell lief er. Ich bin dem jungen Mann, der meinen Vater während ihrer Stunden nie aus den Augen läßt, unendlich dankbar. Ich wünschte, mein

Vater würde seine Übungen auf dreimal wöchentlich ausdehnen. Aber bisher war er dazu nicht zu bewegen.

Als könnte er an diesem Morgen telefonisch meine Gedanken lesen, sagt er:»Ich gehe zweimal in der Woche zum Gewichtheben, und das genügt.« Das sagt er mit Nachdruck. Ich beschließe, das Thema auf sich beruhen zu lassen. Wir unterhalten uns noch für einige Minuten, und dann sagt er, ich solle mich entspannen und es mir gutgehen lassen und ihn über den Hahn auf dem laufenden halten.

Ich beschließe, im Juárez-Park joggen zu gehen, einem kleinen Park in der Nähe der Innenstadt. Der Juárez-Park ist der Treffpunkt, wo die Mexikaner von San Miguel sich der sportlichen Ertüchtigung widmen. Sport wird in Mexiko nicht sehr groß geschrieben. Anders als in New York, wo man fast wie ein Aussätziger behandelt wird, wenn man nicht Sport treibt.

Im Juárez-Park habe ich mexikanische Männer und Frauen die merkwürdigsten Dinge anstellen sehen. Ich habe Leute stehen und einen Fuß oder ein Knie bewegen sehen. Oder sich mit einer Begeisterung und Hingabe verdrehen und verrenken, die mir für ihre Wirbelsäule nichts Gutes zu verheißen schien.

Viele der Männer, die im Park laufen, sind für ihren Morgensport viel zu dick angezogen. Sie tragen Kapuzen und Hüte und Handschuhe und genug Schichten von Kleidung, um in arktischen Breiten ohne weiteres zu überleben. Zuerst dachte ich, die viele Kleidung solle Schwitzen und Gewichtabnahme anregen. Doch dann begriff ich, daß es am Winter lag. Selbst am frühen Morgen betragen die Wintertemperaturen in San Miguel um die fünfzehn Grad.

Viele Frauen, die im Park laufen, traben gemächlich und unterhalten sich dabei. Das Unterhalten ist ihnen offensichtlich wichtiger als das Laufen, denn sie bleiben oft stehen, um sich auf das Gespräch zu konzentrieren. Manche von ihnen lächeln mir ermutigend zu. Ich kann sehen, daß sie mein Durchhaltevermögen bewundern. Ich bleibe nicht stehen und laufe meistens eine Stunde lang.

Manche der Amerikaner, die in San Miguel leben, laufen auch im Juárez-Park. Sie nehmen ihren Frühsport ernst und tragen Sportkleidung und Walkmans mit Kopfhörern. Seit den vierziger Jahren gibt es in San Miguel eine kleine amerikanische Gemeinde.

Inzwischen hat die Stadt eine Bevölkerung von etwa siebzigtausend Mexikanern und zwei- bis dreitausend Amerikanern und Kanadiern, abhängig von der Jahreszeit. Die Bundesregierung hat den Ort 1926 zum Nationaldenkmal erklärt. Infolgedessen gibt es keine Neonreklame, keine Hydranten und keine Verkehrsampeln. Das Fehlen von Verkehrsampeln macht das Autofahren zu einer sehr kreativen Tätigkeit. Wer an der Kreuzung halten muß und wer nicht, scheint Auslegungssache zu sein. Die ortsansässigen Amerikaner kommen mir nicht sehr aufdringlich vor. Sie haben die Sitten und Gebräuche nicht verwässert. Alles ist nach wie vor zutiefst mexikanisch.

Kaum erreiche ich den Juárez-Park, begegnet mir ein Mexikaner, der hier jeden Tag läuft. Bei jedem Aufenthalt bin ich ihm begegnet. »*Buenos dias*«, sagt er und winkt, als er an mir vorbeiläuft. Ich freue mich, wiedererkannt und begrüßt zu werden.

Zwei Frauen, die ich auch bei jedem Besuch sehe, erkennen mich. Beide nicken mir freudestrahlend zu. Sie gehören zu den gemächlich dahintrabenden Klatschbasen. Die eine hat eine unvorstellbar komplizierte Frisur. Beinahe japanisch. Haarsträhnen sind um andere Haarsträhnen gelegt und gewunden. Das Ganze fügt sich zu einer Art Tolle, die ihren Kopf um fast einen halben Meter überragt. Ich habe mich schon oft gefragt, wie sie verhindert, daß die Frisur umkippt. Ich bin aufgeregt, als ich die Frauen sehe. Und als ich sehe, daß die Frisur unversehrt ist.

Ich beginne zu laufen. Wenn ich laufe, geht es mir stets

besser. Sogar wenn ich zu Tode erschöpft bin und mich nur mit Mühe aufraffen kann, geht es mir sofort besser, wenn ich mich zwinge laufen zu gehen, das weiß ich inzwischen. Im Park ist immer viel los. Imbißverkäufer sind da und Leute, die putzen und aufräumen, und Vögel und Hunde und vereinzelte Kinder. Einige Vogelrufe klingen etwas befremdlich. Sie klingen genauso wie das Klingeln, mit dem mein Mobiltelefon verkündet, daß eine Nachricht für mich hinterlegt wurde. Ich wundere mich, warum ich so viele Nachrichten erhalte. Und dann fällt mir ein, daß ich mein Handy gar nicht mitgenommen habe. Es ist in New York geblieben. Die Botschaften, über die ich mir den Kopf zerbrochen habe, werden von Vögeln gesendet. Ich wünschte, die Vögel würden den Schnabel halten. Die Natur macht mir ohnedies genug Schwierigkeiten.

Nach zehn Minuten Laufen merke ich, daß ich entspannter bin. Und vierzig Minuten später muß ich fast lachen, als ich an meinen nächtlichen Hahn denke. Bei der Rückkehr vom Joggen fühle ich mich erfrischt und voll neuer Kraft. Mein Mann malt in dem Atelier des Hauses. Er sieht ganz und gar geistesabwesend und sehr glücklich aus.

Lupe ist in der Küche. Sie begrüßt mich und betrachtet dann meine Joggingkleidung mit ratloser Miene. Mit Armen und Beinen deute ich Laufbewegungen an. Sie nickt und schüttelt den Kopf und deutet dann auf ihre Brust.

Sie will wissen, ob ich laufe, weil ich herzkrank bin. Nein, sage ich. Sie sieht mich ratlos an. Ich versuche ihr zu erklären, daß ich laufe, weil es mir gefällt, doch wie ich es auch auszudrücken versuche, Lupe wirkt nicht recht überzeugt.

Mein schlechtes Spanisch ist nicht das einzige Hindernis. Lupe fällt es offenkundig schwer zu begreifen, daß jemand gerne Sport treibt. Was würde sie von den sportsüchtigen Frauen halten, denen man in New Yorker Fitneßstudios begegnet? Sie würde den Kopf schütteln.

Auf einmal klopft Lupe sich auf den Bauch und ruft etwas. Dann deutet sie auf meinen Bauch und nickt beifällig. Ich treibe Sport, um keinen Bauch zu bekommen, das will Lupe mir sagen. Sie kneift das Fleisch ihres Bauchs zusammen und zieht daran und verzieht die Miene abfällig. Dann deutet sie wieder auf meinen Bauch und nickt anerkennend. Lupe und ich haben die Frage, warum ich jogge, so liebenswert gelöst, daß ich kein Spielverderber sein will und mir den Hinweis verkneife, daß mein Bauch so inexistent nicht ist.

Lupe hat den Frühstückstisch gedeckt. Sie zeigt mir die Milch und sagt: »*Sin grasa.*« Gestern war mir aufgefallen, daß Lucrecia fettfreie Milch in den Kühlschrank gestellt hatte.

Ich hole meine Getreidekleie. Ich habe sie auf dem Rückweg vom Park in einem kleinen Lebensmittelladen gekauft. Die Schachtel ist nicht groß. In einigen Tagen werde ich Nachschub kaufen müssen. Ich messe sie ab. Ich mag dreihundert Gramm zum Frühstück. Ich füge zwei Löffel Weizenkeime hinzu. Die Weizenkeime habe ich aus New York mitgebracht. Mexikanische Weizenkeime sind zu grob, in Textur und Geschmack Sägespänen vergleichbar. Dann füge ich noch einen Löffel Rosinen hinzu, die Lucrecia ebenfalls besorgt hat.

Lupe sieht mir zu. Sie verfolgt jede einzelne meiner Bewegungen. Beim Anblick der Getreidekleie verzieht sie das Gesicht. Sie will wissen, ob ich krank oder leidend bin. Ich verstehe, was ihre Wörter bedeuten. Selbst auf spanisch klingen sie nicht gesund.

Mir fehlt nichts, sage ich und esse mein Frühstück. Lupe verläßt die Küche. Ich entspanne mich und genieße jede Mundvoll meiner mexikanischen Getreidekleie. Es geht mir gut. Ich beschließe, im Garten zu schreiben. Er sieht so friedlich aus. Ich setze mich mit meiner Arbeit an einen gußeisernen Tisch mit Glasplatte. Der Tisch hat genau die richtige Höhe. Ich ordne meine Notizen, meine Stifte und

Bleistifte. Ich widme mich wieder meinem Mann von vierunddreißig Jahren auf seiner zweistündigen Busfahrt. Er breitet sein ganzes Leben aus. Im Bus. Er erzählt allen Mitreisenden, was in seiner Ehe schiefgegangen ist. »Wenn ich meine Frau anrühre, wenn ich sie bloß anrühre«, sagt er, »sieht sie mich angeekelt an.« Im Bus macht sich kollektives Entsetzen breit. Er erzählt den Mitreisenden, daß seine Frau Anordnungen und Befehle in seinen Pager schreit, Tag und Nacht. Immer wenn er bei der Arbeit ist, ergießen ihre feindseligen Direktiven sich aus dem Gerät, direkt unterhalb seines Magens. In Anwesenheit seiner Kollegen und sogar seiner Kunden. Ich bin zu der Überzeugung gelangt, daß er Klempner ist. Er hat eine eigene Firma. »Mit Sex konnte sie nie was anfangen, und nach ein paar Jahren wird so was zu einem echten Problem«, sagt mein kastanienbrauner Klempner mit ernster Miene.

»Woher wollen Sie wissen, daß sie angeekelt ist?« fragt ein untersetzter, gepflegter Mann, der hinter ihm sitzt. Pearl ist diesem Mann schon früher begegnet. Sie saß einmal auf der Fahrt nach New York neben ihm. Pearl weiß, daß er Anwalt ist und Fachmann für Sauerkonserven. Er legt seine Sauerkonserven selbst ein. Er legt Gurken ein. Blumenkohl. Zwiebeln. Sogar Walnüsse und hartgekochte Eier. Als Pearl neben ihm saß, hat er ihr ausführlich erklärt, wie man verhindert, daß Gemüse beim Einlegen die Farbe verliert. Sie dachte sich, daß sie dieses Wissen eines Tages möglicherweise brauchen könnte.

Jetzt beugt der untersetzte Mann sich vor, um die Antwort auf seine Frage zu hören. »Oh, sie ist angeekelt«, sagt der Klempner. »Wenn ich sie anfassen will, wendet sie sich ab und sieht aus, als müßte sie sich übergeben. Es bricht einem das Herz.« Der untersetzte Mann blickt traurig drein. Er sieht Pearl und fragt sie, ob sie schon Gemüse eingelegt hat. Sie schüttelt den Kopf.

Pearl ist ein bißchen benommen von dem Gespräch im Bus. Was passiert nur mit den Männern, fragt sie sich. Warum erzählt der eine von seinem gebrochenen Herzen, und der andere will wissen, ob sie schon Gemüse eingelegt hat? Pearl ist zu Pearl Poyas geworden. Den Nachnamen habe ich mir von einem Mädchen aus meiner High-School-Zeit ausgeliehen. Nach dem letzten Jahr an unserer Schule habe ich sie nie wiedergesehen. Aber ich habe gehört, sie sei nach Israel gezogen und habe Drillinge bekommen. Ich war mir nicht sicher, ob die Information aus verläßlicher Quelle stammte, aber ich war grün vor Neid. Wegen der Drillinge, nicht wegen des Umzugs nach Israel.

Ich überlege, welches Alter ich Pearl Poyas geben soll, als ich durch Musik unterbrochen werde. Sie kommt nicht aus dem Haus. Sie kommt aus der Nachbarschaft. Und sie ist laut. Ich versuche sie zu überhören. Doch das ist unmöglich. Es fällt mir immer schwer, mich mit Musik im Hintergrund zu konzentrieren. Und diese Musik beschränkt sich nicht auf den Hintergrund. Sie beherrscht alles.

Es ist »Some Enchanted Evening« aus dem Musical *South Pacific*. Eine mexikanische Fassung mit Rumbakugeln und Trompeten. Ich kann keinen klaren Gedanken mehr fassen. »Some Enchanted Evening« in mexikanischem Rhythmus hat mein Gehirn verstopft. In dieser Fassung ist die Melodie von einer heißblütigen, mitreißenden Wucht, die fast etwas Verstörendes hat.

Die Lautstärke wird noch weiter aufgedreht. Ich traue meinen Ohren nicht. Ich sitze wie unter Schock im Garten. Ich sehe mich um. Die Musik hat alles verändert. Der ganze Garten sieht richtig aufgekratzt aus. Die Bougainvillea wirkt üppiger. Sogar im Gras verstreute Gänseblümchen haben plötzlich einen gewissen Pfiff.

Ich komme mir vor wie ein Stimmungstöter. Ich will, daß die Musik abgestellt wird. Ich werde immer nervöser. Und dann ist die Musik plötzlich weg. Ich atme auf. Und dann geht sie wieder los. Diesmal ist es »Three Coins in a Fountain« mit Flamencogitarren und Schlagzeug. Ich kann es nicht fassen, daß jemand in diesem mexikanischen Bergnest »Three Coins in a Fountain« spielt.

Meine Mutter summte »Three Coins in a Fountain« beim Geschirrspülen und Aufräumen in der Küche. Wenn ich das Lied höre, muß ich an meine Mutter denken. Und ich würde am liebsten weinen. Solange ich an meine Mutter denken muß, kann ich mich nicht mit Pearl Poyas und dem Klempner beschäftigen.

Meine Mutter ist vor fünfzehn Jahren gestorben. Sie ist mir noch immer nah. Ihr Tod ist nichts Fernes. Nichts von der Kraft und Lebendigkeit der Beziehung zu meiner Mutter ist schwächer geworden. Ich denke fast täglich an sie. Und ich wünsche mir, ich könnte sie sehen, könnte mit ihr sprechen, könnte sie ansehen. Aber das kann ich nicht.

Es drückt mir schier das Herz ab. Selbst diese mexikanische Fassung von »Three Coins in a Fountain« mit dem spanischen Text und zuviel Schlagzeug hat mir die Fassung geraubt. Ich muß die Musik loswerden. Ich rufe nach Lupe, die gerade Wäsche aufhängt. Ich gestikuliere. Lupe begreift sofort, worum es geht.

Sie lauscht und gelangt zu dem Schluß, daß die Musik von unseren Nachbarn zur Linken kommt. Ich frage sie, ob sie die Nachbarn bitten kann, die Musik leiser zu stellen. Sie schüttelt den Kopf. Das kann sie nicht tun. Mit diesen Nachbarn spricht sie nicht, und sie sprechen nicht mit ihr. Sie und diese Nachbarn sind sehr schlecht aufeinander zu sprechen, erklärt sie mir. Wie schlecht, demonstriert sie mir mit geballten Fäusten und wutverzerrten Zügen.

Die Heftigkeit der Feindschaft steht außer Frage. Und ebenso, daß Lupe diesem Umstand mit größter Seelenruhe begegnet. Für sie ist es ein Sachverhalt, weiter nichts. Sie kann die Leute nicht leiden. Und umgekehrt. Also ist jede Kommunikation ausgeschlossen.

Lupe lacht, als sie sieht, daß ich die Situation begriffen habe. Sie erklärt mir, daß sie auch mit dem Ladenbesitzer gegenüber verstritten ist. Unsere Straße ist eine kleine Straße. Der Laden gegenüber liegt keine zehn Meter von unserer Haustür entfernt.

Lupe sieht richtiggehend diabolisch aus, als sie schildert, wie es zwischen ihr und dem Ladeninhaber steht. Wie es zu dem Streit kam, habe ich nicht begriffen, aber daß es ernst ist, das habe ich begriffen. Dann deutet Lupe auf den Laden zwei Häuser weiter auf unserer Straßenseite, in dem sie inzwischen einkauft, wie sie mir erklärt.

Beide Läden sind winzig. Drei mal drei Meter allerhöchstens. In beiden Läden gibt es Haushaltswaren, Grundnahrungsmittel und diverse Snacks. Lupe könnte niemals unbemerkt in den Laden gegenüber schlüpfen, um Spülmittel oder Mineralwasser zu kaufen.

Die Streitigkeiten, das böse Blut, die schlechte Stimmung scheinen Lupe überhaupt nichts auszumachen. Sie nimmt es als selbstverständlich hin. Für sie scheint es zum Leben zu gehören. Ich kann mir nicht vorstellen, Konflikte und Kämpfe ertragen zu können; ich konnte es nicht einmal als Zwölf- oder Vierzehnjährige, in einem Alter, in dem man als Frau kämpferischer ist als später.

Die meisten Mädchen können gehässig, gemein, aggressiv, auftrumpfend und boshaft sein. Und dann werden sie erwachsen und zu Frauen, die sich vor Konflikten und vor unverhüllter Aggressivität, vor Ehrgeiz und vor zuviel Leidenschaft fürchten. Ein nicht unbeträchtlicher Verlust. Ein hoher Preis, den es kostet, Frau zu werden. In meinem Alter sind wir Frauen dann allesamt homogenisiert und pasteurisiert.

Ich denke mir, daß ich mich vor meinen eigenen Aggressionen immer gefürchtet habe. Es war mir immer lieber, unauffällig zu sein, als vorlaut, frech, witzig und aufdringlich. Jahrzehnte meines Erwachsenenlebens habe ich damit verbracht, auf der Couch des Analytikers zu lernen, lauter zu sein und mich den eigenen Aggressionen zu stellen. Lupes Miene ist noch immer kämpferisch. Entschlossen und herausfordernd. Und äußerst glücklich. Äußerst selbstzufrieden. Die Einzelheiten des Streits mit dem Ladenbesitzer sind offenkundig eine erfreuliche Erinnerung. Lupe sieht aus wie Muhammad Ali bei der Erinnerung an den Kampf gegen George Foreman. Ich kann weder im Bus noch in einem Geschäft, noch auf der Straße unhöflich sein. Unter welchen Umständen auch immer. Ich will, daß mich jeder für eine bezaubernde Person hält. Ich kann nicht einschlafen, wenn ich Streit mit meinem Mann hatte. Ich brauche Stunden, um mich von einem unerfreulichen Telefonat zu erholen. Plötzlich ist mir ganz elend zumute. Ich will so sein wie Lupe. Eine Kämpfernatur. Vielleicht sollte ich Boxstunden nehmen, wenn ich wieder in New York bin. Vielleicht wäre es ein guter Anfang, ein paar Schläge führen zu können. Vielleicht könnte ich mich so von der Vorstellung befreien, ein jämmerliches Weichei zu sein.

Jetzt grinst Lupe mich an. Sie denkt, ich hätte die Einzelheiten ihres Streits ebenfalls genossen. Für sie scheint das Streiten etwas völlig Normales zu sein. Wahrscheinlich ist es das. Jedenfalls normaler als meine Haltung. Mir macht schon eine zu saloppe Anrede in einer E-mail zu schaffen. Lupe und ich finden heraus, daß die Musik nicht von den Nachbarn zur Linken kommt, sondern von Nachbarn hinter unserem Haus. Zum Glück steht Lupe mit diesen Nachbarn auf gutem Fuß. Sie geht sie bitten, den Ton leiser zu stellen. Das tun sie sofort. Ich bin ihnen dankbar. Und befasse mich wieder mit Pearl Poyas und ihren Problemen.

Zehn Minuten später erscheint Lucrecia, um das Mittagessen zuzubereiten. Ich frage mich, ob Liz ihr erklärt hat, daß sie nicht dableiben muß, um uns zu bedienen. Und ich frage mich, was ich mit den Resten von gestern anfangen soll.

Lucrecia erzählt mir, daß sie mir *jicama* zubereiten will, einen Salat aus Sellerie und Gurken, *sin grasa*, Tomaten- und Zwiebelsalat, *sin grasa*, und sehr gute gebackene Papaya, *sin grasa*. Für meinen Mann gibt es *huachinango à la Veracruzana*, Snapper nach Art von Veracruz, mit *arroz à la mexicana*, Reis mit Tomaten, Erbsen und Knoblauch. Ich frage mich, wieviel Fisch Lucrecia gekauft hat. Ich versuche, das Gewicht ihres Einkaufskorbs zu schätzen. Selbstgemachte Tortillas hat sie auch mitgebracht. Sie zeigt sie mir, die kleinen, dicken, grobkörnigen Tortillas, die ich liebe. »*Sin grasa*«, sagt sie. Ich nicke. Alle frischen Tortillas sind fettfrei. Die einzigen Tortillas mit Fett sind die abgepackten aus dem Supermarkt.

Lucrecias Betonung des Wörtchens *sin grasa* kommt mir allmählich übertrieben vor. Die ständige Beleuchtung und Unterstreichung der zwei Wörter macht, daß ich mir vorkomme wie die Prinzessin auf der Erbse. Oder noch ärger. Ich komme mir vor, als hätte ich ein obsessives Verhältnis zu dem Fett in meiner Nahrung.

Ich beruhige mich mit dem Gedanken, daß ich nur vorsichtig bin, wachsam. Seit Jahren bin ich nicht mehr übergewichtig. Die meisten meiner Bekannten haben mich nie übergewichtig erlebt. Und dennoch fürchte ich mich davor, mich gehenzulassen, nicht darauf zu achten, was ich in den Mund stecke, und eines Morgens mit neuer Figur aufzuwachen. Vielleicht muß jeder, der einmal Gewichtsprobleme hatte, ständig wachsam bleiben.

In diesem Augenblick ruft Liz an. Ich habe das Telefon in den Garten mitgenommen. »Ich habe es nicht übers Herz gebracht, Lucrecia zu sagen, daß du nicht willst, daß sie dableibt und dich bedient«, sagt Liz. »Sie war so aufgeregt, daß sie für dich kochen darf.«

»Oh, Mist«, sage ich.

Lupe kommt aus dem Haus und freut sich, Lucrecia zu sehen. Lucrecia geht hinein, um das Essen zu kochen. Lupe steht neben mir. Sie sieht mich an. Ich sehe auf meine Notizbücher und Nachschlagewerke und Stifte und Bleistifte und Radiergummis. Ich will kein weiteres Gespräch anfangen. Ich will arbeiten.

Das Wegblicken nützt nichts. Wie lange sind Sie und Ihr Mann zusammen, fragt Lupe. Gesten und Gefuchtel unterstützen und elaborieren ihr Spanisch. Die Frage war nicht schwer zu verstehen. »Zweiundzwanzig Jahre«, sage ich mit den Fingern.

Das Alter meiner Kinder hat sie schon erfragt. Sie sind sechsundzwanzig, dreißig und zweiunddreißig. Sie sagt das Wort Kinder und hebt die Augenbrauen. Ich weiß, was das bedeutet. Alle Kinder sind älter als meine Ehe.

Zwei *hombres*, sage ich im Bemühen, zwei Ehemänner zu erklären. Lupe nickt. Dieser Mann, sage ich und deute auf den Teil des Hauses, in dem mein Mann gerade malt, ist nicht der Vater meiner zwei Kinder. Und ich bin nicht die Mutter seines Kindes.

Ich bin mir nicht sicher, ob ich die Situation für Lupe klarer oder unklarer gemacht habe. Mein Mann und ich, versuche ich zu erklären, haben unsere drei Kinder gemeinsam aufgezogen. Das scheint Lupe zu verstehen.

Ihr Mann hat sie verlassen, erzählt sie mir. »Husch«, sagt sie laut und macht dabei eine Bewegung wie einen Windstoß. Sie hat dabei so fest ausgeatmet, als wollte sie ihren Mann ans andere Ende von Mexiko pusten.

»Husch«, wiederholt sie mit Nachdruck und lacht. Es fällt mir schwer zu erkennen, ob das Verschwinden ihres Mannes sie bedrückt hat oder nicht. Sie fragt mich, ob mein Mann sich mit meinem zweiunddreißigjährigen Sohn gut versteht. Bevor ich antworten kann, erzählt sie mir, daß ihr Freund mit ihrer sechzehnjährigen Tochter nicht gut auskommt.

Lupe und ich verständigen uns mittels eines extrem geringen gemeinsamen Wortschatzes und zahlreicher emotionaler Gesten und Pantomimen. Lupe verengt die Augen und preßt die Lippen zusammen. Sie verzieht das Gesicht zu einem Bild purer Bosheit, um zu illustrieren, was ihr Freund für ihre Tochter empfindet.

Sie sieht mein Erschrecken und zuckt die Schultern. Dann macht sie eine spöttische Miene und demonstriert noch einmal, wie giftig und feindselig ihr Freund ihre Tochter behandelt. Und dann lacht sie. Als wäre das alles nicht weiter schlimm. Nur Teil des Lebens.

Ich frage mich, warum sie lacht und nicht weint. Ich habe so oft über die Schwierigkeiten und Komplikationen geweint, die es mit sich bringt, Stiefkinder zu haben. Eltern haben es nicht leicht. Aber Stiefeltern haben es meiner Ansicht nach noch schwerer. Diese Gleichung enthält zu viele Unbekannte.

Ich beneide Lupe um die Gelassenheit, mit der sie die Situation zwischen ihrem Freund und ihrer Tochter hinnimmt. Ich bin nur selten in der Lage, eine Situation hinzunehmen. Ich untersuche und analysiere sie und versuche sie zu ändern und zu beeinflussen. Und erschöpfe dabei mich und andere.

Lupe fragt mich wieder, ob mein Mann sich mit meinem Sohn gut verstehe. Ich sage ja. Mein Mann kommt in den Garten, und ich wiederhole Lupes Frage. Mein Mann grinst und deutet pantomimisch eine Umarmung und einen Kuß an. Lupe ist zufrieden. Ihr Freund, erklärt sie meinem Mann, mag ihren achtjährigen Sohn, aber nicht ihre sechzehnjährige Tochter.

Lupe will meinem Mann die Haltung ihres Freundes ihrer Tochter gegenüber erklären. Sie demonstriert eine beinahe erschreckende Feindseligkeit. Ihr Gesicht mit den dunkelbraunen Augen und dem sinnlichen Mund hat sich für einen Moment in eine Maske purer Bosheit verwandelt.

Wie gern würde ich Lupe erklären, daß ich weiß, wie belastet das Verhältnis zwischen Stiefeltern und Stiefkindern von vornherein ist. Daß ich sehr wohl um die Gefahren und Fallstricke einer solchen Beziehung weiß. Daß ich weiß, wieviel Zartgefühl und Takt und Diplomatie eine solche Beziehung erfordert. Aber Lupe ist bereits bei einem anderen Thema. Und mein Mann ist ins Haus zurückgegangen. Lupe erzählt mir, daß ihr achtjähriger Sohn sehr dick ist. Er ißt für sein Leben gern. Und trinkt Coca-Cola. Allmählich werde ich nervös, weil ich so lange geplaudert habe. Ich sollte wenigstens ein bißchen arbeiten, bevor Lucrecia uns zum Essen ruft. Ich ordne einige der Notizen auf dem Tisch. Lupe nickt und sagt, ich solle mich wieder an die Arbeit machen. Sie macht sich wieder an die Wäsche. Und ich mache mich wieder an meinen Roman. Aber ich bin überhaupt nicht bei der Sache. Lupes übergewichtiger achtjähriger Sohn, der Ehemann, der – »Husch« – verschwunden ist, und der Freund, der die Tochter nicht mag, gehen mir nicht aus dem Kopf. Wenn ich nicht aufpasse, wird Pearl Poyas noch einen mexikanischen Ehemann und einen übergewichtigen Sohn bekommen. Und das war ganz gewiß nicht das, was ich mir für Pearl Poyas vorgestellt hatte.

Ich nehme mir meine Notizen über die Eßgewohnheiten meiner Heldin vor. Die Stelle im Bus eignet sich besonders gut für einen Exkurs über Pearls Eßgewohnheiten. Der untersetzte, gepflegte Anwalt, der Mann mit den Sauerkonserven, hat seinem Sitznachbarn soeben eingehend geschildert, wie man Sauerkonserven richtig einlegt.

Er hat alle Methoden aufgeführt, nach denen er allein im letzten Sommer Gurken eingelegt hat. Er hat sie süß und sauer eingelegt, mit Dill, mit Senf und mit Knoblauch. Gurken für das Frühstücksbrot und Gurken mit Pepperoni und Gurken mit Süßstoff für Leute, die Diät halten. Letztere mit einem Teelöffel Süßstoff auf dreieinhalb Kilo kleine Einlegegurken.

Pearl hat beschlossen, ihn nicht zu unterbrechen und ihn nicht darauf hinzuweisen, daß Gurken grundsätzlich kalorienarm sind, ob eingelegt oder nicht. Sie will nicht mit ihm sprechen. Es hat ihr nicht gefallen, daß er den Klempner gefragt hat, woher er wissen wolle, daß seine Frau sich vor ihm ekle. Der Gesichtsausdruck des Sauerkonserven einlegenden Anwalts hat Pearl verstört. Eine mühsam unterdrückte Frivolität.

Pearl hat diesen Gesichtsausdruck schon häufiger bei ehrbaren Zeitgenossen zu sehen bekommen. Bei Männern mit nüchternen Anzügen und Frisuren. Sie fühlen sich in ihrer Verkleidung sicher, denkt sich Pearl, in ihrem grauen Polyester und Leinen und mit den hinten und seitlich kurzgeschnittenen Haaren.

Gerade ist es mir gelungen, Pearls enzyklopädisches Wissen über Nahrungsmittel und ihre Zusammensetzung – sie weiß, welche Teile welcher Salatsorte mehr Magnesium und Phosphor und Kalium aufweisen als andere – mit den dreieinhalb Kilo kleinen Einlegegurken zu verbinden, als Lucrecia herauskommt und verkündet, daß das Mittagessen wartet. Ich gebe es auf zu versuchen, Pearl mit dem Klempner oder mit den Anwalt in Beziehung zu setzen. Ich gehe ins Haus.

Der Hahn hält mich wieder wach. Die halbe Nacht lang. Diesmal kräht er noch lauter als beim erstenmal. Zumindest ist das mein Eindruck. Mein Mann wacht nicht auf. Ich verbringe die Nacht damit, mir zu wünschen, ich wüßte mehr über Hähne und könnte eine Diagnose stellen und wissen, was es mit diesem Hahn auf sich hat.

Ich hatte immer gedacht, Hähne begrüßten das erste Licht des Morgens. Sogar in San Miguel mit seinen milden Temperaturen wird es nachts sehr dunkel. Vielleicht ist dieser Hahn einfach nur zurückgeblieben. Oder mit seiner inneren Uhr stimmt etwas nicht.

Bis zum Morgen würde ich ihm am liebsten den Hals umdrehen. Die ganze Nacht über ersinne ich Pläne, wie ich den Hahn loswerden kann. Doch gegen Morgen wirkt keiner dieser Pläne durchführbar. Es ist nicht so leicht, einen Hahn loszuwerden.

Ich beschließe, wieder im Garten zu arbeiten. Ich denke mir, daß der Sonnenschein und der wolkenlos blaue Himmel meine Kopfschmerzen lindern werden. Die hahnbedingten Kopfschmerzen sind besonders hartnäckig. Normalerweise verjagt das Laufen Schmerzen und Wehwehchen, die mich beim Aufwachen plagen, aber diese Kopfschmerzen haben den Frühsport überlebt.

Im Park haben mir heute morgen verschiedene Parkbesucher zugewinkt. Ihr Winken, ihre Kameradschaft hat mich eigenartig gerührt, ja euphorisiert. Vielleicht weil so viele von uns ein so abgehobenes Leben führen, daß sie mit Leuten, die sie nicht näher kennen, so gut wie keine menschliche Wärme verbindet.

Diese eigenartige Euphorie habe ich auch schon in Wartezimmern von Zahnärzten und beim Friseur erlebt. Eine zehnminütige Unterhaltung mit einer Fremden im Friseursessel neben mir, der die Haare gefärbt wurden, hat mich in einen rauschhaften Glückszustand versetzt. Die Frau erzählte, daß sie dreiundvierzig wurde und sich vor kommenden Veränderungen fürchtete. Ich erzählte ihr in fünf Minuten meine Lebensgeschichte und sagte, dreiundvierzig sei ein großartiges Alter für Veränderungen. Wir verabschiedeten uns lächelnd voneinander.

Solche scheinbar oberflächlichen Bekanntschaften fehlen mir. Zufallsbekanntschaften, Momente des Müßiggangs, die man mit anderen verbringt. Ich wünschte, ich könnte mit meinen Freundinnen plaudern, während wir uns die Haare schneiden oder die Füße pflegen lassen. Ich sehe meine Freundinnen unter viel angespannteren Umständen. Und so selten, daß wir uns so vieles zu erzählen haben, daß eine Alltagsunterhaltung nicht in Frage kommt. Und die Zeit ist zu kostbar, als daß man sie mit dem Eingeständnis vertun dürfte, daß man sich nicht besonders gut fühlt.

Ich glaube, ich werde Pearl Poyas darüber nachdenken lassen, wie Frauenfreundschaften sich verändert haben. Ich mache mir eine entsprechende Notiz in mein blaues Notizbuch. Pearl Poyas' Notizen haben einen blauen Code – blaue Notizbücher, blaue Büroklammern und blaue Aufkleber. Meine Notizen und Manuskripte sind immer nach einem Farbcode ausgerichtet. Als ich *Zu sehen* schrieb, meinen ersten Band mit autobiographischen Texten, habe ich wahrscheinlich alle New Yorker Bestände an rosa Büroklammern aufgekauft. Es war erstaunlich schwierig, Büroklammern in einer Farbe zu bekommen. Weder in New York noch auf Long Island konnte ich rosa Büroklammern finden. Ich mußte Packungen mit verschiedenfarbigen Büroklammern kaufen und die rosafarbenen herausfischen.

Das ist fünf Jahre her. Noch immer habe ich die weißen, braunen, dunkelroten und schwarzen Büroklammern aus diesen Packungen. Es sind Farben, die ich nicht auf meinen Blättern haben wollte. Mittlerweile hat sich auf dem Büroklammernmarkt einiges getan. Inzwischen werden Packungen mit Büroklammern in einer einzigen Farbe verkauft, und zwar in den verschiedensten Schattierungen. Man kann glänzende oder matte goldfarbene Büroklammern kaufen, marmorierte oder gestreifte, undurchsichtige und durchsichtige. Auf dem Gebiet der Büroklammer hat sich ungeheuer viel getan.

In meinem blauen Notizbuch halte ich Gedanken von Pearl Poyas über die wandelbare Natur von Frauenfreundschaften fest. Ich schreibe mich richtiggehend in Rage. Dieses Thema sehe ich genauso wie Pearl. Ich könnte jedes ihrer Worte unterschreiben. Ich empfinde ihre Enttäuschung und ihre Ratlosigkeit mit.

José, der Gärtner, der dreimal in der Woche kommt, arbeitet wenige Meter entfernt im Garten. Er topft Pflanzen um, schneidet Sträucher und jätet Unkraut. Seine Anwesenheit stört mich nicht und lenkt mich nicht ab. Darauf bin ich stolz. Ich habe den Eindruck, daß ich mich allmählich an die Gegenwart von Hausangestellten gewöhne.

Ich treffe eine wichtige Entscheidung. Pearl Poyas wird dreiundvierzig Jahre alt sein. Die weiblichen Hauptpersonen in meinen zwei letzten Romanen waren zweiundvierzig oder dreiundvierzig. Ich selbst bin fünfundfünfzig. Als ich nach New York zog, war ich zweiundvierzig. Eine Woche später wurde ich dreiundvierzig.

Die Orangenblütenzweige, die José gerade schneidet, duften sehr stark. Kurzzeitig lenkt ihr schwerer Duft mich ab. Es ist nicht einfach, über einen inneren Monolog in einem stickigen Bus zu schreiben, wenn einem Orangenblütenduft in die Nase steigt.

Mir kommt der Gedanke, daß ich mehr Disziplin benötige. Ich halte mir eine Hand vor die Nase, greife wieder zum Stift und versenke mich in die Szene im Bus. Lupe kommt aus dem Haus und beginnt den Hof zu fegen. Ich ignoriere sie. Als sie mit dem Fegen fertig ist, holt sie den Mop und den Eimer und beginnt aufzuwischen. Die Metallbefestigung des Mops schlägt jedesmal gegen den Eimer, wenn Lupe ihn eintaucht. Sie wischt den Hof sehr gründlich auf.

Plötzlich ertönt aus der Küche ein lautes Krachen. Die Küche liegt gleich hinter Hof und Garten. Lupe sieht, daß ich zusammenzucke. Lucrecia, erklärt sie mir. Normalerweise ist Lucrecia beim Kochen so leise wie ein Mäuschen. Was kann sie nur anstellen? Es klingt, als würde sie etwas heftig im Mörser bearbeiten. José lacht und reibt sich den Magen mit einer Geste, die seine Vorfreude auf ein gutes Essen ausdrückt.

Für einen Augenblick komme ich mir überfordert und überflüssig vor. Ich will weg. Weg von dem Haus. Aber ich bleibe. Ich arbeite weiter. Als ich gerade Pearl Poyas an die Hände eines früheren Liebhabers denken lasse, während sie die Hände des Sauerkonservenmannes betrachtet, tröpfeln mehrere große Wassertropfen auf meinen Notizblock. Ich starre entsetzt hin. Was eben noch eine Reihe von Wörtern war, ein halber Satz, ist jetzt ein blaugrünes Geschmiere. Schnell gesellen sich weitere Flecken hinzu. Das, was geschieht, wenn Wasser auf Tinte trifft.

Panik ergreift mich. Woher kann das Wasser nur kommen? Ich blicke auf. José gießt die Pflanzen, die an der oberen Terrasse hängen. Und aus den Töpfen dieser Pflanzen tropft es gleichmäßig. Das Wasser tropft direkt auf den Tisch, an dem ich schreibe.

Ich bin außer mir vor Entsetzen. »*Agua, agua*«, rufe ich José mit entsetzter Stimme zu. »*Agua, agua*«, Wasser, Wasser.

José hört mich und blickt über die Terrassenbrüstung. »*Agua*«, wiederhole ich und deute aufgeregt auf meine Notizbücher.

»*Agua*«, sagt José und nickt.

»*Agua*«, sage ich verzweifelt.

»*Si*«, sagt er. »*Si*.« Er stimmt mir zu. Es handelt sich um Wasser. »*Agua*«, sagt er und nickt lächelnd.

Vielleicht denkt er, es handle sich um einen Spanischkurs. Er lächelt mich unverdrossen an. Ich bin völlig hysterisch. Ich schüttle meinen Notizblock und deute auf die Tinte. »*Agua*«, wiederhole ich. »*Si*«, sagt er, »*si*.«

Unterdessen ist der halbe Tisch voller Tropfen. Meine Stifte und Bleistifte sind naß, mein Radiergummi schwimmt davon, und eines meiner Notizbücher ist durchweicht. »Kein *agua*«, rufe ich mehrmals. Ich sehe schrecklich aufgeregt aus. »Ah«, sagt José lächelnd und begibt sich in einen anderen Teil des Gartens, um dort zu arbeiten.

Aus den Töpfen tropft es noch immer. Bei meinem hektischen Versuch, den Tisch zu verschieben, renke ich mir fast die Schulter aus. Ich bin völlig durcheinander. Und schäme mich ein wenig. José hat zweifellos noch nie eine so hypernervöse Mieterin erlebt. Die meisten Leute würden seine Rosen bewundern, statt ihn hysterisch anzuschreien.

Ich frage mich, ob ich panischer als nötig reagiert habe. Vermutlich ja. Mein Herz pocht noch immer. Ich räume alles auf und schreibe die verschmierten Stellen neu. Dann versuche ich, mich wieder auf die Stelle zu konzentrieren, mit der ich beschäftigt war. Aber ich bin zu nervös. Und verärgert, weil ich so hysterisch auf das Wasser reagiert habe. Ich wünschte, ich wäre gelassener.

Schließlich kann ich mich wieder auf meine Arbeit konzentrieren. Das ist gut. Schreiben hat immer eine beruhigende und tröstliche Wirkung auf mich. Es ist so ordentlich und bildet eine eigene Welt. Solange keine Wassertropfen eindringen.

José ist wiedergekommen. Er lächelt. »*No agua*«, sagt er und strahlt. »*No agua*«, antworte ich und lächle und versuche auszusehen, als wäre ich ein unbekümmerter, gelassener Mensch.

Ich schreibe eine sehr komische Szene, die in dem Bus spielt. Wenn ich etwas schreibe, was ich komisch finde, geht es mir immer gut. Es macht mich unvorstellbar glücklich.

Dann geschieht etwas sehr Unerfreuliches. Sonia Kaufman taucht in meinem Roman auf. Ich bin fassungslos. Woher nimmt sie das Recht, in diesem Buch aufzukreuzen? Mir nichts, dir nichts, aus heiterem Himmel, ungebeten. Sonia Kaufman ist die dreiste, aggressive, aufdringliche Anwältin aus meinem Roman *Einfach so*. Der Roman erschien 1994. Ich dachte, ich hätte mir Sonia vom Hals geschafft, als ich das Buch beendet hatte.

Sonia hatte eine sehr drastische Art, sich auszudrücken. Als ich *Einfach so* zu schreiben begann, mochte ich sie nicht, doch gegen Ende konnte ich sie ganz gut leiden. Aber nicht so gut, daß ich mich noch einmal freiwillig in ihre Gesellschaft begeben würde. Sonia drückt sich wenig gewählt aus und hat keine Scheu, die unappetitlicheren Einzelheiten ihrer sexuellen Beziehungen in epischer Breite zu schildern.

Obwohl Sonia gegen Ende des Buchs Zwillinge hat, bin ich sehr im Zweifel, ob die Mutterschaft oder das Älter-

47

werden sie wirklich verändert haben. Ich bezweifle, daß sie ihrem Mann jetzt treuer ist oder sich weniger indiskret ausdrückt. Und ich bezweifle sehr, daß sie ihre Regungen jetzt besser unter Kontrolle hat. Eine Sonia Kaufman, die in spießiger Behäbigkeit lebt, kann ich mir nicht vorstellen. Aber ich will mir überhaupt keine Sonia Kaufman vorstellen. Ich kann es nicht fassen, daß sie die Unverschämtheit besitzt, in meinem neuen Buch aufzutauchen. In San Miguel. Ich bin hergekommen, um alles andere hinter mir zu lassen. Und jetzt habe ich Sonia Kaufman am Hals. Mein Kopf schmerzt höllisch.

Liz ruft an und fragt, ob ich mit ihr im Fitneßstudio trainieren will. Sie weiß, wie gern ich Gewichte hebe. »Wann du willst«, sagt sie. »Ich bin zu erschöpft«, sage ich zu ihr. Und das stimmt. Ich fühle mich völlig erledigt. José und der Hahn und Sonia Kaufman haben mich fertiggemacht. »Ich glaube, morgen wäre ich eher in der Verfassung zu trainieren«, sage ich zu Liz.

Einige Tage später merke ich, daß ich mich akklimatisiert habe. Ich bin ruhiger. Weniger nervös, weniger überspannt. Ich fühle mich wohler. Ich merke, daß ich mich dem Lebensrhythmus angepaßt habe, der hier herrscht.

Hier gibt es keine Eile, keine Hektik. Mädchen gehen Arm in Arm mit ihren Müttern. Sie gehen und reden dabei. Ich muß mich mit meinen Kindern verabreden, wenn ich sie sehen will. Wir schlendern nicht plaudernd dahin. Wir springen in Taxis oder in U-Bahn-Waggons, um einander kurz zu besuchen. In San Miguel ist niemand gehetzt. Nie sieht man jemanden rennen oder laufen. Und alle Leute sind so herzlich. Und so freundlich. »*Buenos dias*«, sagen die Leute, wenn man ihnen auf der Straße begegnet. Wenn ich mit meinem Mann zusammen bin, sagen sie es zweimal. »*Buenos dias, buenos dias.*« Einen Gruß für jeden.

Nur die wenigsten haben materiellen Besitz. Und doch sehen alle viel glücklicher aus als neunundneunzig Prozent der Menschen, denen man in New York begegnet. Arbeiter, die nach einem langen Arbeitstag dichtgedrängt auf der Ladefläche eines Lastwagens stehen, lächeln. Eine alte Frau, die auf dem Gehweg sitzt und Gurken in einen Eimer schält, sieht fröhlich aus. Es ist schwer, jemanden zu finden, der traurig oder verstimmt aussieht. Beim Anblick all dieser fröhlichen Mienen schäme ich mich ein wenig für meine eigene Hypernervosität.

Geraldo, Liz' Ehemann, ist Mexikaner; ihn habe ich gefragt, wie es kommt, daß die Leute hier sogar in schwierigen Situationen so glücklich wirken. Er hat mir ein Beispiel genannt, das er im Fernsehen anläßlich einer Überschwemmung in Chiapas gesehen hat: Ein Mann, der sein Haus verloren hatte, stand bis zum Hals im Wasser und hielt einen Ast mit einem Langschwanzpapagei über seinen Kopf. Und lächelte.

Warum lächelte er, habe ich Geraldo gefragt.

»Weil wir Mexikaner widrigen Umständen mit einem Lächeln begegnen«, sagte Geraldo. »Wir lassen uns nicht unterkriegen. Dieser Mann weiß, daß er eine Tragödie erlebt hat. Er hat seinen Fernsehapparat verloren, der die Ersparnisse von mindestens einem Jahr gekostet hatte. Aber er lächelt im Wasser, weil er noch lebt und weil er seinen Vogel gerettet hat.«

Ich gelobe mir, mich zu bemühen, herzlicher zu sein, entspannter zu sein, mexikanischer zu sein. Ich bin ziemlich stolz, weil ich weitergeschlafen habe, obwohl der Hahn krähte. Drei Nächte hintereinander. Daß er aktiv war, weiß ich, weil ich jedesmal von seinem Kikeriki geweckt wurde. Aber jedesmal bin ich einfach wieder eingeschlafen.

Mit meinem Roman bin ich auch vorangekommen. Sonia Kaufmans Erscheinen gibt mir immer noch Rätsel auf. Aber ihre Anwesenheit regt mich jetzt weniger auf. Trotzdem hatte ich recht. Seit unserer letzten Begegnung hat sie sich nicht wesentlich verändert.

José ist wieder im Garten. Er gibt sich große Mühe, in meiner Nähe kein Wasser zu verspritzen. Lupe steht auf einer Leiter. Die Leiter führt zum Dach, wo Lupe die Wäsche an einer Leine aufhängt, die quer über das Dach gespannt ist. Die Leiter ist selbstgebastelt und ziemlich windschief, mit zersplitterten Sprossen, und manche fehlen ganz. Sie lehnt an der Hauswand.

Lupe steigt jeden Tag mit ihren hochhackigen Schuhen und mit dem Wäschekorb in den Armen diese Leiter hoch. Ich kann ihr dabei nicht zusehen. Ich habe versucht, ihr vor Augen zu führen, wie gefährlich es ist, mit hohen Absätzen und mit der Wäsche auf den Armen eine klapprige Leiter zu besteigen. Aber Lupe konnte nicht begreifen, was ich sagen wollte.

Ich habe gesehen, wie Lupe die Leiter furchtlos und schnell hinauf- und hinuntergeklettert ist. Manchmal hält sie mittendrin inne, um mir etwas zu erzählen. Das hat mich völlig fassungslos gemacht. Ich konnte noch nie auf eine Leiter steigen. Ich habe es versucht. Vier bis fünf Sprossen habe ich bewältigt, um danach auf schnellstem Weg hinunterzuklettern. Ich könnte den Rolls-Royce unter den Leitern besitzen und würde mich dennoch nicht darauf wagen.

Lupe hat die Wäsche aufgehängt und kommt die Leiter herunter. Heute trägt sie noch höhere Absätze als sonst. Ich vermute, daß Lupe der Ansicht ist, die Heilige Jungfrau von Guadeloupe beschütze sie. Ich kann nur hoffen, daß die Heilige Jungfrau Bescheid weiß.

Ich stehe auf und strecke mich. Ich bin ein bißchen steif. Seit zwei, drei Stunden habe ich mich nicht von der Stelle gerührt. Lupe tritt zu mir und bleibt neben mir stehen. Sie mustert mich von Kopf bis Fuß und verkündet dann, daß ich eine schmale Taille habe. Man kann sehen, daß ihr das gefällt. Sie sieht mich an, um zu sehen, ob ich mich darüber freue.

Ich bin nicht sonderlich darauf erpicht, über meinen Körperumfang oder mein Gewicht zu diskutieren. Ich beschränke mich auf ein Nicken. Das war nicht genug. Lupe tritt noch näher. Sie klopft auf ihre Hüften und ihren Hintern, die sie offenbar als schwabbeliges Fleisch betrachtet. Mit Gesten beschreibt sie einen Körper aus festem Fleisch und blickt mich fragend an. Ich begreife, daß sie wissen will, wie fest mein Fleisch ist.

Lupe hebt ihr Hemd an und zwickt mit Daumen und Zeigefinger in ihren Bauch, wobei sie eine Grimasse zieht. Dann schaut sie mich erwartungsvoll an. Sie will, daß ich auch mein T-Shirt anhebe. Ich kann es nicht. Ich gehöre nicht zu denen, die sich ohne große Umstände entkleiden. Die meiste Zeit bin ich bemüht, meinen Körper zu verhüllen. Und die meiste Zeit hat er verhüllt besser ausgesehen.

In meinem vorgerückten Alter habe ich wahrscheinlich die beste Figur, seit ich fünfzehn oder sechzehn war. Zweifellos bin ich viel schlanker als damals. Aber ich bin noch immer nicht darauf erpicht, mir die Kleider vom Leib zu reißen. Allzu bewußt bin ich mir meiner Makel und Unzulänglichkeiten. Der Spuren und Narben meiner Vergangenheit. Ich sehe mich nicht gern unbekleidet im Spiegel. Wenn ich mich nach dem Duschen anziehe, schaue ich nicht hin. Da hilft kein Ummodeln und kein Polieren. Kein stundenlanges Trainieren auf dem Laufband oder mit Gewichten. In meinen Augen sehe ich nicht gut aus. Ich habe meinen Körper immer verhüllt. Vielleicht hat es damit zu tun, daß ich eine Mutter hatte, die im Bikini so atemberaubend aussah wie in jedem anderen Kleidungsstück. Sie trug rückenfreie und schulterfreie Abendkleider und luxuriöse, freche Unterwäsche.

Vor kurzem habe ich mir einen schulterfreien Pullover gekauft. Ich fand, daß ich darin gut aussah. Ich habe ewig lange nach einem halterlosen BH gesucht, in dem ich nicht aussehe wie Sabrina oder Pamela Anderson oder der sofort verrutscht, wenn ich mich bewege. Oder der sich nicht bewegt, das andere Problem bei halterlosen BHs, wenn man sich umdrehen kann und der BH noch immer stur in die frühere Richtung weist.

Schließlich fand ich bei Victoria's Secret den idealen BH. Er sah unter meinem Pullover hinreißend aus. Ich trug den Pullover zu Hause. Ich übte, mich darin wohlzufühlen. Mir gefiel der Anblick meiner nackten Schultern. An meinen Schultern hatte ich nie etwas auszusetzen gehabt. Und der BH war auch in Ordnung. Er saß gut und folgte meinen Bewegungen.

Ich hatte vor, den Pullover bei einem offiziellen Auftritt im Rainbow Room zu tragen. Ich hatte einen schwarzen Spitzenrock, der wie für den Pullover geschaffen war. An dem entsprechenden Abend kleidete ich mich früh an und sah in den Spiegel. Ich kam mir ausgezogen vor. Bei der Vorstellung, mit entblößten Schultern unter die Leute zu gehen, kam ich mir nackt vor.

Es war so lächerlich. Nur meine Schultern und meine Oberarme waren entblößt. Der Pullover hatte lange Ärmel und war schlicht geschnitten. Aber nicht in meinen Augen. Seitdem habe ich ein halbdutzendmal versucht, ihn zu tragen, doch vergebens. Mein Unvermögen, diese Neurose zu überwinden, nicht freier mit meinem Körper umzugehen, hat mich fast Tränen gekostet. Unter dem Eindruck zu stehen, es könnte gefährlich sein, zuviel Haut oder Fleisch sehen zu lassen.

Intellektuell kann ich begreifen, daß das mit meiner Mutter zusammenhängt und mit der sexuellen Belästigung, die mir als Kind durch einen Nachbarn widerfahren ist – worüber ich in einem anderen Buch geschrieben habe –, aber ändern kann ich es nicht.

Ich rühre mein T-Shirt nicht an. Und lächle Lupe an in dem Versuch, sie zu besänftigen. Ich schäme mich, weil ich es nicht über mich bringe, Lupe meinen Bauch zu zeigen.

Ich denke mir, daß es herrlich wäre, wenn wir unsere Körper vergleichen könnten. Es ist nicht leicht, diese Art von Intimität mit einer Frau zu teilen, wenn man heterosexuell und älter als zwanzig ist. Ich denke mir, daß es sehr befreiend sein muß. Ich habe immer die Frauen bewundert, die sich einfach ausziehen können. Die sich in Boutiquen umziehen können, in Wäschegeschäften und in Schwimmbädern. Lupe gibt auf. Sie wechselt das Thema. Sie erzählt mir, daß sie mit ihren zwei Kindern bei ihrer Mutter und ihrer Großmutter wohnt und daß die Großmutter nächsten Monat hundert werden wird. Fünf weitere Verwandte wohnen ebenfalls in dem Haus. Alles in allem sind sie zu zehnt.

Gestern hat Lupe mir erzählt, daß sie lange geweint hat, nachdem ihr Mann sie verlassen hatte. Damals war sie mit ihrem zweiten Kind schwanger. Das war vor acht Jahren. Seitdem hat sie ihn nie wieder zu sehen bekommen. Und sie hat keine Ahnung, wo er sich aufhält. Als sie mir das erzählte, war ihre Miene kummervoll, und ich begriff etwas von der Kehrseite der »Husch«-zur-Tür-hinaus-Geschichte.

Lupe hat das Waschmittel abgestellt, das sie in der Hand hielt, und zählt mir an den Fingern vor, wie viele Kinder ihre Mutter zur Welt gebracht hat. Sechzehn, sagt sie. Zehn davon haben überlebt. Ich staune. Eine ihrer Schwestern, erklärt sie, hat neun Kinder. »*Loco*«, sagt sie und tippt sich an den Kopf. Ich nicke. »Verrückt«, sage ich.

Doch Lupe will mir noch mehr von ihren Ansichten über die Fortpflanzung mitteilen. Sie flitzt ins Haus und kehrt mit einem spanisch-englischen Wörterbuch zurück, das wir zu Rate ziehen. Wir führen ein ernsthaftes Gespräch über den Wahnsinn, zu viele Kinder zu bekommen. Wir sind ganz bei der Sache. Wir sind uns völlig einig. Und fühlen uns einander sehr nahe.

Lupe erzählt mir, daß ihre Mutter sehr klein und sehr dick ist. Ihre Schwestern ebenfalls. Sie ist das einzige große Familienmitglied und das einzige, das schmaler gebaut ist, erklärt sie. Dennoch, bemerkt sie, verabscheue sie ihr schwabbeliges Fleisch, ihren schwabbeligen Bauch. Sie zieht wieder ihr Hemd hoch und deutet auf ein Speckröllchen. Es ist das dritte Mal, daß sie mir ihren Bauch zeigt. Er sieht gar nicht so übel aus.

Fast bin ich soweit, ihr meinen Bauch mit all seinen Makeln zu zeigen. Ich denke mir, daß es ihr guttun würde. Aber ich bringe es nicht über mich. Ich kann es einfach nicht. Lupe beäugt mich. Sie weiß, daß ich mit dem Gedanken gespielt habe, ihr meinen Körper zu zeigen. Sie erkennt, daß ich es nicht tun werde, zuckt die Schultern und redet weiter.

Sie erzählt mir von ihrem Zuhause, von ihrer Großmutter, die vor zwei Jahren zu rauchen aufgehört hat, aber immer noch hustet, von ihrer sechzigjährigen Mutter und von einem ihrer Brüder und einer ihrer Schwestern. Zehn Leute insgesamt, wiederholt sie mehrmals.

Ich erkenne immer mehr spanische Wörter wieder, und Lupe hat nicht wenige englische Wörter aufgeschnappt. Wenn eine von uns nicht weiterkommt oder etwas nicht versteht, konsultieren wir das Wörterbuch.

Die Mahlzeiten bei ihnen sind eine fröhliche Sache, erzählt mir Lupe. Alle reden um die Wette. Sie gestikuliert fröhlich und lebhaft, um mir zu zeigen, wie angeregt sie sich bei den Mahlzeiten unterhalten. Sie deutet auf ihr Herz und sagt, sie sei sehr froh, mit Mutter, Großmutter, Bruder und Schwester zusammenzuwohnen. Sehr froh, wiederholt sie und deutet abermals auf ihr Herz.

Ich bin sehr bewegt. Überwältigt und eingeschüchtert von dieser Bemerkung. Ich denke an meine eigene Familie. Ich denke daran, wie stolz wir sind, wenn es uns gelingt, einen kurzen Urlaub harmonisch miteinander zu verbringen. Wir halten es für eine nicht unbeträchtliche Leistung, miteinander auszukommen. Wie sollten wir es aushalten,

zusammenleben zu müssen und obendrein in Armut?
Freude würden wir darüber mit Sicherheit nicht empfinden.
Ich zumindest nicht. Dieser Gedanke stimmt mich traurig.
Mit einemmal leide ich darunter, daß wir so abgesondert
voneinander leben. Und ich wünsche mir, Mitglied einer
großen, lauten Familie zu sein.

Aber in Wahrheit wäre ich zu Tode erschöpft, wenn ich
mit meinen erwachsenen drei Kindern und mit meinem
Vater zusammenwohnen müßte. Und meine Wohnung ist
nicht klein. Und in Wahrheit will auch keiner von uns mit
den anderen zusammenwohnen. Bis auf meinen Mann und
mich. Mein Vater hat mir oft genug gesagt, daß er unabhängig leben will. Er will niemandem zur Last fallen. Und
keines meiner Kinder wäre begeistert, wieder bei den Eltern
zu wohnen. Und ich wäre nicht begeistert, sie wieder zu
Hause zu haben. Aber ich weiß, daß diese Unabhängigkeit
und Selbständigkeit ihren Preis hat. Genau wie die Abge-
hobenheit einer Mittelschichtexistenz und Mittelschicht-
mentalität.

Ich unterdrücke den Wunsch, meine jüngere Tochter in
New York anzurufen und zu fragen, ob sie wieder bei uns
einziehen möchte. Sie würde mich für verrückt halten. Seit
ihrem siebzehnten Lebensjahr wohnt sie nicht mehr zu
Hause. Sie ist sechsundzwanzig. Sie ist sehr glücklich in der
Wohnung, die sie mit einer Mitbewohnerin teilt.

Ab und zu, wenn sie erschöpft ist, deutet sie an, daß sie
nach Hause zurückkommen könnte. Aber sie überlegt es
sich sofort wieder anders. »Wenn ich das täte, Lil«, sagt sie,
»dann würdest du wissen wollen, wann ich abends nach
Hause komme, oder?« Und bevor ich antworten kann, gibt
sie selbst die Antwort. »Natürlich würdest du das«, sagt sie.
»Du könntest gar nicht anders.« Und damit ist das Thema
beendet.

Zwei Minuten später erzählt mir Lupe, daß ihr Vater vor
zwei Jahren gestorben ist. An einem Herzinfarkt. Plötzlich

sieht sie sehr traurig aus. Sie ergreift einen Besen, der an der Wand lehnt, und beginnt den gefliesten Hof um einiges energischer zu fegen, als die Fliesen erfordern.

Lupes Kummer bekümmert mich. Ich weiß, was es heißt, ein Elternteil zu verlieren. Ich kann mich nicht auf meine Arbeit konzentrieren. Ich gehe ins Haus und frage meinen Mann, ob er Lust hat, mit mir Kaffee trinken zu gehen.

Am nächsten Morgen mache ich auf dem Rückweg vom Juárez-Park bei Espino halt, einem Gemischtwarenladen in der Nähe des Parks, um Mineralwasser zu kaufen. Um die Ecke, an der Calle Codo, ist ein kleiner Imbißstand, der aus einem Tisch und vier bis fünf Barhockern besteht. Er befindet sich unter einem Baum und an einer der Wände des Gemischtwarenladens. Dort werden Ochsenkopftacos verkauft.

Mitten auf dem Tisch ruht ein großer, gegarter Ochsenkopf auf einem abgenutzten Hackblock neben einer Plastiktüte mit Papierservietten, einem Stapel Pappteller und einem Metallbehälter voll gehackter Zwiebeln und gehacktem Koriander. Auf dem Tisch liegt eine blaugeblümte Wachstuchdecke. Das blaue Blumenmuster hat einen wasserblauen Hintergrund, der den Ochsenkopf heiterer, munterer, weniger tot aussehen läßt.

Der Kopf ist im ganzen gekocht worden, mitsamt den Hörnern. Alles an ihm wird verzehrt werden – Augen, Gehirn, Kinn, Haut. Ich kenne den Imbißstand gut. Ich habe schon oft zugesehen, wie sein Inhaber einen Ochsenkopf zerlegt. Ich habe zugesehen, wie er die verschiedenen Membrane und Muskeln und Adern und Knorpel und Fleischschichten abgenommen und zerteilt hat.

Ich habe zugesehen, wie er enthäutet und entbeint und zerstückelt und gehackt hat, bis der Schädel ganz nackt war. Ich habe zugesehen, wie er große Stücke gekochter Ochsenbacke herausgeschnitten hat. Wie er einen Kieferknochen herausgerissen hat. Wie er in den Schädel gegriffen und feuchte, formlose Fleischbrocken herausgeholt hat.

Dieses Ausweiden und Zerlegen hat mich hypnotisiert. Nach dem Laufen im Park bin ich täglich dort vorbeigegangen, um zuzusehen, wie der Ochsenkopf zerlegt wurde. Es waren jede Woche zwei bis drei Ochsenköpfe. Die meisten Ochsenköpfe sehen sich in gekochter Form sehr ähnlich. Sie sind schwer voneinander zu unterscheiden. Ich weiß nicht, ob lebende Ochsen individuelle Züge besitzen wie Hunde und Katzen. Ich kenne mich mit lebenden Ochsen nicht aus. Ich habe nur selten welche gesehen. Aber enthauptet und gekocht ähneln sie sich geradezu verblüffend. Das ganze Fleisch des Ochsenkopfs wird auf einem Brett in kleine Stücke geschnitten. Wenn der Standbesitzer damit fertig ist, besteht der Ochsenkopf nur noch aus Schädelknochen und Zähnen. Der unbehaarte Schädel wirkt schutzlos. Die abgekratzten und abgefieselten Knochen sind schmucklos und nackt. Und weiß. Und so sauber. Sie sehen aus, als wären sie gebleicht und geschrubbt worden.

Das zerkleinerte Fleisch des Ochsenkopfs wird in Tortillas gewickelt und mit gehackten Zwiebeln und gehacktem Koriandergrün, mit Zitronenspalten und scharfer Salsa oder mit Chilis serviert. Man kann Tacos mit bestimmten Teilen des Ochsenkopfs bestellen. Man kann Tacos mit Ochsenbacke bestellen, mit Ochsengehirn, mit Ochsenaugen. Oder mit gemischtem Kopffleisch.

Ich stand daneben und sah zu, wie die Tacos zubereitet wurden, solange ich konnte, ohne mir aufdringlich vorzukommen. Manchmal blickten die Kunden zu mir herüber und wunderten sich, daß ich zusah, ohne zu essen.

Auch ein enthaupteter und halb aufgegessener, mundloser und einwangiger Ochsenkopf kann einen furchterregenden Gesichtsausdruck haben. Ein Ochse kann auch ohne Augen mit bloßen Augenhöhlen starr blicken. Kann einen mit erschreckender Eindringlichkeit anstarren. Ein Ochse kann einen ohne Ohren und Nase noch immer einschüchtern. Ein Ochse kann einen bis zum bitteren Ende anstarren.

An manchen Tagen sah der Ochse aus, als grinste er. An anderen Tagen wirkte er ein wenig lustlos. Ein wenig deprimiert. Die Ochsen, die deprimiert aussahen, taten mir leid. Weil ihre Niedergeschlagenheit vor aller Augen ausgestellt war. Es ist nicht schön, sich auf einem großen Hackklotz zur Schau gestellt zu wissen, wenn man nicht in Höchstform ist. Ich mußte mir ins Gedächtnis rufen, daß die Ochsen nicht mehr am Leben waren.

An diesem Morgen hält der Inhaber des Stands gerade die Zunge des Ochsen in der Hand. Er schabt die weiße Haut von der Zunge ab. Entsetzt ertappe ich mich bei dem Gedanken, daß die Zunge aussieht, als würde sie gut schmecken. Sie erinnert mich an die Zungen, die meine Mutter zuzubereiten pflegte, nur daß sie viel größer ist. Sie riecht sogar gut. Wie immer ist der Stand gut besucht. Sieben, acht Männer essen Tacos mit Ochsenkopffleisch. Ich stehe neben ihnen. Ich kann es nicht fassen, daß ich den Geruch eines gekochten Ochsenkopfs mit Genuß schnuppere.

Plötzlich hat die Getreidekleie mit Weizenflocken, Joghurt und Rosinen, die mich zu Hause erwartet, nichts Verlockendes mehr. Diese Entwicklung beunruhigt mich. Was geschieht mit meiner vegetarischen Neigung und Haltung? Sie scheint sich mit einemmal in Luft aufzulösen.

Ich bin über mich selbst entsetzt. So etwas paßt überhaupt nicht zu mir. Obwohl es Präzedenzfälle gibt. Hin und wieder habe ich mich unversehens von einer Bohnen- und Tofuesserin in einen blindwütigen Karnivoren verwandelt.

Das erste Mal ist mir das in Polen passiert. In Krakau. Auf dem Rynek Glówny, dem großen Platz Stare Miasto in der Altstadt. Es gab Musikkapellen und Buden, an denen alles verkauft wurde, von Kleidung über Süßigkeiten bis zu Blumen und Bildern. Und es gab Imbißstände. An einem dieser Stände wurde gebratene *Kielbasa* verkauft. Reihenweise wurden die *Kielbasa*-Würste auf dem großen Rost gewendet und von den Flammen umzüngelt. Sie rochen köstlich.

Es war ein kalter Abend, und der Geruch der *Kielbasa* war wärmer und verheißungsvoller, als es im Sommer der Fall gewesen wäre. Ich wußte, daß mein Mann den Würsten nicht widerstehen konnte. Er liebt *Kielbasa*. Vor allem in Polen, ihrem Herkunftsland.

Mein Mann bestellte sich ein Brötchen mit *Kielbasa*. Und in der nächsten Minute hielt er ein Brötchen in der Hand, aus dem ein halber Meter zischender, vollendet gebratener Wurst ragte. Ich sah zu, wie er die *Kielbasa* aß. Aufmerksamer als nötig. Ich rückte ihm so nahe, daß er zurückwich. Ich trat einen Schritt zurück. Aber die Wurst lockte mich wieder an. Zu diesem Zeitpunkt hatte ich seit fünf Jahren kein Fleisch mehr gegessen.

Als mein Mann die Wurst bis auf zehn Zentimeter vertilgt hatte, konnte ich mich nicht mehr zurückhalten.»Darf ich einmal beißen?« fragte ich. Er sah mich verblüfft an. »Nur einmal«, sagte ich.»Selbstverständlich«, antwortete er, noch immer verblüfft.

Ich biß in die Wurst. Sie schmeckte himmlisch. Alle meine Grundsätze, was den Verzehr von Lebewesen betraf, lösten sich in Luft auf.»Ich hole mir eine eigene«, sagte ich und rannte los. In meiner Hast, an den Stand zu gelangen, hätte ich fast ein altes Paar über den Haufen gelaufen.

Ich aß die ganze *Kielbasa* auf. Es war paradiesisch. Ich genoß jeden Bissen.»Ich kann verstehen, warum Leute Fleisch essen«, sagte ich zu meinem Mann. Er schwieg. Er war noch immer ratlos. Als ich die Wurst aufgegessen hatte, fragte ich mich für einen Augenblick, ob ich für diesen unerwarteten Verzehr einer großen Menge Teile gewiß mehr als eines Tieres würde bezahlen müssen. Doch nichts geschah. Keine Auswirkungen. Am nächsten Morgen war der Jahrmarkt weitergezogen, und das war sicher auch gut so.

Für einige Tage sahen die Gemüse und Körner, die ich sonst so liebe, wenig einladend aus. Und dann wich der blindwütige Karnivore von mir. So plötzlich, wie er gekommen war. Ich war ziemlich erleichtert. Das Essen von Tieren sagt mir nicht zu. Nicht daß ich eine ausgesprochene Tierfreundin wäre. Keineswegs. Mir gefällt nur nicht die Vorstellung, daß ein Wesen getötet wird, damit ich etwas zu essen habe. Manchmal ist es mir peinlich, daß ich so empfinde. Es kommt mir etepetete und geziert vor.

Das zweite Mal verwandelte ich mich von einer friedliebenden Vegetarierin in einen wilden, ja blutrünstigen Karnivoren, als ich in Wien war. Meine österreichische Verlegerin, die mich auf einer dreiwöchigen Lesereise durch Österreich und Deutschland begleitet hatte, führte mich in ein Weinlokal außerhalb von Wien.

Sie wollte mir einen unberührten Teil des österreichischen Lebens zeigen, ein Heurigenlokal, in dem mehr Einheimische als Touristen verkehrten. Sie wußte, daß ich keinen Wein oder sonstigen Alkohol trinke. Sie wußte auch, wie wählerisch ich beim Essen bin, vor allem in der Fremde und wenn ich arbeite. In ganz Deutschland hatte sie für mich gedämpftes Gemüse und Kamillentee bestellt.

In diesem Heurigenlokal in den Hügeln vor Wien war die Spezialität Blutwurst. Die Blutwurst wurde mit zwei Sorten Kartoffelsalat zu den Weinproben serviert. Mein Mann und meine Verlegerin bestellten Blutwurst. Ich bestellte mir einen Kamillentee, aber so etwas gab es nicht. Ich entschied mich für Wasser aus dem Hahn. Das Lokal war klein und voll; die Gäste waren fast ausschließlich einfache Leute aus der näheren Umgebung, mit Tirolerhüten und in Lederhosen mit Hosenträgern. Ich kam mir fast vor wie auf einer Zeitreise. Ein Großteil des zwanzigsten Jahrhunderts hatte offenbar noch nicht hierher gefunden.

Ich fand das alles faszinierend. Ich saß da und verspürte ein Gefühl des Friedens und der Ruhe. Bis die Blutwurst serviert wurde. Irgend etwas riß in mir, und ich gierte nach Blutwurst. Etwas so Blutiges wie Blutwurst hatte ich nicht mehr gegessen, seit mein Gynäkologe mich bei einer meiner

Schwangerschaften gezwungen hatte, Kalbsleber zu essen. Vor sechsundzwanzig Jahren.

Meine Gier nach Blutwurst war nicht oberflächlich, sondern überwältigend, unbezähmbar. Ich mußte sofort Blutwurst essen. Ich sagte, ich müsse unbedingt Blutwurst essen. Weder meine Verlegerin noch mein Mann antworteten. Sie dachten, es wäre ein Scherz.

»Ich will Blutwurst«, sagte ich laut.

»Sie wollen Blutwurst essen?« fragte meine Verlegerin.

»Ja«, sagte ich nachdrücklich.

»Blutwurst?« sagte sie und wiederholte es auf englisch, als hätte ich das Wort nicht verstanden.

»Ich will Blutwurst essen, ja, Blutwurst«, sagte ich, so klar und deutlich ich konnte.

Meine Verlegerin ist hellblond und hellhäutig, aber sie erbleichte sichtlich. Sie sah bedrückt aus. Sie hatte schon zuvor befürchtet, daß ich mich überanstrengt hätte. In drei Wochen hatten wir siebzehn Städte besucht.

»Mit mir ist alles in Ordnung«, sagte ich. »Ich will nur eine Blutwurst essen.«

»Schon gut«, sagte sie mit ihrer gewohnten Wiener Zurückhaltung.

Ich biß in meine Blutwurst. Sie schmeckte unvorstellbar köstlich. In einem Zeitraum, der mir vorkam wie zwei Minuten, verdrückte ich zwei Blutwürste. Sie schmeckten überwältigend. Unvorstellbar.

Meine Verlegerin beobachtete mich den Rest des Tages und Abends, auf weitere Symptome einer ernsten Störung gefaßt. Mein Mann lachte sich kaputt und versuchte sie zu beruhigen. Aber sie war sehr beunruhigt. Jahre später kann man sie mit der Erwähnung dieser Geschichte noch immer aus der Fassung bringen. Und wenn Blutwurst auf einer Speisekarte steht, wirft sie mir besorgte Blicke zu.

Der Fleisch, das dem entstammt, was einmal ein Ochsenkopf war, sieht saftig und heiß und zart aus. Es sieht perfekt gegart und ausgesprochen appetitlich aus. Der Umstand, daß es mir so appetitlich erscheint, entsetzt mich.

Als ich gekochtes Ochsenkopffleisch zum ersten Mal zu sehen bekam, habe ich versucht herauszufinden, welche Fleischstücke aus welchen Kopfteilen stammten. Ich stand da und überlegte, welche Teile zum Kinn gehörten und ob Stücke von der Stirn sich von Stücken aus den Backen unterschieden. Ich versuchte die verschiedenen Fleischstücke zusammenzusetzen, um den Ochsenkopf wieder zusammenzufügen.

Aber das, was sich vor meinen Augen befindet, sieht aus wie eine Mahlzeit, nicht wie ein Tier. Das gekochte, gebratene und kleingeschnittene Fleisch sieht mit einemmal appetitanregend aus. Ein Fest der Sinne. Nicht entfernt mit dem Ochsen verbunden, dem es entstammt. Aber noch bin ich nicht soweit, daß ich mich über so etwas bedenkenlos hermachen würde, mag es auch noch so verlockend sein. Ich kaufe meine Flasche Mineralwasser und gehe nach Hause.

Morgens sieht San Miguel besonders hübsch aus. Frischgewaschen, frischgereinigt. Morgens wird viel Wasser verspritzt. Die Leute spritzen die Gehsteige vor ihren Häusern ab. Das reinigt sie von dem Schmutz, der sich tags- und nachtsüber angesammelt hat.

Das Abspritzen wird mit Eimern bewerkstelligt. Und kraftvoll. Wenn man Pech hat oder wie ich tagträumend durch die Gegend geht, wird man unsanft durch einen Eimer voll Seifenwasser geweckt, der sich über einen entleert.

Auch die Pflanzen werden morgens gegossen. Viele der Häuser bieten dank der Pflanzen auf ihren Dächern mehr oder weniger heftige Regenfälle, die sich auf die Straßen ergießen. Und Kleidung wird morgens gewaschen. Und tropft. Ich gehe die noch jungfräulichen Kopfsteinpflasterstraßen entlang und an einem unerträglich schönen Haus nach dem anderen vorbei. Die Farben, Aquamarinblau, Blau, Gelb und Ocker, sind so herzerfrischend.

Kinder laufen zur Schule. Einige halten noch ihr Frühstücksbrot in der Hand. Ein Mann bietet mir einen Beutel Erdbeeren für einen Dollar an. Eine ältere Frau verkauft einen Riesenstrauß weißer Freesien für fünfzig Cent. Ich kaufe die Freesien und gebe ihr zwei Dollar. Sie sagt, daß ich dafür gesegnet sein solle. Jedenfalls habe ich den Eindruck, daß sie das sagt.

Die Sonne scheint. Der Himmel ist blau, helles Kobaltblau. Ich gehe die steile Calle Huertas hinauf und bin glücklich. Bis auf eine winzigkleine Sehnsucht nach Polen, die ich zu unterdrücken versuche. Diese Sehnsucht ist nichts Neues. Ich habe sie schon öfter verspürt, als mir guttut. Das Bedürfnis, in Polen zu sein, hat mich schon wahnsinnig gemacht. Jahrelang. Und zu oft habe ich nachgegeben und bin hingefahren.

Polen gehört nicht zu den Ländern, in die es jedermann wie selbstverständlich zieht. Nicht zu den Ländern, an die man als erstes denkt, wenn man Urlaub machen will. Endlose Visaformulare habe ich ausgefüllt, um das Land betreten zu dürfen. Unter »Grund der Reise« gebe ich immer an: »Urlaubsreise«. Und ich bin jedesmal überrascht, daß das niemand in Zweifel zieht. Ich wäre jedem gegenüber mißtrauisch, der sich Polen zum Reiseziel Nummer eins erwählen würde.

In Polen verbringe ich die meiste Zeit in Todeslagern und auf Friedhöfen, an Orten, die sich nicht besonders gut als Urlaubsattraktionen eignen. Das letztemal war ich vor einem Jahr in Polen. Nach der Reise habe ich zu meinem Mann gesagt: »Sollte ich wieder einmal sagen, daß ich nach Polen fahren will, könntest du mir dann den Gefallen tun, mich daran zu erinnern, daß das nicht der Fall ist?«

Er hat gelacht. Er weiß, daß diese Sehnsüchte mich seit Jahren schier um den Verstand bringen. Er weiß, daß das

Land, das die Vergangenheit meiner Eltern und alle ihre Toten mit einschließt, mich in seinem Griff hält. Mich gepackt hält. Er weiß es, und er war dort mit mir. Zu oft. Er hat mich in den Armen gehalten, als ich weinte, tagelang weinte. Er hat mich in den Armen gehalten, als ich zitterte und bebte. Er hat mich in den Armen gehalten, als mir übel und schwindelig war.

Auf halbem Weg die Straße hinauf denke ich noch immer an Polen. Ich ärgere mich über mich selbst. Ich bin voller Unruhe. Ich werde nicht wieder nach Polen fahren, gelobe ich mir entschieden. Ich gehe den Rest der steilen Straße hinauf. Scheißpolen, denke ich. Aber ich habe es nicht nur gedacht. Es ist mir aus dem Mund gekommen. Ich habe es laut gesagt. Ein Mann, der auf der anderen Straßenseite Knoblauch feilbietet, sieht zu mir herüber und zuckt die Schultern.

Lucrecia kocht zum Mittagessen *pozole*. *Pozole* ist ein Eintopf aus Bohnen, Fleisch und Mais. Die Maiskörner sind groß und weiß, mindestens doppelt so groß wie die in den Vereinigten Staaten. Und sie sind schön saftig. Ich esse sie für mein Leben gern und habe sie schon oft aus dem *pozole* meines Ehemanns herausgefischt.

Lucrecia hat zwei große Dosen Maiskörner gekauft. Sie bereitet Huhn und Limabohnen, Kohl, Zwiebeln, Knoblauch und Oregano vor, die sie mit dem Mais kochen wird.

Lupe kommt in die Küche und fragt mich, ob ich den *pozole* essen werde. Ich zögere, dann nicke ich. Ich bin es leid, den Eindruck zu erwecken, ich würde nur ungewöhnliche, eigens zubereitete und ausgewählte Nahrung zu mir nehmen. Ich will normaler wirken, flexibler, unbeschwerter. Nicht als die hochkomplizierte Mieterin, die ich in Wahrheit bin.

Lupe wirkt von meiner Antwort überrascht. Gestern habe ich gesehen, wie sie mein Mittagessen beäugte, das aus geraspelten roten Beten, geraspelten Mohrrüben, Ananas,

Papaya und Passionsfrucht bestand. Mir ist klar, warum sie es nicht fassen kann, daß ich *pozole* essen will. Lupe wiederholt ihre Frage. Mit ungläubiger Miene. »Ja«, sage ich und komme mir sofort vor wie eine Idiotin. Warum habe ich nicht einfach nein gesagt? Es wäre die Wahrheit gewesen. Ich beabsichtige keineswegs, *pozole* zu essen. Warum war es mir auf einmal so wichtig, normal zu erscheinen? Und warum sollte es weniger normal sein, Früchte und Gemüse zu essen, als einen Eintopf aus Mais und Fleisch zu essen? Demnächst will ich offenbar Enchiladas und Burritos hinunterschlingen, um zu beweisen, wie normal ich bin.

»*Pozole?*« sagt Lupe mit einer Geste, die breite Hüften andeutet. »Ein bißchen *pozole*«, sage ich im Bemühen, sie milde zu stimmen und das Gespräch über *pozole* zu beenden. Oh, sagt Lupe, ein bißchen. Diese Antwort leuchtet ihr ein. Meine vorherige Antwort konnte das nicht.

Lupe hat mich eingehend studiert. Sehr eingehend. Sie hat registriert, daß ich Fett und Salz meide und mich an kalorienarme Nahrungsmittel halte. Ich habe sie dabei beobachtet, wie sie fast alles beobachtet hat, was ich esse. Sie hat mich beim Essen beobachtet. Sie hat mich beim Arbeiten beobachtet und dabei, wenn ich mit meinem Mann spreche.

Lupe sieht mich an. Ich sehe ihr an, daß sie noch immer nicht hundertprozentig davon überzeugt ist, daß ich von dem *pozole* essen werde. Aber sie gibt auf. Sie wechselt das Thema. Sie fragt mich, an was für einer Art Buch ich schreibe. Es ist nicht leicht, das eigene Buch zu beschreiben. Es ist schwierig. Es ist sogar dann schwierig, wenn man dieselbe Sprache spricht wie der Fragende. Mit wenigen gemeinsamen Wörtern ist es fast unmöglich.

Ich beginne zu schildern, was ich schreibe. Es ist sinnlos. Lupe hat keine Ahnung, wovon ich spreche. Sie will mir helfen. Sie fragt, ob ich Liebesromane schreibe, und sieht sehr enttäuscht aus, als ich das verneine. Ihre Aufmerksamkeit verlagert sich auf mein Gesicht. Sie betrachtet etwas in meinem Gesicht. Offenkundig hat sie jedes Interesse an meinem Schreiben verloren. Sie deutet auf meine Wangen und stellt mir eine Frage. Ich verstehe nicht, was sie fragt. Sie saugt die Wangen dramatisch ein und deutet auf ihr Gesicht. Sie sieht so komisch aus, daß ich lachen muß. Mit den eingesaugten Wangen sieht sie hochmütig und herrisch aus und ähnelt Maria Callas.

Lupe findet es nicht lustig, daß ich lache. Sie macht mir klar, daß ihre Frage ernst gemeint war. Ich erfasse das Wort *operación* und begreife Lupes Frage. Sie will wissen, ob ich eine Schönheitsoperation hinter mir habe. Ich lache und verneine. Nein, fragt sie überrascht. Warum ich dann so hervorstehende Backenknochen habe, fragt sie und deutet darauf. Von meiner Mutter, sage ich. Ich habe sie von meiner Mutter geerbt.

Aber das glaubt mir Lupe nicht. Sie ermuntert mich, ruhig zuzugeben, daß ich bei einem Schönheitschirurgen war. Ich erkläre umständlich, daß meine Mutter und ich und mein Sohn und meine Tochter allesamt diese Backenknochen haben. Lupe blickt noch immer argwöhnisch drein.

Am nächsten Morgen sieht Lupe ungewohnt blaß aus. Sie hat sich in einen dicken Wollmantel gehüllt. Im Haus. Sie ist erkältet. Sie deutet auf ihre Kehle und auf ihre Brust und schüttelt den Kopf. Ich sehe sie an. Sie sieht aus, als wäre sie auf dem Weg zu einer Nordpolexpedition. Sie knöpft den Mantel auf, um mir zu zeigen, wie vorsichtig sie ist, damit die Erkältung sich nicht verschlimmert.

Unter dem Mantel trägt sie einen dicken, grobgestrickten dunkelbraunen Pillover. Sie hebt den Pullover an und zeigt mir einen kastanienbraunen Rollkragenpulli. Darunter hat sie ein langärmeliges weißes T-Shirt und ein weißes Unterhemd an. Und unter ihren Hosen trägt sie eine dicke lange Unterhose und zwei Paar Socken.

Noch nie habe ich jemanden mit so vielen Schichten Kleidung gesehen. Draußen beträgt die Temperatur fast dreißig Grad. Ich schwitze noch immer von meinem Morgentraining. Lupe knöpft ihren Mantel wieder zu und hustet und schnieft. Sie geht zum Spülbecken und macht sich ans Geschirrspülen. Ich wundere mich, daß sie sich in der vielen Kleidung überhaupt bewegen kann. Ich wundere mich, daß sie keinen Hitzschlag oder Ohnmachtsanfall bekommt. Ich arbeite weitgehend ungestört. Im Haus ist es ruhig. Die einzigen Geräusche sind hin und wieder Lupes Husten und Niesen. Lupe behält ihre Kleidung an. Irgendwann am Vormittag fällt mir auf, daß sie noch einen Schal hinzugefügt hat. Einen Wollschal, den sie sich um den Kopf gebunden und unter dem Kinn verknotet hat. Von Lupe ist nichts zu sehen als ein kleiner Teil des Gesichts. Er sieht gerötet aus.

Plötzlich entsteht Lärm im Haus. Ich höre Klappern und Klirren. Und lautere Geräusche. Ich beschließe, mich nicht einzumischen. Ich muß mich auf mein Schreiben konzentrieren.

Ein paar Minuten später kommt Lupe aus dem Haus gelaufen. Sie erklärt mir, daß sie in zehn Minuten wieder da sein wird. Ich lasse mich nicht ablenken. Ich schreibe weiter. Lupe kommt mit einem Mann zurück. Er ist Klempner. Offenbar sind beide Toiletten im Haus verstopft. Lupe und der Klempner reden aufeinander ein. Lupe erklärt mir, daß sie vermuten, das Haus nebenan sei der Grund der Verstopfung. Ich wage nicht einmal zu fragen, wie das möglich sein kann. Ich will nicht wissen, wie das Haus nebenan unsere Toiletten verstopfen kann. Ich versuche, nicht in Panik zu geraten. Ich versuche, mir nicht auszumalen, toilettenlos zu leben, bis wir nach New York zurückkehren. Ich rede mir ein, daß der Klempner den Schaden beheben wird. Er sieht aus, als wäre er dazu in der Lage.

Natürlich habe ich sofort das Bedürfnis zu pinkeln. Ich zwinge mich dazu, mich wieder mit Sonia Kaufman zu befassen. Aber das Sanitärproblem hat mich aus der Fassung gebracht. Ich versuche zu arbeiten. Ich will nicht, daß das Chaos um mich herum auf meine Arbeit abfärbt. Ich befürchte, daß Sonias Leben weitaus glatter verlaufen könnte, wenn ich anderswo darüber geschrieben hätte.

Eine halbe Stunde später muß ich tatsächlich auf die Toilette. Ich gehe ins Haus, um zu sehen, wie die Dinge stehen. Als ich das Schlafzimmer betrete, entfernt der Klempner gerade die Toilette aus dem benachbarten Badezimmer. Überall fließt Wasser. Lupe kommt mit Mops und Eimern gelaufen. Offenbar hat sie das Problem geahnt. Sie ist noch immer in Schal und Mantel gehüllt. Bei der Vorstellung, daß ich knöcheltief in dem Wasser der Toilette stehe, muß ich schreien.

Ich laufe los und suche meinen Mann. Ich finde ihn und sage ihm, daß wir das Haus verlassen und ein Restaurant oder Café mit einer anständigen, sauberen Toilette suchen müssen. Meine Blase droht zu bersten. Ich habe den ganzen Vormittag über Kamillentee getrunken. Als wir das Haus verlassen, verspritzt Lupe gerade überall ein Desinfektionsmittel.

Wir bleiben bis zum späten Nachmittag weg. Als wir wiederkommen, verkündet Lupe, daß der Klempner alles in Ordnung gebracht habe. Das verkündet sie mit einem nachdrücklichen Seufzer der Erleichterung. Sie wird dableiben, erklärt sie uns, und sich vergewissern, daß alles wirklich in Ordnung ist. Ich bin ihr unendlich dankbar. Sie ist noch immer in Schal und Mantel gehüllt.

Mein Mann und ich wollen Liz und Geraldo besuchen, um bei ihnen die BBC-Nachrichten zu sehen. Ich bin so froh, daß die Toiletten wieder funktionieren. Für jemanden, der leicht in Panik gerät und kleine Störungen für Katastrophen hält, habe ich mich sehr zusammengenommen. Wir hatten einen schönen Tag. Wir sind vier Meilen spazierengegangen und haben dünnbesiedelte Gegenden am Stadtrand erkundet. Und es ist uns gelungen, saubere Toiletten zu finden.

Über die verstopften Toiletten habe ich nicht weiter nachgedacht. Und auch nicht über Sonia Kaufman, die mir mit ihrem Wunsch auf die Nerven gegangen ist, die neuen sexuellen Probleme ihres Ehemanns in allen Einzelheiten zu erörtern. Sonias Mann hat diese Probleme erst entwickelt, seit Sonia beschlossen hat, ihm treu zu sein.

Wir kommen bei Liz und Geraldo an, als die BBC-Nachrichten gerade beginnen. Als ich die Nachrichten sehe, beeindruckt mich die weltweite Fülle der Themen. Amerikanische Weltnachrichten beginnen unweigerlich mit Amerika und gehen oft nicht über die Landesgrenzen hinaus.

Um neun Uhr abends sind wir wieder zu Hause. Auf dem Küchentisch liegt eine große Karte von San Miguel, auf der mit schwarzer Tinte unübersehbar ein Weg eingezeichnet ist. Ich weiß sofort, daß das kein gutes Zeichen ist. Der Weg aus schwarzer Tinte beginnt bei unserem Haus. Am Ende des Wegs steht in großen schwarzen Buchstaben das Wort Lupe. Am Kühlschrank klebt eine Adresse. Unter der Adresse steht in großen Buchstaben das Wort Lupe. Lupe hat uns offensichtlich Instruktionen hinterlassen, wie wir sie finden können, falls wir ihre Hilfe brauchen sollten. Ich gehe ins Badezimmer. Mitten im Raum stehen zwei große Eimer voller Wasser. Ich verliere allen Mut. »Es sieht aus, als hätte der Klempner das Problem nicht gelöst«, sage ich zu meinem Mann.

Ich drehe die Wasserhähne im Badezimmer auf. Kein Wasser. Mir wird übel. Ich setze mich hin und versuche mich mit dem Gedanken zu beruhigen, daß einem nicht übel werden muß, nur weil die Toiletten verstopft sind und kein Wasser fließt.

Mein Mann sagt, er werde sich darum kümmern, daß das Wasserproblem bis zum nächsten Morgen behoben sein wird. Er sagt, Geraldo werde uns helfen, einen anderen

Klempner zu finden. Ich muß mich beherrschen, um nicht im Sierra Nevada anzurufen, dem teuersten Hotel von San Miguel, um mich zu erkundigen, ob sie ein Zimmer frei haben.

Die Übelkeit weicht nicht. Ich wünschte, ich hätte Tabletten gegen Übelkeit mitgenommen. Früher hatte ich auf Reisen genug Medikamente dabei, um ein Krankenhaus zu versorgen. Ich hatte Pillen und Tropfen und Cremen für jeden erdenklichen Notfall dabei. Und plötzlich begreife ich, daß die Übelkeit nicht von meinen Ängsten herrührt. Es liegt an den Dämpfen, die aus den Lachen des Desinfektionsmittels aufsteigen, daß mir so übel ist. Lupe hat es offenbar zu gut gemeint. Das ganze Haus stinkt. Der Geruch ist unerträglich. In unserem Schlafzimmer stinkt es wie in einer frischgeputzten öffentlichen Bedürfnisanstalt. Ich reiße alle Fenster auf. Langsam wächst mir alles über den Kopf. Ich will nach Hause. Unsere Flugtickets sind mit Bonusmeilen bezahlt; wahrscheinlich wäre es zu umständlich, den Rückflug ändern zu wollen. Der Gedanke deprimiert mich.

»Wo soll ich pinkeln?« frage ich meinen Mann. »Im Garten«, antwortet er. »Es ist mir noch nie leichtgefallen, woanders als auf einer Toilette zu pinkeln«, sage ich düster. Er lacht und sagt, es werde mir schon gelingen. Ich schlafe schlecht. Die ganze Nacht höre ich den dämlichen Hahn. Er amüsiert sich königlich. Ich hasse ihn.

Am nächsten Morgen gibt es noch immer kein Wasser. Ich gehe Laufen im Gefühl, ungewaschen, unausgeschlafen und ungepflegt zu sein. Als ich zurückkomme, ist Lupe im Haus. Sie sagt mir, daß sie die ganze Nacht nicht schlafen konnte, weil das *agua*-Problem ihr solche Sorgen gemacht hat. Daraus schließe ich, daß es noch immer kein Wasser gibt.

Lupe sagt, es liege an einem Problem, das die ganze Gegend betrifft, nicht nur unser Haus. Sie sagt, das Problem ließe sich beheben, wenn der Hauseigentümer die Leitungen auswechseln ließe. Sie erklärt mir eingehend, wo die neuen Leitungen installiert werden müßten. Ich begreife, daß dieses Problem für Lupe nichts Neues ist.

Ich werde langsam hysterisch. Ich versuche zu berechnen, wie viele Tage ich es ertragen könnte, nicht zu duschen. Mein Kopf schmerzt. Ich kann nicht denken. Ich begebe mich auf einen langen Spaziergang. Als ich zurückkomme, erklärt mir Lupe, daß das Wasser wieder läuft. Ich fühle mich wie neugeboren. Als hätte ich in der Lotterie gewonnen. Ich gehe ins Schlafzimmer, um meine Arbeit zu holen. Schlafzimmer und Badezimmer stinken immer noch wie eine Bedürfnisanstalt. Ich halte mir die Nase zu, während ich meine Notizen einsammle.

Stunden später entdecke ich die Ursache des Gestanks. Lupe hat einen Klostein in die Toilettenschüssel gehängt. Er ist hellgrün und von so penetrantem Geruch, daß er eine größere Bedürfnisanstalt desodorieren könnte. Ich entferne ihn und wickle ihn in vier Plastiktüten und lege ihn am Ende des Gartens zur schmutzigen Wäsche. Mein Kopf schmerzt unerträglich. Ich nehme vier Kopfwehtabletten.

Lucrecia will mir zeigen, was sie für unser Abendessen vorbereitet hat. Es sind *chimichangas*, Weizenmehltortillas, mit Fleisch, Bohnen und Käse gefüllt, und *chilaquilas*, gebratene Tortillas mit Chilisauce, sowie *arroz con pollo*, Reis mit Huhn. Außerdem hat sie eine Linsensuppe mit Speck und Möhren gekocht.

Jeden Tag hat Lucrecia genug für zwanzig Esser gekocht. Und jeden Tag habe ich mich besorgt gefragt, wie wir das aufessen sollen. Ich habe Liz und Geraldo zum Abendessen eingeladen. Ich habe Lupe genug Essen für ihre ganze Familie mitgegeben, und es war immer noch zuviel da.

Ich habe mich dabei ertappt, daß ich plante, wann wir was essen sollten. Und daß ich keine Lust hatte, essen zu gehen, weil es zu Hause so viel zu essen gab. Die ganze Sache hat mich sehr nervös gemacht. Ich habe versucht,

Lucrecia zu bitten, ihre Produktion zu drosseln. Aber es hat nichts genützt. Ich glaube, sie hat meine Bitte nicht verstanden. Als ich sie einige Tage später wiederholt habe, hat sie mich furchtsam angesehen, und ich habe das Thema auf sich beruhen lassen.

Ich bewundere die *chimichangas* und die *chilaquilas*, die Lucrecia zubereitet hat. Sie zeigt mir die Frischhaltetüten mit geraspelten roten Beten und geraspelten Möhren im Kühlschrank und den großen Behälter mit Ananas- und Papayawürfeln. Ich danke ihr mehrmals von Herzen. Sie sieht zufrieden aus.

Vor ein paar Tagen hat Lucrecia Liz gebeten, mir zu sagen, wie glücklich sie ist, für meinen Mann und mich zu kochen. Ich habe darauf mit der Botschaft geantwortet, daß wir beide sehr glücklich seien, von ihr bekocht zu werden. Danach hatte es den Anschein, als würde Lucrecia bei jeder Mahlzeit noch größere Mengen kochen als vorher.

Mein Mann ruft mich in den Teil des Hauses, den er sich als Atelier eingerichtet hat. Er will mir ein Bild zeigen, das er gerade beendet hat. Es heißt *The Prophecy of Dry Bones*. Der Titel entstammt dem Buch Hesekiel in der Bibel. Er bezieht sich auf eine Stelle, in der von der Macht Gottes die Rede ist, die Knochen wieder mit Fleisch und Blut zu versehen. Wiederzubeleben, zu reanimieren. Ein Gleichnis dafür, daß die Sterblichkeit Leben und Verheißung enthält.

Das Bild, das mein Mann beendet hat, ist sehr groß. Es ist dreieinhalb Meter lang und zweieinhalb Meter hoch. Der Hintergrund ist ockergelb, rot, orangerot und grau. Waagrechte, beinahe lebendig wirkende schwarze Linien ziehen sich darüber. Diese Linien, Spuren oder Knochen sehen sehr menschlich aus. Sie haben die Bewegungen, die Intensität und Komplexität menschlicher Wesen. Sie sind Teile von Menschen. Teile unserer Seelen. Teile unserer Knochen. Teile von uns. Jede Linie, jeder Knochen besitzt einen eigenen Charakter. Eine eigene Poesie. Manche sind kecker als andere, manche sind stiller, nachdenklicher. Gemeinsam bilden sie eine Gemeinschaft. Eine Gemeinschaft des Erinnerns. Eine Gemeinschaft Verwandter. Eine menschliche Gemeinschaft. Ich liebe dieses Bild der »Weissagung über die verdorrten Gebeine«. Ich bewundere es, wie mein Mann sich von allem, was um ihn herum geschieht, abschotten kann, um zu malen. Er kann unter den widrigsten Umständen malen. Er könnte malen, während die Erde bebt oder ihm das Haus über dem Kopf zusammenbricht. Ich wünschte, ich wäre so. Seine Erklärung für diese Fähigkeit, sich nicht ablenken zu lassen, ist ein Scherz. »Kein Grips, keine Gefühle«, sagt er jedesmal, wenn ich das Gespräch darauf bringe. Darüber muß ich jedesmal lachen. Er ist der klügste Mann, dem ich je begegnet bin.

Ich setze mich wieder an die Arbeit. Nachdem ich das Bild gesehen habe, geht es mir besser. Ich freue mich, daß Sonia Kaufman ihrem Mann treu ist, auch wenn ihm das neue Probleme beschert. Ich würde Sonia gern davon abhalten, die sexuelle Störung ihres Mannes haarklein zu erörtern.

Abends kommt Lupe vorbei und bringt uns Wäsche, die sie gebügelt hat. Ich hatte ihr gesagt, es sei nicht nötig, unsere Kleider zu bügeln. Seit Jahren habe ich nichts mehr gebügelt. Lupe hat meine Socken und meinen Trainings-BH und mein T-Shirt und meine Unterhosen gebügelt. Diese Kleidungsstücke dürften sich gewaltig gewundert haben. Alles ist makellos gebügelt und zusammengelegt.

Lupe hat ihren achtjährigen Sohn und ihre vierjährige Nichte mitgebracht und stellt sie mir vor. Sie deutet auf ihren Sohn und sagt, daß er sehr dick ist, und lacht. Dem Jungen, der wie ein Cherub aussieht, scheint das nichts auszumachen. Vielleicht klingt es auf spanisch weniger kränkend.

Die Kinder gaffen mich an. Sie können den Blick nicht abwenden. Ich kann nicht verstehen, was mich so faszinierend macht. Meine Kleidung vielleicht? Sie ist ein wenig eigenwillig. Oder meine Männerstiefel mit den dicken Sohlen? Oder mein Betragen? Ich bin viel stiller als ihre Mutter und Tante.

Ich frage Lupe, ob sie eine Tasse Tee mit mir trinken wolle. Sie sagt zu, springt dann aber auf, um den Tee selbst zuzubereiten. Sie deckt den Tisch mit Teetassen und Untertellern und Zitronenscheiben und süßen Keksen, während ich sie noch beschwöre, sich zu setzen und mich den Tee machen zu lassen.

Lupe macht eine große Kanne Kamillentee und setzt sich an den Tisch. Die Kinder setzen sich auch. Sie starren mich immer noch an. Nicht eine Sekunde lang wenden sie den Blick ab. Lupe gibt jedem von ihnen eine Diätcola aus den Beständen meines Mannes. Sie lächeln zufrieden. Sie trinken ihre Diätcola und beobachten mich.

Lupe hat einen beeindruckenden Appetit. Sie ißt ein halbes Dutzend *cochitos*, Ingwerkekse, die ich bei Bonanza gekauft habe, einem Lebensmittelgeschäft, das ich liebe. Ich wünschte, ich könnte so selbstvergessen essen wie sie. Ich esse mit der Heimlichkeit eines erschreckten Menschen. Was erschreckt mich so? Das pure Vergnügen? Die Sinnlichkeit köstlicher Speisen? Die Vorstellung, ich könnte die Kontrolle verlieren, die ich mir so mühsam erkämpft habe? Ich frage mich, ob ich diese Furcht jemals überwinden werde.

Lupe erzählt mir, daß ihre sechzehnjährige Tochter, gegen die ihr Freund etwas hat, so groß ist wie sie. Sie sagt, ihre Tochter sei schlank und habe hohe Backenknochen. Sie schweigt und fügt dann hinzu, ihre Tochter sei sehr schön. Sie sagt, sie sei dunkel, eine *morena*, eine dunkle Schönheit, anders als ihr Sohn mit seiner hellen Haut. Er sei ihr *gringo*, sagt sie unter dröhnendem Gelächter und tätschelt ihm dabei den Kopf.

Ich wundere mich, daß Lupe die dunkle Schönheit ihrer Tochter bewundert. Daß sie helle Haut nicht mit gutem

Aussehen gleichsetzt. In so vielen Kulturen wird Blässe für etwas Besseres gehalten. Ich sage zu Lupe, daß ich ihre Tochter gerne kennenlernen würde. Sie strahlt. Sie erzählt mir, daß ihre Tochter sehr schnell maschinenschreiben kann. Lupe ahmt die Gesten von jemandem nach, der mit großer Geschwindigkeit tippt, ohne auf die Tasten zu sehen. Ihre Tochter wird in einer Behörde arbeiten, sagt Lupe. Sie wird nicht wie sie Geschirr spülen oder Böden schrubben oder Kleider waschen.

Das sagt Lupe ohne erkennbare Bitterkeit. Sie lacht und sagt, sie selbst könne nie und nimmer maschinenschreiben lernen. Sie muß sich mit Putzen und Abspülen begnügen. Ich hoffe, daß Lupe mich nicht nach den Berufen meiner Kinder fragen wird. Ich will nicht sagen müssen, daß mein Sohn Arzt ist und daß alle drei eine Luxusausbildung genossen haben.

Lupe erzählt mir, daß der Hausbesitzer, ihr Boß, ihre Tochter kennengelernt hat und gesagt hat, sie sei sehr intelligent. Das scheint Lupe beeindruckt zu haben. Sie wirkt sehr stolz auf ihre kluge Tochter. Ich bin sehr gerührt. Sehr ergriffen. Mein eigenes Leben scheint mir mit einemmal voller Künstlichkeit und Privilegien zu sein. Als meine jüngere Tochter sagte, sie wolle promovieren, habe ich gestöhnt, weil ich dabei nur an die Kosten dachte.

Lupe und ich haben unseren Tee getrunken. Die zwei Kinder starren mich noch immer unverwandt an. Mir fällt ein, daß ich ein Geschenk für Lupe habe. Es ist ein Radio mit Kassettenrecorder. Eine kleine Krachkiste. Ich habe sie auf dem Markt mitten in der Stadt gekauft. Auf der Suche nach einem Minikassettenrecorder. Aber so etwas war in ganz San Miguel nicht zu finden. Statt dessen habe ich diesen Apparat gekauft. Er hat nur zweiunddreißig Dollar gekostet. Aber die Bedienung war mir zu umständlich. Und ich dachte mir, daß Lupe ihn vielleicht brauchen könnte.

Ich gehe in das Schlafzimmer, hole den Kassettenrecorder und gebe ihn Lupe. Sie ist verblüfft. Für mich, fragt sie. Ich nicke. Sie umarmt mich und küßt mich auf die Wange. Vor Aufregung hat sie rote Backen. Sie küßt mich abermals und sieht völlig überwältigt aus. Lupes Sohn und ihre Nichte sind von dem neuen Besitz fasziniert. Das lenkt ihre Aufmerksamkeit von mir ab. Lupe bedankt sich elf- oder zwölfmal. Sie küßt mich wieder. Ich schäme mich entsetzlich. Lupes Dank für dieses kleine Geschenk bewirkt, daß ich mir verwöhnt und zickig vorkomme.

Ich sage Lupe, daß die Maklerin angerufen hat, um sich zu erkundigen, ob sie morgen einen Mietkandidaten zur Besichtigung mitbringen kann. Im Lauf meiner Unterhaltungen mit Lupe habe ich gelernt, auf spanisch bis zehn zu zählen, die Namen der Wochentage und fast alle zwölf Monate aufzusagen. Und ich verfüge über gar nicht so wenige wichtige Wendungen wie »dick«, »Schönheitsoperation« und »sehr glücklich«. Außerdem hat Lupe mir beigebracht, was »letzten Montag« und »nächsten Freitag« heißt. Ich versuche, »letzten Montag« oder »nächsten Freitag« in spanische Sätze einzubauen. Das ist gar nicht so einfach. Ich kann jetzt sagen: »Letzten Freitag war ich sehr dick« oder »Nächsten Montag bin ich sehr glücklich.«

Ich erkläre Lupe, daß die Mietkandidaten das Haus für März und April mieten wollen. Lupe sieht erfreut aus. Sie lächelt und sagt, das sei gut. Gut, frage ich. Ich hätte gedacht, daß sie ein bißchen Ruhe vorziehen würde. Lupe sagt, sie habe gern Leute um sich. Wenn sie allein ist, werde sie schwermütig.

Es ist eine so einfache Erklärung. Jeden Partikel meiner Psyche habe ich durchforstet und analysiert im Versuch zu verstehen, warum ich nicht so glücklich und fröhlich bin, wie es sein müßte. Als ich über Lupe und ihre Schicksalsergebenheit nachdenke, ruft mein Vater an. Er will wissen, ob ich den Hahn losgeworden bin. Als ich das verneine, fängt er zu lachen an. Zwei Minuten lang lacht er ununterbrochen. Ich höre seinem Gelächter zu und denke mir, daß ich möglicherweise an Schlafmangel leide, daß dieser übergeschnappte Hahn meinem Vater jedoch großes Vergnügen macht. »Ich bin ziemlich müde, Dad«, sage ich. Aber er äußert kein Mitgefühl. Er ist zu sehr mit Lachen beschäftigt.

Als mein Vater endlich zu lachen aufhört, erzählt er mir, daß sein Fitneßtrainer im Urlaub ist und von einer jungen Frau vertreten wird. »Sie kennt kein Erbarmen«, sagt er. »Ich muß bei ihr noch schwerere Gewichte heben, als ich mußte heben bei ihm. Als ich gekommen bin gestern aus dem Studio, habe ich geschwätzt.«

Ich unterdrücke meine Lachlust. Das Wort Schwitzen höre ich zum ersten Mal aus seinem Mund. Und ich finde, daß schwätzen viel hübscher klingt als schwitzen.

»Wenn man trainiert, ist es normal, daß man schwitzt«, sage ich.

»Ich war ganz naß«, sagt er.

»Wenn man schwitzt, ist es normal, daß man naß wird«, sage ich zu ihm. Er schnaubt verächtlich. »Ich glaube nicht, daß es so gut ist, wenn man schwätzt«, sagt er.

Er erzählt mir, daß die Bibliothekarin seiner Stadtteilbücherei in Melbourne ihn als Respektsperson behandelt, seit sie weiß, daß er mein Vater ist. Sie hat ihm gezeigt, wie viele Exemplare jedes meiner Bücher sie haben, und hat ihm gesagt, daß sie alle ausgeliehen sind.

»Sie sagt immer guten Tag«, sagt er, »und sie fragt mich immer, was sie für mich tun kann.«

»Es ist praktisch, wenn man ein bißchen bekannt ist«, sage ich.

»Bekannt!« kreischt mein Vater so laut, daß ich zusammenzucke. »Bekannt!« wiederholt er. »Du bist nicht bekannt. Du bist berühmt!«

»Ich bin nicht berühmt«, sage ich, aber mein Vater will nichts davon hören. Er verbreitet sich jetzt über meinen Ruhm.

»Du bist berühmt«, trompetet er und beginnt mir zu erzählen, was er letzte Woche bei seinem Automechaniker erlebt hat. »Er ist sehr nett«, sagt mein Vater jedesmal, wenn von diesem Mechaniker die Rede ist. Letzte Woche hat der Mechaniker meinen Vater mit dem koscheren Metzger aus der Glen Eira Road bekannt gemacht, dessen Wagen ebenfalls gerade repariert wurde.

»Als der Metzger hat gehört meinen Namen«, sagt mein Vater, »hat er gefragt, ob ich bin der Vater von Lily Brett.« Mein Vater macht eine Kunstpause, um die Frage mit ihrem ganzen Gewicht einsinken zu lassen. »Sogar der koschere Metzger weiß, wer ist Lily Brett«, dröhnt er dann. »Wie kannst du behaupten, du wärst nicht berühmt?«

Ich gebe auf. Ich räume ein, daß der Umstand, sogar dem koscheren Metzger in der Glen Eira Road ein Begriff zu sein, unschlagbarer Beweis meiner Berühmtheit ist. Mein Vater erkundigt sich, ob es noch mehr Neuigkeiten gibt. Er liebt Neuigkeiten. Ich sage, daß das Leben in San Miguel nicht sonderlich aufregend ist. »Bis auf diesen Hahn, was nicht schlafen will«, sagt er und fängt wieder zu lachen an.

Während meines Frühsports im Juárez-Park heute morgen war ich fast die ganze Zeit in Polen. Ich ging über den jüdischen Friedhof von Lódź, und danach war ich in Auschwitz. Ich folgte dem Weg von der Inschrift »Arbeit macht frei« zum Krematorium 1. Diese Polenfixierung ist kein gutes Zeichen. Ich hatte gehofft, sie hätte sich gelegt. Ich hatte gehofft, mein Bedürfnis, nach Polen zu fahren, hätte abgenommen. Ich hatte gehofft, nach Beenden von *Zu viele Männer* mit Polen fertig zu sein. Ich hatte mir tatsächlich eingebildet, ich hätte mich schreibend von Polen befreit. Aber das war ein Irrtum. Man kann sich schreibend nicht befreien. Wenn man das könnte, dann hätten all jene unter uns, die schreiben, ein glattes Leben ohne jeden Makel.

Die Macht, die Polen über mich ausübt, ist gewaltig. Sie kommt mir vor wie ein Magnet. Egal, ob ich in New York bin, in Berlin oder in Sydney. Ich kann in dem, was ich gerade tue, ganz aufgehen. Und dennoch spüre ich plötzlich, daß Polen mich ruft. Ich bin mir sicher, daß heute morgen im Juárez-Park nicht viele Leute außer mir waren, die an Polen gedacht haben. Nach dem Laufen habe ich bei Remos Ricotta gekauft. Und ich kam mir orientierungslos und wie benommen vor. Warschau und Lódź und Auschwitz und Birkenau sind für mich so greifbar, so gegenwärtig. Mir ist zumute, als wäre ich körperlich an diesen Orten, obwohl ich nur an sie denke.

Ich bin fast beim Gemischtwarenladen angekommen, als ich merke, daß ich wieder in Mexiko bin. Ich schüttele den Kopf. Als könnte ich so das andere Land aus mir hinausschütteln.

Der Stand mit den Ochsenkopftacos ist heute dicht umlagert. Ich bleibe stehen und sehe zu, wie das Fleisch geschnitten wird. Der Standinhaber hat sich an mich gewöhnt. Ich kann sehen, daß er sich nicht länger daran stört, daß ich nichts kaufe, sondern nur zusehe. Er hat mich mit breitem Lächeln begrüßt. Als ich am Morgen vorbeikam, hat er auf seine Uhr gedeutet. Ich glaube, er wollte mir damit sagen, daß er weiß, daß ich jeden Tag zur gleichen Zeit vorbeikomme.

Darüber mußte ich lachen. Ich liebe die Routine. Mehr, als mir guttut. Ich stehe gern jeden Tag zur gleichen Zeit auf. Ich dusche gern genau sieben Minuten lang und esse gern zum Lunch das gleiche wie am Vortag. In San Miguel pflege ich das Haus um zehn nach sieben zu verlassen, und ich weiß, daß ich nach dem Laufen um zwanzig nach acht vor dem Gemischtwarenladen ankommen werde.

Ich sehe zu, wie ein großes Stück Ochsenbacke kleinge-
schnitten wird. Es sieht köstlich aus. Ich habe den Eindruck,
daß ich Gefahr laufe, mich in einen blindwütigen Karnivoren zu verwandeln, obwohl ich nicht sagen könnte,
warum das Essen von Fleisch so gefährlich sein soll. Wahrscheinlich liegt es an dem Wort »blindwütig«.

Und ein weiteres Nahrungsmittel, dem ich bisher aus dem
Weg gegangen bin, sieht zunehmend verlockend aus. In der
Hauptstraße des Viertels San Antonio gibt es einen Fisch-
stand, an dem *ceviche* von Jakobsmuscheln verkauft wird.
Rohe Jakobsmuscheln, mit Limonensaft und Kräutern mari-
niert. Vor Jahren habe ich aufgehört, rohen Fisch zu essen.
Roher Fisch enthält viel zu viele gefährliche Bakterien und
Gifte. Ich esse auch kein Sushi. Warum also habe ich damit
geliebäugelt, *ceviche* von einem kleinen Stand an einer stau-
bigen Straße in einem mexikanischen Bergdorf zu essen?

Mein Mann wollte bei unserem letzten Besuch den Fisch
an diesem Stand probieren. Ich war dagegen. In meinen
Augen sah der Fisch aus wie der direkte Weg in die Notaufnahme und zum Magenauspumpen. Ich argwöhne, daß
mein Mann ihn doch probiert hat, als ich nicht dabei war.
Ich habe gehört, daß er Geraldo, Liz' Ehemann, erzählt hat,
wie gut der gebackene Fisch an diesem Stand aussehe. Und
das sagte er sehr nachdrücklich. Mit dem Nachdruck dessen, der weiß, wovon er spricht.

Mich interessierte, woher der Fisch an diesem Fischstand
kam. Ich wollte von Geraldo wissen, ob er den Standbesitzer je gefragt habe, woher er seinen Fisch bezieht; er wohnt
in der Nähe des Stands und kauft dort ein.

Geraldo verneinte. »Leute, die Fisch verkaufen, wissen oft
nicht, woher er kommt«, erklärte er mir. »Wenn sie den Eindruck haben, man würde gerne Fisch aus dem Golf kaufen,
dann stammt der Fisch eben aus dem Golf. Wenn man aussieht, als hätte man gern Fisch aus dem Pazifik, dann ist der
Fisch selbstverständlich aus dem Pazifik.«

»Gilt so etwas nicht als Lüge?« habe ich Geraldo gefragt. »Aber keineswegs«, hat er erwidert. »Wie kommst du denn auf so eine Idee? Sie verkaufen lediglich hervorragenden Fisch und zwar so, wie der Kunde es wünscht.« Ich widerstehe dem Ochsenkopftaco und trinke auf dem Nachhauseweg aus meiner Mineralwasserflasche. Als ich zu Hause ankomme, erzählt mir Lupe unter wildem Gestikulieren, daß sie schon früh gekommen ist. Sie war schon um halb acht hier, erzählt sie mir atemlos, und kann nicht länger bleiben als noch zwei Stunden. Sie muß ihre Mutter nach Celaya bringen. Ihre Mutter ist vor zwei Wochen auf der Straße gestürzt und hat sich den Knöchel verletzt, sagt Lupe und ahmt das Hinken ihrer Mutter nach. Lupe hinkt mit schmerzlichem Gesichtsausdruck auf dem Küchenboden hin und her, um mir zu verdeutlichen, wie es um ihre Mutter steht. Ihre Mutter muß heute den Arzt in Celaya besuchen.

Ich freue mich, daß Lupe ihre Mutter begleitet. Celaya ist eine Stadt, die eine Stunde Fahrt von San Miguel entfernt liegt. Ich nehme an, daß der Arzt dort ein Spezialist ist. Ich sage zu Lupe, sie solle heute nicht putzen, sondern sich freinehmen, aber sie wischt und wäscht mit furchterregender Geschwindigkeit.

Ich frage Lupe, wie sie und ihre Mutter nach Celaya kommen. Sie fahren mit dem Bus, was mit dem verletzten Knöchel nicht so einfach sein wird, erklärt mir Lupe. Sie hört zu putzen auf und führt mir vor, welche Schwierigkeiten ihre Mutter beim Ein- und Aussteigen haben wird. Sie steigert sich so in ihre Darbietung hinein, daß sie einen ganz roten Kopf bekommt. Völlig außer Atem sagt sie, daß es sehr schwierig sein werde. Angesichts von Lupes Besorgnis und Anteilnahme für ihre Mutter denke ich mir, daß Juden und Mexikaner einander vielleicht doch so unähnlich nicht sind. Jedenfalls in Hinsicht auf Verletzungen und Mütter.

Lupes Mutter tut mir leid. Es wird keine leichte Sache sein, mit einem verletzten Knöchel in einem der mexikanischen Busse zu reisen. Ich kenne die Busse. Ihre Stoßdämpfer sind nicht der Rede wert. Und ich bin mir sicher, daß sie zu Fuß bis zur Bushaltestelle gehen muß und dann wieder zu Fuß von der Haltestelle bis zum Arzt. Es wird für Lupe und für ihre Mutter ein langer Tag sein.

Eine Stunde später stopft Lupe alles Putzzubehör in einen Wandschrank. Sie entschuldigt sich, daß sie nicht länger bleiben kann. Ich sage, sie solle sich keine Gedanken machen. Sie entschuldigt sich abermals und eilt davon. Ich wünsche ihr alles Gute, als sie die Haustür zuschlägt. Ich bin nicht unfroh, daß Lupe fort ist. Jetzt wird es im Haus ruhiger sein, friedlicher. Ich werde mich konzentrierter auf Sonia Kaufman konzentrieren können.

Ich bewundere Lupe dafür, daß sie sich um ihre Mutter kümmert. Daß sie einen ganzen Tag darauf verwendet, ihre Mutter zum Arzt und zurück zu begleiten. Ich wünschte, ich hätte eine Mutter, um die ich mich kümmern könnte. Obwohl ich vielleicht nicht so eine gute Tochter wäre, wie Lupe es ist.

In der Welt, in der ich lebe, wäre es ein schier hoffnungslos veraltetes Verhalten, die eigene Mutter zum Arzt zu begleiten. Niemand in New York hat genug freie Zeit für so etwas. Wir bezahlen Pfleger dafür und kümmern uns um unsere alten Eltern aus der Ferne und via Scheckbuch. Dieser Gedanke stimmt mich traurig. Ich sollte mir überlegen, wie ich meinen Vater nach Amerika holen könnte, in meine Nähe, denke ich. Ich mache mir eine Notiz, daß ich darüber mit meinem Mann sprechen will.

Mit der Arbeit komme ich gut voran. In dem Haus ist es ohne Lupe und ohne den Gärtner José sehr ruhig. Das heißt, bis jemand in der Nachbarschaft ein Beethoven-Konzert abspielt. Und bis José eintrifft.

Ich versuche ihn zu fragen, von wo die Musik erklingen könnte, aber José versteht mich nicht. Er denkt, ich wolle sagen, daß ich Beethoven mag. Er nickt. Er gibt mir zu verstehen, daß er ein Beethoven-Konzert mit Vergnügen anhört.

Die Musik wird lauter. Ich runzle die Stirn. Polen wäre kaum schlimmer als das hier. Ich bin mit meinem Latein am Ende. Ich habe in meinem Schreiben den Faden verloren. José hat begriffen, daß ich nicht zufrieden bin. Er lächelt mich an, obwohl Beethoven mir auf die Nerven geht.

Ich gebe es auf zu arbeiten. Ich suche meinen Mann. Ich frage ihn, ob er Lust auf einen Spaziergang hat. Wir gehen endlos lange spazieren. Ich bin glücklich. Am glücklichsten bin ich, wenn ich gehe oder wenn ich schreibe. Ich stelle mir vor, durch ganz Europa oder durch China zu wandern.

Wir beenden unseren Spaziergang an dem botanischen Garten am Stadtrand. Der Garten erstreckt sich über 250 Morgen Land. Es gibt eine kleine Schlucht und einen sehr alten Damm. Es ist ein schöner Spazierweg.

Abends sehen wir mit Liz und Geraldo die BBC-Nachrichten an. Freunde zu besuchen, um die Fernsehnachrichten zu sehen, kommt mir vor, als lebten wir in einem anderen Zeitalter. Es erinnert mich an Melbourne in den späten fünfziger Jahren, als fast niemand einen Fernseher hatte und man die Leute besuchte, die einen besaßen.

Ich erzähle Geraldo und Liz von Lupes Mutter und ihrem Knöchel und der Busfahrt nach Celaya. »Warum müssen sie nach Celaya fahren?« frage ich Geraldo. »Um einen besseren Arzt zu besuchen?« – »Vermutlich«, sagt er. Aber seinem Ton kann ich entnehmen, daß das nicht alles ist. Ich erzähle ihm, daß Lupe sich große Sorgen wegen der Schmerzen ihrer Mutter gemacht hat. Geraldo nickt.

Er ist ein ruhiger, gelassener Mensch, der nicht zum Überschwang neigt. Ich warte, aber er nickt nur ein zweites Mal. »Du mußt verstehen, daß die Mexikaner es gerne jedem recht machen«, sagt er schließlich. »Und das nimmt manchmal die sonderbarsten Formen an. Wir wollen es unseren Freunden recht machen und unseren Nachbarn. Wir sagen allen Leuten das, was sie hören wollen.«

»So wie der Fischhändler, der seinen Kunden erzählt, der Fisch stamme von dort, von wo man ihn gerne hätte?« frage ich. »Exactamente«, sagt Geraldo. »Wenn man von Mexikanern zum Abendessen eingeladen wird, sagt man nie ab. Das wäre eine Beleidigung. Eine Absage würde bedeuten, daß man nicht hingehen will. Also sagt man, daß man die Einladung gerne annimmt.«

»Und was ist, wenn man für diesen Abend schon etwas anderes vorhat?« frage ich. »Das ist unwichtig«, sagt Geraldo entschieden. »Man nimmt die Einladung trotzdem an. Es hat damit zu tun, daß man das sagt, wovon man sich wünscht, es wäre möglich. Wir Mexikaner leben in einer Wunschwelt. Wenn man sofort sagt, daß man nicht kommen kann, würde das heißen, daß man gar nicht den Wunsch danach hat.«

»Wie wissen die Gastgeber, mit wie vielen Gästen sie zu rechnen haben?« frage ich Geraldo. »Das wissen sie nicht«, sagt er. »Deshalb gibt es bei jedem mexikanischen Essen genug für Hunderte, auch wenn nur zwölf Gäste kommen.«

Soviel Nonchalance ist mir unbegreiflich. »Kann es passieren, daß die Gastgeber einem Vorhaltungen machen, daß man nicht gekommen ist, wenn sie einen das nächste Mal sehen?« frage ich. »Aber nein«, erwidert Geraldo. »Sie müssen Verständnis vorspiegeln, und das gibt einem Gelegenheit, sich eine gute Ausrede einfallen zu lassen. Man sagt: ›Ich wäre wirklich gern gekommen‹, und dann erfindet man eine schreckliche Notlage.«

»Zum Beispiel?« frage ich. »Sagt man: ›Ich bin auf der Straße so schlimm hingefallen, daß mir die Nieren aus dem Körper getreten sind‹?« Geraldo sieht mich streng an. »Wenn man es übertreibt, wird es beleidigend. Es muß eine Katastrophe sein, die sich im Rahmen des Möglichen bewegt.« – »Verstehe«, sage ich. »Eine Katastrophe, die jederzeit vorstellbar ist.« – »Richtig«, sagt Geraldo. »Eine Tante muß im Sterben liegen. Unglücklicherweise hat jeder Mexikaner Dutzende von Tanten. Wir haben Dutzende von verfügbaren Tanten und Cousinen.«

Liz merkt, daß ich die Situation nicht ohne weiteres begreife. »Paß auf«, sagt sie. »Heute ist unser Gärtner nicht erschienen. Und warum? Er hat mir erklärt, daß seine Frau einen kleinen Stand hat, an dem sie Hühner verkauft. Und die Hühner müssen bis zu einem bestimmten Zeitpunkt gebraten sein, sonst verdient sie nichts, weil niemand sie kaufen kann, wenn sie nicht gebraten sind. Und er mußte das Feuer entzünden, damit sie die Hühner braten kann. Das tut er jeden Morgen. Und heute hat er den ganzen Vormittag gebraucht, um das Feuer in Gang zu bringen.

Und wenn ihm das nicht gelungen wäre, dann hätte es eine Katastrophe gegeben, hat er mir erklärt, weil sie ohne Feuer die Hühner nicht hätte braten können und sie folglich auch nicht hätte verkaufen können, und dann hätten sie kein Geld und eine Menge ungebratene Hühner gehabt. Es war eine so irre Geschichte, daß ich sie ihm fast abgekauft hätte.«

»Und er hat aus Höflichkeit diesen komplizierten Grund für seine Abwesenheit erfunden?« sage ich. »Ganz genau«, sagen Liz und Geraldo wie aus einem Mund.

Mit einem Mal begreife ich den Zusammenhang zwischen den ausführlichen Ausreden des Gärtners und dem Umstand, daß Lupe ihre Mutter nach Celaya begleiten mußte.

»Als mir Lupe heute morgen sehr ausführlich dargelegt hat, daß ihre Mutter gestürzt ist und sich den Knöchel verletzt hat, und mir den ganzen Unfall äußerst dramatisch vorgespielt hat, wollte sie unter Umständen nur ihren Freund besuchen?« sage ich. »Gewiß doch«, antwortet Geraldo.

Die Vorstellung von Lupe als einer pflichtbewußten Tochter macht der Überlegung Platz, ob ihre Mutter überhaupt je in Celaya war. »Daß es eine gute Geschichte ist, gereicht dir zu Ehre«, sagt Geraldo. »Wenn man dir eine umständliche Ausrede unterbreitet, heißt das, daß du hohes Ansehen genießt.«

Mein Mann beginnt zu lachen. »Aber diese Ausrede kann Lupe nicht noch einmal verwenden, oder?« sagt er. »Aber gewiß doch«, erwidert Geraldo. »Ihre Mutter hat schließlich noch ein zweites Bein, oder? Und der Knöchel, der ihr heute wehgetan hat, muß vielleicht noch länger behandelt werden.«

Als ich Lupe am nächsten Tag sehe, scheint ihre Mutter sich erstaunlich schnell erholt zu haben. Als ich mich nach dem Knöchel ihrer Mutter erkundige, sagt sie, er heile sehr schnell. Dabei blickt sie ernst, aber sehr selbstzufrieden drein.

Ich sage ihr, daß um elf Uhr ein Masseur kommen wird. Ich weiß nicht, warum ich mich zu der Massage habe überreden lassen. Ich verabscheue Massagen. Sie machen mich nervös. Liz ist schuld. Sie hat mich dazu überredet. Sie hat behauptet, Raoul sei etwas Besonderes und es werde mir guttun, von ihm massiert zu werden. Sie hat gesagt, es würde meine Nervosität dämpfen. Ich habe mich die ganze Woche davor gefürchtet.

Für meinen Mann habe ich auch eine Massage bestellt. Er liebt Massagen. Er malt stundenlang. Gegen Ende des Tages hat er oft Rücken-, Knie- und Gelenkschmerzen. Raoul massiert entweder eineinhalb oder drei Stunden lang. Ich habe zwei Massagen zu je eineinhalb Stunden bestellt.

Die Vorstellung einer eineinhalbstündigen Massage macht mich ausgesprochen nervös. Und ich weiß nicht, was ich anziehen soll. Unterwäsche, hat mein Mann gesagt, als ich ihn das heute morgen gefragt habe. Was ich anziehen soll, hat mich schon immer beschäftigt. Ich konnte noch nie laufen oder joggen, ohne mir vorher über meine Kleidung im klaren zu sein. Ich muß das Gefühl haben, in der richtigen Kleidung für den Anlaß zu erscheinen. In Melbourne habe ich eine Zeitlang einen Töpferkurs besucht, als ich Mitte zwanzig war. Ich konnte mich erst einschreiben, als ich mir von einer Schneiderin einen Töpferkittel mit sehr interessanten Knöpfen hatte nähen lassen. Den Kittel zu entwerfen und den Stoff zu kaufen, gefiel mir weit besser, als mit einem Klumpen Ton zu hantieren. Ich war sowieso eine völlige Niete im Töpfern. Die meiste Zeit war ich damit beschäftigt, aufzupassen, daß ich meinen neuen Kittel nicht beschmutzte.

Beim Joggen heute morgen im Park habe ich mir fast die ganze Zeit überlegt, was ich für die Massage anziehen soll. Habe ich zu entscheiden versucht, welchen BH und welche Unterhose sich am besten eigneten. Ich war der Ansicht, daß ordentliche Unterwäsche das Richtige wäre, nicht zu bunt. Etwas Dezentes und Zurückhaltendes. Daraus könnte man ableiten, daß ich Unterwäsche besitze, auf die das Gegenteil zutrifft. Das ist nicht der Fall. Mir kommt fast alle Unterwäsche frech vor. Wahrscheinlich bin ich letzten Endes ziemlich prüde.

Lupe fragt mich, wer zum Massieren kommt, ein Mann oder eine Frau. Ein Mann, sage ich. *Hombre*, wiederholt sie. Ich nicke bestätigend, ja, ein *hombre* kommt zum Massieren. »Raoul?« fragt sie.

»Ja«, sage ich begeistert und freue mich, daß sie ihn kennt. Ihre Miene verzieht sich. Sie sieht entsetzt aus. Und bedrückt. Sie fragt mich, wann er kommt. In einer Stunde, sage ich. Sie sagt, daß sie nicht bleiben kann. Sie muß gehen. Sie kann nicht im Haus bleiben, wenn Raoul kommt.

Ich bin ratlos und beunruhigt. Lupe sieht sehr aufgeregt aus. Ihr Gesicht ist gerötet. Sie sagt immer wieder, daß sie nicht im Haus sein darf, wenn Raoul kommt. Ich fühle mit ihr. Ich versuche ihr zu sagen, daß ich einverstanden bin, daß sie geht. Ich frage mich, was um Himmels willen zwischen Raoul und Lupe vorgefallen sein mag. Offenbar will sie ihm auf keinen Fall begegnen. Hatte sie eine Affäre mit ihm? Hat er sie schlecht behandelt? Liz hat gesagt, Raoul sei ein sensibler, intelligenter Mann. Ich nehme an, daß sensible, intelligente Männer so unsensibel und unintelligent sein können wie alle anderen.

Lupe sieht aus wie kurz vor einem Nervenzusammenbruch. Was immer zwischen ihr und Raoul gewesen sein mag, scheint nicht allzu erfreulich gewesen zu sein. Lupe versucht mir die Situation zu erklären. Sie ist sehr verworren, und es fällt mir schwer, sie zu verstehen. Lupe wiederholt langsam mehrere Schlüsselsätze. Das Ganze scheint mit Raoul und Lupes Freund zu tun zu haben.

Und dann begreife ich auf einmal. Oder glaube es zumindest. Raoul ist ein Freund von Lupes Freund, und Lupes Freund weiß nicht, daß Lupe als Hausmädchen arbeitet. Oder er weiß nicht, daß sie überhaupt arbeitet.

Lupe scheint sich zu freuen, daß ich begreife, obwohl ich mir nicht sicher bin, ob sie begriffen hat, was ich begriffen habe. Sie sieht jetzt heiterer aus. Sie sagt mir, daß sie sich draußen beschäftigen wird, die Wäsche aufhängen und das Dach kehren. Eineinhalb Stunden, so lange wird Raoul brauchen, fragt sie. Ja, antworte ich, aber danach wird er meinen Mann bearbeiten.

Lupe schlägt sich mit der Hand gegen die Stirn. Drei Stunden, sagt sie. Ich nicke. Ich versuche ihr wieder vorzuschlagen, daß sie nach Hause geht. Doch das unerwartete Drama scheint mich meiner Wörter und Gesten beraubt zu haben. Lupe versteht mich nicht. Sie blickt trübsinnig drein und geht das Geschirr spülen.

Zwei Minuten später ruft sie laut etwas. Sie hat eine Lösung gefunden. Sie wird so tun, als wäre sie nur heute zum Helfen hier. Brillant, sage ich. Tatsächlich sage ich: »Sehr gut, sehr gut.« Das spanische Wort für brillant weiß ich nicht. Ich versuche, das »sehr gut« so klingen zu lassen, als bedeute es »brillant«.

Lupe deutet auf ihren Kopf und sagt: *inteligente*. Sie strahlt. Ich strahle auch. Wir stehen da und strahlen einander an. Ich werde Raoul sagen, daß Sie heute hier sind, um auszuhelfen, sage ich zu ihr. Lupe nickt lächelnd. Sie lächelt von einem Ohr zum anderen. Ich komme mir sehr glücklich vor.

Ich setze mich zum Frühstück. Ich sage Lupe, sie solle meiner Freundin Liz die ganze Situation erklären. Ich will sichergehen, daß Liz Lupe Raoul gegenüber nicht erwähnt. Ich weiß, daß Liz mich anrufen wird. Ich erkläre Lupe, daß ich einen Anruf von Liz erwarte. Und ich bitte Lupe, Lucrecia einzuweihen, damit nichts schiefgeht, falls Raoul mit Lucrecia spricht. Wir wollen uns nicht verraten, sage ich zu Lupe. Mein Mann kommt vorbei, der Teile der dramatischen Inszenierung mitgehört hat. Er verdreht die Augen und macht, daß er aus der Küche kommt. Raoul ruft an und sagt, er werde etwas früher kommen.

Lupe telefoniert gerade mit Liz, als Raoul erscheint. Ich laufe zu Lupe, um ihr Bescheid zu sagen. Ich will verhindern, daß Raoul ihr Telefongespräch mithört. Ich stehe mit nervösem Gesichtsausdruck vor Lupe. Lupe wirkt verstört, aber sie kann Liz nicht ins Wort fallen. Ich sehe, daß Lupe nicht einfach sagen kann, daß Raoul gekommen ist und daß sie gehen muß. Ich begreife, daß sie sich als Hausmädchen nicht dazu ermächtigt fühlt, Liz ins Wort zu fallen. Statt dessen wirft sie dem Telefon ungeduldige Blicke zu. Und ich sehe sie nervös an. Und dann nehme ich ihr den Hörer weg und sage, daß wir gehen müssen und daß Raoul gekommen ist.

Raoul bringt seinen Massagetisch zur Außentreppe. Als er heil oben angekommen ist, begrüße ich ihn von unten. Er beugt sich über die Balkonbrüstung. Ich stelle mich vor und frage ihn, ob er mir einen Gefallen tun könne. Ob er Lupe, die aus dem Haus gekommen ist und jetzt neben mir steht, sagen könne, wie dankbar ich ihr sei, daß sie uns heute aushelfe. Raoul sagt, es sei ihm ein Vergnügen.

Er lehnt sich noch weiter über die Brüstung und erblickt Lupe. Er begrüßt sie etwas überrascht und richtet ihr dann meine Botschaft aus. Lupe sagt, sie freue sich, uns helfen zu können. Das übersetzt mir Raoul. Lupe nickt und lächelt sittsam.

Ich frage Raoul, ob er Lupe bitten kann zu sagen, wie ich ihren Namen aussprechen soll. Raoul erklärt Lupe meine Frage und erteilt mir dann Unterricht in richtiger Aussprache. Luupä, sagt er. Luupä, Luupä, wiederhole ich. Bei diesem nicht vorher abgesprochenen improvisierten Dialog sieht Lupe mich erstaunt an. Und dann sieht sie aus, als müsse sie sich das Lachen verbeißen. Ich danke Raoul überschwenglich und sage, daß ich in wenigen Minuten nach oben kommen wolle. Lupe entflieht zur Wäsche. Sie kann ihr Lachen kaum noch unterdrücken. Ich gehe ins Schlafzimmer und ziehe mich um. Das Täuschungsmanöver hat mich noch nervöser gemacht. Ich versuche mich zu beruhigen. Lupe mag das Ganze erheiternd finden, aber ich kann es nicht. Lügen macht mir immer zu schaffen, obwohl ich es gut kann.

Raoul wartet oben. Er hat die Jalousien heruntergelassen und das Licht ausgeschaltet. Auf einem kleinen Beistelltisch brennen zwei große Kerzen. Ich mag keine Kerzen und kein Kerzenlicht. Kerzen sind in meinen Augen potentielle Brandherde und ihr Flackern macht mich nervös.

Die Kerzen sind parfümiert. Es scheint sich um eine Mischung aus Gewürznelken- und Blumenduft zu handeln. Von dem Geruch wird mir übel. Ich frage Raoul, ob es ihm etwas ausmacht, die Kerzen zu löschen. Das scheint ihm nicht zu gefallen.

Das Zimmer, in dem wir uns befinden, ist normalerweise ein sehr heller Raum. Ich komme nachmittags gerne hierher, um die Sonne auf meiner Haut zu spüren. Momentan sieht das Zimmer ein wenig grau und kalt und trostlos aus. Ich frage Raoul, ob er ein paar Jalousien wieder hinaufziehen kann, um etwas Licht hereinzulassen. Um ihn milder zu stimmen, füge ich sofort hinzu, daß Tageslicht mir hilft, mich zu entspannen.

Raoul hat den Massagetisch in der Zimmermitte aufgestellt. Mitten in dem großen Zimmer sieht der Tisch sehr eng und isoliert aus.

Ich habe nicht den Mut, Raoul zu bitten, den Tisch an eine andere Stelle zu schieben. Ich spüre bereits, daß unsere Bekanntschaft unter keinen günstigen Auspizien steht. Ich lege mich auf den Tisch. Er ist wirklich sehr eng. Ich habe den Eindruck, daß ich ohne weiteres herunterfallen könnte. Ich bleibe liegen. Ich bin sehr nervös und sehr angespannt.

Raoul erklärt mir, daß Leute mit niedriger Energie ihn zum Schwitzen bringen. Er sagt, das liege daran, daß sie ihm Energie entziehen. Niedrige Energie? Was will er damit sagen? Ich bitte ihn nicht, es zu erläutern. Ich versuche, nicht daran zu denken. Raoul beginnt mich zu massieren. Ich versuche mich zu entspannen.

Raoul beginnt sehr laut zu atmen. Immer lauter. Ich habe den deprimierenden Eindruck, daß ich ihm bereits Energie entziehe. Sein lautes, schweres Atmen ist sehr verstörend. Beim Ausatmen macht er das gleiche Geräusch, ein herzzerbrechendes Seufzen mit einem verzweifelten Unterton, wie ich es von meiner Mutter kenne.

Das Seufzen meiner Mutter bedeutete, daß ich etwas getan hatte, was ihr nicht paßte. Etwas, was sie überforderte, was sie schier umbrachte. Ich habe ein schlechtes Gewissen. Ich hoffe, daß Raoul nicht schon schweißgebadet ist. Er klingt völlig erschöpft.

Raoul fordert mich auf, tief einzuatmen und auszuatmen. Ich tue es mehrere Male und frage mich dann besorgt, ob ich tief genug eingeatmet habe. Durch meine Besorgnis ist mein Atmen offenbar unregelmäßig geworden. Ich liege auf dem Tisch und versuche mich auf mein Atmen zu konzentrieren. Ist es wirklich unregelmäßig, oder mache ich mir überflüssige Gedanken? Ich weiß es nicht. Ich bin erschöpft.

Raoul massiert mir den Rücken. Es gelingt mir, verstohlen einen Blick auf meine Armbanduhr zu werfen. Seit ich mich auf den Tisch gelegt habe, sind erst fünf Minuten vergangen. Ich habe noch fünfundachtzig Minuten Massage vor mir. Ich komme mir überfordert vor. Raoul geht zu meinen Schultern über und empfiehlt mir, nach La Gruta zu fahren. La Gruta ist ein Thermalbad mit einem kleinen Becken, eine Viertelstunde Fahrzeit von San Miguel entfernt. In dieser Gegend auf dem Weg nach Dolores Hidalgo gibt es viele Thermalquellen. Man könnte dort überall graben und auf eine Thermalquelle stoßen. Das Becken von La Gruta liegt in einer Höhle. Um in die Höhle zu gelangen, muß man einen Tunnel durchqueren. Er ist nicht klein, aber auch nicht groß. Und er ist unterirdisch. Er führt nach unten. Man gleitet in einem Wasserstrom hinunter und gelangt in die von Menschenhand geschaffene Höhle.

Warum irgend jemand darauf erpicht sein sollte, sich unter die Erde zu begeben, um sich in heißes Wasser zu legen, übersteigt mein Begriffsvermögen. Was haben die Leute gegen Badewannen? Eine unterirdische Höhle, die man durch einen Tunnel erreicht, klingt in meinen Ohren wie ein Alptraum. Das sage ich aber nicht zu Raoul.

Raoul sagt, La Gruta würde meinem Rückgrat guttun. Sofort bin ich besorgt. Soweit ich weiß, ist mit meinem Rückgrat alles in Ordnung. Soweit ich weiß, hatte ich noch nie Rückenbeschwerden. Ich habe ein starkes Rückgrat. Ich kann im Schneidersitz Gewichte heben.

»Ich kann Ihnen La Gruta nur wärmstens empfehlen«, wiederholt Raoul. Ich nicke im Liegen. Meinen Widerwillen gegen alles Unterirdische werde ich nicht zur Sprache bringen, ebensowenig wie meine Klaustrophobie. Ich will nicht, daß er mich für noch neurotischer hält, als er es bereits tut.

Raoul sagt, La Gruta würde nicht nur meinem Rückgrat guttun, sondern auch meinem Geist. Da muß ich ihm recht geben. Mein Geist ist zweifellos therapiebedürftig. Aber La Gruta scheint mir nicht die Lösung meiner Probleme zu sein. Ich versuche mich abzulenken, indem ich an den Teil meines Romans denke, an dem ich zuletzt gearbeitet habe. Sonia Kaufman hat es sich zur Aufgabe gemacht, Frauen über die Schwierigkeiten und Frustrationen des Mutterseins aufzuklären.

»Mutterschaft ist Mord«, sagt Sonia zu Pearl Poyas. »Mord am Geist und an der Abenteuerlust.« Das habe ich geschrieben, bevor Raoul meinte, daß mein eigener Geist eine Überholung brauchen könnte.

»Damit will ich nicht sagen, daß ich meine Töchter nicht liebe«, sagt Sonia. »Es bedeutet nur, daß ich keine Ahnung hatte, wie sehr sie mein Leben durcheinanderbringen würden. Und ich hatte auch keine Ahnung, wieviel Unterstützung man in so einer Situation von anderen Frauen erhält. Andere Frauen fragen einen, ob man ein weiteres Kind geplant hat, wenn man mit den zwei Kindern, die man hat, mit Ach und Krach fertig wird. Oder sie verdrehen die Augen, wenn sie herausfinden, daß man eine Ganztagsarbeit ausübt. Einfach ekelhaft. Eine nach der anderen haben sie mir erklärt, daß Kinder eine Mutter brauchen. Als wenn meine keine hätten.«

Jetzt hat Sonia sich in Rage geredet. »Keine Frau fragt eine Mutter, ob sie sich noch als sexuelles Wesen fühlt. Ob sie sich noch attraktiv vorkommt. Ob sie sich noch für klug hält. Ich brauche das aber«, sagt sie. »Cornflakes in einen Behälter zu schütten oder dafür zu sorgen, daß die Kinder ihren Orangensanft trinken, hat nichts mit Klugheit zu tun.« Sonia schweigt. Sie sieht traurig aus. »Bevor ich Mutter wurde, hatte ich kein geringeres Selbstbewußtsein als die meisten Männer. Und mein Sexualleben war weitaus interessanter.«

Ich versuche zu ignorieren, daß ich gerade massiert werde. Ich versuche die Komplexität von Sonia Kaufmans Betrübnis auszuloten. Aber es funktioniert nicht. Raoul drückt an meinen Füßen herum und atmet schwer.

Er sieht, daß ich ihn beobachte, und sagt, daß seine Hände manchmal ganz schwarz sind, wenn er einen Menschen mit niedriger Energie massiert hat. Ich bin entsetzt. Ich frage mich, was das medizinisch gesehen bedeutet. Wundbrand, denke ich mir. Abgefaulte Gliedmaßen sind schwarz. Aber das würde bedeuten, daß die Gliedmaßen tot sind und amputiert werden müssen. Raouls Hände sind aber noch vorhanden. Ich nehme mir vor, meinen Sohn, der Arzt ist, zu fragen, was die Verfärbung von Raouls Händen zu bedeuten haben könnte. Ich versuche, einen Blick auf Raouls Hände zu erhaschen, um mich zu vergewissern, ob sie noch normal aussehen.

Schließlich findet die Massage ein Ende. Ich bin ausgesprochen erleichtert, daß sie vorbei ist. Ich sehe richtig fröhlich aus. Raoul erklärt mir, daß die Massage mir unendlich gut getan habe und daß meine Aura einen viel besseren Eindruck mache. Er versucht, mir Kojotenfett und eine Mixtur aus Bienengift und gemahlenen Arnikablüten zu verkaufen. Er sagt, es sei wohltuend, die Haut damit einzureiben. Ich bin so erleichtert, daß die Tortur vorbei ist, daß ich ihm beides abkaufe. Ich gehe vorsichtig die Treppe hinunter, damit ich meine verbesserte und neueingerichtete Aura nicht beschädige. »Jetzt bist du dran«, sage ich zu meinem Mann.

Lucrecia bereitet in der Küche das Mittagessen zu. Sie ist so zurückhaltend und bescheiden. Sie spricht nie als erste. Sie hat einen Berg Zwiebeln geschnitten. Ich habe keine Ahnung, wofür die Zwiebeln bestimmt sind.

Ich habe es aufgegeben, mir über die Essensmengen, die Lucrecia zubereitet, den Kopf zu zerbrechen. Ich habe Liz und Geraldo Essen für sie und ihre Haushälterin geschickt und habe Lupe den Rest mitgegeben. Lucrecia hat, wie ich vermute, täglich an die vierzehn Personen ernährt.

Lupe läuft mir entgegen. Sie strahlt. Sie sieht mich an und bricht in Gelächter aus. Ich weiß, worüber sie lacht. Über die Scharade, die wir mit dem armen Raoul veranstaltet haben. Lucrecia hört Lupe lachen und beginnt am Spülbecken mitzulachen. Ich begreife, daß sie sie eingeweiht hat. Lucrecias Schultern am Spülbecken zucken vor Lachen. Lupe kann sich vor Lachen kaum auf den Beinen halten. Lucrecia hört auf, Zwiebeln zu hacken, und versucht sich zusammenzunehmen. Aber es gelingt ihr nicht. Sie kann nicht aufhören zu lachen. Mir ist klar, daß Lupe ihr die ganze Geschichte erzählt hat. Lucrecia bedenkt mich mit einem verschwörerischen Blick und beginnt wieder zu lachen.

Lupes Gelächter ist so laut geworden, daß ich sage, sie solle leiser sein. Ich erinnere sie daran, daß Raoul noch im Haus ist. Aber es nützt nichts. Lupe erzählt Lucrecia noch ein paar Einzelheiten. Beide lachen Tränen.

Ich bin entsetzlich nervös. Ich befürchte, daß Raoul diesen Lärm hören kann. Ich befürchte, daß er mithören kann, was Lupe Lucrecia erzählt. Ich befürchte, daß Lupes Lügenmärchen an den Tag kommen könnten.

Und es gibt einen weiteren Grund, warum ich nicht will, daß Raoul hört, was hier unten gesagt wird. Aus dem hysterischen Gekicher, wenn sein Name fällt, entnehme ich, daß Raoul in dieser Geschichte keine glanzvolle Rolle spielt. Ich gehe aus der Küche und setze mich in den Garten. Lupe kommt mir nach. Sie bückt sich und zwickt mir in die Wangen. Sie sagt, daß ich wundervoll sei, und geht in das Haus zurück. Ich atme den Jasminduft ein und empfinde Ruhe. Ich bin so froh, daß die Massage vorbei ist. Es ist eine solche Erleichterung, nicht mehr auf dem Massagetisch zu liegen.

Später am Tag unterhalte ich mich mit Liz. Ich stelle fest, daß ich Lupes Geschichte nicht ganz begriffen habe. Es ging keineswegs darum, daß Lupes Freund nicht wissen sollte, daß sie arbeiten geht. Ich hatte mich auch schon gewundert, wie Lupe ihre Tätigkeit vor ihrem Freund verheimlichen wollte. Ich wußte, daß der Hausbesitzer Lupe oft bittet, bis spät in die Nacht oder am Wochenende zu arbeiten, wenn er in der Stadt ist. Raoul, so stellt sich heraus, ist keineswegs ein Freund von Lupes Freund. Raoul ist ein Freund von Lupes Geliebtem. Jetzt weiß ich, wo ich mich geirrt habe. Jedesmal wenn Lupe *hombre* sagte und dabei einen Mann mimte, der an die Tür klopfte und *hola Lupe* sagte, hallo, Lupe, hatte ich angenommen, besagter *hombre* sei ihr Freund. Aber so verhielt es sich nicht.

Ich hatte mir schon gedacht, daß Lupe eine trickreiche Existenz führen muß. Damit hatte ich recht. Nur die Einzelheiten habe ich falsch verstanden. Offenbar weiß Lupes Geliebter nicht, wo sie arbeitet, und er soll es auch nicht erfahren. Lupe hat befürchtet, er könnte aufkreuzen, wenn er wüßte, wo sie arbeitet. Und das wollte sie unter allen Umständen verhindern.

Bevor sie nach Hause geht, versucht Lupe mir einen weiteren Aspekt der Geschichte zu verdeutlichen. Es fällt mir nicht leicht, zu verstehen, was sie mir sagen will. Doch dann drückt sie es durch Gebärdensprache aus, und ich glaube, ich habe es begriffen. Lupe erklärt mir, daß sie und ihr Freund nicht mehr miteinander schlafen. Er ist sehr gut zu ihr, aber er hat kein Interesse mehr an der Sexualität.

Lupe sagt, sie wisse nicht, wie es dazu gekommen sei. Und für einen Augenblick sieht sie sehr ratlos aus. Sie fragt mich, ob ich ihr weiterhelfen könne, ihr einen Rat geben könne. Ich schüttele den Kopf. Ich habe schon genug Probleme mit Sonia Kaufman und ihrem Liebesleben. Lupe sagt, ihr Liebhaber habe keinerlei sexuelle Probleme. Ich wünsche mir, daß Lupe nicht weiter ins Detail geht. Ich sage, daß ich mich für sie freue, daß ihr Liebhaber keine sexuellen Probleme habe, und blicke auf meine Arbeit.

Ich bin mir noch immer nicht ganz sicher, ob ich Lupes Geschichte jetzt wirklich begriffen habe. Ich fühle mich von Freunden und Liebhabern überrannt. Inzwischen verwechsle ich Lupe mit Sonia Kaufman. Ich vergesse, daß Sonia ihrem Liebhaber den Abschied gegeben hat und ihrem Mann seitdem treu ist.

Am nächsten Tag habe ich Kopfschmerzen. Zuerst denke ich, sie rührten von der Höhenlage her. Dann betaste ich meinen Hals. Er ist steif und verspannt. Mir fällt ein, daß ich die Vorstellung nicht ertragen konnte, mein Gesicht in das Loch am Ende des Massagetischs zu legen. Ich habe meinen Kopf die ganzen eineinhalb Stunden lang leicht verdreht gehalten. Jetzt tut mir der ganze linke Hals weh.

Ich sitze im Garten bei Hochsommerwetter und habe um Hals und Schultern einen Wollschal gelegt. Es ist unser vorletzter Tag in San Miguel. Übermorgen geht es nach New York zurück.

Ich beschließe, einen langen Abschiedsspaziergang zu machen, obwohl ich mit meinem Wollschal, der Sonnenbrille und dem Strohhut idiotisch aussehen werde. Ich beschließe, mich sogar auf den Caracol zu wagen.

Der Caracol ist ein Weg, der sich um die höchsten Erhebungen des Bergdorfs schlängelt. Er umrundet die südöstlichen Außenbezirke San Miguels. Er besteht aus nichts als Kurven und Windungen. Und an seinem Rand geht es Hunderte von Metern in die Tiefe, bis er seinen Abstieg zum Ortszentrum beginnt.

Unsere erste Reise nach San Miguel vor vier Jahren endete mit einer wilden Jagd den Caracol entlang. Wir waren mit Liz und Geraldo dorthin gefahren, um ein Grundstück zu besichtigen, das Liz gekauft hatte.

Die Aussicht von dort oben ist atemberaubend. Von Liz' Grundstück aus sieht man die ganze Stadt. San Miguel mit seinen mehr als zwanzig Kirchen lag unter uns wie ein prächtiges und ausgefallenes Schmuckstück. Am Caracol gab es nicht viele Häuser. Die Gegend war dünn besiedelt. Mit ungeteerten Feldwegen, ohne Geschäfte, ohne Straßenbeleuchtung. Streunende Hunde bellten uns drohend an; Liz erklärte mir, ich müsse sie mit einem Stock verscheuchen. Sie sagte, der Anblick des Stocks würde die Hunde erschrecken. Zu meinem Erstaunen hat es funktioniert. Die Hunde sahen sofort eingeschüchtert aus. Ich kam mir vor wie ein tapferer, furchtloser Krieger, der ein unbekanntes Gebiet erforscht, bis ich auf einen Hund traf, der sich vor Stöcken nicht fürchtete. Er bellte mich an und fletschte die Zähne, und ich wurde zu Wackelpudding. Liz warf mit einem Stein nach ihm, und er lief weg.

Mein Mann verliebte sich auf der Stelle in den Caracol und hätte am liebsten sofort ein Grundstück gekauft. Das Land war sehr billig. Aber ich hatte genug davon, mir wie Vasco da Gama vorzukommen, und wollte in die Ortschaft zurück. Es herrschte bereits Dämmerung und ich wollte vor Einbruch der Dunkelheit wieder in der Stadt sein.

Wir waren zum Caracol hinaufgegangen. Wir wollten mit dem Bus zurückfahren. Ich war noch nie mit einem der vielen Busse gefahren, die man auf den Straßen von San Miguel sieht. Ich kannte nur die größeren Busse, die zwischen den Städten verkehren.

Geraldo hielt am höchsten Punkt des Caracol einen Bus an. Der Bus bremste laut kreischend für uns. Wir stiegen ein. Ich war so froh, nicht im Finsteren nach Hause gehen zu müssen, daß ich den klapprigen, besorgniserregenden Zustand des Busses lieber ignorierte.

Der Bus sah aus, als wäre er aus Blech. Aus sehr dünnem Blech. Weniger stabil als der Deckel einer Dose Pfefferminzbonbons. Das Blech oder Metall, aus dem der Bus zusammengebaut war, wies überall Kratzer und Dellen und Löcher und Sprünge auf.

98

Er sah vielleicht nicht sehr vertrauenerweckend aus, aber er war sehr farbenprächtig. Jedes Einzelteil war anders angestrichen. Die Sitze waren in geschmackvollem Hellblau, Grün, Rot und Rosa gehalten. Wer in diesem Bus starb, hatte zumindest als letzten Eindruck den einer überaus erbaulichen Farbpalette.

Der Bus war nicht sehr groß. Aber er war gut gefüllt. Mit Männern, Frauen, Kleinkindern und Kindern. Es herrschte fast Volksfestatmosphäre. Aus irgendeinem Radio erklang mit voller Lautstärke eine Mariachikapelle.

Der Bus schlingerte in wilder Ausgelassenheit um jede Kurve. Die Passagiere lachten und hielten sich an ihren Sitzen fest, so gut sie konnten. Mit Vorliebe raste der Busfahrer auf jede Haltestelle zu, um dann abrupt zu bremsen. Die meisten Passagiere schienen das komisch zu finden. Ich gehörte nicht dazu. Ich hielt mich an meinem Mann fest.

Neben der Einstiegstür bemerkte ich einen Verbandskasten. Er sah nicht besonders vertrauenerweckend aus. Er war sehr klein und ziemlich verbeult. Ich beschloß, Geraldo zu fragen. Geraldo war gerade selbst ein wenig blaß um die Nasenspitze. Er ist sehr zierlich, und das schwungvolle Umrunden der letzten Kurve bei besonders hoher Geschwindigkeit hatte ihn fast aus seinem Sitz katapultiert.

Als Geraldo das Gleichgewicht wiedergefunden hatte, fragte ich ihn, was der Verbandskasten enthielt. »Das hängt ganz von dem Busfahrer ab«, sagte Geraldo. »Willst du damit sagen, daß der Busfahrer darüber entscheidet, was für Erste-Hilfe-Material er mit sich führt?« habe ich ihn gefragt. »Gewiß doch«, sagte Geraldo in seinem gewohnt lakonischen Ton. »Und was enthält dieser Kasten deiner Meinung nach?« fragte ich. Geraldo sah mich beinahe mitleidig an. Ihm war klar, daß es mich verstörte, daß für die Ausstattung von Verbandskästen in Bussen keine Vorschriften existierten.

»Ich wüßte einfach gern, was wohl in diesem Kasten ist«, sagte ich.

»Wahrscheinlich gar nichts«, antwortete Geraldo. »Das Vorhandensein dieses Kastens bedeutet noch lange nicht, daß sich etwas darin befinden muß.«

»Kein Verbandsmaterial, kein Antiseptikum, keine Aderpresse und keine Schere?« sagte ich ein wenig ungläubig.

Geraldo lachte. »Nicht unbedingt«, sagte er. »Vielleicht enthält der Kasten eine kleine Flasche Tequila und eine *torta*, ein Sandwich, als Verpflegung des Fahrers.«

»Was sollte er mit einer Aderpresse anfangen?« fragte Geraldo mich nach ein paar Minuten.

»Das weiß ich auch nicht«, sagte ich. »Ich glaube, mir war gerade der Lehrfilm über Erste Hilfe bei Schlangenbissen eingefallen, den man uns in Australien in der Schule gezeigt hat. Darin wurde immer erklärt, daß eine Aderpresse im Verbandskasten unerläßlich ist.«

Jahrelang habe ich mir auf dem Schulweg und auf dem Nachhauseweg Sorgen gemacht, weil ich keine Aderpresse bei mir hatte. Ich glaube, ich bin überängstlich auf die Welt gekommen. »Die Verbandskästen in den Bussen, die überhaupt welche haben, sind sicher alle leer«, sagte Liz. »Und Aderpressen enthalten sie ganz sicher keine.«

Das kam mir ungeheuer komisch vor. Mit einem Mal fürchtete ich mich überhaupt nicht mehr. Ich hatte mich an den Lebensrhythmus angepaßt. Mit erschreckender Geschwindigkeit umrundete der Bus eine weitere Kurve. Mir war fast schwindelig. Es erinnerte mich an die Karussells meiner Kindheit. Ich begann zu lachen. Ich lachte, bis ich nicht mehr konnte. Bis mir der Bauch wehtat.

Ich wußte, daß die Fahrt nur noch wenige Minuten dauern würde. Wir waren schon fast im Ortszentrum angelangt. Ich konnte nicht zu lachen aufhören. Mir tat das Gesicht weh.

Mein Lachen war ansteckend. Geraldo und Liz und mein Mann begannen zu lachen. Als wir ausstiegen, lachten wir noch immer. Nachts träumte ich von der Busfahrt.

Am Morgen nach dieser Busfahrt machte ich Listen, was ich einzupacken hatte. Wir waren zwei Monate lang in San Miguel gewesen. Es gab eine Menge zu packen. Das Telefon läutete. Mein Mann nahm den Hörer ab. Er sprach ein paar Minuten lang, dann ging er in ein anderes Zimmer, noch immer mit dem Anrufer sprechend. Irgend etwas am Verhalten meines Mannes stimmte mich argwöhnisch. Doch ich ignorierte mein Mißtrauen. Packen und Abreisen machen mich immer nervös. Mein Mann kam in das Zimmer zurück. Er sah ein wenig ernst aus. Er legte mir den Arm um die Schulter und erzählte mir, was er erfahren hatte. In unserem Loft hatte es gebrannt. Ein Großbrand. Das Loft war weitgehend ausgebrannt.

Das Feuer

Das Zuhause, das ich verließ, als wir nach Mexiko fuhren, war ein wunderschönes Zuhause. Es lag in dem Teil New Yorks, in dem ich mich fast wie zu Hause fühle. Mit seinen kleinen Straßen und den wenigen Hochhäusern macht SoHo einen persönlichen, einen gemütlicheren, einen familiären Eindruck.

Gemütlichkeit und familiäre Vertrautheit waren und sind das, was mir am meisten fehlt und was mich an Australien erinnert, das Land, in dem ich aufgewachsen bin. Wo ich zur Schule gegangen bin. Meine erste Stelle antrat. Wo ich geheiratet habe. Zweimal. Das Land, in dem ich gelebt habe. Ich bin als Zweiundvierzigjährige von Australien nach New York gezogen.

Das Zuhause in SoHo war ein Loft. In Regalen an den langen Wänden dieser ehemaligen Kleiderfabrik hatten wir Hunderte von gerahmten Fotos stehen. Es waren Bilder meiner Eltern und meiner Kinder und Bilder von meinem Mann und mir. Und von den Eltern meines Mannes. Genug Fotos, um den Eindruck einer großen Familie zu schaffen.

Diese Fotos, die zu dritt und zu viert angeordnet waren, so daß die Gruppen einander gegenüberlagen, sahen aus wie kleine Dörfer, kleine Gemeinden. Für mich sahen sie aus wie die Familie und die Gemeinschaft und die Gesellschaft, die meiner Mutter und meinem Vater in den sechs Jahren des NSD-Völkermords geraubt worden waren. Einsam und verwundet waren sie hinterblieben. Sie hatten nur einander.

Diese Bilder waren der Ersatz für zwei Großmütter und Großväter, die ich nie kennengelernt habe. Der Ersatz für Tanten und Onkel und Cousins und Cousinen, die ich nie kennengelernt habe. Auch Gemälde gab es in dem Loft. Viele Gemälde. Die Bilder eines ganzen Lebens, gemalt von dem Mann, mit dem ich zusammenlebe.

Seine erste Ausstellung hatte mein Mann als Zwanzigjähriger in Sydney, und in den vergangenen dreißig Jahren wurden seine Bilder in Australien, England, Frankreich, Deutschland, Österreich, China, Japan, Mexiko und Amerika ausgestellt. Alle Bilder, die er behalten hatte, und alle seiner neueren Arbeiten befanden sich in seinem Atelier in diesem Loft.

Und Tausende von Büchern waren in diesem Loft. Bücher, die aus den verschiedensten Anlässen zu den verschiedensten Zeiten in den verschiedensten Ländern gekauft worden waren.

Und Möbel und Küchenutensilien und alle übrigen Bestandteile unserer Vergangenheit, die wir eingepackt und aus Australien hergebracht hatten. Die Töpfe und Suppenkellen meiner Mutter. Stühle, auf denen wir alle gesessen hatten. Einen Tisch, den ich mit sechsundzwanzig gekauft hatte. Eine Sammlung aller nur erdenklichen Gegenstände, von der ich mich nicht trennen konnte.

Was macht man mit Briefen, die einem die eigenen Kinder geschrieben haben? Oder mit ihren Zeichnungen? Oder mit alten Metrofahrkarten von der ersten gemeinsamen Parisreise? Es ist so schwer, so etwas wegzuwerfen. Dinge zu entfernen, die mich emotional berühren, kommt mir immer vor, als wollte ich die betreffende Person entfernen.

Ein ganzer Container voller Dinge, die wir nicht wegwerfen konnten, kam in New York an. Er enthielt so alberne

Souvenirs wie alte Haarklammern und Shampoo, die einer von uns in eine der Kisten gepackt haben muß. Die Shampooflasche habe ich jahrelang aufbewahrt. Sie erinnerte mich an Australien.

In dem Loft, das wir verließen, gab es weiße Bettlaken von feinster Webqualität und Bettdecken in einem so bezaubernden Grau, daß ich mich jedesmal freute, wenn ich sie sah. Im Vorderteil des Lofts war das Atelier meines Mannes. Am anderen Ende war mein Arbeitszimmer. Es war unser Zuhause. Und wir waren immer glücklich, daß wir es gefunden hatten. Es war nicht leicht gewesen, dieses neue Zuhause zu bekommen. Wir hatten unser Haus in Melbourne verkauft und das Geld angelegt. Und dann hatten wir uns bis über die Ohren verschuldet. So sehr, daß ich jahrelang nicht schlafen konnte. Das Telefon wurde uns regelmäßig abgestellt, und wir kauften unsere Lebensmittel mit ungedeckten Kreditkarten.

Als es leichter wurde und wir allmählich aufatmen konnten, wunderten wir uns, daß wir diese Zeiten überlebt hatten. Es kam uns fast wie ein Wunder vor, daß es uns gelungen war, ein Zuhause zu finden.

Und wir liebten unser Zuhause. Es war der Ort, wo wir beide arbeiteten. Wo wir beide lebten. Es war ein ruhiger Zufluchtsort in einer ruhelosen Stadt. Es war unser Leben. Es war das, was wir verließen, als wir nach Mexiko aufbrachen. Wir kehrten zurück zu Schwärze und Asche.

Bevor ich aus Mexiko abreiste, rief ich meinen Vater an. Ich mußte ihm sagen, was geschehen war. Ich wollte nicht, daß er es von jemand anderem erfuhr.

Ich hatte mir überlegt, ob ich jemanden anrufen und bitten sollte, bei ihm zu sein, wenn ich es ihm erzählte. Ich machte mir Sorgen, daß die Nachricht zuviel für ihn sein könnte. Aber dann befürchtete ich, daß er in Gegenwart eines Dritten zu gehemmt sein und den Schock später noch schlimmer empfinden könnte.

Ich lief in dem Haus in San Miguel in Mexiko hin und her und versuchte zu entscheiden, was richtig war. Und dann dachte ich mir, daß es kein ideales Vorgehen geben konnte. Ich rief meinen Vater an. In Melbourne war es Vormittag. »Du mußt allmählich zu packen anfangen«, sagte er. Ich hatte den ganzen Tag mit Packen verbracht. »Es wir dir guttun, wieder zu sein in den eigenen vier Wänden«, sagte er. Eine Zeitlang plauderte ich mit ihm. Ich erkundigte mich nach Topcha, einer seiner ältesten Freundinnen.

»Topcha geht es gut«, sagte er. »Übrigens hat sie mir gestern gemacht gefilte Fisch. Ich habe ihn im Kühlschrank. Er ist sehr gut.«

»Topcha ist eine wundervolle Köchin«, sagte ich. Ich habe gesehen, wie sie in ihrer winzigen Wohnung in East Melbourne Biskuitkuchen und Käsekuchen und Backbleche voller Butterkekse und Mandelkekse buk.

»Wie geht es Regina?« fragte ich meine Vater. »Regina geht es auch gut«, sagte er. Regina ist meine Tante, die Witwe des Bruders meines Vaters. Jenes Bruders, der dem Tod entkam, weil er Ende der dreißiger Jahre nach Australien ausgewandert war.

Mein Vater und ich unterhalten uns mehrere Minuten lang über Regina und ihre diversen Wehwehchen. Dann erzählt er mir, daß Regina ihm erzählt hat, daß Mr. R. tatsächlich eine Affäre mit Mrs. B. gehabt habe. Mein Vater sagt, das könne er nicht glauben. Ich stimme ihm zu. »Mrs. B. liebt Mr. B.«, sage ich.

»Natürlich«, erwidert mein Vater.

»Aber sind Mr. R. und Mrs. B. nicht längst tot?« frage ich.

»Ja«, sagt er. »Trotzdem habe ich eine halbe Stunde lang versucht, zu erklären Regina, daß es nicht möglich sein kann, daß Mr. R. hatte eine Affäre mit Mrs. B. Am Ende Regina war so beleidigt, daß sie nicht mehr wollte sprechen mit mir.«

Ich muß lachen. Reginas Bemerkungen haben ihr im Lauf der Jahre nicht wenige Zerwürfnisse mit ihren Bekannten beschert. Ich habe immer ihre Unerbittlichkeit, ihre Willensstärke und ihre langen, lackierten Fingernägel bewundert. »Regina kann es sich nicht leisten, sich mit dir zu verkrachen«, sage ich. »Dann hätte sie niemandem mehr, mit dem sie sprechen kann.«

»Das stimmt«, sagt mein Vater und lacht.

Ich entschließe mich, ihm zu sagen, was geschehen ist. Ich will es nicht. Die Vorstellung verursacht mir leise Übelkeit und ein Schwindelgefühl. Aber ich darf es nicht länger hinausschieben. Bevor ich es damit herausrücke, sage ich: »Du kannst hören, daß es mir gutgeht, nicht wahr?« Das frage ich ihn mehrmals.

»Ja, ja«, sagt er. Seine Stimme klingt ungeduldig und ein bißchen verwirrt.

Ich sage ihm, daß es Ärger mit unserem Loft gab. Ich wiederhole, daß es mir gutgeht und meinem Mann auch. Dann erzähle ich ihm, worin der Ärger besteht. »Es hat in unserem Loft gebrannt«, sage ich.

Mein Vater ist erschüttert. Völlig außer sich. Er fragt mich, wieso ich mit ihm über alles mögliche geplaudert habe, obwohl so etwas passiert ist. Er ist entsetzt. Wie unter Schock.

Ich mache mir Sorgen. Ich wünschte, ich hätte doch jemanden gebeten, bei ihm zu sein, wenn ich anrufe.

»Ist alles in Ordnung?« frage ich meinen Vater.

»Mit mir ist alles in Ordnung«, sagt er, obwohl der Ton seiner Stimme nicht beruhigend klingt. »Aber was ist mir dir?«

Ich sage ihm, daß es mir gutgeht. »Das habe ich dir doch gesagt, bevor ich dir erzählt habe, was passiert ist«, sage ich.

»Es sollte dir aber nicht gutgehen«, sagt er. »Ich glaube, du bist nicht genug hektisch.« Dieser Befund heitert mich augenblicklich auf.

»Ich bin nicht zuwenig hektisch«, sage ich, »sondern es geht mir gut.«

»Du solltest aber sein hektisch«, sagt er, und seine Stimme klingt beunruhigt. »Warum bist du jetzt nicht hektisch? Du bist doch keine Type, was ist nicht hektisch.« Damit hat er recht. Ich bin wahrhaftig kein unhektischer Menschentyp. Später wird dieser Sachverhalt auch meine Analytikerin beschäftigen, aber sie wird das um einiges wissenschaftlicher formulieren.

»Mir geht es gut«, sage ich zu meinem Vater.

»Das ist nicht möglich, daß es dir gutgeht«, sagt er. »In deiner Position es kann niemandem gutgehen.« Ich erkläre ihm, daß ich die Nachricht von dem Brand im Verhältnis sehe. Niemand wurde verletzt, niemand ist gestorben.

Das tut er ab. »Du bist gewesen dein Leben lang eine hektische Type, und jetzt, wo das passiert, du bist auf einmal eine Type, was ist überhaupt nicht hektisch«, sagt er. »Und du hast mit mir über Topcha und Regina gesprochen, bevor du hast erzählt, was passiert ist. Wie konntest du das tun?«

Das fragt er mich dreimal hintereinander. »Ich wollte, daß du weißt, daß es mir gutgeht«, sage ich. »Okay, okay«, sagt er. »Ich will nicht mit dir streiten darüber. Es kann nicht sein, daß es dir gutgeht.«

Ich will ihm widersprechen, aber er unterbricht mich. »Ist das ganze Loft verbrannt?« fragt er mit furchtsamer Stimme.

»Allem Anschein nach zwei Drittel der Wohnung«, sage ich.

»Oj Gott«, sagt er.

Ich sage ihm, daß ich am Abend nach New York zurückfliege und ihn von dort aus anrufen werde.

»Wo wirst du wohnen?« fragt er.

»Das weiß ich noch nicht«, sage ich.

»Oj Gott«, wiederholt er.

Mein Mann kommt in diesem Augenblick und sagt mir, daß es ihm gelungen ist, in dem gewöhnlichen Sterblichen unzugänglichen Soho Grand Hotel ein Zimmer zu bekommen. Das Hotel ist noch neu, aber auf Monate im voraus ausgebucht. Ich bin froh. Ich wollte in der Nähe unseres Lofts sein, und das Hotel liegt nur ein paar Gehminuten entfernt. Ein Freund aus der Hotelbranche hat uns geholfen, das Zimmer zu bekommen.

Ich erzähle meinem Vater, wo wir wohnen werden. Er schweigt. Ich sage, er solle sich die Telefonnummer notieren. Ich lese sie ihm langsam vor. Er klingt sehr kleinlaut. Wir verabschieden uns voneinander. Ich mache mir Sorgen. Ich rufe Freunde an und bitte sie, sich um ihn zu kümmern.

Fünf Minuten nach unserem Telefongespräch frage ich mich unvermittelt, ob mir ein Foto von meiner Mutter geblieben ist oder ob alle Fotos verbrannt sind. Ich bekomme Magenschmerzen. Als ich nach New York zog, hat mein Vater mir die meisten seiner alten Fotos mitgegeben. Er hat nur wenige behalten. Vielleicht habe ich kein einziges Bild mehr von meiner Mutter. Fast kommen mir die Tränen.

Wir fliegen nach New York zurück. Ich wünschte, das Flugzeug würde nicht landen. Ich will in der Luft bleiben, eingehüllt in das eigentümliche Gefühl der Unverletzbarkeit, das mich jedesmal überkommt, wenn ich fliege. Es ist ein Gefühl des Aufschubs. Eine Atempause, in der nichts zählt als den Sicherheitsgurt anzubehalten und zu sehen, was es zu essen gibt.

Wir landen im Dunkeln. Ich friere. Ich hatte keine Winterkleidung nach Mexiko mitgenommen. Ich war zum ersten Mal in meinem Leben mit wenig Gepäck gereist. Das erste Mal, daß ich nicht zuviel mitgenommen hatte. Der New Yorker Komiker Jackie Mason hat in seinem Repertoire eine Nummer über jüdische Frauen, die verreisen. Der ganze Urlaub dauert vielleicht keine zwei Tage, sagt er, aber Koffer werden zusammengestellt. Jüdische Frauen, erklärt er, benötigen Unmengen Koffer. Eine jüdische Frau muß packen für den Fall, daß es regnet, und für den Fall, daß es nicht regnet. Für den Fall, daß sie früh aufsteht, sehr früh, oder nicht ganz so früh. Für den Fall, daß sie das Foyer aufsucht, es beinahe aufsucht, oder vergißt, es aufzusuchen. Für den Fall, daß es regnet, stark regnet, ein bißchen regnet, nur tröpfelt. Für den Fall, für den Fall, für den Fall.

Jedesmal, wenn ich dieses Programm höre, lache ich mich halb tot. In dieser Beschreibung erkenne ich mich wieder. So habe ich jahrelang gepackt. Mein Mann hat sich den Rücken dabei ruiniert, meine Koffer vom Gepäckband zu zerren und in den Kofferraum von Autos und Bussen zu befördern. Diesmal hatte ich nicht zuviel eingepackt. Diesmal hatte ich mich beherrscht. Ich trage ein Sommerkleid. Ich bibbere vor Kälte.

Im Soho Grand Hotel arbeiten wunderschöne und wunderschön gekleidete junge Männer und Frauen. Langbeinige Frauen in ausgeschnittenen und sehr kurzen Kleidern und gutaussehende Männer in Dolce und Gabbana oder Armani und mit dem entsprechenden Auftreten.

Gäste, die hunderte Dollar pro Nacht für ein kleines Zimmer zahlen, wirken in Gegenwart der jungen und großgewachsenen Angestellten eingeschüchtert und verängstigt und unsicher. Unter anderen Umständen hätte ich das komisch gefunden. Doch jetzt zupfe ich an meinem ärmellosen Baumwollkleid im Versuch, meine nackten Beine soweit wie möglich zu bedecken. Ich komme mir abgerissen vor. Und obdachlos. Und dann komme ich mir dämlich vor, weil ich mir so vorkomme. Als Obdachloser kann ich nicht im Soho Grand Hotel wohnen.

In unserem Zimmer begutachte ich das Aufgebot an Shampoos und Haarkuren und Körperlotions. Ich lese die Frühstückskarte. Ich lese sie langsam und konzentriere mich auf jeden einzelnen Posten. Als wäre es das Frühstück, was mich morgen erwartet.

»Es gibt Haferbrei«, sage ich zu meinem Mann.
»Gut«, sagt er. Er sieht erschöpft aus. »Als erstes gehen wir morgen früh zu unserem Loft«, sagt er.
»Okay«, sage ich.

Am Morgen lasse ich den Haferbrei, den ich bestellt habe, unberührt stehen. Ich kann nichts essen. Mein Mann ißt, als müßte er sich auf einen Marathonlauf oder einen Zehnkampf vorbereiten. Er ißt alles, was auf der Karte steht. Oder beinahe. Er bestellt frischen Fruchtsaft und frisches Obst und Joghurt und Müsli. Danach bestellt er Toast und Eier und Würstchen und Speck und Bratkartoffeln. Das Ganze krönt er mit Kaffee und zwei Croissants.

Wir machen uns auf den Weg. Trotz der Kälte gehen wir langsam dorthin, wo wir gelebt haben. Der Geruch ist das erste, was uns auffällt. Man kann ihn bis auf die Straße riechen. Es ist ein finsterer Geruch. Er ist durchdringend, scharf und unglaublich konzentriert. Er riecht anders als jeder andere Geruch. Er riecht anders als verbranntes oder verkohltes gebratenes Fleisch. Oder brennende Holzscheite. Oder ein brennender Teppich. Er riecht wie das, was, wie ich heute weiß, der Geruch brennender Gebäude ist.

Wir betreten, was unser Zuhause war, und treten auf Glassplitter und geschwärzten Schutt und Ruß. Große Teile des Fußbodens sind verquollen, vernarbt, verzogen. Weil sie zuerst verbrannten und dann unter Wasser gesetzt wurden. Die Holzdielen sehen krebszerfressen und schwärend aus. Wie eine Achterbahn voller Blasen und Wunden. Die großen Fenster sind sämtlich geborsten. Zerbrochene, geplatzte, eingeschlagene Scheiben. Strom gibt es keinen. Ein kaltes graues Licht erfüllt das Loft. Es legt sich auf das, was aussieht wie brandiges, schleimbedecktes Strandgut.

Überall Trümmer. Unkenntliche Reste und Relikte. Verkohlte Überbleibsel und Überreste. Wir steigen über große Gegenstände, die wir nicht identifizieren können. Die Luft ist voller Asche. Das Atmen fällt schwer. Nichts ähnelt entfernt dem, was es einmal war.

Eine Feuersbrunst verleiht den Dingen neue Formen. Stühle schmelzen in Wände hinein. Besen und Türen werden eins, Tische verziehen und verzerren sich. Fotos kräuseln sich und schmelzen. Kisten verflüssigen sich, und Flaschen platzen. Letztlich endet alles auf dem Boden. Alles nimmt die gleiche Form an. Alles sieht gleich aus. Ununterscheidbar. Alles sieht aus wie Abfall. Nichts sieht aus, als hätte es einen Wert. Als wäre es kostbar.

Vieles von dem, was auf dem Boden liegt, ist verdreht und verzogen. Feuer verzerrt und verzieht. Es dreht und beugt und umhüllt und erschafft ein völlig neues Universum.

Meine Küche ist nicht mehr meine Küche. Dutzende Flaschen Öl und Essig mit Gewürzen und Kräutern, die ich selbst abgefüllt und so liebevoll in den Regalen aufgestellt habe, sind zerbrochen und zersplittert. Ein Flaschenhals ist in den Plastikdeckel einer Kupferdose eingeschmolzen. Diese Dosen habe ich auf einem Flohmarkt in Melbourne gekauft.

Große Löcher sind in Wände und Decken gerissen. Später erfahre ich, daß die Feuerwehrleute diese Löcher gemacht haben, um sich zu vergewissern, daß es nicht in den Wänden weiterbrennt.

Türen haben sie auch aufgebrochen. Türen, die nicht zugesperrt waren, sind eingetreten und zersplittert. Feuerwehrmänner benehmen sich wie Cowboys. Das müssen sie. Unter Lebensgefahr nimmt man sich nicht die Zeit zu überlegen, ob der Türgriff heiß war oder nicht.

Alles sieht entsetzlich unordentlich aus. Unordnung war mir den größten Teil meines Lebens über ein Greuel. Stets habe ich alles geordnet, verwahrt, geplant und sortiert. Ich habe aufgeräumt und zurechtgelegt. Ich habe versucht, einen Ort für alles und alles an seinem Ort zu haben. Meine

Haushaltsgegenstände, meine Arbeit, meine Forschungsobjekte, meinen Kopf.

Ich vermeide es, mich im Atelier meines Mannes umzusehen. Ich bin zu verängstigt, auch nur eines der hunderte Bilder anzusehen, die in seinem Atelier untergebracht waren.

Ich gehe in den Raum, der unser Schlafzimmer war. Die Tür zum Kleiderschrank meines Mannes steht offen. Mein Mann gehört nicht zu denen, die sich für Kleidung interessieren. Sein Kleiderschrank sieht weitgehend unversehrt aus. Eine Menge Ruß, aber alles hängt mehr oder weniger so da, wie es vorher hing. Mein Kleiderschrank existiert nicht mehr. Er ist ausgebrannt. Später werde ich eine unversehrt erhaltene Wolford-Pantyhose mitten in einem Berg verschmorter und ineinander verschmolzener einstiger Kleidungsstücke finden. Ich erblicke einen Fetzen von einem Kleid meiner Mutter, der aus dem Schutt ragt; dieses Kleid habe ich seit dem Tod meiner Mutter in meinem Schrank aufbewahrt. Ich werde beinahe ohnmächtig.

Ungläubiges Staunen erfüllt mich. Ich kann meinen Augen nicht trauen. Was hatte ich zu sehen erwartet? Ich glaube, ich hatte eine Veränderung erwartet. Einen Bruch, Schäden. Aber nicht das hier. Dieses Chaos hatte ich nicht erwartet. Dieses Ausmaß der Zerstörung. Ich hatte nicht damit gerechnet, daß ein Zuhause, das zu schaffen so viele Jahre gedauert hatte, in so kurzer Zeit vernichtet werden kann.

Ich setze mich auf einen schwarzen, farbebekleisterten Stuhl. Dieser Stuhl stammt aus dem Atelier meines Mannes. Jetzt steht er in dem Raum, der unser Wohnzimmer war. Ich blicke auf meine Knie. Ich will nichts mehr sehen.

Wenige Meter von meinen Füßen entfernt sehe ich zwei der Stühle mit runder Rückenlehne aus den dreißiger Jahren, die ich als Achtundzwanzigjährige gekauft habe;

sie liegen mit abgebrochenen, zersplitterten Beinen auf dem Boden. Es waren insgesamt acht Stühle. Vier von ihnen erspähe ich auf einem Haufen in einer Ecke. Sie sehen aus, als hätten sie zu entkommen versucht und wären aneinandergeschmiedet worden. Sie sehen ungeschlacht, gedemütigt und erniedrigt aus. Von ihrer früheren Eleganz ist kaum noch etwas zu erkennen.

Der Anblick dieser Stühle tut mir entsetzlich weh. Ich weiß, daß es nur Stühle sind. Ich weiß, daß es keine Menschen sind. Doch das linkische, blinde Wüten, das sie ineinander verkeilt und angesengt in diese Ecke geschmettert hat, läßt sie verletzlich erscheinen. Auf diesen Stühlen saßen wir beim Abendessen. In Platte und Seitenflächen des dazugehörigen Tischs haben meine Kinder ihre Namen und alle möglichen Mitteilungen eingeschnitzt. Tisch und Stühle haben wir bei unserem Umzug von Melbourne nach New York mitgebracht.

Ich wende den Blick ab und sehe ein Schäufelchen, das meiner Mutter gehört hat, im Fußboden stecken. Es ist ein Metallschäufelchen mit einem hellroten Holzgriff. Ich habe es immer geliebt. Es hat mich immer an meine Mutter erinnert. Ich sehe wieder auf meine Knie.

Es wimmelt von Leuten. Hauptsächlich Männer. Sie gehen hin und her und machen sich Notizen. Was schreiben sie auf? Was notieren sie? Nicht einer von ihnen verhält sich entsprechend, obwohl sie Eindringlinge sind. Sie treten über und auf alles, was herumliegt, als wäre das eine Selbstverständlichkeit. Zwei Männer mit Klemmbrettern diktieren ihre Bemerkungen auf Tonband. Was sind das für Bemerkungen? Was wird da aufgenommen? Ich weiß es nicht. Ich will nichts bemerken und nichts aufnehmen. Ich will nur auf diesem Stuhl sitzen bleiben.

Niemand fragt diese Leute, wer sie sind und warum sie hier sind. Das hier war früher meine Wohnung. Jetzt ist es ein öffentlicher Raum. Ein öffentliches Schauspiel. Ein

Schauplatz. Privatsphäre gibt es keine mehr. Es ist uns nicht mehr möglich, andere von diesem Schauplatz auszusperren. Jedermann kann ungehindert ein und aus gehen.

Ein Mann sagt zu mir, er vertrete die Versicherung eines Nachbarn im Stockwerk über uns. Für einen Moment frage ich mich, warum dieser Nachbar einen Versicherungsagenten benötigt. Das übrige Gebäude ist weitgehend unbeschädigt. Ich bin zu naiv, um zu begreifen, daß dies nur eine Vorhut, ein Vorposten aller Rechtshändel ist, die auf uns zukommen. Ein anderer Mann stellt sich als Vertreter unserer Versicherung vor.

Ein Mann mit Diktiergerät beginnt mir Fragen zu stellen. Wo mein Büro gewesen sei, will er wissen. Wieviel Platz mein Arbeitsleben beansprucht habe. Ich starre ihn an. Ich verstehe seine Frage nicht. Will er wissen, wieviel Platz mein Arbeitszimmer gehabt hat? Ich öffne den Mund, um zu sagen, daß ich seine Frage nicht verstanden habe. Kein Wort ist zu hören. Der Mann hält mir sein Diktiergerät vor den Mund. Er stellt mir eine weitere unverständliche Frage.

Mein Mann sieht, was geschieht, und greift ein. Er sagt zu mir, daß er sich um die Versicherungsvertreter kümmern wird, um die Schadensregulierer der diversen Versicherungen, um die Leute von der New Yorker Brandschutzbehörde und jedermann sonst, der Fragen hat.

Er nimmt mich in die Arme. Ich merke, daß er zittert. »Du zitterst ja«, sage ich zu ihm. »Du stehst unter Schock.«

»Das ist die Kälte«, sagt er zu mir. »Mir geht es gut.« So sieht er nicht aus. Keiner von uns sieht so aus.

Bevor dies ein Brandherd war, war es unser Zuhause. Was gab es dort? Alles, was es in einem Zuhause zu geben pflegt. Besitztümer. Erinnerungen. Echos. Hoffnungen. Träume. Verstörung. Glück.

Was gab es dort? Alles, was es dort zu geben pflegt. Archivierte Augenblicke. Andenken. Erinnerungsstücke von

Familienfeiern. Festgehaltene Freude und Stolz. Überbleibsel von Enttäuschungen. Kämpfe. Geschichte.

Was befand sich dort, wo jetzt Schutt und Asche sind? So vieles. Tagebücher. Meine Tagebücher aus dreißig Jahren. In meinen Tagebüchern habe ich versucht, mich meinen Kindern zu erklären. Ich wollte, daß sie mich kennen. Es ist so schwer, einen anderen wirklich zu kennen. Selbst jemanden, mit dem man aufgewachsen ist. Ein Elternteil. Für mich ist es noch immer besonders wichtig, daß man die eigenen Eltern kennt. Daß man weiß, woher man kommt. Daß man versteht, im guten wie im schlechten, was einen teilweise zu dem gemacht hat, der man ist. So vieles über die Vergangenheit, über meine Mutter und meinen Vater, war unzugänglich, als ich heranwuchs. Deshalb habe ich versucht, mich für meine Kinder zu beschreiben. Mich selbst mit zweiundzwanzig. Mich selbst mit zweiunddreißig. Mich selbst mit zweiundvierzig. Ich habe versucht, so ehrlich wie möglich zu sein. Ich habe versucht, ihnen Zugang zu Aspekten meines Lebens zu gewähren, die ihnen Aufklärung verschaffen, die ihnen helfen könnten. Und ich habe die Kinder beschrieben. Als Babys, als Kleinkinder, als Teenager, als junge Erwachsene.

Diese Tagebücher habe ich nie gelesen. Mit einer Ausnahme. Ich habe nie zurückgeschaut. Doch ich habe sie aufbewahrt wie ein heiliges Gut. In abgeschlossenen Koffern. Mehrmals fragte die australische Bibliothek, die meine Manuskripte und Notizbücher erwirbt und aufbewahrt, ob ich ihr die Tagebücher verkaufen würde. Sie bot an, meinen Kindern den Zugang zu gestatten. Ich habe immer abgelehnt.

Das Tagebuch, das ich gelesen habe, war das Tagebuch, das ich schrieb, als meine Mutter starb. Nach ihrem Tod hat es zehn Jahre gedauert, bis ich in der Lage war, es zu lesen. Später werde ich feststellen, daß dieses Tagebuch als einziges überlebt hat und noch entzifferbar ist. Es war als einziges mit Kugelschreiber geschrieben. Die anderen waren mit Füllfederhalter, mit Tinte geschrieben. Sie alle haben sich in dunkelblaugrüne Seiten mit schwarzen Verfärbungen verwandelt. Wörter gab es keine mehr. Ich hatte nicht gewußt, daß Wörter so leicht weggewaschen werden können. Es gibt eine noch schrecklichere Entdeckung. Bald wird mir klar, warum mein Mann, ein Mensch, den nichts so schnell aus der Fassung bringen kann, am ganzen Körper zittert. Es ist kalt. Aber er zittert nicht wegen der Kälte. Er weiß, was noch niemand bislang in ein Formular eingetragen hat. Er weiß, daß an die Tausend seiner Bilder, die Arbeit eines ganzen Lebens, zerstört sind.

Ich kann es nicht ertragen, die verbrannten Bilder zu sehen. Sie liegen auf dem Boden. Beschädigt und verwundet. Sie sind entstellt und zerrissen und zerfleischt. Kraftlos, hilflos, in größter Not liegen sie auf dem Boden.

Bei jedem Versuch, den Blick darauf zu richten, wird mir körperlich unwohl. Wenn mein Blick versehentlich auf eine versengte Leinwand fällt, kann ich kaum atmen. Meine Lungen scheinen sich zu weigern, Luft aufzunehmen oder auszustoßen. Ich muß sie zwingen, sich zusammenzuziehen und auszudehnen. Mein Brustkorb schmerzt. Als hätte mir jemand in die Rippen geschlagen.

Zwei unserer Kinder brechen beim Anblick der zerstörten Bilder in Tränen aus. Beide waren angesichts der Nachricht, die für uns alle so entsetzlich war, stoisch und gelassen geblieben. Doch die vernichteten Bilder haben sie beide aus der Fassung gebracht.

Was gab es noch in unserem Zuhause, als es noch ein Zuhause war? Bücher. Es gab Tausende von Büchern. »Heiratet keinen Büchernarren«, hatte ich scherzhaft meinen Töchtern öfter als einmal geraten. »Das bedeutet gewaltige Probleme der Lagerhaltung.«

Wir waren allesamt Büchernarren. Hunderte von Lyrikbänden. Lyrikbände, die mein Mann aus seiner Jugendzeit aufbewahrt hatte und aus der Zeit, als er sein erstes Geld verdiente.

Wir besaßen Erstausgaben. Wir besaßen limitierte Ausgaben. Wir besaßen Bücher, die von den mit uns befreundeten Schriftstellern signiert waren. Wir besaßen Kunstbücher und Kochbücher. Wir besaßen belletristische und Sachbücher. Die meisten der Bücher sind verbrannt oder durch Ruß und Wasser beschädigt.

Natürlich zählen zu den Büchern, die in völlig unbeschädigtem Zustand überlebt haben, all die Bücher, die man am liebsten nie erworben hätte. Alle die Bücher, die zu besitzen einem peinlich war. Das Buch, das man aus Verzweiflung in der Flughafenbuchhandlung gekauft hatte, als Flughafenbuchhandlungen noch nicht so gut sortiert waren, wie sie es heutzutage sind. Die Natalie-Wood-Biographie, ein Buch, das ich immer wieder in die Mülltonne werfen wollte und immer ganz hinten in das Regal geschoben habe, hat den Brand nahezu unversehrt überstanden.

Und die Kleidung. Alle Kleidung, die ich besessen hatte, war verbrannt. Es war ein sonderbares Gefühl, keine Kleidung zu besitzen. Zweifellos enthob es mich der Entscheidung, was ich anziehen sollte. Jedes einzelne meiner Kleidungsstücke war verschwunden. All meine Kleider, Röcke, Blusen und Mäntel. All meine Unterwäsche. All meine Nachtwäsche. Alles bis auf die Wolford-Pantyhose.

Schuhe hatte ich auch keine mehr. Es würde eine sonderbare Erfahrung sein zu entscheiden, was ich kaufen sollte. Wie viele BHs? Wie viele Unterhosen? Was für Schuhe? Es würde nicht einfach sein, bei Null anzufangen.

Manche Kleider waren natürlich unersetzlich. Die Kleider meiner Mutter. Die Kinderkleider, die ich aus den ersten Jahren meiner Kinder aufbewahrt hatte. Die Schlaghosen, die ich meinem einjährigen Sohn in der Carnaby Street gekauft hatte. Und das dazugehörige schwarze T-Shirt mit Spiegel- und Stickereiverzierung. Das auf einer Seite

schulterfreie Hawaiikleid, das ich zu Estelle Halperns sech-
zehntem Geburtstag getragen hatte, das einzige Kleidungsstück aus meiner eigenen Jugend, das ich aufbewahrt hatte,
war ebenfalls weg. Und wir hatten die meisten unserer Dokumente verloren.
Es ist erstaunlich schwer, ohne Papiere zurechtzukommen.
Versicherungsunterlagen. Hypotheken. Steuerbescheide.
Geburtsurkunden. Und Fotografien hatten wir verloren. Die
Fotos von unseren Eltern, unseren Kindern, unseren Freunden, von uns. Wir hatten fast alle Kinderfotos unserer Kinder verloren. Fotos von ihnen zu Beginn jedes Schuljahrs. Fotos von
uns bei der Abiturfeier meines Sohnes im Cirque d'Hiver in
Paris. In der Jugendzeit unserer Kinder haben wir viele australische Sommer in Paris verbracht. Wir wohnten in der
Wohnung eines Freundes im Marais. Die Kinder schliefen
auf dem Boden. Wir kauften auf den Märkten ein und koch-
ten zu Hause. Es waren herrliche Jahre. Diese Fotos sind wie alle unsere Fotos und die Kartons, in
denen sie untergebracht waren, zu ungefügen, mißgestalten
Klumpen versengten und vergärten Pergaments mutiert.
Die Fotos haben Blasen geworfen und sind miteinander
verschmolzen. Sie sind ineinandergeschweißt. All die indi-
viduellen Bilder sind ausgelöscht und wegradiert. Wie konnte das alles geschehen? Niemand weiß es
genau. Das heißt, niemand konnte uns diese Frage tatsäch-
lich beantworten. Das war nicht möglich. Ein wichtiges
Beweisstück fehlte. Die Untermieter, denen wir unser Loft vermietet hatten,
waren uns von einem gutbeleumdeten Immobilienbüro vermittelt worden. Sie machten einen vertrauenswürdigen Eindruck. Wir wußten, daß es junge Leute waren. Aber wir
wußten nicht, daß sich mehr Bewohner in unserem Loft
aufhielten, als man uns mitgeteilt hatte. Als wir nach
Mexiko fuhren, hinterließ ich eine Flasche Veuve Cliquot im

Kühlschrank und einen Zettel, auf dem ich ihnen einen schönen Aufenthalt wünschte.

Sie befanden sich in New York, um Motivationsseminare zu veranstalten, hatte man uns erklärt. Und nach dem Brand fanden sich in dem Loft noch immer Spuren ihres Wirkens. Überall im Schutt lagen Motivationstonbänder und T-Shirts mit aufmunternder Beschriftung.

Das Feuer brach in dem Raum aus, der früher das Zimmer meiner jüngeren Tochter war. Jemand hatte einen Mehrfachstecker – ihren, nicht unseren – in eine Steckdose neben dem Bett gesteckt. An diesen Mehrfachstecker waren verschiedene Elektrogeräte angeschlossen worden. Normalerweise schalten Mehrfachstecker sich ab, wenn Überhitzung droht. Dieser tat es nicht. Einer der Untermieter, ein junger Mann, befand sich zu diesem Zeitpunkt in dem Loft. Aber er rief nicht die Feuerwehr. Statt dessen holte er einen Eimer und versuchte zu löschen.

Der Waschraum, in dem der Eimer stand, befand sich am anderen Ende des Lofts. Das Wasser, mit dem er den Eimer füllte, holte er aus der Küche. Die Küche befand sich ziemlich weit entfernt von dem Raum, in dem das Feuer ausbrach.

In dem Geschäft im Erdgeschoß unter unserer Wohnung hörte jemand, wie der Untermieter hin und her lief. Er rief in einem benachbarten Geschäft an, wo man ebenfalls die Geräusche hörte, Geräusche, die nicht wie Alltagsgeräusche klangen.

Aus dem zweiten Geschäft rief man bei unseren Nachbarn an. Die Feuerwehr war noch immer nicht benachrichtigt. Eine Nachbarin sagte, sie rieche einen eigenartigen Geruch. Sie trat auf die Feuerleiter und sah Rauchwolken. Sie rief die Feuerwehr.

Als die Feuerwehr kam, hatte das Feuer sich über die ganze Wohnung ausgebreitet. Und sich zu einem Inferno ausgewachsen. Der Mehrfachstecker, den die Feuerwehrleute sehr wohl gesehen hatten, war am nächsten Morgen verschwunden, wie einige von ihnen versichert haben.

Die Untermieter hatten zusammengepackt, was von ihren Habseligkeiten übriggeblieben war, und waren ausgezogen. Nachdem das Feuer gelöscht war, beschuldigte einer von ihnen einen Feuerwehrmann, ihm seine Rolex-Uhr gestohlen zu haben. Ein Mitarbeiter der Firma, bei der die Untervermieter angestellt waren, rief uns im SoHo Grand Hotel an. Er sagte, die Mitarbeiter hätten die Wohnung zwei Tage früher als vorgesehen räumen müssen. Sie verlangten die Miete für diesen Zeitraum zurück. Bei dieser Forderung verkrampfte mein Mann seine Gesichtsmuskeln so entsetzlich, daß ihm alle Farbe aus dem Gesicht wich und er aschfahl wurde.

Ein paar Tage später erklärten uns zwei der Feuerwehrmänner, daß der Untermieter lediglich die Zimmertür hätte schließen müssen, statt Wasser zu holen, und das Feuer wäre auf diesen einen Raum beschränkt geblieben. Es hätte sich nicht ausbreiten können.

Auf den Vorschlag eines Freundes hin wenden wir uns an einen Versicherungsmakler. Das ist jemand, der stellvertretend mit der Versicherung verhandelt. Ein guter Makler ist von unschätzbarem Wert. Diese Makler kennen sich im Versicherungsgewerbe aus, anders als die meisten Laien. Ich kann mir nicht vorstellen, daß normale Menschen die Klauseln in ihren Versicherungspolicen wirklich verstehen. Und das Kleingedruckte lesen die meisten ohnehin nicht.

Unser Versicherungsmakler war ein breitschultriger, vierschrötiger Mann mit viel Humor und einem großen Repertoire an Witzen. Außerdem konnte er schier endlos viele Geschichten aus seinem jahrzehntelangen Erfahrungsschatz als Versicherungsmakler erzählen. Manche dieser Geschichten waren so bizarr, so fesselnd, daß sie mich meine eigenen Misere vergessen machten.

Am gleichen Abend kam Geoffrey Firth, der mir die Haare schneidet, seit ich meinen Fuß zum ersten Mal in die Stadt gesetzt habe, in unser Hotel. Am Morgen hatte er angerufen. Er hatte schon von dem Brand gehört. Wie, weiß ich heute noch nicht. »Ein Haarschnitt wird Ihnen guttun«, sagte er. Der Klang von Geoffreys Stimme tat mir jedenfalls gut.

Geoffrey kommt mit einer Menge Einkaufstüten unter dem Arm in unser Zimmer im SoHo Grand Hotel. »Hallo, Schätzchen«, sagt er fröhlich mit seinem Yorkshire-Akzent. Er küßt uns beide auf die Wange und stellt seine Einkaufstüten auf dem Bett ab.

»Ich war ein bißchen einkaufen, meine Lieben«, sagt er und macht sich ans Auspacken. Geoffrey hat für meinen Mann ein halbes Dutzend T-Shirts gekauft, drei weiße und drei schwarze, ein halbes Dutzend Unterhosen, ein halbes Dutzend Socken, eine Hose, zwei Pullover, einen Mantel und einen Schal. Mein Mann, der normalerweise nicht auf den Mund gefallen ist, steht sprachlos da. Ich kämpfe mit den Tränen.

Aus seiner Aktentasche fördert Geoffrey eine große Tüte mit Haarpflegemitteln zutage. »Für Sie«, sagt er und stellt die Tüte auf den Boden, während er in seiner Manteltasche nach etwas sucht.

»Ich war mir einfach nicht sicher, was für Kleidung ich für Sie kaufen könnte, Lil«, sagt er. »Nichts von dem, was ich mir angesehen habe, schien mir das Richtige zu sein, und deshalb habe ich Ihnen das hier mitgebracht.« Er reicht mir eine kleine Schachtel in Geschenkpapier. Ich packe sie aus. Die Schachtel enthält eine Karte mit der Aufschrift »Alles Liebe von Geoffrey« und einen wunderschönen dunkelbraunen Mont-Blanc-Füller.

Als Geoffrey gegangen ist, ruft mein Vater an. Er erzählt mir, daß er mir Fotos geschickt hat. Fotos von meiner Mutter und Fotos von mir als Kind.

»Ich habe dir geschickt sieben Fotos«, sagt er.

»Das ging aber schnell, Dad«, sage ich. Ich bin froh, seine Stimme zu hören. Sie beruhigt mich. Ich kann es nicht fassen, daß er die Fotos schon herausgesucht und abgeschickt hat. »Du hast sie schon abgeschickt?« sage ich.

»Ich habe sie geschickt mit UPS. Du wirst sie sehr bald haben. UPS ist sehr zuverlässig«, erklärt er mir.

»Aber es ist keine achtundvierzig Stunden her, daß ich dich aus Mexiko angerufen habe«, sage ich. Mein Vater seufzt vor Zufriedenheit.

»Du kennst mich doch«, sagt er. »Warum sollte ich nicht tun heute, was nicht möglich ist zu tun morgen«, sagt er.

»Aber wenn du morgen keine Zeit gehabt hättest, wenn du zu beschäftigt gewesen wärst, dann hättest du sie ruhig erst ein paar Tage später schicken können«, sage ich.

»Beschäftigt?« sagt er. »Ich war nicht beschäftigt. Außerdem bin ich nie zu beschäftigt, um zu tun etwas für meine Tochter.«

»Du hast gesagt, du wärst beschäftigt«, sage ich.

»Ich habe nicht gesagt, ich wäre beschäftigt«, antwortet er. »Ich bin nie beschäftigt. Das ist mein Problem.«

Ich bin müde. Dieses Gespräch will ich nicht führen. Das Thema der Einsamkeit meines Vaters und seines Mangels an Beschäftigung bereitet mir seit Jahren Sorge. Und ich höre seiner Stimme an, daß auch er jetzt nicht weiter darüber sprechen will.

»Entschuldige«, sage ich. »Ich dachte, du hättest gesagt, am nächsten Tag hättest du es nicht tun können, und deshalb hatte ich angenommen, du hättest zuviel zu tun.«

»Ich habe gesagt: ›Warum sollte ich nicht tun heute, was nicht möglich ist zu tun morgen‹, denn so bin ich nun einmal«, sagt mein Vater.

Ich bin ein wenig ratlos. Ich bin mir nicht sicher, daß ich verstehe, was er damit sagen will. Mein Vater hört mein Schweigen.

»»Warum sollte ich nicht tun heute, was nicht möglich ist zu tun morgen‹ ist eine Redewendung, was wir haben in Australien«, sagt er ein wenig enerviert von meiner Begriffsstutzigkeit. Plötzlich begreife ich. »Oh, ich verstehe«, sage ich und lache.

»Worüber lachst du?« fragt mein Vater. »Ist ja egal«, sagt er, bevor ich antworten kann. »Ich freue mich, daß ich dich lachen höre.« Als ich ins Bett gehe, geht es mir bedeutend besser.

Die Reaktion unserer Nachbarn auf das Feuer in den nächsten Tagen ist eine ernüchternde Erfahrung. Wir wohnen in einer Genossenschaftswohnung. Achtzig Prozent der Eigentumswohnungen Manhattans, die von ihren Eigentümern bewohnt sind, befinden sich in Genossenschaftsgebäuden. Die Bewohner besitzen Anteile an den Gebäuden, und ein Ausschuß, ein Genossenschaftsausschuß, beaufsichtigt fast alles, was das Gebäude betrifft.

Beabsichtigt man beispielsweise, die eigene Wohnung zu verkaufen, kann der Ausssschuß weitgehend bestimmen, wer sie kaufen darf und wer nicht. Zu dieser Entscheidung gelangt er im Verlauf eines umständlichen und zeitraubenden Verfahrens. Die Kriterien, nach denen Genossenschaftsausschüsse entscheiden, sind unterschiedlich und unvorhersehbar. Sie können Käufer nicht nur aus finanziellen Gründen ablehnen, sondern aus weltanschaulichen und noch nebulöseren Gründen. Genossenschaftsausschüsse sind einflußreich. Sie können dafür sorgen, daß Gebäude gut gepflegt und erhalten werden. Sie können viel Gutes bewirken. Aber sie können auch kleinkariert und starrsinnig sein.

Bevor ich mit dem Genossenschaftsleben in Berührung kam, gefiel mir die Vorstellung einer solchen Lebensweise sehr gut. Sie erweckte meine Kindheitsträume vom Kommunismus und dem Leben in einer Gemeinschaft, in der alle alles teilen, wieder zum Leben.

Mir gefiel die Vorstellung der Nähe und des Gemeinsinns. Als Kind hatte ich mir vorgestellt, daß in einem kommunistischen Land alle die gleichen Schulbücher, die gleichen Stifte und die gleichen Schulranzen hätten.

Als ich in das Loft zog, dachte ich, wir würden uns mit den Nachbarn anfreunden, mit ihnen Kaffee trinken, gegenseitig Dinge ausleihen, einander kennenlernen. Wir haben einander kennengelernt, aber nicht ganz so, wie ich es mir vorgestellt hatte. Die Realität des Genossenschaftslebens entsprach nicht ganz meinen Kindheitsträumen von Harmonie und Gleichheit. Die Realität des Genossenschaftslebens sah entschieden anders aus.

In den Tagen und Wochen nach dem Brand erkundigte sich so gut wie keiner der Mitbewohner danach, wie es uns ging. Niemand bot uns Hilfe an. Statt dessen wurden wir angestarrt, mit feindseligen Blicken bedacht und mit Beschuldigungen überschüttet. Als hätten wir das Feuer selbst gelegt. Als hätten wir die eigene Wohnung in Brand gesteckt.

Ich war nicht als einzige vom Benehmen unserer Nachbarn schockiert. Die Feuerwehrmänner waren es auch. Ich stand mit zwei Feuerwehrmännern im Treppenhaus und grüßte eine Nachbarin. Sie wandte den Blick ab. Ich fragte die Feuerwehrmänner, ob sich Nachbarn in der Regel so verhielten. »Du lieber Himmel, nein«, sagte der eine. »In den Vororten sind die meisten Leute sehr nett zu den anderen.«

»Wenn dir das in einem Arbeiterviertel passiert wäre, dann hätte euch jemand einen Mantel oder einen Teller Suppe angeboten«, sagte meine ältere Tochter bei einem ähnlichen Anlaß. Ein Helfer, der Schutt zur Tür hinaustrug, nickte.

Der Genossenschaftsausschuß hielt unmittelbar nach dem Brand eine Sondersitzung ab und wählte meinen Mann ab. Eines der Ausschußmitglieder rief ihn in Mexiko an, um ihm zu eröffnen, daß er nicht länger Ausschuß-

125

mitglied war. Wenige Minuten zuvor hatte mein Mann von dem Feuer erfahren. Die Neuigkeit, daß er aus dem Ausschuß abgewählt worden war, bedrückte ihn nicht sonderlich.

Keiner von uns war glücklich über den Verdruß und die Schäden, die das Feuer für das übrige Gebäude mit sich gebracht hatte. Rauch war in andere Wohnungen gedrungen. Fenster waren von den Feuerwehrmännern eingedrückt worden. Der widerwärtige und durchdringende Rauchgeruch hing wochenlang im ganzen Gebäude. Und der Aufzug war mehrere Tage lang außer Betrieb. Daß unsere Nachbarn nicht begeistert waren, konnte man begreifen.

Der Inhaber des nahegelegenen Feinkostgeschäfts sah entsetzt aus, als ich ihm erzählte, daß das Feuer letzte Woche in unserer Wohnung stattgefunden hatte. Ich mußte es ihm sagen. Ich mußte ihm erklären, warum seine enthusiastischen Fragen nach unserem Mexikourlaub nicht begeistert von mir beantwortet wurden.

Jedermann in der Umgebung weiß über den Brand Bescheid. SoHo war in Rauch gehüllt gewesen, der Verkehr war stundenlang blockiert gewesen. Der Geschäftsführer eines Cafés erzählt mir, daß der Brand sogar in den Fernsehnachrichten vorkam. Als er erfährt, daß unsere Wohnung von diesem Brand betroffen war, ist er fassungslos. Monatelang dürfen wie für Tee und Kaffee nichts bezahlen.

Abends rufen uns in unserem Hotelzimmer Freunde an. Leute rufen aus allen Ecken und Enden der Welt an. Sie wollen alle wissen, ob es uns gutgeht. Immer wieder. Fast jeder von ihnen klingt entsetzt und schockiert. Und befürchtet, daß dieser Schicksalsschlag zuviel für uns sein, uns den Mut rauben könnte. Ich ertappe mich dabei, daß ich jeden von ihnen beruhige. Ich sage, daß wir zurechtkommen. Ich sage, daß es uns gutgeht.

Niemand glaubt mir. Bis auf meinen Vater. »Es geht uns gut«, sage ich. »Ich weiß, daß es euch gutgeht«, sagt er. Und das bewirkt, daß es mir besser geht, als ich ursprünglich geglaubt hatte. Alle Anrufer wollen genau wissen, was passiert ist. Ich verstehe ihr Bedürfnis, Bescheid zu wissen. Ich versuche, sie schnell zu informieren. Ich will nicht darüber sprechen. Das Sprechen darüber erschöpft mich. Ich höre auch nicht gerne zu, wenn mein Mann anderen Leuten von dem Feuer erzählt. Wenn ich ihn davon sprechen höre, verspüre ich Erschöpfung.

Aus Australien kommt ein Päckchen an. Mein Freund Kaz Cooke, der australische Schriftsteller und Cartoonist, hat es geschickt. Kaz hat uns eine Ausrüstung für die Teezubereitung geschickt, eine Kiste, die alles enthält, was man benötigt, um sich eine gute Tasse Tee zu machen. Jeder Gegenstand ist extra eingepackt. Die Verpackung ist ein so großes ästhetisches Vergnügen, daß sie eigentlich in ein Museum gehören würde. Kaz muß Stunden darauf verwendet haben, diese Geschenke zu verpacken. In der Kiste befinden sich zwei Teekannen aus Silber und Glas, zwei Teetassen, zwei Teesiebe, zwei Untersetzer für die Teesiebe, zwei Teelöffel und zwei Päckchen Tee. Ich packe alles aus und breche in Tränen aus.

Am nächsten Morgen gehen wir zu dem Loft. Es ist unser dritter Morgen nach der Rückkehr. Wir haben uns beim Frühstück Zeit gelassen. Ich habe doppelt soviel Kaffee getrunken, wie ich mir sonst erlaube. Ich spüre, wie mein Herz klopft.

Keiner von uns beiden wollte den Frühstücksraum verlassen. Keiner von uns wollte sich dem Brand aussetzen. Der Zerstörung. Den Folgen. Als wir den West Broadway entlanggehen, sage ich etwas, was meinen Mann zum Lachen bringt. Ich lache auch. »Wenn wir lachen können, muß es uns gutgehen«, sage ich zu ihm.

Es ist immer noch kalt. Als wir das Loft erreichen, zittere ich vor Kälte. In der Country Road kaufe ich mir im

Schlußverkauf einen Mantel. Er ist um achtzig Prozent heruntergesetzt. Er ist leuchtendmagentarot.

Ich ziehe den Mantel an und erkenne mich nicht wieder. Ich komme mir vor wie jemand anders. Jemand in einem magentaroten Mantel. Ich zucke jedesmal zusammen, wenn ich die Farbe sehe. Ich werde mich nie daran gewöhnen, Besitzerin eines magentaroten Mantels zu sein.

In dem Loft sind zwei Männer damit beschäftigt, ein Inventar all dessen aufzustellen, was durch das Feuer zerstört wurde, und dessen, was übriggeblieben ist. Ich weiß weder, wer sie sind, noch, wer sie geschickt hat. Irgend jemand sagt, es seien Inventarexperten. Dem Fetzen eines T-Shirts oder Kleides können sie entnehmen, worum es sich gehandelt hat und oft sogar, welches Fabrikat es war.

Bergeweise sind die Bilder meines Mannes auf dem Boden ausgelegt, dort, wo sein Atelier war. Die Bilder dürfen nicht berührt werden. Die Versicherung will, daß bis auf weiteres alles so bleibt, wie es war. Warum, wissen wir nicht.

Unsere Hoffnung, Bilder zu finden, die man retten kann, schwindet. Die Bilder liegen wirr durcheinander in großen Haufen auf dem Boden. Sie liegen in schwarzen Löschwasserpfützen und fangen an zu schimmeln. Und dieser Schimmel wird sich nicht entfernen lassen.

Die Bilder sehen zerschmettert aus und schmerzverzerrt. Ihre Wunden sind unübersehbar. Wir können nichts für sie tun. Mir wird übel. Mein Mann sieht auch nicht gut aus.

Ich bemerke, daß zwei große Sofas, die noch nie bequem waren, die noch nie praktisch waren, unversehrt sind. Wir hatten sie in Melbourne anfertigen lassen. Sie waren teuer. Sie waren so teuer gewesen, daß wir nicht wagten, uns von ihnen zu befreien. Und wir haben ein Vermögen dafür bezahlt, sie nach New York transportieren zu lassen.

Leute, die sich auf diese Sofas setzen, rutschen nach vorne. Zuerst sitzt man aufrecht, doch unweigerlich beginnt man zu rutschen. Nach zehn Minuten waren fast alle

Gäste in die Horizontale gerutscht. Die Füße ausgestreckt, den Bauch zur Zimmerdecke gekehrt. In so einer Haltung ist es nicht leicht, Würde zu wahren. Und selbst für die attraktivsten Gäste war es keine besonders schmeichelhafte Sitzhaltung.

Diese Sofas gehen mir seit Jahren auf die Nerven. Und mitten in diesem Chaos stehen sie unversehrt da. Ringsum sind Dinge, die ich geliebt habe, zu Asche verbrannt. Aber diese unbequemen braunen Ledersofas sehen aus wie neu.

Wir besuchen eine Versammlung des Genossenschaftsausschusses. Niemand heißt uns willkommen. Fast niemand richtet das Wort an uns. Mein Mann bittet um Entschuldigung für die Scherereien und die Umstände, die der Brand verursacht hat. Niemand äußert Mitgefühl. Niemand bittet um Entschuldigung für sein Verhalten.

Reinigungsmannschaften haben im Loft geputzt. Sie haben sich am zweiten Tag eingestellt. »Wer ist das? Wer schickt sie?« habe ich unseren Versicherungsmakler Harry Peters gefragt. »Diese Reinigungsmannschaft ist im Auftrag der Versicherung hier«, hat Harry mir erklärt. »Nichts wird geschätzt, bevor es nicht gereinigt worden ist«, sagt er.

Die Reinigungsleute reinigen alles. Unterschiedslos. Jeder Quadratzentimeter Wand wird gereinigt. Angestoßene und zerbrochene Tassen werden gereinigt. Die verrußten Zimmerdecken werden gereinigt. Irgend jemand wäscht zwei Starbucks-Wegwerfkaffeetassen und trocknet sie ab. Sie gehören uns nicht. Wir trinken keinen Kaffee von Starbucks.

Die Putzerei wirkt so albern. Sie muß Tausende Dollar kosten. Ich frage Harry, wer diese Reinigungsarbeiten bezahlt. »Das sind Sie«, sagt er. »Es steht in Ihrem Vertrag. In Ihrer Police.« – »Es wird Tausende Dollar kosten, nicht wahr?« sage ich. »Ja«, antwortet er.

Wir können es nicht ändern. So vieles, was geschehen ist, können wir nicht ändern. Und so vieles müssen wir tun, um weiterzukommen.

129

Die Reinigungsleute, die von acht Uhr morgens bis fünf Uhr nachmittags arbeiten, sind eigentlich nette Leute. Es sind Hispanoamerikaner, die in Grüppchen an Katastrophenschauplätzen arbeiten. Zur Mittagszeit setzen sie sich alle an einen Behelfstisch und essen gemeinsam. Die Reinigungsleute rühren den Schutt auf dem Boden nicht an. Das bleibt uns überlassen. Wir beginnen, den Schutt zu sortieren. Das Chaos zu sortieren. Wir versuchen, Dinge voneinander zu lösen, Dinge auseinanderzureißen, zu entwirren. Dinge, die auf unnatürliche und unerquickliche Weise ineinandergefügt, miteinander verquickt wurden, zu trennen und zu sondern. Zu entfesseln, was in einer überaus unnatürlichen Bindung aneinandergefesselt wurde.

Scheren und Siebe und Versandtaschen. Kleidung und Schokolade und Fotos. Bücher und Küchengeräte und Lebensmittel und Blumenvasen. Es ist eine mühselige Tätigkeit. Das Chaos scheint kein Ende zu nehmen. Wir arbeiten unentwegt und scheinen keinen Deut voranzukommen. Was nicht vom Feuer zerstört wurde, hat das Wasser vernichtet. In einer Ecke befindet sich, was von mehreren Kartons mit Fotos übrig ist. Wir schälen verbrannte Fotos vom verbrannten Fußboden.

Gegenstände tauchen in dem Schutt auf. Kleine und große. Dinge, die ich jahrelang aufbewahrt habe. Dinge, die ich als junge Frau gekauft habe. Dinge, die ich bewahrt habe. Dinge, die ich von Ehe zu Ehe, von Haus zu Haus, von Land zu Land mitgenommen habe. Dinge, die ich ein- und ausgewickelt habe. Ein- und ausgepackt. Transportiert und aufbewahrt. Und geliebt.

Ich nehme Scherben und Bruchstücke dieser Dinge in die Hand. Gegenstände, die mir kostbar und wertvoll erschienen, sehen unter Ruß und Schimmel lächerlich und albern aus. Es scheint ein so albernes Unterfangen zu sein, sie in stundenlanger Arbeit aus dem Abfall, dem abstoßenden und unerfreulichen Müll, der an ihnen klebt, herauszusuchen, herauszuziehen, herauszulösen.

Mit Ruß und Asche verklebt sieht nichts mehr wertvoll aus. Nichts sieht wertgeschätzt aus. Ruß- und schmutzverschmiert, verfleckt und verdreckt sieht nichts mehr kostbar und geliebt aus.

Etwas Silbrigglänzendes fällt mir auf. Ich nehme es in die Hand. Es ist ein kleines Päckchen aus Aluminiumfolie. Ich öffne es. Es enthält ein paar der Milchzähne meiner jüngeren Tochter. Irgendwo gibt es ein zweites Päckchen mit den Milchzähnen ihres Bruders. Die Zähne sind winzig und weiß. Warum habe ich sie aufbewahrt? Warum? Ich weiß es nicht. Auch Locken von ihnen habe ich aufbewahrt. Locken, als ihnen das Haar zum erstenmal geschnitten wurde, Locken von der ersten Frisur. Warum, weiß ich nicht.

Ich weiß nicht, was ich mit den Zähnen anfangen soll. Ich stehe da und halte sie in der Hand. Mein Mann sieht von seiner Arbeit auf und fragt mich, was los ist. »Ich weiß nicht, was ich mit Gypsys Zähnen anfangen soll«, sage ich. »Mit ihren Milchzähnen«, füge ich hinzu, als ich seinen ratlosen Gesichtsausdruck sehe.

Ich kann mich nicht rühren. Ich bin wie angewurzelt, mit ausgestreckter Hand. Ich halte die sieben winzigen Zähne mit ganz ruhiger Hand und sehe sie an. Was soll ich mit ihnen anfangen? Sie einzeln abwaschen und wieder einpacken? Sie kennzeichnen und etikettieren und aufbewahren? Will Gypsy, die jetzt eine junge Frau ist, sie vielleicht haben?

Ich weiß nicht einmal, was ich fürs erste mit ihnen anfangen soll. Mein Mann nimmt sie mir aus der Hand. Er wäscht sie ab und packt sie ein. Er legt sie in eine Kiste, die ich mit der Beschriftung »persönlicher Besitz« versehen habe.

Diese Kiste mit der Aufschrift »persönlicher Besitz« ist eine kleine Kiste. Warum habe ich für diese Dinge eine so kleine Kiste ausgewählt? Was hatte ich mir unter dem Rest der Dinge vorgestellt, die wir sortieren müssen? Unpersönlichen Besitz?

Ich mache weiter. Ich finde Reste von Karten, die mein Mann geschrieben hat. Geburtstagskarten. Jahrestagskarten. Valentintagskarten. Allesamt von meinem Mann eigens angefertigt. Karten mit rosa und roten Buchstaben. Karten mit violetten Herzen, Karten mit weißen Linien. Karten aus vielen Jahren. Die Karten waren Träger zärtlicher Botschaften und Erklärungen. Sie waren mit Farbtupfern versehen und mit Liebe bedeckt.

Wieder weiß ich nicht, was ich mit diesen Überresten und Überbleibseln anfangen soll. Ich sehe einen Schnipsel, auf dem in kobaltblauen lockeren Pinselstrichen »mein süßes Baby« geschrieben steht. Was soll ich tun? Ich bin wie gelähmt. Ich weiß nicht, was ich tun soll. Ich tue gar nichts. Ich mache einen Spaziergang.

Zwei Tage später bin ich wieder mitten im Sortieren von Schutt und Müll. Unsere zwei Töchter helfen uns. Diesen Abfall zu sortieren ist für alle Beteiligten eine Qual. Beide Töchter sehen blaß und elend und erschöpft aus. Dieses Sortieren und Sichten und Säubern ist eine schwere Arbeit. Und seelisch anstrengend. Wir arbeiten Seite an Seite.

Die Lähmung, die ich empfunden hatte, ist verschwunden. Ich bin entscheidungsfreudiger. Ich will alles wegwerfen. Alles auf den Müll werfen. Alles loswerden. Alles aus den Augen haben. Alles nicht mehr sehen müssen. Es mir vom Hals schaffen. Ich will nichts davon behalten.

Ich will kein Molekül und keinen Partikel von dem stinkenden, fauligen Dreck, zu dem alles verkommen ist. Ich will kein Stäubchen und kein Fitzelchen dieses Abfalls aus Schmutz und Müll. Ich will mich von alledem befreien. Ich will das Strand- und Wrackgut nicht mehr sehen. Ich will weg und auf und davon. Wie besessen werfe ich die Reste weg.

Ich fülle so viele Müllsäcke, daß die anderen mißtrauisch werden. Sie merken, was ich tue. Ich mache unbeirrt weiter. Ich habe einen Auftrag. Ich verwerfe und entsorge und vernichte. Meine ältere Tochter hält inne in dem, was sie tut, und beobachtet mich. Sie sieht besorgt aus. Sie fragt mich, ob ich alles, was ich wegwerfe, auch untersucht habe. »Alles Abfall«, sage ich zu ihr. Und fülle unablässig große Müllsäcke. Man muß mich fast mit Gewalt davon abhalten, weiterzumachen. Ich erfülle eine heilige Pflicht. Ich sondere aus, ich lehne ab. Keiner der anderen ist mit meiner Arbeitsmethode einverstanden.

Ich kann sehen, daß mein Mann mir am liebsten Handschellen anlegen würde. Er schlägt mir vor, eine Freundin besuchen zu gehen. Meine beiden Töchter sind von meinem Tun schlicht entsetzt. »Du hast unsere Seamus-Heaney-Erstausgabe in den Müll geworfen«, sagt mein Mann. »Sie war verdreckt und zerrissen«, sage ich. Die drei leeren alle Säcke aus, die ich gefüllt habe.

Mein Mann legt die Seamus-Heaney-Erstausgabe in eine der Kisten, in denen er erhaltenswerte Bücher sammelt. Jedes Exemplar der hunderte Bücher, die wir behalten werden, wird vier- bis fünfmal gereinigt worden sein, bevor es ins Bücherregal kommt. Jahrelang werden wir immer wieder Ruß- und Aschenreste zwischen den Seiten dieser Bücher finden. Ruß ist erstaunlich reinigungsresistent.

Mein Mann und meine Töchter gelangen zu dem Schluß, daß man mir bei diesem Prozeß des Sichtens und Sortierens nicht vertrauen kann, daß man mich nicht unbeaufsichtigt gewähren lassen darf. Alles, was meiner Meinung nach weggeworfen gehört, wird von ihnen ein zweites Mal begutachtet. Ich lege Widerspruch ein. Ich kann den Gedanken nicht ertragen, verbrannte, versengte und verquollene Gegenstände zu behalten. Ein großes Skizzenheft mit einigen der Artikel, die ich als Journalistin für die australische Rockzeitschrift *Go-Set* geschrieben habe, lege ich auf den Abfallhaufen.

»Das kannst du nicht wegwerfen«, sagt mein Mann. Das Skizzenheft ist aufgeweicht und verfleckt. Ich will es nicht behalten. Ich habe es sowieso nie zur Hand genommen. »Das behalten wir«, sagt er. Ich füge mich. Ich will keinen Streit anfangen. Ich will ihm nicht noch mehr Kummer machen. Langsam und mühsam und schmerzlich hat er seine beschädigten Bilder sortiert. Bilder, die er im Verlauf von dreißig Jahren gemalt hat. Bilder, die mit ihm gewachsen sind. Bilder, die so viel von dem ausdrückten, was er sagen wollte. Bilder, die aus Schmerz und Glück und Erkenntnis erwachsen sind. Bilder, die aus seinem Herzen erwachsen sind. Bilder, die aus ihm erwachsen sind.

Der Teil des Lofts, in dem er gearbeitet hat, wirkt wie ein Leichenschauhaus. Leblosigkeit umringt ihn dort. Kadaver, steif, in Totenstarre. Lauter Leichen in den unterschiedlichsten Verwesungsstadien.

Meine beiden Töchter sind damit beschäftigt, vieles, was ich ausgesondert habe, zu reklamieren und zu retten. Argusäugig behalten sie mich im Blick. Bei Kleidung, die ich wegwerfen will, erheben sie Einspruch – Kleidung meines Mannes und Sachen von mir, die sich in seinem Schrank befanden.

Meine jüngere Tochter ist unerbittlich. Sie besteht darauf, daß wir mehrere Säcke verschmutzter und durchnäßter Kleidung in die Reinigung bringen. Das koreanische Ehepaar, das die Reinigung in der Nähe führt, begreift schnell, was passiert ist. Sie sind entsetzt und versuchen uns zu trösten. Fall so etwas überhaupt möglich ist, sagen sie, werden sie jede Spur der Feuersbrunst von jedem einzelnen Kleidungsstück tilgen. Sie sind so nett. Am liebsten würde ich bei ihnen einziehen.

Der Inhaber des Fotokopierladens fragt uns, ob wir bei ihm wohnen wollen. Er sagt, er habe genug Platz für uns und unsere Töchter. Er läßt sich nicht abwimmeln. Er sagt, er habe ein großes Loft, das er ganz allein bewohnt. Immer wieder kommt er auf sein Angebot zurück.

Die Versicherung verlangt, daß wir das SoHo Grand Hotel verlassen. Es ist zu teuer. Wir sollen uns für sechs Monate eine Wohnung mieten. Ich bin froh, das Hotel zu verlassen. Auf engem Raum zu leben, stellt sich als schwieriges Unterfangen heraus, selbst in einem Luxushotel. Jeden Abend rufen Leute aus Australien an. Sie wollen über den Brand sprechen. In dem Zimmer, das wir uns teilen, muß ich jedes Gespräch mithören. Ich kann mich nicht entziehen.

Fast jeder Australier, den wir in New York und in Australien kennen, stellt die gleiche Frage. Werden wir New York verlassen? Werden wir jetzt nach Australien zurückkehren? Ich traue meinen Ohren nicht. Ich habe oft mit dem Gedanken gespielt, New York zu verlassen. In meinen ersten fünf Jahren in dieser Stadt war das mein ständiger Gedanke. Aber ich wäre nicht auf die Idee gekommen, aus New York wegziehen zu wollen, weil unsere Wohnung ausgebrannt ist. Und mein Mann ebensowenig. So etwas wäre uns nie eingefallen.

Die Frage erstaunt mich. Und verärgert meinen Mann, den nichts so leicht ärgert. »Warum denken alle, wir sollten aufgeben und nach Hause zurückkehren?« sagt er immer wieder. Ich weiß keine Antwort darauf. Ich denke mir, daß es freundlich gemeint war, teilnahmsvoll, nicht boshaft.

New York zu verlassen ist das letzte, was ich mir wünschen würde. Wenn das Feuer sich ein paar Jahre früher ereignet hätte, dann hätte ich vielleicht die Flucht ergriffen. Aber nicht jetzt. Jetzt bin ich hier zu Hause. Würde ich New York verlassen, dann müßte ich mir tatsächlich heimatlos und obdachlos vorkommen.

Die andere Frage, die jeder stellt, lautet, wie es zu dem Brand kam. Wenige Wochen nach dem Brand haben wir uns eine Antwort zurechtgelegt. Wir sind mit dieser Antwort nicht völlig einverstanden, aber es ist eine Anwort. »Es war ein unglücklicher Zufall«, sagt mein Mann. »Feuersbrünste, die nicht absichtlich gelegt werden, sind Unglücksfälle«, sagt er. »Warum sollen wir behaupten, jemand sei schuld daran?« sagt er zu mir. »Wir müssen weiterleben.«

Und das tun wir. Wir füllen Entschädigungsformulare aus. Es kommt mir vor, als müßten wir Hunderte dieser Formulare ausfüllen. Vielleicht sind es in Wirklichkeit nur fünfzig oder sechzig. Die Hausratsexperten haben uns seitenlange Listen gegeben, Listen dessen, was verbrannt ist, und dessen, was beschädigt ist, Listen aller Gegenstände, die wir besessen haben. Wir müssen jeden Artikel aufführen und seinen Wert beziffern.

Wir sitzen mit all diesen Listen in einem Café. Wir teilen den Haufen, und jeder nimmt sich eine Hälfte vor. Mein Mann beginnt die erste Seite auszufüllen. Ich kann es nicht. Ich bleibe schon bei der ersten Angabe hängen.

»Was kostet ein T-Shirt?« frage ich meinen Mann.

»Keine Ahnung«, sagt er. »Zehn Dollar.«

»Zehn Dollar für ein T-Shirt, das glaube ich nicht«, sage ich. »Kaufen wir nicht immer drei Stück für 9,99 Dollar bei Canal Jeans?«

»Okay«, sagt er, »dann schreib hin: Drei Dollar.«

»Aber die meisten unserer T-Shirts waren wahrscheinlich teurer als drei Dollar«, sage ich.

»Dann schreib: Fünf Dollar«, sagt er und füllt weiter seine Formulare aus.

Ich schreibe: Fünf Dollar. Einen Punkt habe ich erledigt. Das hat zehn Minuten gedauert.

»Was haben meine Maud-Frizon-Schuhe gekostet?« frage ich meinen Mann ein paar Minuten später. Die Schuhe sind der zweite Punkt.

»Keine Ahnung«, sagt er. »Dreihundert Dollar.«

»O nein«, sage ich. »Dreihundert Dollar habe ich nicht dafür bezahlt. Ich habe sie im Schlußverkauf gekauft.«

»Dann schreib: Zweihundert«, sagt er.

»Ich kann mir nicht vorstellen, daß ich zweihundert Dollar bezahlt habe«, sage ich. »Es war Schlußverkauf, und es ist zehn Jahre her. Damals haben nicht mal Maud-Frizon-Schuhe zweihundert Dollar gekostet.«

»Maud-Frizon-Schuhe waren immer schon teuer«, sagt er.

»Aber ich habe sie in Paris gekauft, weißt du noch«, sage ich, »und dort sind sie viel billiger.«

»Dann schreib: Hundert«, sagt er, und seine Stimme klingt etwas nervös.

»Hundert Dollar, das kann ich mir nicht vorstellen«, sage ich.

»Schreib, was du willst«, sagt er.

»Weißt du noch, in welchem Jahr ich sie gekauft habe?« frage ich ihn.

»Nein«, sagt er.

In die leere Stelle neben der Beschreibung eines Paars Maud-Frizon-Schuhe, braunes Leder mit Leopardenfell-muster, schreibe ich: Fünfzig Dollar. Ich weiß, daß dieser Betrag weit unter dem liegt, was ich bezahlt habe, aber ob-wohl ich sie selten getragen habe, waren sie nicht mehr neu. Und ich komme mir albern vor. Ich hätte wenigstens sechzig Dollar angeben sollen oder siebzig Dollar.

Ich gebe den Preis einer Pantyhose an. Und dann stoße ich wieder auf ein T-Shirt und auf mehrere Unterhosen. Ich merke, daß ich entsetzliche Skrupel habe, für irgend etwas einen zu hohen Preis anzugeben. Als wäre zu befürchten, daß ein Versicherungspolizist mich festnehmen wird, falls ich versehentlich einen zu hohen Preis für irgendeinen Artikel angeben sollte.

Ich sage zu meinem Mann, daß es mich entsetzlich ver-ängstigt und entsetzlich nervös macht, diese Formulare auszufüllen. »Wie soll ich wissen, was ich für jedes einzelne T-Shirt oder jede einzelne Unterhose bezahlt habe?« sage ich.

»Kein Mensch kann sich genau daran erinnern, was er für jeden einzelnen Gegenstand bezahlt hat«, sagt mein Mann. »Du mußt nur einen ungefähren Preis angeben. Mehr wird von dir nicht erwartet.«

Aber das kann ich nicht. Ich bin völlig terrorisiert. Ich gehe zu einem öffentlichen Telefon und rufe meine jüngere Tochter an. Ich frage sie, was eine durchschnittliche Unterhose kostet. Sie lacht. Sie sagt, das komme ganz darauf an. »Lil, du kannst eine für zwei Dollar kaufen, aber auch eine für fünfzig Dollar«, sagt sie. »Waren deine Unterhosen teuer?«

»Nicht besonders«, sage ich.

»Schreib: Fünf Dollar«, sagt sie.

Zwei Stunden später hat mein Mann zehn Seiten ausgefüllt. Ich habe neun Zeilen. Bestürzt sieht er mich an.

»Ich kann es nicht«, sage ich.

»Das sehe ich«, antwortet er. Er übernimmt meinen Stapel.

Wir ziehen in ein Mietloft. Ich habe mehr als ein Dutzend Wohnungen und Lofts in der näheren Nachbarschaft besichtigt. Die meisten fand ich abscheulich. Sie waren zu hell oder zu dunkel oder zu laut, oder sie hatten zu viele vergoldete Wasserhähne und polierte Oberflächen.

Und dann besichtigten wir ein Loft mit einem Schlafzimmer in der Greene Street. Es hatte weiße Wände und war spärlich möbliert. Wir nahmen es. Unsere junge Vermieterin ist Iranerin und wunderschön. Sie ist Malerin. Ein Teil des Lofts dient ihr als Atelier. Mein Mann kauft Farben und Leinwände. Und beginnt zu malen.

Wenn er nicht am Telefon mit dem Versicherungsmakler oder mit der Versicherung oder mit dem Genossenschaftsausschuß verhandelt, malt er. Wenn er nicht damit beschäftigt ist, verbrannte Dokumente zu ersetzen zu versuchen oder die Kosten des Wiederaufbaus in Grenzen zu halten, malt er.

Er malt. Früh am Morgen. Und spät nachts. Er malt ununterbrochen. Ich sehe ihm zu, wie er nachts malt, wenn er müde ist, wie ich weiß. Ich staune über sein Durchhaltevermögen. Bewundere seine Entschlossenheit. Sein Bedürfnis weiterzumalen, berührt mich zutiefst.

Ich kann nicht schreiben. Ich bin wie taub. Der Roman, den ich seit Jahren im Kopf hatte, hat sich zurückgezogen. Ich hatte mir seit langem Notizen für diesen Roman gemacht. Ich hatte den Verlauf der Geschichte überlegt und grob skizziert.

Meine Hauptfiguren habe ich. Eine von ihnen, ein Mann, hat in der Nazipartei eine führende Rolle innegehabt. Er war in der Hierarchie weit oben. Ich will seine Lebensgeschichte erzählen. Ich weiß noch nicht, wie ich sein Leben in meinen Roman verweben werde. Ich habe alles über ihn gelesen, was ich in die Finger bekommen konnte. Ich habe Unterlagen und Material gesammelt. Ich weiß alles über ihn und seine Frau und seine Kinder. Ich habe ununterbrochen über ihn nachgedacht. Zu Hause in New York und auf meinen Reisen. In Australien, in Deutschland, in Österreich, in Polen. Ich habe in Mexiko über ihn nachgedacht. Er hat mich beschäftigt. Er findet Eingang in einen Roman mit dem Titel *The Bathroom Attendant*. Dieser Roman wird sich verändern und zuletzt *Zu viele Männer* heißen. Er wird in diesem Roman vorkommen.

Seit dem Brand kann ich nicht mehr über meinen Roman nachdenken. Als ich zum ersten Mal nach Mexiko fuhr, hatte ich alle Notizen, alles recherchierte Material und alle Unterlagen mitgenommen. Bevor ich nach New York zurückfuhr, hatte ich alles in einem großen Aktenordner verstaut. Den Ordner habe ich mit vier dicken Gummibändern gesichert. Als hätte ich gewußt, daß es lange dauern wird, bis ich ihn wieder öffne.

Ich lege den Ordner unten in einen Schrank in dem Loft, das wir gemietet haben. Und ich mache Listen. Listen von Dingen, die zu tun sind. So vieles ist zu tun, bevor wir wieder unser normales Alltagsleben führen können. Ich lege zahllose Listen an. Als könnten diese Listen von allein Ordnung schaffen, einen Weg aus dem Chaos weisen. Wenn ich Listen anlege, beruhigt mich das für gewöhnlich. Diese Listen beruhigen mich nicht.

Ich rufe meine Analytikerin an. »Es geht mir gut«, sage ich in der Botschaft auf ihrem Anrufbeantworter. Später wird sie mir sagen, daß ich diesen Satz fünfmal gesagt habe. In der Botschaft erzähle ich ihr auch von dem Feuer. Die Beziehung zwischen Analytiker und Analysand ist eine sonderbare Beziehung. Eine komplexe Beziehung. Meine Analytikerin ist nicht meine Mutter, obwohl es mir oft so vorgekommen ist. Sie ist nicht meine Freundin, obwohl ich oft, sehr oft den Eindruck hatte, daß sie die einzige Freundin ist, die ich habe. Sie ist nicht ich. Das zu verstehen ist mir oft schwergefallen. Teilweise habe ich mich in die Analyse begeben aus dem dringenden Bedürfnis, meine Isoliertheit nicht wahrzunehmen, meine Konkurrenzorientiertheit, meine Eifersucht. Meinen Zorn nicht wahrzunehmen.

Den größten Teil meines Erwachsenenlebens war ich in Analyse. Ich begann damit als ganz junge Frau. Ich war eine junge Mutter und eine junge Ehefrau. Für mich war es der richtige Zeitpunkt, eine Analyse zu beginnen.

Europäer, zumindest Deutsche, Österreicher und Schweizer, finden die Psychoanalyse faszinierend. Auf Lesereisen werde ich in diesen Ländern pausenlos über meine Analyse ausgefragt. Und Rezensenten heben in ihren Rezensionen und deren Überschriften den Umstand hervor, daß meine Figuren sich in Analyse befinden.

Einige Monate nach dem Feuer bin ich wieder zu meiner Analytikerin gegangen. Ich dachte, es läge an dem Feuer,

aber ich glaube, ich bin aus anderen Gründen wieder hingegangen. Ganz zweifellos war etwas noch nicht abgeschlossen. Und vielleicht wird es das nie sein.

Ich glaube, ich war aus der Analyse weggelaufen, als ich
etwas über mich zu erfahren begann, wovon ich nichts wissen wollte. Ich hatte die Analyse einfach zu glatt beendet.
Ich hatte es so eingerichtet, daß sie genau zu dem Zeitpunkt
endete, als ich nach Mexiko fuhr. Ich hatte mein Buch *Zu
sehen* zur gleichen Zeit wie meine Analyse abgeschlossen.
Als das Buch erschien und ich in Australien auf Lesereise
war, befand ich mich bereits wieder in der Analyse. Journalisten und Freunde fragten mich nach meiner beendeten
Analyse aus. Ich brachte es nicht über mich zu sagen, daß
ich wieder begonnen hatte. Ich log sie an und kam mir vor
wie ein Betrüger. Und wie ein Versager. Ich fühlte mich als
Versager, weil ich in die Analyse zurückgekehrt war.

Es hat lange gedauert, bis ich begriffen habe, daß es klug
von mir war, zurückzugehen. Daß ich etwas Grundlegendes
über mich selbst zu erfahren hatte.

Drei Jahre nach meiner Rückkehr verließ ich die Analyse
wieder, diesmal mit ausgereifterer Selbsterkenntnis. Ich
komme mir ruhiger vor. Unabhängiger. Ich bin weniger
ängstlich. Und ich kann Glück ungeschmälert empfinden.
Was für schlichte Aussagen! Und wie schwer ist das, was sie
beinhalten, zu erreichen.

Auch kühner bin ich geworden. Selbstsicherer. »Konzentrieren Sie sich bitte«, habe ich einen Taxifahrer ange-
schrien, der in seinem Stadtplan blätterte, während er durch
Brooklyn fuhr. Vor einigen Jahren hätte ich mich das nicht
getraut.

Jetzt, nach dem Feuer, gehe ich zweimal in der Woche zu
meiner Analytikern. Nach den Stunden gehe ich in das Loft
und sortiere den Müll. Ich werfe den Inhalt eines kleinen,
feuerfesten Safes weg. Den Safe hatte ich ein Jahr zuvor gekauft, um meine Manuskripte darin aufzubewahren. Meine

entstehenden Bücher. Der Safe war feuerfest. Mit der Garantie, den Inhalt für mindestens dreißig Minuten gegen ein Feuer von 100 Grad Celsius zu schützen. Und wasserfest war er auch.

Den Safe abzusperren, war mir zu mühsam. Zu aufwendig. Das Kombinationsschloß war kompliziert zu bedienen. Und ich befürchtete, ein abgesperrter Safe könne wirken, als enthielte er Bargeld oder Schmuck.

Der Inhalt des Safes ist nicht verbrannt, er ist vom Wasser beschädigt. Offenbar war der Safe nur wasserfest, wenn er abgesperrt war. Alle Notizen sind verschmiert und verlaufen. Glücklicherweise waren es nicht allzu viele. Das meiste hatte ich nach Mexiko mitgenommen.

Die Regale in meinem Arbeitszimmer enthielten meine gesamte Holocaust-Bibliothek. Bücher, die ich seit mehr als zwanzig Jahren gesammelt habe. Viele dieser Bücher sind selten und nicht lieferbar. Andere waren schwer zu finden.

Es sind Bücher, die mir vertraut sind. Bücher, mit denen ich gearbeitet habe. Bücher, die ich wieder und wieder gelesen habe. Bücher, die mir so vertraut sind wie meine eigenen Kinder. Bücher, die ich mit zitternden Händen angefaßt habe. Bücher, mit denen ich Augenblicke von ungeheurer Intensität erlebt habe. Bücher, über denen ich geweint habe. Bücher, die ich geliebt habe. Bücher, die ich gehegt und gepflegt habe. Nie habe ich eines dieser Bücher ausgeliehen. Ich habe sie immer in meiner Nähe behalten. Als wir nach New York umzogen, packte ich sie alle in Koffer. Ich konnte die Vorstellung nicht ertragen, diese Bücher von einer Spedition befördern zu lassen. Ich nahm sie mit. Als die Koffer zwischen Melbourne und New York unterwegs waren, war mir ein wenig unwohl. Und als ich sie auf dem Gepäckband im Flughafen von New York auftauchen sah, war ich so glücklich.

Diese Bücher befanden sich alle in meinem Arbeitszimmer. Nach dem Brand war mein Arbeitszimmer ein Chaos. Mein Mann machte immer Scherze darüber, daß mein Arbeitszimmer so sauber und ordentlich sei wie ein OP-Saal. »Du könntest hier ohne weiteres Gehirnchirurgie durchführen«, hat er mehr als einmal gesagt.

Nach dem Feuer war der Teppich mit Wasser vollgesogen und mit Glassplittern überstreut. Die Wände waren ruß- und rauchverschmiert. Stifte und Radiergummis und Büroklammern und Hefter und Scheren waren verstreut und verbogen und zerbrochen. Berge von Druckerpapier waren durchweicht und ruiniert.

Die Bücher in den Regalen waren unversehrt. Sie hatten nicht einmal Rußspuren. Was um sie herum geschehen war, hatte an ihnen keine Spuren hinterlassen. Ihre Einbände waren unbeschädigt. Glatt und sauber. Nicht ein einziger Schmutzfleck war zu sehen. Kein Buch war auch nur um einen Zentimeter verrückt. Sie standen genauso da, wie ich sie zurückgelassen hatte.

Niemand konnte sich das erklären. Es gibt keine Erklärung. Es wäre ein leichtes, für dieses unerklärliche Geschehen auf eine übernatürliche Erklärung zurückzugreifen. Aber das wäre falsch.

Warum hat meine Holocaust-Bibliothek unversehrt den Brand überstanden? Die Feuerwehrleute schüttelten den Kopf, als ich sie gefragt habe. Es war nicht zu erklären. Der Inventarexperte und die Reinigungsleute waren ebenfalls ratlos.

Es wäre ein leichtes zu denken, die Hand einer höheren Macht sei darin zu erkennen. Aber an höhere Mächte glaube ich nicht. Und wenn es sie gäbe, wäre so vieles im Leben es eher wert, gerettet zu werden, als meine Bücher.

»Die Hand Gottes«, sagte einer aus dem Reinigungsteam. »Das glaube ich nicht«, erwiderte ich. Ich glaube nicht an Gott. Es ist nicht so einfach, an Gott zu glauben, wenn die eigenen Eltern durchgemacht und miterlebt und erfahren haben, was meine Eltern durchgemacht und miterlebt und erfahren haben.

Ich packe all meine Holocaust-Bücher in saubere Kartons und fahre sie in einem Caravan zu dem Loft, das wir gemietet haben.

Die Verhandlungen mit der Versicherung ziehen sich endlos hin. Es geht um große Dinge und um Kleinigkeiten. Nichts ist einfach. Das Verhandeln, das Feilschen, das Lavieren, das Nachweisen und Widerlegen haben zum Ergebnis, daß man sich wie ein Krimineller vorkommt. Es ist idiotisch, daß man sich beim Verhandeln mit der eigenen Versicherung wie ein Betrüger vorkommt, wie jemand, der Ansprüche erhebt, die ihm von Rechts wegen nicht zustehen. Wie ein Dieb. Wir füllen unsere Formulare aus. Wir sagen aus. Ich zittere während unserer Aussage, obwohl ich sitze und mein Mann für uns spricht. Wir sind mit unserem Versicherungsagenten und mit unserem Versicherungsmakler verabredet. Wir sprechen mit dem Vertreter der Gebäudeversicherung und mit den Vertretern der Versicherungen diverser Nachbarn. Es ist eine Vollzeitbeschäftigung.

Ich annulliere unser Vorhaben, für den Sommer ein Haus auf Shelter Island zu mieten. In den letzten Jahren haben wir das jeden Sommer getan. Es ist die ideale Sommerfrische. Dort ist es so friedlich und so still. Ein idealer Ausgleich zum Stadtleben.

Ich will nicht nach Shelter Island fahren. Ich will nicht zurück an einen Ort, der vor dem Feuer zu unserem Leben gehört hat. Ich will nirgendwohin zurückgehen. Unser Leben ist so sehr aus dem Gleichgewicht, daß ich den Eindruck habe, frühere Gewohnheiten nicht ertragen zu können. Ich will keine Routine, keine Regelmäßigkeit, keine Vertrautheit. Als würde ich das alles nicht brauchen. Ich will das Gefühl haben, nichts zu brauchen. Ich annulliere alles Mögliche. Ich annulliere meine regelmäßigen Stunden bei meinem Trainer. Ich annulliere die Zeitungsauslieferung. Ich annulliere unsere Urlaubspläne.

Ich mache sie bedeutungslos. So ist ihr Verlust kein Kummer. Hat nichts zu sagen. Ich werde mich nicht auf den Sommer freuen. Ich habe nichts vor. Was man nicht vorhat, kann man nicht verlieren. Nachdem ich so vieles verloren habe, plane ich, noch mehr zu verlieren. Dinge auszumerzen, zu eliminieren, zu entfernen. Mein Mann ist mit der Stornierung unseres Ferienhauses auf Shelter Island nicht einverstanden, aber er hat zu viel zu tun, um mir sofort zu widersprechen.

Als wir uns schließlich darüber unterhalten, warum ich das Haus abbestellt habe, wird mir klar, daß es falsch war. Bis dahin sind die meisten bezahlbaren Häuser auf der Insel vermietet. In letzter Sekunde finde ich ein Haus für den doppelten Preis des Hauses, das ich abbestellt habe.

Ein Teil des lektorierten Manuskripts meines Buchs *Zu sehen* wird mir aus Australien geschickt. Dieses Buch hatte ich abgeschlossen, kurz bevor wir nach Mexiko fuhren. Ich bin froh, daß ich etwas zu tun habe. Ich bin froh, daß das, was ich tue, wieder mit dem Schreiben zu tun hat. Das Manuskript wurde von Virginia Lloyd lektoriert, einer jungen Frau, die ich noch nicht kenne. Zufällig hält sie sich gerade in New York auf.

Nachdem ich zwei Tage lang an dem lektorierten Text gearbeitet habe, rufe ich sie an. Ich hinterlasse ihr drei Botschaften. Dann erreicht sie mich. Ich sage ihr, daß ihre Handschrift im Manuskript unleserlich ist. Ich weiß, daß meine Stimme ein bißchen hysterisch klingt. Ich versuche zu erklären, daß ich Wert auf saubere und ordentliche Manuskriptseiten lege. Meine Stimme klingt noch immer nicht vernünftig.

Virginia Lloyd entschuldigt sich und sagt, in Zukunft werde sie ihre Randbemerkungen in Druckbuchstaben schreiben. Ich beruhige mich. Ich weiß, daß ich mich töricht verhalten habe. Ich habe ein schlechtes Gewissen. Ich weiß, daß ich auf eine schlecht zu entziffernde Handschrift unangemessen reagiert habe. Ich weiß, daß die unleserlichen Buchstaben für mich soviel mehr bedeutet haben als fehlende Klarheit und Ordnung.

Ein paar Tage später besucht sie mich. Ich kann sie gut leiden. Sie wirkt sehr nervös. Ich schäme mich entsetzlich. Sie hat den Rest des lektorierten Manuskripts mitgebracht. Ihre Anmerkungen sind fein säuberlich in Druckbuchstaben geschrieben.

Meine australische Verlegerin ruft mich an. Sie fragt mich, ob ich über den Brand schreiben will. »Nein«, sage ich sehr entschieden. »Nein«, wiederhole ich. Sie erinnert mich daran, daß ich in *Zu sehen* über den feuerfesten Safe geschrieben habe, und fragt, ob ich nicht ein Kapitel über das Feuer anfügen könnte. »Nein«, sage ich so entschieden, daß ich mir unhöflich vorkomme. »Okay«, sagt sie. Ich weiß, daß sie mich versteht.

Warum sollte ich über das Feuer schreiben wollen? Ich will nicht darüber schreiben. Ich will nicht einmal darüber sprechen. Ich will dem Feuer entfliehen. Mir ist, als würde es mich umgeben, einhüllen, umzingeln. Immer wenn ich das Loft verlasse, riechen meine Haare und meine Kleidung nach dem Feuer.

Warum sollte ich über das Feuer schreiben wollen? Wenn man schreibt, muß man sich in Einzelheiten versenken. Das will ich nicht. Ich will weglaufen.

Was ich nicht weiß, das ist, mit welcher Anstrengung ich versuche, mich von dem, was zweifellos ein Verlust ist, nicht überwältigen zu lassen. Ein Verlust, der nicht dem Verlust eines Menschenlebens vergleichbar ist, aber dennoch ein sehr spürbarer Verlust ist.

Monate- wenn nicht jahrelang nach dem Feuer suche ich Dinge, die es nicht mehr gibt. Ich suche überall nach ihnen. Ich vergesse immer wieder, daß es sie nicht mehr gibt, daß sie verbrannt sind. Auf ähnliche Weise habe ich meiner Mutter jahrelang nach ihrem Tod Geschenke gekauft, von denen ich dachte, sie könnten ihr gefallen. Jahrelang nach ihrem Tod war ich immer wieder im Begriff, sie anzurufen und ihr Neuigkeiten zu erzählen, die sie sicher interessiert hätten. Immer wieder vergaß ich, daß sie tot war.

Noch heute gehe ich Gesprächen über den Brand aus dem Weg. Wahrscheinlich werde ich das immer tun. Wenn jemand auf das Thema zu sprechen kommt, antworte ich schnell und entschieden. »Es war schrecklich«, sage ich. Ich will nicht darüber sprechen. Und ich will nicht, daß andere darüber sprechen. Wenn mein Mann in Gegenwart Dritter darauf zu sprechen kommt, sehe ich ihn erbost an. Ich weiß, daß das albern von mir ist. Aber ich kann nicht verstehen, daß es ihn nicht stört, sich über das Feuer und seine Folgen zu unterhalten. Ich will mich nicht darüber unterhalten. Ich will nichts davon wissen.

Auf meinen Vater kann ich mich verlassen. Er erwähnt das Feuer fast nie. Und wenn, dann will er sich nach den Winkelzügen und Taktiken und Manövern erkundigen, die das Verhandeln mit unserer Versicherung erfordert. Alles in allem jedoch konzentrieren mein Vater und ich uns auf andere Dinge.

In letzter Zeit, sagt er, habe er Schmerzen im linken Fuß. Diese Schmerzen hat er schon mehrmals erwähnt. Ich beginne mir Sorgen zu machen. Ich mache mir ständig Sorgen, daß ihm etwas passieren könnte. Ich fürchte mich davor, ihn zu verlieren. Ich sage ihm, er solle den Arzt aufsuchen. »Vielleicht«, sagt er. Ich bedränge ihn. »Okay, okay«, sagt er und verspricht mir, seinen Arzt aufzusuchen.

Eine Woche später ruft er wieder an. Sein Arzt hat ihn an einen Spezialisten verwiesen. Diesen Spezialisten wird er in einigen Tagen aufsuchen. Diese Neuigkeit verstärkt meine Besorgnis. Ich bemühe mich, nicht allzu besorgt zu erscheinen, aber mein Vater kennt mich. Er hört die Besorgnis in meinem Ton. »Mach dir keine Sorgen«, sagt er.

»Ich bin noch nicht soweit. Ich will auf jeden Fall so lange leben, bis es einen Film gibt.«

Er ist davon überzeugt, daß irgendwann eines meiner Bücher verfilmt werden wird, und das will er miterleben. Ich glaube, er würde gerne in dem Film mitspielen. Es gibt einen Familienscherz zwischen uns, in dem ich zu ihm sage, wie froh ich bin, daß er so neugierig auf diesen Film ist, weil das garantiert, daß er sehr lange leben wird.

Nachdem er bei dem Spezialisten war, ruft er mich an. »Der Spezialist hat mich geschickt zu machen eine Röntgenaufnahme«, sagt er, »und dann hatte ich noch eine Röntgenaufnahme, eine besondere Röntgenaufnahme, wo sie einen anschauen in Stücken.«

»In Stücken?« sage ich.

»Ja«, sagt er. »In Stücken, so wie die Stücke von dem Brot, was man kauft schon in Stücken.«

»Meinst du vorgeschnittenes Brot?« frage ich.

»Ja«, sagt er. »In Stücke geschnitten. Die Röntgenaufnahme besteht aus Bildern wie dieses Brot. In Stücken.« Ich denke mir, daß es sich um eine Computertomographie handelt.

»War es eine Computertomographie?« frage ich.

»Ich glaube, daß es so heißt«, sagt er. Das beruhigt mich gar nicht.

»Und was hat der Spezialist gesagt?« frage ich.

»Er hat gesagt, ich soll nicht gehen für vier Wochen«, sagt mein Vater. Das gefällt mir gar nicht.

Zwei Wochen vergehen. Ich frage meinen Vater nach seinem Fuß. »Dem Fuß geht es gut«, sagt er. »Die Schmerzen hatte ich nur, wenn ich bin gegangen mit dem Fuß.« Ich mache mir Sorgen wegen des Fußes. Und wegen des Bewegungsmangels. Ich schlage meinem Vater vor, ein bißchen Sport zu treiben, ohne den Fuß zu belasten.

»Wie wäre es mit einem Zimmerfahrrad?« sage ich. »Mit einem Zimmerfahrrad hättest du Bewegung, ohne deinen Fuß zu stark zu belasten.«

»Bist du verrückt?« sagt er. »Womit soll ich die Pedale bewegen, mit dem Finger? Du bist ja meschugge.«

Die vier Wochen sind fast vorbei. Seine Stimme klingt weniger munter als gewohnt. Weniger lebendig. Ich habe den Eindruck, daß ihm sein täglicher Morgenlauf fehlt, obwohl er das nie zugeben würde. Er hat sich über das Laufen immer beschwert. Darüber beschwert, daß es ihn umbringe, daß er halb tot nach Hause komme. Daß er es nur tue, um mir eine Freude zu machen. Ununterbrochen hat er sich beschwert. Aber mit großer Ausdauer. Und wenn ich jetzt mit ihm spreche, klingt er, als langweile er sich. Und als fühle er sich einsam. Und lustlos.

In zwei Tagen wird der Spezialist ihn wieder untersuchen. Er verspricht mir, mich nach der Untersuchung anzurufen. »Der Doktor war mit meinem Fuß sehr zufrieden«, sagt er. »Er hat gesagt, daß er sieht aus in Ordnung.«

»Was war denn nicht in Ordnung?« frage ich.

»Der Arzt hat gesagt, es war kein Krebs«, sagt mein Vater. Ich fahre zusammen. Das hatte ich als Möglichkeit nicht ernsthaft in Betracht gezogen. Warum hat der Spezialist Krebs erwähnt? Warum hat er das ins Spiel gebracht?

»Meint er, es hätte Krebs sein können?« frage ich meinen Vater.

»Das weiß ich nicht«, sagt mein Vater. »Er hat nur gesagt, daß es war kein Krebs.«

»Und was war es?« frage ich.

»Er hat gesagt, es war ein Epi-Irgendwas. Ein Epi, Epi«, sagt mein Vater.

»Ein Epi-Irgendwas?« sage ich.

»Ein Epi, Epi, Epi«, sagt mein Vater, der nach dem Wort sucht. Ich kann ihm nicht helfen. Mir fällt keine Krankheit ein, die mit Epi beginnt.

Mein Vater verliert die Geduld mit sich. »Wie heißt bloß dieses Epi, Epi«, sagt er. Mit fällt nur das Wort Episode ein.

»Episode«, schlage ich vor.

»Sei nicht albern«, erwidert er. »Ein Arzt erklärt einem nicht, was ist nicht in Ordnung mit dem Fuß, mit einem Wort wie Episode. Du als Schriftstellerin solltest wissen besser Bescheid. Ein Epi-, Epi-Irgendwas.«

Epos und Epikur geistern mir durch den Kopf. Ich bin mir sicher, daß der Arzt keines dieser Wörter verwendet hat. Epidermis möglicherweise? Nein, die Haut war nicht betroffen. Epiglottis? Aber seine Epiglottis liegt von den Füßen weit entfernt.

Epilog, denke ich. Das ist nicht sehr komisch. Epiphanie verwerfe ich als höchst unwahrscheinlich. Ich will es aufgeben und das Thema wechseln, als mein Vater ruft: «Epidemie, das war das Wort, Epidemie! Es war eine Epidemie.«

»Eine Epidemie?« sage ich.

»Eine Epidemie«, sagt er. »Das war das Wort, was der Arzt hat gesagt. Er hat gesagt, es war eine Epidemie, diese Sache, was war nicht in Ordnung mit meinem Fuß.«

»Eine Epidemie am Fuß?« sage ich verwirrt.

»Ja«, sagt er.

Ich bin ratlos und ein bißchen beunruhigt. Was für eine Epidemie mag das sein, die in Melbourne die Füße der Leute heimsucht?

»Hat er gesagt, was für eine Krankheit es ist?« frage ich.

»Ja«, sagt er. »Er hat gesagt, eine Epidemie.«

»Eine Epidemie am Fuß?« sage ich.

»Ja«, sagt mein Vater. »Das habe ich doch schon gesagt.«

»Hat er gesagt, wie sie heißt?« frage ich.

»Was ist los mit dir?« sagt er aufgebracht. »Ich habe es dir doch gesagt. Es heißt Epidemie.«

»Aber was für eine Epidemie?« frage ich. »Hat der Arzt dir gesagt, was für eine Epidemie es war?«

»Der Arzt hat gesagt, daß er sehr froh ist, daß es vorbei ist«, sagt mein Vater. »Er hat gesagt, wenn es nicht wäre gewesen vorbei, es wäre nicht gut gewesen. Ich hätte vielleicht gebraucht eine Operation.«

Ich verstehe überhaupt nichts mehr. Was für eine Epidemie kann diese Epidemie nur gewesen sein?

»Wirklich?« sage ich. »Eine Operation?«

»Ja«, sagt mein Vater. »Und in meinem Alter ist es kein Kinderspiel, zu haben eine Operation.«

»Aber was war das für eine Epidemie?« frage ich ihn.

»Das weiß ich nicht«, sagt mein Vater. »Aber was macht das schon aus? Es ist vorbei. Was macht es schon aus, was es war gewesen?«

Ich versuche es noch einmal. »Wie hat der Arzt es genannt?« frage ich meinen Vater.

»Er hat gesagt, er weiß es nicht«, sagt mein Vater. »Er sagt, so etwas hätte er noch nie gesehen.«

»Er sagt, so etwas hätte er noch nie gesehen?« sage ich.

»Ja«, sagt er. »Er hat gesagt, es wäre eine Epidemie, was er hat noch nie gesehen, und deshalb weiß er nicht genau, was es ist.«

»Eine Epidemie?« sage ich.

»Ja, ja, eine Epidemie«, sagt er.

»Eine Epidemie ist eine Krankheit, die viele Leute gleichzeitig haben«, erkläre ich meinem Vater.

»Dann müssen eine Menge Leute in Melbourne die gleiche Epidemie haben, die ich hatte«, sagt er.

»Und warum hat der Arzt sie dann noch nie gesehen?« frage ich.

»Was ist los mit dir?« sagt mein Vater. »Mein Fuß tut nicht mehr weh. Wozu soll es gut sein, daß du stellst diese ganzen Fragen? Ich bin sehr froh, daß diese Epidemie in meinem Fuß ist vorbei. Ich bin heute schon gelaufen und hatte keine Schmerzen.«

Ich bin völlig verwirrt. »Wenn es eine Epidemie ist, kann deine Erkrankung nicht der erste Fall sein, den der Arzt zu sehen bekommen hat«, versuche ich zu erklären. Aber mein Vater versteht es nicht. Er ist verärgert. Ich wechsle das Thema.

Ein Verlag will die deutschprachigen Rechte an meinem Roman *Einfach so* erwerben. Ich nehme das Angebot an. Die Verlagsleitung ist sehr erfreut und lädt mich zu einer Lesereise bei Erscheinen der Ausgabe ein.

Ich unterschreibe den Vertrag und mache mir weiter keine Gedanken darüber. Ich habe keine Ahnung, was für ungeahnte Auswirkungen die Veröffentlichung meiner Bücher in Deutschland, Österreich und der Schweiz auf mein Leben haben wird. Ich kann nicht ahnen, daß sie mein Selbstverständnis beeinflussen wird. Daß sie meine Sicht auf die Folgen der Vergangenheit meiner Eltern beeinflussen wird. Ich kann nicht ahnen, daß sie mein Leben verändern wird.

Wir reisen nach Australien. Ich habe eine Lesereise für *Zu sehen* vor mir. Seit dem Feuer ist fast ein halbes Jahr vergangen. Immer wieder sagen Leute zu mir, daß mein Mann niedergeschlagen aussieht. Ich sage, daß es uns gutgeht. Daß es ihm gutgeht. Aber mehrere Leute rufen mich an, um sich zu vergewissern, ob es ihm gutgeht. Das macht mir Sorgen. Ich frage ihn, wie er sich fühlt. Er sagt, es gehe ihm gut.

Später begreife ich, daß mein Mann, der ein ausgesprochen fröhlicher Mensch war, etwas von seinem Frohsinn eingebüßt hat. Jedermann kannte ihn nur als munter und fröhlich.

Der Wiederaufbau unserer Wohnung begann wenige Wochen vor unserer Abreise nach Australien. Die Leute von der Baufirma waren sehr verständnisvoll und sagten, sie würden ihre Arbeit so schnell wie möglich verrichten.

Allein der Abriß war eine solche Erleichterung. Alle alten verfaulten und verbrannten Fußböden wurden herausgerissen. Alles wurde entfernt. Leitern und Arbeitsbänke und Baumaterial wurden hereingebracht. Der Fortschritt war zu spüren.

Ich frage den Bauleiter, ob er glaubt, daß wir den Brandgeruch je loswerden. Er versichert mir, daß der Geruch nicht bleiben wird. »Nicht die Spur«, sagt er. Ich bin sehr erleichtert.

Den Geruch ganz zu tilgen, wird sich als schwierig erweisen. Brandgeruch ist hartnäckig. Warum, weiß ich nicht. Brandgeruch ist fast unmöglich zu entfernen. Er klebt an Wänden, die abgeschrubbt und mit Sand bestrahlt und gestrichen wurden. Er klebt an Böden, die ausgewechselt wurden. Ich hatte nicht gewußt, wie hartnäckig ein Geruch sich halten kann. Als wir aus Australien zurückkommen, hat das Loft neue Wände und neue Böden. Ich bin richtiggehend glücklich. Der Architekt legt mir die Badezimmerkacheln zur Auswahl vor. Ich entscheide mich für mattgrüne, beinahe durchsichtige Kacheln. Neue Fenster und Türen werden geliefert. Es tut sich etwas. Noch ein Monat, sagt der Bauleiter, und alles wird fertig sein. Wir richten uns darauf ein, die Wohnung zu verlassen, die wir gemietet haben. Wir sagen der Vermieterin, daß wir ausziehen werden.

Als der Monat sich dem Ende nähert, ist unser Nachmieter zum Einzug bereit. Aber wir sind nicht auszugsbereit. Unser Loft ist nicht fertig. Noch drei Wochen, sagt der Bauleiter, und er schwört uns, daß er keinen Tag länger brauchen wird. In drei Wochen gehört das Loft wieder uns.

Wir bitten die Spedition, bei der wir unsere Sachen eingelagert haben, die Anlieferung zu stornieren. Wir wissen nicht recht, wohin. Wir sind ein wenig ratlos. Keiner von uns will in das SoHo Grand Hotel zurückziehen.

Mein Mann schlägt vor, nach Miami zu fahren. Dort waren wir noch nie. Wir fahren nach Miami. Nach South Beach. Ich finde es dort entsetzlich. Jedermann scheint Goldkettchen um den Hals und am Handgelenk zu tragen. Ich werde von Insekten gestochen. Ich fühle mich elend.

Und plötzlich weiß ich, wohin ich will. Ich will nach Polen. »Warum willst du nach Polen fahren?« fragt mich jemand, den ich in New York anrufe. »Hast du nicht schon Kummer genug?«

»Ich will wieder nach Auschwitz«, sage ich.

Den Menschen, mit dem ich spreche, kenne ich gut. Das Bedürfnis, Auschwitz wieder zu besuchen, ist nichts, was ich flüchtigen Freunden oder Bekannten offenbaren würde. Das Bedürfnis, öfter als einmal nach Auschwitz zu fahren, könnte einen in ein schiefes Licht bringen. »Du willst von South Beach nach Auschwitz?« fragt er. Dem Ton seiner Stimme kann ich entnehmen, daß er mich für plemplem hält. Es gibt viele Orte, die mein Mann lieber besuchen würde als Polen. Polen führt seine Liste bevorzugter Reiseziele nicht gerade an. Er würde sich gerne die Goyas in Madrid ansehen. Und die Rembrandts in Amsterdam. Aber er versteht mein Bedürfnis, dorthin zu fahren. Ich buche Fahrkarten nach Polen.

In Polen fahre ich nach Warschau, nach Lódź, nach Krakau, nach Auschwitz. In Polen vergesse ich das Feuer. Ich vergesse alles außer Polen. Sein Volk. Seine Gegenwart. Seine Geschichte.

Wir ziehen in das Loft zurück. Es ist Ende November. Seit wir hier gewohnt haben, ist fast ein Jahr vergangen. Wir ziehen in eine neue Wohnung. Mit einem neuen Wohnzimmer, neuen Bücherregalen, einem neuen Schlafzimmer, einem neuen Badezimmer, einer neuen Küche.

Ich gehe in die Küche und bin sprachlos. Vor mir sehe ich meinen neuen Herd. Diesen Herd habe ich ausgesucht, bevor ich nach Polen gefahren bin. Ich habe noch nie einen Profiherd besessen. Gewünscht habe ich mir immer einen. Jetzt habe ich ihn gekauft, einen Garland. Ich habe ihn in der Bowery gekauft, wo sich die Läden für Großküchenbedarf befinden.

Ich habe eine Ewigkeit gebraucht, um den Herd auszusuchen. Stundenlang habe ich das Großküchenzubehör besichtigt. Ich wollte eine Teigrührmaschine, eine Pizzaofen und einen Heißluftofen. Ich wollte eine Cappuccinoma-schine und eine Eismaschine und eine Friteuse und einen Profimixer. Am liebsten hätte ich tagelang das Groß-küchenzubehör besichtigt. Schließlich entscheide ich mich für einen Herd, einen zehnflammigen Garland mit zwei Backöfen und einem Grill. Im Laden hatte er relativ klein gewirkt oder wenig-stens verhältnismäßig normal. In dem Loft sieht er riesen-groß aus. Ich sehe den neuen Herd an. Ich bin fassungslos. Für wen hatte ich mich gehalten? Für Martha Stewart? Ich bin ent-setzt. Und erschrocken. Der Herd schüchtert mich ein. Ein Topf mit heißem Wasser zum Nudelkochen muß sich auf diesem Gerät sehr klein ausnehmen.

Zwei Tage lang umrunde ich den Herd vorsichtig. Eine Tasse Tee zu bereiten ist eine Qual. Die Gasflammen wirken übertrieben eifrig unter dem kleinen Wasserkessel. Das Wasser kocht im Handumdrehen. Viel zu schnell. Das macht mich nervös. Ich gehe einen Wasserkessel mit Pfeife kaufen.

Ich muß eine Menge Dinge kaufen. Es ist eine eigenartige und eigenartig anstrengende Erfahrung, von vorne an-zufangen. Ich lege Listen der Dinge an, die wir meiner Meinung nach benötigen. Vier Betttücher. Sechs Badetücher, sechs Handtücher, zwei Waschlappen. Dann überlege ich es mir anders und schreibe die Listen um. Vielleicht sind zwei Waschlappen zu wenig für zwei Leute? Wie viele Wasch-lappen braucht man in einem Zweipersonenhaushalt? Ich weiß es nicht. Es scheint kein Buch zu geben, in dem man solche Informationen nachschlagen kann. Ich weiß, daß es bei Dr. Spock eine Liste der Dinge gab, die man benötigt, wenn man mit einem Neugeborenen nach Hause kommt. Eine Liste mit Kleidung, Windeln und allem übrigen. Ich wünschte, es gäbe eine Liste für Leute, die einen neuen Haushalt einrichten müssen.

Ich schicke meine jüngere Tochter, ein Genie des Einkaufens, Mops und Eimer und Abfallkörbe und Klobürsten und Duschvorhänge besorgen. Die Liste der Dinge, die wir brauchen, um uns ein Zuhause zu schaffen, scheint kein Ende zu finden.

Ich will unseren Wiedereinzug feiern. Ich will ihn mit einem Thanksgiving-Essen feiern. Thanksgiving ist in acht Tagen. Ich lade vierunddreißig Gäste ein. Ich nehme an, daß viele keine Zeit haben werden. Aber alle sagen zu.

Ich bin außer Rand und Band. Was für ein wahnsinniger Einfall. Ich habe meine neue Küche noch nie ausprobiert. Wie komme ich auf die Idee, als erste Mahlzeit ein Essen für vierunddreißig Leute zuzubereiten? In der Bowery kaufe ich riesengroße gebrauchte Kasserollen und Bratpfannen und Backformen. Bei dem Versuch, meine Töpfe und Pfannen in einem Taxi zu verstauen, bringe ich mich in Lebensgefahr und den Taxifahrer beinahe in die Notaufnahme. In Chinatown finde ich die billigsten Klappstühle, die man sich vorstellen kann, und kaufe sie, als man mir anbietet, sie kostenlos zu liefern.

Ich lege noch mehr Listen an. Die Listen wachsen zu einem Stapel, der fast so hoch ist wie die gesammelten Telefonbücher. Anfangs beruhigen diese Listen mich. Doch dann komme ich mir durch ihre bloße Menge noch chaotischer vor. Ich schreibe alle Listen neu und komprimiere sie. Das beruhigt mich.

Mein Mann hat sich nicht weiter geäußert, seit ich ihm gesagt habe, wie viele Gäste wir zu unserem Thanksgiving-Essen erwarten. Er sieht noch immer verblüfft aus. Er richtet sein Atelier ein. Und hält sich vorwiegend in diesem Teil des Hauses auf.

Ich habe zu viel zu tun, um mir über seine Wortkargheit Gedanken zu machen. Zu viel zu tun, um auf den Gedanken zu kommen, daß er mich vielleicht für verrückt hält. Dafür habe ich viel zu viel zu tun. Ich plane und kalkuliere. Das

Menü und die Sitzverteilung. In Chinatown habe ich auch einen großen Klapptisch gefunden. Ein Sonderangebot. Unablässig gruppiere ich die Gäste um. Und stimme das Menü ab. Schließlich entscheide ich mich für das, was ich kochen will. Ich schreibe das Menü eigenhändig auf. Ich sehe es an. Es sieht gut aus. Kleine Würstchen im Teigmantel mit Tomatensauce führen als Amuse-gueule und als Gruß an Australien die Liste der Gerichte an.

Die restliche Liste besagt:

Hackbraten aus Kalb- und Rindfleisch nach dem Rezept meiner Mutter (zwei Hackbraten zu fünf Kilo)
Truthahnbraten (zwei Truthühner zu sieben bis acht Kilo)
Bratkartoffeln
Gebratene Zwiebeln
Süßer geschmorter Rotkohl nach dem Rezept meiner Mutter
Gebackene Jamswurzeln mit Kokos und Kreuzkümmel
Mit Honig gedünstete Karotten
Gurkenscheiben, mit Essig und Zucker mariniert
Auberginencurry mit gemischtem Salat.

Zum Dessert will ich ein Kompott aus gedämpftem Obst mit Vanilleeis servieren. Und vier Meringen. Die Meringen wird eine australische Freundin backen. Ich sehe mir das Menü wieder an. Es sieht nicht aus, als wären zu viele Gänge vorgesehen. Ich versichere mich der Hilfe meiner jüngeren Tochter. Sie ist seit Kindertagen eine exzellente Köchin.

Am Tag vor dem Essen stelle ich um halb fünf Uhr nachmittags fest, daß beide Backöfen nur je ein Backblech besitzen. Ich rufe in allen Läden der Bowery an. Die Hälfte hat bereits geschlossen. Viele Geschäfte schließen früh an diesem Tag. Thanksgiving ist einer der wenigen Tage, an denen fast alle Läden und Geschäfte in New York geschlossen haben. Thanksgiving scheint ein Feiertag zu sein, den jeder ernst nimmt.

Ich rufe in mehr als einem Dutzend Läden an. In jedem einzelnen erkundige ich mich, ob man Backbleche für einen zehnflammigen Garland mit zwei Backöfen führt. Ich gerate an einen Laden, der ein Backblech besitzt. Der Mann sagt, er wolle auf mich warten. Ein Taxi zu finden ist unmöglich. Thanksgiving ist der geschäftigste Tag des Jahres. Millionen Amerikaner sind an diesem Tag unterwegs. Ich laufe bis zur Bowery. Als ich den Laden erreiche, sagt mir der Mann, daß er ein zweites Backblech aufgetrieben hat. Ich bin überglücklich. Ich laufe nach Hause, die Backbleche umklammert haltend.

Abends entzweien meine jüngere Tochter und ich uns beinahe. Länger als sechs Stunden haben wir Seite an Seite gearbeitet. Wir haben in der neuen, unerprobten Küche gearbeitet, mit zu vielen Gasflammen und zu wenigen Töpfen und Werkzeugen. Unsere Nerven liegen blank. Die Stimmung ist mehr als nur ein wenig angespannt. Meine Tochter wollte bei uns übernachten. Um Viertel vor zwölf sieht sie mich an.»Lil«, sagt sie,»ich glaube, ich sage jetzt besser gute Nacht und gehe nach Hause. Ich glaube, es ist höchste Zeit, daß wir beide eine Pause einlegen.«

Ich glaube auch, daß wir eine Pause einlegen sollten. Sie sagt, sie werde um halb fünf Uhr morgens wieder da sein, um die Truthühner zu massieren und zu marinieren. Sie gibt mir keinen Gutenachtkuß. Von zu Hause ruft sie an und sagt, ich solle ins Bett gehen und ein bißchen schlafen. Mein Mann hilft mir in der Küche. Ich arbeite noch zwei Stunden lang und falle dann ins Bett.

Fast alle Gäste sind gerührt, uns in unserer alten Wohnung wiederzusehen. Sie berühren uns, als wollten sie sich vergewissern, daß wir es wirklich sind. Sind wir wirklich wieder da? Sind wir wirklich noch dieselben, die wir vorher waren? Sind wir nicht zu verletzt? Die meisten scheinen erleichtert zu sein, daß wir nicht am Boden zerstört sind.

Das wiederaufgebaute Loft ist leicht verändert. Ich wollte nicht, daß alles genauso aussieht wie früher. Proportionen und Unterteilungen sind gegenüber früher verändert. Küche und Badezimmer und Schlafzimmer und Arbeitszimmer haben den Platz gewechselt. Ich dachte mir, daß diese neue Einteilung es uns leichter machen würde zu vergessen, wie die vom Feuer verzehrten Wände und Räume ausgesehen hatten.

Alle wollen die neue Wohnung besichtigen. Ich werde zum Fremdenführer. Ich eile an den Stellen vorbei, wo das Feuer ausbrach und wo es endete. Das Wort Feuer sage ich kein einziges Mal. Ich führe die neuen Badezimmerkacheln und die gelbe Neonbeleuchtung vor.

Meine beiden Töchter helfen mir in der Küche. Alle zehn Flammen und beide Backöfen sind in Hochbetrieb. Wir beginnen das Essen aufzutragen. Sogar Leute, die mich gut kennen und wissen, wie schwer es mir fällt, mich zu mäßigen, müssen über die Essensmengen lachen.

Meine jüngere Tochter kann nicht für sich behalten, daß ich gestern nacht gegen Viertel vor zwölf befürchtete, ich hätte nicht genug zu essen vorbereitet. »Sie wollte zwei Spaghettifrittate braten«, sagt meine Tochter, noch immer ungläubig. Ich erhebe mich und erkläre, daß alle essen müssen. Soviel sie können. Die Gäste nehmen mich beim Wort.

Ich wundere mich über die Mengen, die ich selbst esse. Ich esse Würstchen im Teigmantel. So etwas habe ich nicht mehr gegessen, seit ich fünfzehn war. Ich esse, bis ich schier platze. Die Truthühner, die meine Tochter jede halbe Stunde massiert hat, während sie in der Marinade lagen, sind unvergleichlich zart. Und der Hackbraten nach dem Rezept meiner Mutter ist ein Riesenerfolg.

Mein Mann hält eine Ansprache. Sie klingt fast wie ein Gebet. Er spricht von Thanksgiving und davon, wie wichtig es ist, zu danken. Er spricht davon, wie dankbar er für alles ist, was er besitzt. Er klingt, als kämen ihm gleich die Tränen.

Unser Freund Richard Butler, der frühere australische UN-Botschafter, der Saddam Hussein mit Waffenkontrollen zusetzt, hält eine Ansprache. Richard spricht davon, wie lange er meinen Mann kennt. Sie kennen sich seit langer Zeit. Sie kennen sich seit ihrer Jugend. Er spricht von der Malerei meines Mannes und davon, was sie ihm bedeutet. In seinem Büro im UN-Gebäude hat er zwei dieser Bilder. Das Büro nennt er den Kriegsraum. Richard sagt, daß diese Bilder ihm ein Gefühl für Relationen geben. Sie gemahnen ihn daran, daß »Kunst lang ist und Politik kurz«.

Richard ist ein eloquenter und leidenschaftlicher Redner. Er spricht über uns und das Feuer. Er spricht über das, was im Leben wichtig ist. Alle sind gerührt. Viele unserer Thanksgiving-Gäste werden noch jahrelang von dieser Rede sprechen.

Nach dem Thanksgiving-Essen wirkt das Loft weniger unberührt, bewohnter. Es kommt uns vor, als würden wir uns monatelang von Truthahnbraten und Hackbraten und gebackenen Jamswurzeln und süßem Rotkohl ernähren.

Ich gebe mir alle Mühe, nicht jedesmal, wenn ich das Haus verlasse, zurückzulaufen, um die Backöfen und die Gasbrenner und die elektrischen Anschlüsse zu überprüfen. Ich bemühe mich, aber es gelingt mir nicht. Immer wieder. Während ich mich mit jemandem unterhalte oder ein Taxi rufe, ertappe ich mich dabei, daß ich mich frage, ob ich den Backofen oder den Gasbrenner abgestellt habe.

Monate nach unserer Rückkehr kann ich nicht aus dem Haus gehen, ohne zurückzukehren, um mich zu vergewissern, daß ich nichts eingeschaltet gelassen habe, was ich hätte ausschalten müssen. Das tue ich sogar, wenn ich die

Brenner und die Backöfen überprüft habe, bevor ich das Haus verlasse. Ich befürchte, daß ich es nicht sorgfältig genug getan haben könnte. Meinen Mann treibe ich damit in den Wahnsinn. Jedesmal, wenn ich das Haus verlasse, würde ich am liebsten jedes Elektrogerät von der Leitung trennen. Den Wecker, die Mikrowelle, den Computer, den Kühlschrank und den Tiefkühlschrank. Manchmal sogar die Telefone.

Wir suchen nach einem Haus auf Shelter Island, das wir für den Sommer mieten können. Wir finden ein kleines Häuschen mit drei Zimmern, das sehr billig ist. Wir sind der Ansicht, daß es uns guttun würde, öfter aus der Stadt herauszukommen. Wir mieten das Häuschen für ein ganzes Jahr. Shelter Island ist ein friedlicher Ort. Und sehr klein. Kaum mehr als elf Quadratmeilen oder 7230 Morgen Land. Es schmiegt sich zwischen die nördliche und südliche Gabel von Eastern Long Island. Und es hat zweiundfünfzig Meilen Küste. Es ist der ideale Ort zum Schreiben.

Gegen Ende unseres ersten Sommers in dem Häuschen habe ich Geburtstag: meinen einundfünfzigsten Geburtstag. Meine Kinder schenken mir einen leuchtendroten Kajak. Mit Rettungsweste und einer Tasche für Vorräte.

Ich bin schrecklich nervös, als ich den Kajak zum ersten Mal ausprobiere. Ich finde es schwierig, einzusteigen, ohne den Kajak umzuwerfen. Ich übe stundenlang. Ich steige ein und bleibe einfach sitzen. Schließlich wage ich mich mit dem Kajak weiter ins Wasser. Ich bin starr vor Angst. Ich achte darauf, mich nicht weiter als wenige Meter vom Ufer zu entfernen.

Ich finde das Ganze anstrengend. Die Ruder sind schwer zu handhaben. Ich kann nicht herausfinden, welches man nach links und welches man nach rechts bewegen muß. Oder wie man rückwärts rudert. Immer wieder fahre ich im Kreis, wenn ich einen bestimmten Punkt ansteuere, und alle Zuschauer lachen sich tot.

In dem Kajak sehe ich wie vor Angst erstarrt aus, nicht entspannt. Meine Vorratstasche fülle ich mit Wasser und Lebensmitteln für den Fall, daß ich mich verirre. Für den Fall, daß ich Schiffbruch erleide. Nach einigen Wochen lerne ich, wie man einen Kajak steuert. Ich lerne, geradeaus zu paddeln und rückwärts zu paddeln. Aber wenn mir ein anderes Boot in das Gesichtsfeld kommt, gerate ich in Panik. Es muß gar nicht in meiner Nähe sein. Es muß nur so aussehen, als könnte es sich in meine Richtung bewegen. Oder in irgendeine Richtung. Zusätzlichen Schiffsverkehr auf dem Wasser schätze ich nicht. Wenn ich in Panik komme, vergesse ich, wie man die Ruder bewegt. Ich werde zu einem Verkehrshindernis. Zu einer Gefahr für die Schifffahrt. Mehreren Kollisionen entgehe ich mit knapper Not. Eine harmlose Kollision verursache ich.

In dem Kajak fühle ich mich nur dann ruhig und zuversichtlich, wenn es mir gelingt, eine Wasserfläche zu finden, wo niemand sonst zu sehen ist. Meinen Mann machen meine Navigationskünste oder deren Gegenteil nervös. Er besorgt sich einen eigenen Kajak. Er hat das Gefühl, daß er mich begleiten sollte.

Den größten Teil des Sommers verbringe ich im Haus. Ich schreibe wieder. Wenn ich schreibe, bin ich glücklich. Glücklich mit meinen Stiften und meinem Papier und meinen Notizen. Ich schreibe stundenlang. Ich schreibe, bis meine Blase zu bersten droht und meine Schultern und Knie steif sind.

Ich erlebe Shelter Island im Winter. Das Wild auf der Insel wird fett. Die Tiere können sich kaum noch rühren. Ihre riesigen, tonnenförmigen Körper wackeln über die Straßen und durch die Gärten. Die schlanken jungen Rehkitze sind stämmig geworden. Und das alles von Gras und Blättern. Es macht mir Sorgen. Vielleicht sollte ich mit dem Spinat aufpassen, den ich in letzter Zeit so häufig gegessen habe.

Die Wildtiere wirken aufgedunsen und unwohl. Und geistig schwerfällig. Als wären ihr Grips und ihre Reflexe in ihren Speckbäuchen verschwunden. Wenn ich mich ihnen nähere, laufen sie nicht weg. Sie bleiben stehen und starren mich an. Es macht mich nervös. Ich gehe weg. Ich sehe Schnee auf dem Strand liegen. Und Eis. Große, vielschichtige Eisblöcke liegen auf dem Sand. Einige schwimmen im Wasser. Eines Tages beobachte ich eine große weiße Möwe, die auf einem Eisbrocken in Form eines Surfbretts durch das Wasser gleitet. Sie läßt sich von der Strömung nach Süden tragen. Sie sieht sehr selbstzufrieden aus.

So etwas habe ich noch nie gesehen. Ich wandere im knietiefen Schnee auf dem Strand. Ich bin aufgeregt. Es wird noch kälter. Das Meer ist zugefroren, soweit der Blick reicht. Eine feste Schicht. Es ist merkwürdig, das Meer so still daliegen zu sehen.

Als ich wieder in New York bin, komme ich am Schauplatz eines Feuers vorbei. Den Brandgeruch kann ich riechen, lange bevor ich die Stelle erreiche. Brandgeruch kann ich inzwischen auf große Entfernung ausmachen. Es ist ein so unverkennbarer Geruch, auf den ich sofort reagiere. Ich bin sofort entsetzlich angespannt, und mir wird übel.

Es ist früher Morgen. Der Brand muß nachts ausgebrochen sein. Ich erkenne einige der Feuerwehrleute und der Reinigungsleute, die bereits an der Arbeit sind. Ich unterhalte mich mit ihnen wie mit alten Freunden. Und in gewisser Weise sind wir das. Wir haben mehr miteinander erlebt als viele enge Freunde.

In SoHo sehe ich einen Feuerwehrwagen mit Blaulicht und Sirene. Ich laufe los und laufe hinterher. Das tue ich nicht zum ersten Mal. Zwei Mal bin ich Feuerwehrwagen in unserer Gegend gefolgt. Ich bin ihnen atemlos hinterhergelaufen, vor Aufregung fast hyperventilierend. Ich bin den Feuerwehrwagen hinterhergelaufen, um mich zu vergewissern, daß sie nicht zu meiner Wohnung unterwegs waren. Einmal, als zwei Feuerwehrwagen in Richtung unseres Blocks zu fahren schienen, habe ich gleichzeitig zu laufen und zu weinen begonnen.

Ich mache noch mehr Kopien meiner Arbeit. Eine bewahre ich auf Shelter Island auf, eine in New York und eine dritte in der Wohnung meiner jüngeren Tochter.

Zwei Jahre nach dem Feuer komme ich an einem Gebäude in der Lower East Side vorbei, dessen zwei untere Stockwerke ausgebrannt sind. Noch immer dringt dichter Qualm aus dem Gebäude. Ein bekümmertes Grüppchen, in der Mehrzahl Chinesen, steht vor dem Haus. Sie sehen aus, als wären sie erst vor kurzem eingewandert. Sie sehen entsetzt und betäubt aus. Ich breche in Tränen aus.

Ich weiß, was ihnen widerfährt. Ich weiß, was sie erwartet. Der Schock, das Chaos, die Folgen. Und für diese Leute wird es noch schlimmer sein. Für die Armen, die Einwanderer, die Entrechteten ist es das immer.

Das Feuer hat mich von dem Bedürfnis kuriert, Dinge aufzubewahren. Dinge zu sammeln. Ich fotografiere nicht mehr. Wenn mein Mann ein Foto machen will, verziehe ich das Gesicht. Ich will keine Fotos mehr haben. Ich will sie nicht sammeln. Fotos, die man mir gibt, werfe ich in eine Schublade oder in einen Karton. In dem Loft sind keine Fotos zu sehen.

Mein Vater schickt mir die Vergrößerung eines Fotos, auf dem ich mit einem schwarz-weiß gescheckten Hund zu sehen bin. Ich bin zwei oder drei Jahre alt. Ich sehe so niedlich aus auf dem Foto. Ringellocken und große Augen. Den Hund beäuge ich mit dem Mißtrauen, das ich Haustieren immer entgegengebracht habe.

Ich liebe dieses Foto, aber ich weiß nicht, was ich damit anfangen soll. Früher hätte ich es neben anderen alten Fotos aufgehängt oder aufgestellt. Jetzt lege ich es in einen Haufen Papiere. Und wie alles, was in einen Haufen Papiere gerät, ist es bald nicht mehr aufzufinden.

Drei Jahre nach dem Feuer habe ich noch immer von Zeit zu Zeit das Bedürfnis, zurückzulaufen und nachzusehen, ob alles ausgeschaltet ist. Das passiert in den unpassendsten Augenblicken. Mitten beim Essen in einem Restaurant oder bei einem Kinobesuch oder in der Schlange an der Bushaltestelle.

An der Ecke Forty-Fourth Street und Third Avenue warte ich auf den Bus. Es ist der Bus nach Greenport, der um halb sieben abfahren soll. Von Greenport kann ich mit der Fähre nach Shelter Island fahren. Ich habe erfolgreich das Bedürfnis unterdrückt, nach Hause zu gehen oder meine Tochter anzurufen und sie zu bitten, in der Wohnung nachzusehen.

Der Bus verspätet sich. Es ist fünf vor halb sieben. Für gewöhnlich ist der Bus um Viertel nach sechs da, manchmal schon um sechs. So spät wie heute ist er noch nie gekommen. Ich stehe seit Viertel vor sechs an der Bushaltestelle. Ich bin gerne früh da. Im Bus gibt es einen Sitzplatz, der doppelt soviel Beinfreiheit bietet wie die anderen Plätze. Wenn ich früh einsteigen kann, habe ich die Chance, diesen Sitzplatz zu ergattern.

Eine Schlange von ungefähr dreißig Fahrgästen wartet auf den Bus. Außer mir wirkt niemand verstört. Ich sehe ununterbrochen auf die Uhr. Ich bin nervös. Irgend etwas muß schiefgegangen sein. Alle anderen stehen seelenruhig in der Schlange. Sie wirken nicht aufgeregt. Was ist, wenn der Bus überhaupt nicht kommt? Der nächste Bus fährt am nächsten Tag um elf Uhr vormittags.

Ich frage mich, ob die Busfirma für Fälle wie diesen ein Notprogramm hat. Werden die Passagiere informiert, wenn ein Bus sich verspätet oder gar nicht kommt? Ich denke mir, daß es Vorkehrungen geben muß.

Vielleicht wird in einem der Läden in der Nähe der Haltestelle angerufen. Vielleicht wird der kleine Barbier oder das Feinkostgeschäft angerufen und gebeten, die Leute in der Schlange zu informieren. Ich weiß, daß Busfahrer und Schaffner mit Handys ausgerüstet sind.

Ich warte weitere zehn Minuten. Die Leute in der Schlange warten seelenruhig. Niemand sieht nervös aus. Eine Frau hat sich ein Eis gekauft. Ein Mann neben mir ißt eine Pizza. Andere lesen Zeitung. Um Viertel vor sieben gehe ich in das Barbiergeschäft. Ich frage den Barbier, ob er weiß, warum der Bus sich verspätet. Er sieht mich an, als wäre ich nicht ganz bei Trost. Ich erkundige mich in dem Feinkostgeschäft. Mit einem ähnlichen Ergebnis. Als ich den Laden verlasse, ruft der Mann hinter der Theke: »Hören Sie mal, woher soll ich wissen, warum der Bus sich verspätet?« – »Ich dachte, die Busfirma hätte Sie vielleicht angerufen«, antworte ich. Er schüttelt den Kopf. Mitleidig. Ich nehme an, daß er mich für geistig zurückgeblieben hält. Ich nehme wieder meinen Platz in der Schlange ein. »Keiner weiß, warum der Bus sich verspätet«, erkläre ich dem Mann neben mir. Er bedenkt mich mit einem merkwürdigen Blick.

Ich sehe, daß eine Chinesin vorne in der Schlange auf ihre Uhr sieht. Ihr Anblick ist mir vertraut. Sie fährt regelmäßig mit diesem Bus. Ich gehe zu ihr. »Was kann nur mit dem Bus geschehen sein?« frage ich sie. »Keine Ahnung«, sagt sie. Sie sagt, daß der Bus in den zwanzig Jahren, seit sie ihn benutzt, noch nie zu spät gekommen sei. Sie sieht besorgt aus. Ich bin so froh, daß ich nicht mehr die einzige bin, die sich an der Verspätung stört.

»Ich habe ein Handy dabei«, sage ich. »Ich glaube, ich rufe die Busfirma an.« Ich rufe im Büro der Sunrise Coach Lines an. Ich erkläre gerade, daß ich an der Haltestelle Ecke Third Avenue und Forty-Fourth Street auf den Bus um halb sieben warte, als die Frau am anderen Ende der Leitung mich unterbricht.

»Worum geht es?« fragt sie.

»Der Bus hat Verspätung«, sage ich.

»Das weiß ich«, antwortet sie.

»Und wo ist er?« frage ich.

»Das weiß ich nicht«, sagt sie. Ich wende mich an die Chinesin. »Sie wissen nicht, wo sich der Bus befindet«, sage ich zu ihr. Ich verdrehe die Augen. Wie kann ein Bus verlorengehen? »An der Forty-Fourth Street warten dreißig Fahrgäste«, sage ich zu der Frau von Sunrise Express.

»Bleiben Sie dran«, sagt sie.

Ein paar Minuten später kommt sie an den Apparat zurück und erklärt mir, daß der Bus an der Mautstelle der Einfahrt zum Tunnel nach Midtown festhängt. Ein Techniker ist gerade damit beschäftigt, den Bus flottzukriegen.

»Sie haben den Bus gefunden«, sage ich zu der Chinesin. »Er hängt an der Mautstelle am Midtown-Tunnel fest.«

Diese Nachricht geht wie ein Lauffeuer durch die Schlange. Mehrere Leute sehen mich besorgt an. Ich bin sehr stolz. Ich hatte doch geahnt, daß irgend etwas nicht stimmte. Jetzt komme ich mir überlegen vor. Nicht mehr neurotisch. »Was meinen Sie, wann der Bus hier eintreffen wird?« frage ich die Frau am Telefon. Sie sagt wieder, ich solle dranbleiben. Dann kommt sie zurück und sagt, der Bus werde wahrscheinlich nicht vor halb acht eintreffen.

»Können wir die Haltestelle verlassen?« frage ich.

»Klar«, sagt sie.

»Und wenn der Bus früher ankommt, wird er dann vor halb acht abfahren?« frage ich.

»Das weiß ich nicht«, erwidert sie.

»Wenn ich jetzt spazierengehe und der Bus früher kommt und früher abfährt?« frage ich.

»Dann werden Sie ihn verpassen«, sagt sie.

»Können Sie nicht dafür sorgen, daß der Bus auf keinen Fall vor halb acht abfährt, so daß die Leute einen Kaffee trinken oder sich etwas zu essen holen können?« frage ich.

»Nein«, sagt sie.

Ich teile den Wartenden die Neuigkeiten mit. Ich sage, daß der Bus wahrscheinlich nicht vor halb acht kommen wird. Auf weitere Darlegungen verzichte ich. Alle danken mir. Ich mache einen Spaziergang. Ich bin müde. Es war ein langer Tag. Heute vormittag habe ich mich von meiner Analytikerin verabschiedet. Zum zweiten Mal. Nach zehn Jahren Analyse bei ihr.

Als ich heute vormittag nach meiner letzten Sitzung nach Hause kam, habe ich geweint. Es waren private und sehr schmerzliche Tränen. Ich war überrascht, wie heftig ich weinte. Ich beweinte meine Analytikerin. Und ich beweinte meine Mutter.

Ein Bild von mir selbst mit meiner Mutter in der Woche vor ihrem Tod kam mir immer wieder in den Sinn. Sie lag im Bett und atmete kaum noch. Ich hatte mir im Haus zu schaffen gemacht. Hatte ihr Dinge ans Bett gebracht. War hin und her gegangen. Sie bat mich, im Zimmer zu bleiben, mich zu ihr zu setzen. »Bleib einen Moment hier«, sagte sie.

Ich blieb ein paar Minuten lang neben ihr sitzen. Aber ich konnte es nicht ertragen. Ich war so entsetzlich nervös, daß ich nicht in dem Zimmer bleiben konnte. Und das wußte sie. Sie wußte, daß ich sie verlassen würde. Und das hat mich seit Jahren gequält. Und wird mich wahrscheinlich immer quälen.

Ich gehe die Third Avenue entlang. Ich bin völlig erledigt. Mit Unterbrechungen habe ich den ganzen Tag geweint. Ich beschließe, das Risiko einzugehen, den Bus zu verpassen. Ich gehe zu Staples. Ein Besuch in einem großen Schreibwarengeschäft weckt meine Lebensgeister unfehlbar.

Ich öffne die große Glastür des Staples-Ladens, als jemand ruft: »Ma'am Ma'am!« Ich drehe mich um. Es ist eine Frau. Sie scheint Mitte dreißig zu sein. Ich hatte gesehen, daß sie vor dem Laden kleine Flugblätter verteilte. Ich hatte keines genommen.

Sie packt mich am Arm und zieht mich zu ihr hin. Das erschreckt mich. In New York ist es nicht üblich, daß Leute einander berühren. Leute, die sich nicht kennen. Ich bleibe stehen und erschrecke noch mehr, als ich ihrem Blick begegne. Es ist ein sehr direkter Blick. Mit brennender Eindringlichkeit sieht sie mir unmittelbar in die Augen. »Sie haben mich angesehen«, sagt sie. »Sie haben mich angesehen. Sie haben mich gesehen.« Das sagt sie, als wäre es von höchster Bedeutung, daß ich sie gesehen habe. »Es gibt etwas Wichtiges, worüber Sie mit mir sprechen müssen«, sagt sie.

Ich bin ratlos. Ich spreche nicht gern mit Fremden. Vor allem nicht mit Fremden, die mich ansprechen. In New York sind Fremde, die einen ansprechen, in der Regel nicht ganz normal. Ich halte noch immer die Tür halb geöffnet. Die Frau sieht mich an. An ihrem Gesichtsausdruck ist etwas, was mich davon abhält, mich loszureißen. Ich weiß nicht, was es ist. Ich trete aus der Tür. »Etwas Wichtiges, worüber Sie sprechen müssen«, sagt sie. »Etwas Wichtiges, über das Sie Klarheit gewinnen müssen. Und ohne Hilfe können Sie es nicht.«

»Ohne Hilfe können Sie es nicht«, wiederholt sie mit sehr erregter Stimme. Mir ist mulmig zumute. Ich blicke auf ihre Broschüren. Ich bin erleichtert. Sie ist Hellseherin. Sie bietet mir ihre Dienste an.

»Es geht um etwas sehr Wichtiges, um etwas, was Sie betrifft und womit Sie zurechtkommen müssen«, sagt sie zu mir. Ich muß lachen. Mit Dingen, die mich betreffen, versuche ich seit Jahren zurechtzukommen. Seit Jahrzehnten. Auf der Couch meiner Analytiker.

»Ohne Hilfe können Sie es nicht«, wiederholt sie. Wie recht sie hat! Was für eine zutreffende, kleine Aussage. Seit ich meine Analytikerin verlassen habe, fühle ich mich einsam.

Den ganzen Tag habe ich mich nicht so recht daran erinnern können, warum ich die Analyse beenden wollte.

Zum Teil, so vermute ich, aus einem Bedürfnis, für mich selbst verantwortlich zu sein. Aus einem Bedürfnis zu akzeptieren, daß ich die Veränderungen in mir bewirkt habe. Daß ich mich verändert habe. Meine Analytikerin hat mich nicht verändert. In gewisser Weise ist es leichter, wenn man glaubt, jemand anders habe einen verändert. Es ist leichter, wenn man Schuld und Verdienst einem anderen zuschreiben kann. Es ist soviel schwerer zu akzeptieren, daß man selbst genau das getan hat, was man tun wollte. Im besten wie im schlimmsten Sinn. »Ohne Hilfe können Sie es nicht«, wiederholt die Hellseherin abermals. Ich lache und gehe in den Laden. Aber ich bin verstört. Nervös.

Warum hat sie sich auf mich gestürzt? Ich habe nicht gesehen, daß sie sich auf jemand anderen gestürzt hätte. Warum hat sie immer wieder gesagt, ohne Hilfe könnte ich es nicht tun? Ich versuche, das Unbehagen zu verscheuchen. Ich glaube nicht an Hellseher und Wahrsager.

Als ich den Laden verlasse, halte ich Ausschau nach ihr. Ich bin neugierig auf ihre Broschüren geworden. Aber sie ist nicht mehr da. Sie hat nicht auf mich gewartet. Ich gehe zu der Bushaltestelle.

Ich habe blaue Schnellhefter und breite Gummibänder bei Staples gekauft. Breite Gummibänder spanne ich um alle Schnellhefter mit meiner Arbeit. Damit meine Notizen sich nicht davonmachen, wenn ich gerade nicht hinsehe.

Ich bringe es nicht einmal fertig, meine Arbeit über Nacht auf dem Schreibtisch liegen zu lassen. Ich packe sie zusammen und lege sie in den Schrank. Als wäre zu befürchten, daß die Notizen und Blätter herumstrolchen und den Rückweg nicht finden, wenn ich sie auf dem Tisch liegen ließe.

Ich denke über die Hellseherin nach. Irgend etwas an ihr hat mich berührt. Ich spiele mit dem Gedanken, nächste Woche um die gleiche Zeit wieder zu Staples zu gehen.

170

Aber der Bus wird sich wahrscheinlich nie wieder verspäten, und es wird mir nicht möglich sein.

Für Eastern Long Island wird ein Sturm angekündigt. Ich verabscheue Stürme. Ich mag keine extremen Wetterverhältnisse. Ich will, daß das Wetter immer mild und friedlich ist. Ich wünschte, Wetter könnte man planen wie eine Landkarte oder eine Speisekarte oder einen Roman. Auf Shelter Island schaue ich den Wetterbericht mit Sturmwarnung an. Der Meteorologe verwendet Begriffe wie Sturmböenverlauf und Windgeschwindigkeiten und redet von einer Kaltluftfront und von Luftmassen, mit denen zu rechnen sei. Dann ist die Rede von Veränderungen in der Strahlströmung, von einem kräftigen Windstrom, der auf die Küste trifft, und von irgendwas anderem, das von den Northern Plains hereinbricht. Ich verstehe kein Wort, aber es klingt nicht sehr verheißungsvoll. Es klingt beunruhigend. Ich mache mir normalerweise schon Sorgen bei dem Gedanken, daß der Barometerdruck steigt.

Kurz bevor ich den Fernseher aussschalte, höre ich den Meteorologen sagen: »Wirbelsturmgefahr.« Mein Mann kommt herein. »Er hat gesagt: Wirbelsturmgefahr«, sage ich zu ihm.

»Die Wirbelsturmwarnung betrifft Jacksonville, Florida«, sagt mein Mann.

»Wo ist das?« frage ich.

»Weit weg von hier«, erwidert er. Ich bin erleichtert.

Am nächsten Morgen ist es auf Shelter Island sehr windig. Der Wind heult. Das Heulen klingt wie eine Stimme. Große Bäume werden laut klatschend von dem Wind gezaust. Und es regnet. Der Wind treibt den Regen in Wasserwänden vor sich her, die fast waagerecht aussehen.

Meine Ängste wachsen. Ich versuche mich zusammenzunehmen. Ich will nicht aus dem Gleichgewicht geraten. Ich mache meine Übungen im Haus. Ich laufe auf meinem Laufband bergauf.

Gegen zehn Uhr vormittags hat das Heulen des Windes zugenommen. Ich versuche, mich vor dem Heulen und dem Wind nicht zu fürchten. Aber es gelingt mir nicht. Ich fürchte mich ganz entsetzlich. Und plötzlich fällt mir das Entsetzen ein, das ich als Kind verspürte, wenn der große böse Wolf schnaufend und schnaubend um das Haus der drei kleinen Schweinchen herumschlich.

Die Geschichte von den drei kleinen Schweinchen hat mich schon immer in Angst und Schrecken versetzt. Selbst als Fünfjährige wußte ich schon, daß es durchaus im Bereich des Möglichen liegt, daß einem das Haus über dem Kopf durch äußere Einwirkung zerstört wird. Daß einem das Leben zerstört wird. Meinen Eltern war das widerfahren.

Das ganze Ausmaß meines Entsetzens bei der Vorstellung des schnaufenden und schnaubenden Wolfs, der das Haus der Schweinchen zum Einsturz bringt, wird mir wieder bewußt. Als Kind habe ich mich vor jeglicher Gewalt, vor jeglichem irrationalen Verhalten gefürchtet. Zeichentrickfilme konnte ich nicht ertragen. Nicht einmal Tom und Jerry. Wenn Tom Jerry überfuhr und ihn wie einen sonderbar geformten Pfannkuchen platt auf der Straße liegen ließ, empfand ich panisches Entsetzen.

Am Nachmittag enthält der Wetterbericht Wörter wie Blizzard und Schneesturm. Stellenweise wird für den Staat New York mit bis zu einem Meter Neuschnee gerechnet. Als das Wort Blizzard fällt, überkommt mich blindwütiger Aktionismus. Ich suche und finde den Adapter, mittels dessen man das Handy über den Zigarettenanzünder im Auto aufladen kann.

Ich mache Pläne. Wir werden das Handy nur im Notfall benutzen. Wir werden die Batterien des Handys nicht mit normalen Gesprächen und Smalltalk aufbrauchen. Auf diese Weise werden wir ein benutzbares Telefon zur Hand haben, falls es zu einem Stromausfall kommen oder die

Batterie des Wagens, den wir auf der Insel benutzen, den Geist aufgeben sollte.

»Warum sollte die Batterie den Geist aufgeben?« fragt mein Mann.

»Vielleicht weil wir sie mit dem Aufladen des Handys leeren«, sage ich.

»Das kann ich mir nicht vorstellen«, sagt er. »Außerdem ist die Batterie neu.«

Die Information über die neue Batterie kann mich nicht beruhigen. Ich bin mir nicht sicher, daß mein Mann Experte dafür ist, wieviel Energie ein Handy einer Autobatterie entziehen kann. Mein Mann hebt die Augenbrauen. Ich ignoriere ihn.

Ich gehe einkaufen und besorge Kerzen und Kerzenhalter und Streichhölzer. Niemand im Supermarkt sieht aufgeregt aus. Obwohl ich sehe, daß einige Leute Taschenlampen kaufen.

Ich bringe meine Einkäufe zum Wagen. Ich sehe sie mir an. Sie sehen mickrig aus. Ich gehe zurück in den Supermarkt. Ich kaufe noch mehr Kerzen. Und noch mehr Taschenlampen. »Wir haben jetzt acht Taschenlampen im Haus«, sagt mein Mann, als ich nach Hause komme. »Gut«, sage ich zu ihm.

Es beginnt zu schneien. Ich überprüfe die Lebensmittelvorräte in der Küche. Das habe ich schon zweimal getan. Wir haben jede Menge Konserven. Und diverse Dosenöffner.

»Beim letzten größeren Blizzard waren wir tagelang eingeschneit«, erzählt die junge Frau, die unser Haus putzt, als sie ankommt.

»Tagelang?« sage ich.

»Ja, wir konnten nicht aus der Einfahrt raus. Wir konnten das Haus nicht verlassen«, sagt sie.

Ich verspüre Panik. »In New York wird niemand eingeschneit«, sage ich. »Bürgermeister Giuliani hat innerhalb von zehn Sekunden die Schneepflüge auf den Straßen. Innerhalb von zehn Sekunden sind überall Schneepflüge und Fahrzeuge, die Salz streuen.«

»Shelter Island ist nicht New York«, sagt die junge Frau und lacht.

Ich versuche der Aussicht, eingeschneit zu werden, mit Gelassenheit zu begegnen. Aber das ist mir nicht gegeben. In New York fürchte ich mich nicht vor einem Schneesturm. Nicht mehr. In Krisensituationen wird die Stadt aktiv. Dinge werden getan. Und man kann sich unmittelbar informieren. Bürgermeister Giuliani ist ständig im Fernsehen und unterrichtet über den neuesten Stand der Dinge, mit Tabellen und Details und Karten. Die Leute fühlen sich einander nahe. Vereint. Die Atmosphäre auf den Straßen ist fröhlich. Die Leute lächeln heiter und unbeschwert.

Ich fasse auf der Stelle einen Entschluß. Die Situation gefällt mir nicht. Ich will nach New York zurück. »Wir könnten heute abend noch einen Bus nach New York erwischen«, sage ich zu meinem Mann. Er wirkt nicht überrascht. Ich rufe bei der Busfirma an. Ich bestelle Sitzplätze. Ich bin verzweifelt. Ich will zurück nach New York. Ich will nach Hause.

New York

Die Erkenntnis, daß ich New York liebe, war ein richtig-
gehender Schock. Ich dachte, ich könnte es ertragen, dort
zu leben. Ich dachte, ich hätte mich damit abgefunden, dort
zu leben. Ich beschwerte mich über die Stadt. Ich schimpfte
auf die Stadt, und manchmal weinte ich über die Stadt.
Diese Scharade habe ich jahrelang vor mir selbst aufgeführt. Wenn man mich fragte, ob ich gerne in New York
lebte, verzog ich das Gesicht. Angewidert.
Die Erkenntnis, daß ich den Ort liebte, heftig liebte, nicht
nur ein bißchen, war wie ein Donnerschlag. Ich ging gerade
über La Guardia Place. Es war früh am Morgen, gegen halb
acht; SoHo schlief noch. Auf den Straßen waren nur vereinzelt Passanten anzutreffen. Wie ganz Downtown-New-
York ist auch SoHo eine Gegend der Langschläfer. Vor elf
Uhr ist nicht viel los.
Der Tag hatte nicht sehr gut begonnen. Ich war um halb
sieben aus dem Haus gekommen. Ich ging schnellen
Schritts und dachte über den Roman nach, an dem ich
schrieb. Etwas, was ich am Vortag geschrieben hatte, beschäftigte mich, ohne daß ich gewußt hätte, warum. An der
Ecke Fifth Avenue und Eighteenth Street beschloß ich,
einen Abschnitt über Sonia Kaufman noch einmal zu überprüfen. Ich glaube, Sonia hatte sich möglicherweise zu ausführlich über eines ihrer Lieblingsthemen verbreitet. Über
Sex. Sonia Kaufmans Bedürfnis, sich über Sex auszulassen,
irritiert mich immer wieder. Ich wünschte, ich könnte sie

zügeln. Außerdem hatte ich sie in diesem Buch überhaupt nicht vorgesehen.

Ich lief schneller, damit ich früher nach Hause zurückkehren und mich mit Sonia beschäftigen konnte. Ich ging sehr schnell, angetrieben von dem Wunsch, den Roman nicht kampflos Sonia zu überlassen. Ich war energiegeladen. Ich würde mich von Sonia und von ihrer Sturheit nicht einschüchtern lassen. Wessen Buch war es eigentlich, ihres oder meines?

Doch mein Zorn fand ein abruptes Ende, weil ich abrupt anhalten mußte. Fast wäre ich gegen einen Mann gelaufen, der mitten auf dem Bürgersteig hockte. Ich hatte ihn nicht gesehen. Es gelang mir, kurz vor ihm innezuhalten, aber nicht weit genug entfernt, um nicht zu sehen, was er tat.

Er wischte sich den Hintern. Mit einer Handvoll Papiertaschentücher. Seine zerlumpten Hosen hingen ihm um die Knöchel. Ich starrte auf die benutzten Papiertaschentücher.

Ich war fürchterlich erschrocken. Und er nicht minder. Einen Augenblick lang sah er aus, als würde er das Gleichgewicht verlieren und stürzen, doch dann fing er sich wieder. Er funkelte mich erbost an, warf einen Blick auf die Papiertaschentücher und machte weiter. Mir blieb die Luft weg. Das war nicht der Anblick, den ich auf leeren Magen als erstes am Morgen brauchen konnte.

Der Mann, eine zerlumpte Elendsgestalt voller Schwären und Pusteln, warf mir wieder einen erbosten Blick zu. Ich trat zurück und entfernte mich klopfenden Herzens. Ich weiß nicht, warum er sich für diese Beschäftigung ausgerechnet diese Stelle aussuchen muß, dachte ich. Und dann schämte ich mich. Höchstwahrscheinlich hatte er nicht viele Wahlmöglichkeiten.

Ich ging weiter. Ich ging nicht nach Hause. Ich mußte den Anblick dieses Mannes und seines Hinterns aus meinem Kopf hinausgehen. Ich ging zum West Side Highway und bis nach Battery Park City. Aber der Anblick seiner rissigen, schmutzverkrusteten Haut drängte sich mir immer wieder auf. Ich ging weiter. Zwanzig Block später ging es mir besser. Und ich verspürte nicht wenig Stolz darauf. Es war keine Kleinigkeit, dachte ich, unerwartet, ohne Vorwarnung, ganz nah auf einen Fremden zu stoßen, der sich auf der Straße den Hintern abwischt. Und weitergehen zu können, fast als wäre nichts geschehen. Ich war dankbar, daß ich rechtzeitig hatte stehenbleiben können und nicht mit ihm zusammengestoßen war. Ich war ziemlich nahe gewesen, ein paar Zentimeter, als ich stehenblieb. Noch näher, und ich hätte gewußt, was er am Vortag zu Abend gegessen hatte. Bei diesem Gedanken verzog ich das Gesicht.

Warum mußte ich mir das ausmalen? Ich würde weitere zwanzig Blocks gehen müssen, um diese Vorstellung loszuwerden. Ich gab den Wunsch auf, mich mit Sonia zu befassen. Ich machte einen halbstündigen Umweg nach Tribeca, Chinatown und zurück nach SoHo.

Vor dem letzten Supermarkt, den es in SoHo noch gibt, gestikulierte ein bärtiger Mann von Ende sechzig, Anfang siebzig. Seine Gesten waren so auffällig, daß ich zuerst dachte, er praktiziere Taekwando oder Tai-chi.

Ich kam näher und sah, daß er sich nur unterhielt. Er redete. Und wedelte dabei mit den Armen und zerteilte die Luft, um das, was er sagte, zu unterstreichen. Ich erkannte den Obdachlosen, dem seine Worte galten. Er ist oft am La Guardia Place anzutreffen.

»Chruschtschow war der Lenker der Sowjets, der den ersten Schritt machte, um die Sowjetunion mit der modernen Welt zu verbinden«, sagte der Bärtige. »Chruschtschow hat die UdSSR mit einer größeren Welt, mit einer modernen Nachkriegsmentalität bekannt gemacht.«

Ich empfand unvermittelt ein Gefühl der Beglückung darüber, daß in unserer schnellebigen, unbeständigen Welt etwas, was Chruschtschow vor vierzig, fünfzig Jahren gesagt oder getan hatte, noch immer leidenschaftliche Debatten entfachen kann.

Der Obdachlose lauschte aufmerksam. Er wirkte wie gebannt. »Chruschtschow hat die Welt der Nachkriegszeit verstanden«, rief der Bärtige. »Er hat die Uno verstanden. Er hat einen jungen Präsidenten namens Kennedy verstanden. Chruschtschow war der Sowjetlenker, der die UdSSR in die zweite Hälfte des 20. Jahrhunderts geführt hat.«

Sein Gestikulieren wurde immer feuriger und ausholender. »Unter Stalin steckten sie in der ersten Hälfte des 20. Jahrhunderts fest«, sagte er und hieb mit der Faust auf einen Abfalleimer neben dem Supermarkt.

Der Obdachlose lauschte andächtig. »Chruschtschow war ein moderner Mensch«, fuhr der Bärtige fort. »Er wußte, wie man die Medien manipuliert. Er wußte, wie man mit der Öffentlichkeit umgeht, und er wußte, welche Zwänge ihm das System auferlegte, in dem er operierte.« Er holte tief Luft. »Chruschtschow hat mehr Gutes und weniger Übles bewirkt als viele andere Staatsoberhäupter«, sagte er mit einer ausholenden Geste.

An der Loyalität des Bärtigen gegenüber Chruschtschow war etwas, was mich rührte. Ich merkte, daß ich tatsächlich stehengeblieben war, um ihm zuzuhören. Jetzt redete er über die Kubakrise und Chruschtschow und Kennedy. Es war, als erlebe, als durchlebe er die Geschehnisse und Ereignisse noch einmal. Er hatte sich in der Zeit zurückversetzt, befand sich mit Chruschtschow auf einer Art Zeitreise.

»Stalin war ein perfider Diktator«, schrie der Bärtige. »Unter Chruschtschow durften die Menschen viel freier ihre Meinung äußern.« Er sah den Odachlosen an. »Und Chruschtschow hat getan, was er konnte, um die Landwirtschaft in der UdSSR voranzubringen, aber das hat eben nicht geklappt«, fügte er hinzu. Der Obdachlose nickte.

Plötzlich erfüllte es mich mit einem absurden Glücksgefühl, daß Chruschtschow noch von irgendeinem Interesse war. Wenn nichts von Interesse ist, bedeutet das meistens nichts Gutes. Das Gespräch über Chruschtschow hatte mich in meine Kindheit zurückversetzt, zu meinem kommunistischen Onkel, eigentlich ein Nennonkel. Es hatte mich in eine Zeit zurückversetzt, in der alles von Interesse war. Als niemand cool oder überlegen war. Als alle um mich herum Einwanderer oder Flüchtlinge waren. Die sich ein neues Leben zu errichten versuchten.

Als ich die Houston Street erreichte, konnte ich den Bärtigen immer noch hören. Er redete noch immer über Chruschtschow. Ich dachte: Ich liebe diese Stadt. Dieser Gedanke ließ mich fast anhalten. Und dann hielt ich an. Ich blieb stehen.

Der Gedanke, daß ich in New York nicht zu Hause war, hatte mich lange Zeit stark beschäftigt. Jahrelang hatte ich mich in meinen Klagen und Beschwerden gut eingerichtet. Ich hatte mich in dem Unbehagen, dem Gejammer, den Irritationen und der Übellaunigkeit gut eingerichtet.

Kein Wunder, daß diese Entdeckung mich schockierte. Es war kein unangenehmes Gefühl. Ich lächelte. Zumindest kam es mir so vor. Dann merkte ich, daß ich grinste. Ich stand an der Ecke Prince Street und West Broadway und schüttelte den Kopf. Und grinste. Ein idiotisches Grinsen. Das unkontrollierbare Grinsen junger Leute. Oder Verliebter.

Plötzlich kam ich mir sehr jung und linkisch vor. Peinlich berührt von meiner Entdeckung. Das wäre nicht nötig gewesen. Ich glaube, ich wußte immer, daß ich die Stadt liebe. Ich hätte mich nicht zu wundern brauchen. Ich hatte schon seit geraumer Zeit geahnt, welche Gefühle ich ihr entgegenbringe.

»New York hat mich daran gehindert, selbstgefällig zu
werden«, sagte ich bei meinem letzten Australienbesuch zu
einer Freundin.

Das mittlere Alter ist ein Ort, von dem ein einladender
Weg in die Selbstgefälligkeit führt. In diesem Alter ist
man anfällig für Selbstgerechtigkeit, Engstirnigkeit und ar-
rogante Besserwisserei. Es ist eine fruchtbare Brutstätte
für Dünkel. Und für dessen Gegenteil. In diesem Alter läuft
man Gefahr, sich an ein bequemes, selbstgenügsames
Dahinsumpfen zu gewöhnen.

Bequemes, selbstgenügsames Dahinsumpfen ist in New
York ein Ding der Unmöglichkeit. In New York ist man so
vielem ausgesetzt. So vielen Extremen. So viel mehr von
allem. Unabhängig vom Alter. Oder vom Einkommen. Es
gibt so vieles, vor dem man nicht die Augen verschließen
kann.

Man kann die Augen nicht verschließen vor dem Leben
anderer Leute, vor ihren Kämpfen, ihren Herausforderun-
gen, ihren Schicksalsschlägen und ihrem Leid. Man kann
sich nicht mit der beruhigenden Vorstellung einlullen, jedermann habe den gleichen Lebensstandard wie man selbst,
auch wenn man sich noch so bemüht. Man kann nicht so
tun, als gäbe es im Leben Gleichheit und Gerechtigkeit.

Die Stadt hält einen auf Trab. Wach, aufmerksam, neugierig. Man kann sich nicht einreden, es gäbe nichts mehr
zu kritisieren, nichts mehr zu leisten, nichts mehr zu bewältigen. Individuell oder gesellschaftlich. Hier in New
York ist es ein Ding der Unmöglichkeit, mit Scheuklappen
oder im Selbstbetrug zu leben.

Warum habe ich so lange gebraucht, um zu erkennen,
daß ich diese Stadt liebe, die ich so gerne hassen würde? Ich
weiß es nicht recht. Zum einen habe ich sie lange Zeit nicht
geliebt. Jahrelang. Und ich hatte mich an die Rolle des
Fremdlings gewöhnt. An die Rolle des enervierten, irritier-
ten Außenseiters. Dabei übersah ich, daß ich kein Neu-

ankömmling, kein Außenseiter mehr war. Ich übersah, daß ich ein alter Eingesessener geworden war, ein New Yorker, den es seit geraumer Zeit gab, ein New Yorker, der zur Stadt gehörte.

Daß ich mich so zäh an die Vorstellung geklammert habe, ich sei gegen meinen Willen hier, hat vermutlich mit dem Wunsch zu tun, mir einzubilden, es hätte sich nichts verändert. Mir einzubilden, ich hätte keine Bündnisse aufgekündigt, keine Gefühle, Verbindungen, Zuneigung von den einen auf die anderen übertragen. Um nicht unloyal zu sein. Um nicht Melbourne für Manhattan aufzugeben. Um auf keinen Fall Amerikanerin zu werden.

Und ich lebe mit einem Mann zusammen, der jedes Gebäude, jeden Eingang, jeden Türsturz, jede Straße, jede Handbreit dieses Stadtteils liebt. Ich lebe mit einem Mann zusammen, der bis über beide Ohren in New York City verliebt ist. Das erfordert ein Gegengewicht. Dieses Gegengewicht war ich. Nicht etwa, daß Ausgewogenheit jemals meine Stärke gewesen wäre.

Mein Mann hat sich noch nicht an meinen Gesinnungswandel gewöhnt. Er zeigt mir Statistiken, die meinen Widerstand gegen die Stadt erschüttern sollen. Er weist darauf hin, daß die Verbrechensrate in New York stetiger sinkt als in anderen Städten Amerikas. Triumphierend legte er mir das Ergebnis einer Untersuchung im *Economist* vor, bei der Verbrechensstatistiken verschiedener Industrieländer verglichen worden waren. In der Tabelle, die nach drei Kategorien unterteilt war – Gewaltverbrechen, Autodiebstahl und Einbruchsdelikte – figurierten Australien und England an führender Stelle. Die Vereinigten Staaten rangierten hinter Schottland, Finnland, Nordirland, Frankreich und den Niederlanden.

Leute sind fassungslos, wenn ich diese Statistiken erwähne, denn sie erwecken den Eindruck, daß es sich in New York verhältnismäßig sicher leben läßt. Und diese Vorstellung ist noch immer ziemlich ungewohnt. New York hat so lange einen schlechten Ruf gehabt, und ein schlechter Ruf ist schwer zu tilgen. Eine dubiose Vergangenheit ist schwer abzuschütteln, egal, ob man eine Frau ist, ein Mann oder ein Ort. So etwas dauert eine Ewigkeit. In dem Artikel im *Economist* hieß es, innerhalb der Kategorie Gewaltverbrechen zeichne Amerika sich durch eine hohe Mordrate aus. Nichts anderes erwartet man von einem Land, dessen Waffengesetzgebung sehr zu wünschen übrig läßt.

Daß ich New York liebe, heißt nicht, daß die Stadt mich nicht regelmäßig wahnsinnig machen würde. So wie ein geliebter Mensch einen wahnsinnig machen kann, kann man eine Stadt lieben, von der man sich bisweilen in den Wahnsinn getrieben fühlt. Der Lärm macht mich wahnsinnig. In New York ist immer Lärm. Tag und Nacht. New York ist eine laute Stadt. Der Lärm ist Teil der Überschwenglichkeit, des Überbordens, der Lebenskraft, die man überall spürt.

Der allgegenwärtige Lärm ist Teil eines Geistes, der sich nicht unterkriegen läßt. Das muß ich mir immer wieder ins Gedächtnis rufen. New York ist alles andere als ein zartbesaiteter, diskreter, feinfühliger Ort. Es ist keine heikle, keine wohlerzogene Stadt. Die alles andere als zurückhaltende Atmosphäre kann Begegnungen mit Nachbarn oder Fremden zur Folge haben, die man lieber missen würde. Dinge, die normalerweise verborgen bleiben, werden hier ausgestellt. Die Stadt hat nicht viel zu verbergen. Und zu dem, was sie nicht verbirgt, gehört ihr Herz. Bisweilen werden auch ihre Lungen, ihre Arterien und diverse andere Organe dem Blick dargeboten. Aber daran habe ich mich mittlerweile gewöhnt. Ich habe Jahre gebraucht, um zu begreifen, daß die Stadt zu mir paßt.

In New York lebe ich unter Gleichgesinnten. Beispielsweise leide ich nicht als einzige unter dem Wetter. In der *New York Times* wurde der Winterfachmann des Wetterkanals mit der Bemerkung zitiert, daß sich bei großen Wetterereignissen die Zuschauerschaft im New Yorker Bereich verdreifacht bis vervierfacht. »In Chicago hat ein Schneesturm nicht viel zu bedeuten«, sagte er, »aber in New York ist ein Schneesturm ein gewaltiges Medienereignis.« Das kann ich verstehen. Der Umstand, daß das Wetter sich meiner Kontrolle entzieht, ist etwas, was zu ertragen mir schwerfällt.

Daß das Phänomen des Wind-chill-Faktors – die Kombination von Temperatur mit Windgeschwindigkeit – in New York erfunden wurde, um die Wettervorhersagen noch dramatischer zu machen und um noch mehr Zuschauer anzulocken, wundert mich nicht. Und es hat funktioniert. Ich will immer wissen, wie der Wind-chill-Faktor aussieht. Und welche Temperatur zu welchem Zeitpunkt herrschen wird.

Es gibt einen Radiosender – WCBS-FM –, der Toupetträger warnt, wenn die Windgeschwindigkeit vierzig Meilen in der Stunde überschreitet. Ich wünschte, es gäbe auch Haaroder Frisurwarnungen. Der Pressesprecher der Verwaltung von Manhattan Borough soll den scherzhaften Vorschlag gemacht haben, einen Haarkanal zu eröffnen, in dem über Luftfeuchtigkeit, Windverhältnisse und die Tagesbedingungen für Hüte und Frisuren berichtet wird.

Die Sprache der Wetterberichte verstehe ich gar nicht. Den Begriff Stratosphäre hielt ich immer für eine Maßeinheit bei erfolgreichen Karrieren. Hochs und Tiefs, damit kann ich etwas anfangen, aber nicht in meteorologischer Hinsicht. Und stabile oder instabile Verhältnisse klingen in meinen Ohren wie psychiatrisches Vokabular.

Diese mangelnde Unbeschwertheit den Elementen gegenüber ist wahrscheinlich eine jüdische Eigenschaft. Das Gefühl, daß Regen nicht eine klimatische Veränderung bedeutet, sondern eine Katastrophe. In einem Café sah ich, wie ein erwachsener Mann auf zwei Regentropfen draußen deutete und voller Panik sagte: »Es fängt an zu regnen.« Seine nichtjüdische Frau reagierte nicht. »Es fängt an zu regnen, laß uns gehen«, wiederholte er. Seine Panik hatte etwas Beruhigendes. Ich überlegte bereits, wie ich so schnell wie möglich aufbrechen konnte. Und ich war froh zu sehen, daß ich nicht als einzige so reagierte. Es erleichtert mich immer zu sehen, daß ich nicht als einzige von Natur aus ängstlich und furchtsam bin. New York ist voller Leute, die sich in der Wildnis nicht allzu wohl fühlen. Leute, die sich an dem Verkehr und an den Hochhäusern nicht stören. Leute, die es beruhigt, sich in der Nähe von Krankenhäusern zu wissen. Und von Polizeiwachen. Leute, die nichts gegen das Gedränge und das Kohlenmonoxid haben. Leute, die einen anderen Zugang zur Natur der Natur haben.

Die Überschrift eines Artikels in der Zeitschrift *New York* lautete: »Jäger und Sammler«. In dem Artikel ging es keineswegs um das Jagen von Rotwild oder Wachteln oder Kaninchen. Es ging um einen Flirtberater. Einen Flirtberater für Homosexuelle. Nicht irgendeinen stinknormalen, gewöhnlichen und alltäglichen Flirtberater, obwohl diese Tätigkeit meines Wissens in Berufsberatungsgesprächen noch keine herausragende Rolle spielt. Und wie es sich für *New York* gehört, ist der Flirtberater ein ehemaliger Bruder, Lehrer, Führungsberater und Vorsteher der christlichen Schulen. Wahrscheinlich gehört er Mensa an und wurde für den Nobelpreis vorgeschlagen. Und jetzt hat er seine wahre Berufung gefunden. Er leitet Workshops für Singles. Und begleitet seine Kunden zu Homosexuellentreffpunkten, wo sie das Flirten üben sollen.

Ich lese den Artikel. Manche der Ratschläge kommen mir ein bißchen antiquiert vor. Er empfiehlt seinen Kunden, sich in einem Café anders zu verhalten als in einer Bar. Das erinnert mich an die Vorschläge für Frauen, den Blick gesenkt zu halten und mit den Wimpern zu klimpern.

Vielleicht funktioniert beides. Es ist lange her, daß ich geflirtet habe.

Der Flirtberater, dessen Firma den Namen Dating Strategies hat, gibt seinen Kunden eine Liste mit todsicheren Flirteröffnungen, darunter: »Diese Augen würde ich am liebsten mitnehmen« und »Haben wir uns nicht letztes Jahr beim Marathonlauf gesehen?«. Ich glaube nicht, daß ich auf eine davon anspringen würde. Zehn Minuten lang habe ich überlegt, ob mir etwas Besseres einfällt. Aber mir ist nichts eingefallen. Alles, was mir einfiel, war eine Liste von Fragen. Haben Sie ein gutes Verhältnis zu Ihrer Familie? Leben Ihre Eltern noch? Was für Freunde haben Sie? Was ist Ihre Tätigkeit? Lesen Sie gern? Essen Sie gern? Ich bin mir nicht sicher, ob es zum gewünschten Resultat führt, wenn man einen Fremden mit lauter Fragen überfällt. Flirtberater ist offenbar ein komplexerer Beruf, als ich gedacht hatte. Ich bin froh, daß ich den Artikel gelesen habe.

Obwohl »Jäger und Sammler« sich in einer mehr auf den homo sapiens ausgerichteten Weise mit der Natur befaßte, habe ich aus Zeitungen und Zeitschriften eine Menge über die Natur erfahren. Im Wirtschaftsteil der *New York Times* habe ich gelesen, daß in Wisconsin die Kühe jedes Jahr durchschnittlich 17.000 Pfund Milch erzeugen. Kalifornische Kühe erzeugen sogar noch mehr. Kalifornische Kühe erzeugen pro Kuh jedes Jahr durchschnittlich 21.000 Pfund Milch.

Diese Menge fand ich staunenswert. Es schien mir ziemlich viel Milch zu sein. Kalifornische Kühe erzeugten wöchentlich über vierhundert Pfund Milch, errechnete ich. Das schien mir eine außerordentliche Leistung zu sein. Ich fragte mehrere meiner Bekannten, wieviel Milch ihrer Meinung nach eine durchschnittliche Kuh erzeugt. Keiner von ihnen riet annähernd richtig. Jeder schätzte die Menge viel geringer ein. Mit Ausnahme meines Mannes. Er hat fast richtig geraten. Mein Mann ist jemand, der viele Dinge weiß. Damit zu leben kann bisweilen ziemlich belastend sein. Für mich. Nicht für ihn.

Ich fragte mich, warum die Milch pfundweise gemessen wurde statt in Litern. Durch einen typisch New Yorker Zufall entdeckte ich, daß meine Tochter mit dem Journalisten der *Times* befreundet war, der den Artikel geschrieben hatte. Ich bat sie, ihm meine Milchfrage zu übermitteln, was sie tat. Er antwortete mir per E-mail. Er erklärte mir, daß Kuhmilch in Pfunden gemessen wird, weil es einfacher ist, sie zu wiegen, als sie im Hohlmaß in Gallonen zu messen. Er erklärte mir, daß auf eine Gallone 8,6 Pfund kommen. Das bedeutet, daß die Kühe jeden Tag fünf bis sieben Gallonen Milch geben. Er sagte, das klinge möglicherweise nach nicht sehr viel Milch, sei aber viel, vor allem, wenn man bedenke, wie wenig Milch bei jeder Melkbewegung herauskomme. Bei dieser Vorstellung wollte ich lieber nicht verweilen. Ich bat meine Tochter, ihn zu fragen, ob er wisse, daß Kühe durch Kauen zwanzig Prozent der Kalorien verbrennen, die sie verbrennen. Das wußte er nicht, aber ich glaube, die Information beeindruckte ihn.

Meine Tochter konnte es nicht länger ertragen, diesen Austausch über Kühe auf E-mail zu beschränken. Sie rief mich an. Sie platzte schier vor Lachen. »Woher weißt du, wie viele Kalorien Kühe beim Kauen verbrennen?« fragte sie. »Ich habe von einem Forscher an der Mayo-Klinik gelesen, der herausfinden wollte, wie viele Kalorien Menschen beim Kauen verbrauchen, nachdem er das von den Kühen erfahren hatte«, sagte ich.

Für meine Begriffe war das eine vernünftige Antwort. Aber meine Tochter konnte vor Lachen nicht sprechen. Sie bekam fast keine Luft. Ich wartete, daß der Lachanfall sich legte. »Der Typ an der Mayo-Klinik hat festgestellt, daß Menschen elf Kalorien pro Stunde zusätzlich verbrennen, wenn sie kauen, was zwanzig Prozent mehr gegenüber dem ist, was man verbrennt, wenn man nichts tut«, sagte ich.

Ich begann zu befürchten, daß sie sich tatsächlich tot-lachen würde. Ich hörte sie keuchen und nach Luft schnap-pen. Ich konnte das, was ich ihr erzählt hatte, nicht sonder-lich komisch finden. Als sie sich beruhigt hatte, erzählte ich ihr, daß man allein durch Kauen elf Pfund im Jahr abneh-men kann. Allerdings müßte man dann in jeder wachen Minute Kaugummi kauen, natürlich mit Ausnahme der Mahlzeiten, bei denen man ja ohnehin kaut. »Willst du das deinem neuen Freund erzählen?« fragte ich sie. »Da bin ich mir nicht sicher«, sagte sie. »Vielleicht wird er es sich dann gut überlegen, ob er sich weiter mit mir treffen will.«

Ich beschloß, ihr nicht zu erzählen, daß ich nach meiner Lektüre über die Mayo-Klinik zwei Wochen lang Kau-gummi gekaut hatte. Mit dem Kaugummikauen hatte ich aufgehört, weil mein Kiefer zu schmerzen begonnen hatte. Es überraschte mich, daß der Freund meiner Tochter nicht über den Kalorienverbrauch beim Kauen und die Ergebnisse der Kauforschung Bescheid wußte. Das hatte ich alles in der *New York Times* gelesen.

Ich weiß eine Menge Dinge aus der *Times*. Ich weiß über eine Firma namens *Pet Chauffeur* Bescheid. Diese Firma betreibt einen Mini-Van-Luxusservice. Sie fahren Hunde zu ihrer wöchentlichen Akupunktur, Schwimmtherapie, Mas-sage und Schönheitspflege. Hunde, die nicht gern fliegen, fahren sie nach überall in Amerika. Einen Minischnauzer haben sie neulich von New York nach Atlanta gefahren. Die Reise hat 1.736,- Dollar gekostet. *Pet Chauffeur* bringt die Hunde auch zu Partys und Galaempfängen. Mehrere ihrer vierbeinigen Kunden waren zu der Eröffnung von *Biscuits and Bath Doggy Village* eingeladen.

Biscuits and Bath Doggy Village ist ein Fitneßclub für Hunde und Katzen. Er erstreckt sich über fünf Stockwerke und zehntausend Quadratmeter. In Midtown-Manhattan. Jedes Stockwerk besitzt einen großen Bereich mit Kuns-trasen, auf dem die Leute mit ihren Hunden spielen können. Eingezäunt ist dieser Kunstrasen mit weißen Staketenzäunen. Und geschmückt mit Zementskulpturen von spielenden Hunden und Katzen. Es gibt auch Bewegungstraining und Konditionstraining. Hunde müssen Hindernisrennen absolvieren. Sie müssen springen, im Slalom laufen, auf Wippen schaukeln, durch Röhren flitzen und über Hindernisse springen oder unter ihnen hindurchkriechen. Für weniger sportliche Naturen gibt es ein Planschbecken von zehn Meter Durchmesser, dessen Kacheln mit Entenmotiven handbemalt sind. Und ein Strandzelt mit Gebläse zum Felltrocknen. In *Doggy Village* kommt auch die Erziehung nicht zu kurz. Es gibt Kurse für junge Hunde und Kurse zur Verhaltensänderung. Und die Liebe wird nicht vergessen. Am Eröffnungsabend wurden zwei ehemalige Streuner, Max und Cinder, feierlich getraut.

Ich wundere mich, wieviel ich in New York über Tiere weiß. Ich weiß, daß das Hilton-Hotel an der West Fifty-Third Street seinen Gästen nicht gestattet, eine Boa Constrictor mitzubringen, während Hunde unter zehn Kilo zugelassen sind. Anders verhält es sich mit dem Mayflower-Hotel am Central Park West. Einer der Gäste hatte einen Adler bei sich, ein anderer ein großes Känguruh. Beide Tiere wurden mit allem Komfort umsorgt.

Im Le Parker Meridien an der West Fifty-Seventh Street wurde ein Koalabär aufgenommen, der das Zimmer mit seinem Herrchen teilte. Das Hotel war so entgegenkommend, den Proviant des Koalas, zweihundert Kilo Eukalyptusblätter, im Kühlraum des Zimmerservices aufzubewahren. Der Service in diesem Hotel ist tadellos. Für einen Gast, dessen Puma das Fleisch ausgegangen war, wurde rohes Steakfleisch besorgt. Ich finde das ziemlich beeindruckend. In mehr als einem guten Hotel hatte ich Schwierigkeiten, fettarme Mahlzeiten über den Zimmerservice geliefert zu bekommen.

Der Wahlspruch des Le Parker Meridien –»Uptown, aber weltoffen« – ist mehr als zutreffend. Falls man sich fragen sollte, was für Gäste in Gesellschaft von Känguruhs, Pumas und Koalabären reisen, lautet die Antwort, daß es in der Regel Zoomitarbeiter und Wildtierexperten sind, die mit Tieren unterwegs sind, die im Fernsehen auftreten sollen.

Ich spiele mit dem Gedanken, Sonia Kaufman ein Haustier zu erlauben. Sonias Wiederauftauchen in *Uncomfortably Close*, dem Buch, an dem ich schreibe, beschäftigt mich immer noch. Ich spiele mit dem Gedanken, Sonia einen Hund zu geben. Mit einem Hund hätte ich es leichter als beispielsweise mit einem zahmen Leoparden. Ich will mich nicht über Leoparden kundig machen müssen.

Ich könnte Sonia Kaufman mit verschiedenen Genossenschaftsausschüssen in Manhattan zu tun haben lassen, die sie, ihre Einkommensverhältnisse, ihre Kinder und ihren Hund unter die Lupe nehmen, bevor sie entscheiden, ob sie ihre Bemühungen, in ihr Haus einzuziehen, gutheißen können. Sonia ist vermögend. Ihre Einkommensverhältnisse werden den Test glänzend bestehen. Ihre Kinder haben die Feuertaufe solcher Befragungen schon früher durchgemacht; sie besuchen die richtigen Schulen und benehmen sich vorbildlich. Von ihnen droht keine Gefahr. Der Hund ist der Schwachpunkt. Sonia wird dafür sorgen müssen, daß er brav ist. Und sich zuverlässig auf Befehl setzt. Sie wird sich große Mühe geben müssen, dem Ausschuß zu beweisen, daß ihr Hund mit anderen Hunden harmonisch kommuniziert. In vielen Häusern werden Hunde auf ihr Verhalten überprüft. Sonia Kaufman könnte am Tag des Vorstellungsgesprächs ihrem Hund und sich selbst Valium verabreichen müssen. Das wäre in Manhattan nichts Ungewöhnliches. Manche Genossenschaftsausschüsse verlangen bei Hunden Stammbäume und Erziehungsnachweise. Erziehungsnachweise? In der Tat. Sie wollen wissen, wo die Hunde erzogen wurden und von wem.

Ich entscheide mich gegen einen Hund für Sonia Kaufman. Ich kann es nicht ertragen, mich noch tiefer in die Welt von Haustieren und ihren Haltern und von Genossenschaftsausschüssen hineinzubegeben. Außerdem bin ich schon mit Sonia Kaufmans gegenwärtigem Interesse, um nicht zu sagen: ihrer Obsession, angesichts New Yorker Toiletten ausgelastet. Sonia sucht die Toiletten in Restaurants und Theatern, in Hotels und Kaufhäusern auf. Sie ist besessen von dem Wunsch herauszufinden, warum die Damentoiletten sogar in den luxuriösesten Etablissements oft so unappetitlich sind. Sie will herausfinden, warum Frauen auf die Klobrille urinieren und gebrauchte Tampons auf den Boden werfen. Sie hat befreundete Männer gebeten, sie in die Herrentoiletten verschiedener Etablissements zu begleiten, und sie mußte feststellen, daß es dort alles in allem wesentlich reinlicher aussieht.

»Was ist mit den Frauen los?« sagt Sonia immer wieder zu Pearl Poyas. »Warum müssen sie die Toiletten in einem so ekelhaften Zustand hinterlassen?« Sonias Interesse an Toiletten ist nicht das, was ich in diesem Roman ergründen wollte. »Wie gelingt es ihnen, ihre Pisse überall auf den Klobrillen und dem Boden zu verteilen? Was stellen sie an, wenn sie aufs Klo gehen?« schreit Sonia die arme Pearl an, die sich nicht besonders für dieses Thema interessiert, aber kein Spielverderber sein will und sich deshalb um Antworten bemüht.

Als ich an diese Stelle gelange, höre ich für diesen Tag zu schreiben auf. Ich höre auf, als Pearl die Erklärung angeboten hat, daß Frauen vielleicht in der Hocke pinkeln, um nicht mit der Klobrille in Berührung zu kommen. Sonias Antwort ist fürchterlich laut. »Wie kann man auf einer Klobrille in der Hocke pinkeln?« schreit sie Pearl beim Abendessen im Tamar an, einem verhältnismäßig ruhigen Restaurant an der Twenty-Eight Street. »Wie kann man auf die Klobrille klettern, ohne irgendwas anzufassen?« schreit

Sonia. Pearl stimmt zu, daß das schwierig sein dürfte. Sonia ergeht sich in Tiraden über die Schweinereien, die sie zuletzt in einer Damentoilette zu sehen bekommen hat. An diesem Punkt rufe ich meinen Vater an. Es ist ein guter Zeitpunkt, um ihn anzurufen. In Manhattan ist es später Nachmittag und in Melbourne relativ früh am Morgen. Er ist nicht zu Hause. Sein Anrufbeantworter schaltet sich ein. Mit einer neuen Ansage. Mein Vater hat eine neue Ansage auf das Band gesprochen. »Der Telefonanschluß ist im Augenblick nicht beherzt«, sagt er. »Bitte hinterlassen Sie eine Nachricht. Ich werde so bald wie möglich zurückrufen.« Er klingt sehr zufrieden. Die Aufnahme ist gut zu verstehen. Die alte Ansage war voller Nebengeräusche und statischer Entladungen.

Bei der Vorstellung eines unbeherzten Telefonanschlusses muß ich lachen. Unbeherzt warum? Wollte mein Vater vielleicht sagen: Nicht besetzt? Vielleicht wollte er das sagen. Ich werde ihn fragen. Ich freue mich, daß seine Ansage jetzt besser zu verstehen ist. Ich will sie noch einmal hören. Ich rufe wieder an. Nur wenige Minuten später. Er ist noch immer nicht da. Ich sehe auf die Uhr. Wo könnte er sein? Er muß sich früher auf seinen Morgenlauf gemacht haben als sonst. Sonia Kaufman kommt mir wieder in den Sinn. Ich frage mich, ob ich ihr nicht doch einen Hund geben soll. Täte ich es, könnte ich das einbauen, was ich insgeheim die Hundesockenepisode nenne.

Die Hundesockenepisode hat sich vor einigen Monaten ereignet. Auf dem Gehsteig der Sixth Avenue in der Nähe der Tenth Street sah ich einen sehr gut gekleideten Mann im grauen Nadelstreifenanzug stehen. Er hatte einen braunen Hund an der Leine. Daran war weiter nichts Ungewöhnliches. Es war ungefähr acht Uhr morgens. Viele Hundehalter in dieser Gegend führen vor der Arbeit ihre Hunde aus. Ungewöhnlich war, daß der Mann eines seiner Hosenbeine hochrollte. Er griff in etwas, was wie eine teure schwarze Socke aussah, und begann einen Plastikbeutel zutage zu fördern.

Die meisten New Yorker Hundehalter haben Plastikbeutel in der Hand, wenn sie ihre Hunde ausführen. Gewissermaßen um zu bekunden, daß sie das Geschäft ihres Hundes aufputzen werden. Öfter als einmal habe ich Hundehalter ohne Plastikbeutel mit bösen Blicken bedacht. Wie eigenartig, so etwas in der Socke zu tragen, dachte ich. Alles andere an diesem Mann wirkte so untadelig, so erlesen. Er sah einfach nicht aus wie jemand, der einen Plastikbeutel in der Socke aufbewahrt. Es war kein besonders vornehmer Plastikbeutel, sondern die Art Plastikbeutel, die man im Supermarkt für Obst und Gemüse von der Rolle abreißt. Es ist sehr dünnes Plastik. Wenn ich Birnen kaufe, bohren sich die Stengel immer durch das Plastik. Die meisten Hundehalter scheinen festeres Material zu verwenden. In etwa so fest wie das der Tüten, in denen man die Einkäufe nach Hause trägt.

Der Mann im Nadelstreifenanzug zerrte an dem Plastikbeutel in seiner Socke. Der Rest des Beutels kam zum Vorschein. Er war nicht leer. Er war mindestens zu einem Viertel gefüllt und zwar offensichtlich mit Hundekot. Ich rang nach Luft und verzog das Gesicht. Ich konnte es nicht fassen, daß irgend jemand den Kot seines Hundes in der Socke mit sich trägt. Kein Wunder, daß es lange Socken waren. Die Häufchen seines Hundes waren nicht gerade klein. In einer Kurzsocke hätte er diese Menge nicht unterbringen können. Das Plastik hatte die Form des Inhalts angenommen. Eines erkennbar frischen Inhalts. Weich. Mich schauderte. Wie ekelhaft. Wie konnte er Hundescheiße an seinem Knöchel mit sich herumtragen? Der Mann sah unbeeindruckt aus. Er öffnete den Beutel und schickte sich an, die neue Ladung, die sein Hund soeben abgesetzt hatte, hineinzuschaufeln.

Als ich zu dem Entschluß gelange, daß es keinen Fortschritt für die Menschheit bedeutet, sie via Sonia Kaufman mit dem Transportmittel Socke für Hundescheiße bekannt zu machen, ruft mein Vater an. Er klingt atemlos. »Ich war laufen«, sagt er. »Ich habe dich angerufen sofort, als ich war wieder da. Ich habe die Jacke noch an.« Er ist nicht atemlos vom Laufen, sondern weil er zum Telefon gestürzt ist, um mich anzurufen, als er sah, daß angerufen worden war. Mein Vater ist immer in Eile. Alles ist brandeilig. Für ihn sind alle Dinge von größter Eiligkeit. Das läßt auf Ungeduld schließen. Was nicht zutrifft. Das Ergebnis bestimmter Situationen kann er ohne die geringste Ungeduld wochen-, monate- oder sogar jahrelang erwarten. Diese Situationen haben meistens mit dem Verhalten anderer zu tun. Fünfundzwanzig Jahre lang hat er darauf gewartet, daß jemand ihm Geld zurückzahlte, das er ihm geliehen hatte. Alle paar Jahre brummte er, daß er sich frage, ob er das Geld je wiedersehen werde. Und es amüsierte ihn gewaltig, als der Betreffende eines Abends mit dem Geld in einer Tüte auftauchte.

»Wie geht es dir?« frage ich ihn. »Wie immer«, sagt er. Es ist eine seiner Standardantworten neben »So gut, wie man erwarten kann«. »Ich laufe nur dir zuliebe«, erklärt er mir zum x-ten Mal. »Ich bin halb tot jeden Tag, wenn ich komme nach Hause«, sagt er. Auch das bekomme ich regelmäßig zu hören.

Dieses Gespräch will ich heute nicht fortsetzen. »Ich habe deine neue Ansage gehört«, sage ich. Er ist sehr erfreut. »Jetzt kannst du die Ansage perfekt hören«, sagt er. »Als ich bei Regina war, habe ich angerufen mich selbst, und sie klingt jetzt sehr gut.« – »Ja«, sage ich. »Sie klingt klar und deutlich, ohne statische Geräusche. ›Der Telefonanschluß ist im Augenblick nicht beherzt.‹« Ich warte. Er spürt, daß etwas nicht stimmt. »Meinst du: nicht beherzt?« frage ich. »Selbstverständlich«, sagt er. »Das sagt man, wenn man nicht ist in der Lage, zu antworten am Telefon.« – »Meinst du: nicht besetzt?« frage ich.»Ganz genau«, sagt er. Ich beschließe, ihn nicht darauf aufmerksam zu machen, daß besetzt und beherzt nicht dieselben Wörter sind. Ich finde, sie sind sich ähnlich genug.

»Ich hatte so ein Gefühl, daß du mich heute morgen anrufen wirst«, sagt mein Vater.»Ich bin gelaufen ein bißchen schneller, weil ich nicht wollte, daß du dir Sorgen machst, weil ich nicht zu Hause bin.« –»Ich hätte mir keine Sorgen gemacht, selbst wenn du noch eine halbe Stunde länger weggeblieben wärst«, sage ich.»Ich hätte ja gewußt, daß du deinen Morgenlauf machst.« –»Ja, aber ich wollte nicht, daß du dir Sorgen machst«, sagt er.

Juden sprechen gern über Sorgen. Mach dir keine Sorgen, nein, ich mach' mir keine Sorgen, darüber muß man sich keine Sorgen machen, er macht sich große Sorgen, ich bin sehr besorgt. Ich mache mir viel mehr Sorgen als mein nichtjüdischer Ehemann und weitaus mehr Sorgen als die meisten meiner nichtjüdischen Freunde. Ich bin sogar in der Lage, andere Juden darin zu übertreffen.

Mein Vater macht sich schnell Sorgen. Wie oft habe ich ihm erklärt, daß meine Ankündigung, ihn um sechs Uhr abends anzurufen, nicht ausschließt, daß es zehn oder zwanzig nach sechs oder sogar halb sieben werden kann, bis ich anrufe. Wie oft habe ich ihm erklärt, daß ich nicht immer ein Telefon in greifbarer Nähe habe. Daß ich im Verkehr steckenbleiben oder durch andere Nebensächlichkeiten aufgehalten werden kann. Er sagt immer, das sei kein Problem. Und natürlich versteht er es. Aber ich glaube ihm nie so recht und gerate in Panik, wenn ich mich nur um fünf Minuten verspäte.

Kürzlich bin ich in der Nähe meiner Wohnung einem Bekannten über den Weg gelaufen. Er lud mich auf einen Drink ein. Ich warf einen Blick auf die Uhr. Es war Viertel vor sechs. Ich hatte meinem Vater gesagt, daß ich ihn um halb sieben anrufen würde. Ich wollte die Einladung nicht ausschlagen. Zum einen ist dieser Bekannte einer der klügsten Menschen, die ich kenne. Er ist ein bekannter Australier. Er hat ein paar ziemlich harte Jahre hinter sich. Und trotz eines ausgesprochen betont männlichen Äußeren ist er sehr sensibel und verletzlich. Ich wollte ihn nicht verletzen oder kränken, indem ich sagte, ich hätte keine Zeit für einen Drink. Ich war der Ansicht, daß ich die Schwierigkeit, auf die Minute zur vereinbarten Zeit anzurufen, oft genug mit meinem Vater erörtert hatte. Ich sagte zu, und wir gingen zu einer zwei Blocks entfernten Bar.

Ich war froh, daß ich mitgegangen war. Allein zuzuhören, wie dieser Mann seine Wörter aneinanderfügt, ist das reinste Vergnügen. Ganz zu schweigen von der Intelligenz dessen, was er sagt. Ich genoß die Zeit mit ihm. Ich lachte viel und genoß mein Mineralwasser. Und mein Vater kam mir überhaupt nicht in den Sinn. Bis ich nach Hause ging. Erst schritt ich schnell aus, und dann rannte ich. Es war zehn vor sieben. Mein Herz raste.

Auf meinem Anrufbeantworter waren sieben Nachrichten. Ich spielte sie ab. Um halb sieben – der Anrufbeantworter gibt bei jedem Anruf Datum und Uhrzeit an – sagte mein Vater: »Hier Ded, wo steckst du?« Der zweite Anruf war eine Minute später erfolgt. »Hier Ded. Du bist immer noch nicht da«, sagte er, und seine Stimme verlor sich. Um sieben nach halb sieben sagte er: »Hier spricht Ded. Ich weiß nicht, was los ist.« Fünf Minuten später hinterließ er eine kurze Nachricht: »Hier spricht Ded. Was ist los? Bist du vielleicht aufs Land gefahren?« Damit meint er Shelter Island. Für ihn ist das ländlich. Nun ja, für mich eigentlich auch. Elf Minuten vor sieben Uhr klingt seine Stimme beunruhigt. »Hier Ded«, sagt er. »Ich habe es versucht auf dem Land, aber du warst nicht da. Ich weiß nicht, was los ist.« Und um acht vor sieben sagt er nur: »Hier Ded.« Um sechs vor sieben rief ich ihn an. »Gott sei Dank, daß du anrufst«, sagte er, sobald er meine Stimme hörte. »Ich habe mir große

Sorgen gemacht.« Nach diesem Zwischenfall habe ich mich besonders bemüht, nicht unpünktlich anzurufen.

»Zieh deine Jacke aus«, sage ich zu meinem Vater. »Mach es dir bequem. Ich kann warten.«

»Schon gut«, sagt er. »Ich kann sitzen in meiner Jacke. Ich habe dir etwas Wichtiges zu erzählen. Kennst du dich aus mit einem Club?« fragt er mich.

»Was für einen Club meinst du?« sage ich.

»Ein Club, was ist im Fernsehen«, antwortet er.

Ich weiß von keinem Club im Fernsehen. Ich sehe nicht oft fern. Ein Club im Fernsehen? Der Mouseketeers Club. Hatten die Mouseketeers nicht einen Club? Aber das kann er nicht meinen. Woher soll er den kennen? Und ich habe seit Jahren niemanden die Mouseketeers erwähnen hören. Und dann fällt mir ein, daß der Club Mickey Mouse Club hieß.

»Meinst du die Mouseketeers?« frage ich ihn.

»Was ist das?« sagt er.

»Das ist der Mickey Mouse Club«, erkläre ich.

»Bist du meschugge?« sagt er. »Ich meine einen richtigen Club. Einen Club, was ist im Fernsehen.«

»Mickey Mouse gab es im Fernsehen«, sage ich.

»Warum stellst du dich so an?« sagt er. »Ich erzähle dir etwas wirklich Wichtiges, und du willst mir erzählen von Mickey Mouse.«

Fünf Minuten lang versucht er sich an den Namen des Clubs zu erinnern. Daß er sich an den Namen dieses Clubs nicht erinnern kann, regt ihn schrecklich auf. Ich versuche ihn abzulenken, indem ich ihm das Neueste von seinen Enkeln erzähle. Ich erzähle alles, was es von ihnen zu erzählen gibt. Er hört interessiert zu, aber nicht gebannt.

Ich erzähle ihm, wie gut ich inzwischen mit jedem meiner Kinder auskomme. Dieses Thema interessiert ihn normalerweise sehr. Ich erzähle ihm, wie froh es mich macht, mich wieder dem einzelnen Kind nahe zu fühlen, und wie glücklich ich über die Vertrautheit und Wärme zwischen uns bin. Ich erkläre meinem Vater gerade, daß diese neue Vertrautheit mir nach einigen dornigen Jahren ein Gefühl des Friedens geschenkt hat, das mich überrascht hat, denn ich dachte, ich hätte mich an die Schwierigkeiten gewöhnt, als er mich unerwartet mit einem Ausruf unterbricht.

»Opera!« ruft er. »Opera, so heißt der Club. Es ist der Opera Club.«

»Der Opera Club? Von dem habe ich noch nie gehört«, sage ich.

»Es ist sehr, sehr wichtig«, sagt er. »Ich habe gelesen einen Artikel darüber, was ich habe schon ausgeschnitten und dir geschickt. Du wirst ihn in ein paar Tagen bekommen.«

Ich danke ihm.

»Das ist ein Club, dem du mußt geben sofort dein Buch«, sagt er. »Sobald du bist in diesem Opera Club, verkaufst du von deinem Buch minimal eine Million Exemplare.«

Allmählich begreife ich. »Oprah«, sage ich. »Du meinst Oprah Winfreys Buchclub.«

»Ja, so heißt der Club, das wollte ich dir sagen. Dieser Opera Club ist ein ganz wichtiger Club.«

»Jeder Autor hätte seine Bücher gerne bei Oprah«, sage ich zu meinem Vater.

»Du mußt es bringen fertig«, sagt er. Ich erkläre ihm, daß mein amerikanischer Verlag meine Bücher dutzendweise an alle möglichen Mitarbeiter der Oprah-Show geschickt hat. Ich erkläre ihm, daß mein Verlag alles nur Menschenmögliche getan hat. Ich erkläre ihm, wie schwer es ist, in diese Show zu kommen. Wie viele Bücher jedes Jahr in den USA erscheinen. Und wie wenige für die Show ausgewählt werden.

»Es ist so gut wie unmöglich«, sage ich. »Es ist wie ein Sechser im Lotto. Die Chancen sind sehr gering.«

Lotto war die falsche Analogie. Mein Vater ergeht sich sofort in umständlichen Erklärungen, warum meine Chancen, mit einem Buch in den Opera Club aufgenommen zu werden, rein statistisch wesentlich höher seien als die, einen Sechser im Lotto zu haben. »Mir wäre beides recht«, sage ich und lache. Aber seinem Eifer tut das keinen Abbruch. »Wenn Opera liest das Buch, sie wird es mit Sicherheit in den Club aufnehmen«, sagt er.

Dem hätte ich einfach zustimmen sollen. Statt dessen fange ich an zu erklären, daß es erstens nicht so einfach ist, an Oprah heranzukommen, und daß zweitens jeder ihrer Mitarbeiter mit Büchern zugeschüttet wird. Meine Worte hinterlassen nicht den leisesten Eindruck.

»Glaube mir«, sagt mein Vater, »ich bin überzeugt davon, daß du wirst haben ein Buch in dem Opera Club.«

Als ich am nächsten Tag vom Zahnarzt nach Hause gehe, denke ich an meinen Vater. Ich hoffe, daß er heute abend von etwas anderem sprechen wird als vom Opera Club. Ich hoffe, daß dieses Thema nicht in das Inventar jener Themen eingehen wird, nach denen er sich regelmäßig erkundigt. Zu diesen Themen zählen die Absatzzahlen meiner Bücher. Er erkundigt sich gerne nach den Verkaufszahlen meiner Bücher in allen Ländern, in denen sie erscheinen. Es ist ein Thema, über das ich nicht im einzelnen informiert bin.

Er weiß gern über die Auflagenhöhe Bescheid. Auch auf diesem Gebiet bin ich, wie ich einräumen muß, nicht sonderlich bewandert. Das, was ich ihm sagen kann, ist ihm viel zu ungenau. Er ist gezwungen, die Auflagenhöhe und die Zahl der Nachauflagen zu schätzen, bevor er die Verkaufszahlen zu schätzen versuchen kann. Mein mangelndes Interesse an diesen Einzelheiten kann er nicht verstehen. Und vielleicht hat er recht. Vielleicht sollte ich mich in diesen Dingen besser auskennen.

Ich versuche ihm zu erklären, daß ich wie fast alle Autoren dankbar bin, wenn die Bücher sich gut verkaufen. Die genaueren Einzelheiten dieses Verkaufserfolgs sind nicht das Wichtigste. Ich sage ihm, daß ich im großen und ganzen weiß, wann meine Tantiemen fällig sind, obwohl ich nicht genau weiß, welchen Betrag sie ausmachen. Über das Schreiben selbst den Überblick zu behalten und mit meinem Alltagsleben zurechtzukommen, ist keine Kleinigkeit, erkläre ich ihm, und manchmal mehr, als ich bewältigen kann. Das macht ihm nicht den geringsten Eindruck. »Du mußt wissen darüber Bescheid, wie es steht um deine Geschäfte«, sagt er mit Nachdruck.

Mein Vater hält sich auch gerne über den Stand der Dinge in meinen Beziehungen zu meinen verschiedenen Lektoren und Verlegern auf dem laufenden. Über dieses Thema kann ich ihn erschöpfender informieren. Ich berichte ihm von allen möglichen individuellen Verhandlungen und Diskussionen und Entscheidungen. Er gibt mir verblüffend clevere Ratschläge und erkundigt sich, ob ich sie befolgt habe. Er erkundigt sich auch regelmäßig nach meiner Agentin. Er hat sie nie kennengelernt, doch er ist begeistert von dem, was sie für mich getan hat. Wenn ihr Name zur Sprache kommt, sagt er immer, was für ein Glück es ist, daß ich sie habe. Glücklicherweise kann ihm da jedesmal zustimmen. Und ich weiß, daß ich mich glücklich preisen kann, einen Vater zu haben, der sich dafür interessiert, was in meinem Universum vor sich geht, auch wenn er mich mit seinen Fragen zu den Absatzzahlen in den Wahnsinn treibt und mir jetzt wahrscheinlich die Hölle heiß macht, damit ich mein Buch bei Oprah Winfrey unterbringe.

Er interessiert sich sogar für meine Zahnbehandlung. »Hast du wieder Probleme mit den Zähnen?« fragt er mich von Zeit zu Zeit. Meine Antwort lautet meistens ja. Zahnärzte haben die unterschiedlichsten Gründe genannt, warum meine Zähne dauernd behandelt werden müssen. Ich habe alles Interesse am Ergründen dieser Gründe verloren. Und Schmerzen und Ungemach der Zahnbehandlung verblassen zur Nichtigkeit neben der vielen Zeit und dem vielen Geld, die mich meine Besuche in den Zahnarztpraxen gekostet haben. Ich muß einen der kostspieligsten Münder in ganz Manhattan mein eigen nennen. Ich bin pausenlos beim Zahnarzt.»Ich hätte Dr. B. heiraten sollen«, sage ich gern zu meinem Mann,»dann bräuchte ich nie einen Fuß vor die Tür seiner Praxis zu setzen.«

Die Zahnbehandlung heute vormittag hat fast zwei Stunden gedauert. Ich war bei einem Wurzelkanalspezialisten. Es ging um eine Infektion am Ende einer alten Wurzelkanalfüllung. Mein Gesicht tut jetzt noch weh. Ich kann nicht lächeln. Allein beim Versuch schmerzt das Gesicht. Ich begegne Bekannten. Ihnen scheint nicht aufzufallen, daß ich nicht lächeln kann. Vielleicht liegt es daran, daß ich die Stirn runzeln kann. Vielleicht tue ich das immer, wenn ich ihnen begegne. Vielleicht ist Stirnrunzeln bei mir ein gewohnterer Anblick als Lächeln.

Es lächeln überhaupt wenige Leute auf der Straße.

»Auf den Straßen in New York sieht man nie jemanden lächeln«, hat ein Australier einmal zu mir gesagt.

»Warum auch?« sagte ich.»Das ist nicht nötig. Man muß nicht lächeln, um freundlich zu sein.« Diese Antwort schien ihm nicht zu gefallen.

Leute, die dauernd lächeln, machen mich sowieso mißtrauisch. Das war schon immer so. Hinter einem Lächeln kann sich viel verbergen. Das Fehlen eines Lächelns bedeutet nicht Fehlen von Freundlichkeit. Ich habe die New Yorker immer als sehr freundlich empfunden. Und wie freundlich müssen Leute sein, die man gar nicht kennt?

Am Abend gehe ich mit meiner jüngeren Tochter essen, obwohl mir der Mund noch immer wehtut. Meine jüngere Tochter ist sechsundzwanzig. Unsere Jüngste, unser Baby. Sie pflegt Themen anzusprechen, bei denen ich mehr als gehemmt bin. Diese Tochter ist ein köstliches Menschenwesen. Ich denke immer in kulinarischen Begriffen an sie. Sie hat etwas Appetitanregendes. Und sie riecht immer so gut. Sie war immer aufrichtig und offen. Hat nie um den heißen Brei herumgeredet. Sie spricht Dinge direkt an, die ich liebend gern mit Schweigen quittieren würde. Und stellt schwierige Fragen wie die, woran man erkennt, ob man verliebt ist – ein Thema, das zu erörtern mir ausnahmsweise nicht peinlich ist, im Unterschied zu Gesprächen über die Minderung der Lustgefühle beim Sex als Folge mancher oraler Kontrazeptiva.

Mein Unbehagen ist selbstverschuldet. Ganz und gar. Ich habe meine Kinder immer ermuntert, offen zu sprechen. Worüber auch immer. Das war ein Fehler. Immer wieder habe ich betont, wie wichtig es sei, offen miteinander zu sprechen. Meinen Begriff von Offenheit hätte ich besser genauer erläutert.

Dauernd habe ich sie gefragt, wie sie sich fühlten. Wie fühlst du dich, waren meine ersten Worte am Morgen, fragte ich mittags und spät am Abend. Sag mir, wie du dich fühlst, habe ich einmal zu oft gesagt. Und die Quittung bekomme ich jetzt. Sie erzählen es mir. Zu ausführlich.

Heute abend spricht meine Tochter von Körpermaßen und davon, wie schwer es fallen kann, sich mit der eigenen Figur abzufinden. Sie klingt glücklich. Sie lacht, wenn sie von sich spricht. »Mein Hintern wird nie das Schmalste an mir sein«, sagt sie.

Unter den schwierigen Themen, die diese Tochter angeschnitten hat, war eines der für mich abschreckendsten das der Auswirkungen meines neurotischen Essverhaltens und meines Verhältnisses zum eigenen Körper auf sie. Sie hat erzählt, wie ich mich verhalten habe und wie sie sich dabei gefühlt hat. Und welche Botschaften ich ausgesandt habe, wenn ich schwieg.

Ich hätte ihr gern widersprochen. Ich hätte gern gesagt, daß sie sich täuscht. Daß es nicht so war. Aber ich konnte es nicht. Auch wenn das, was ich hörte, mich entsetzte und erzürnte. Ich wußte, daß sie recht hatte. Ich wußte, daß ihre Wahrnehmungen und Beobachtungen zutrafen. Sie war zurecht über mein Verhalten bestürzt gewesen. Daß ich mich in der Analyse bemüht habe, mit mir ein wenig ins reine zu kommen, hat mich nicht automatisch in eine perfekte Mutter verwandelt.

»Du hast mir immer den Eindruck vermittelt, daß du jede Kalorie zählst, die in meinen Mund wandert«, hat sie zu mir gesagt. Das habe ich nicht getan. Aber die paar Pfunde zuviel, die sie hatte, haben mich viel zu sehr beschäftigt. Ich konnte nicht zwischen ihr und mir unterscheiden. Ich litt unter der Zwangsvorstellung, sie wäre ich. Und würde genauso dick werden, wie ich es einmal gewesen war.

Ich dachte mir Diäten und Übungen für sie aus und unterbreitete sie ihr mit sorgfältig einstudierter Nonchalance. Bei diesen eingeübten Spontaneitätsausbrüchen war ich starr vor Anspannung. Mein lockeres, lässiges Auftreten muß furchterregend, muß erschreckend gewesen sein. Ich bin überhaupt nicht spontan. Ich hatte noch nie ein lässiges Verhältnis zu irgend etwas.

Ich schäme mich dafür, daß die Figur meiner Tochter mich so beschäftigt hat. Ich kann es kaum fassen, daß ich mein eigenes Verhalten und dessen Konsequenzen für sie so wenig wahrgenommen haben soll. Es ist so schwer, das eigene Verhalten zu beobachten. Vor allem, wenn es im Alltagskleinkram verborgen ist. Katastrophale Konsequenzen sind oft das Ergebnis vieler kleiner Einzelmomente.

Ich habe meine Tochter oft für diese zahllosen kleinen Momente um Verzeihung gebeten. Ich habe sie um Verzeihung gebeten für das, was zu vermeiden offenbar unmöglich war – daß meine Neurosen Eingang in sie gefunden haben. Ich bin ihr dankbar, daß sie gewagt hat, das Thema anzusprechen. Vor Jahren, selbst als ich von dem, was sie sagte, aufs höchste gekränkt und empört war, war ich ihr dennoch dankbar dafür, daß sie es sagte. In den letzten Jahren hat sie erkennen lassen, daß sie für ihren Körper zuständig ist. Wenn sie Sport treibt oder Diät hält, dann tut sie es um ihretwillen. Nicht um meinetwillen. Ich bewundere sie dafür, daß sie das weiß. Daß sie nicht ein Leben lang in den Fallstricken dessen, was ich falsch gemacht habe, gefangen bleibt. Ich habe Jahre gebraucht, um die Verantwortung für vieles zu übernehmen, für das ich sie längst hätte haben sollen.

Ich bewundere sie für die Klarheit, mit der sie ihren Körper sieht. Alles, was den Körper betrifft, ist für viele Frauen, mich eingeschlossen, ein sehr düsteres Kapitel. Ich bemühe mich noch immer, mir über dieses Kapitel Klarheit zu verschaffen. Und das nach so vielen Jahren des Bemühens. Und einem Vermögen, das ich für meine Psychoanalyse ausgegeben habe.

Einiges konnte ich klären. Ich war früher dick. Sehr dick, Ich habe eine Menge Gewicht verloren. Und es nicht wiederbekommen. Seit langer Zeit habe ich in etwa dasselbe Gewicht, ein paar Pfund hin oder her. Ich weiß eine Menge darüber, warum ich mich vollgestopft habe. Und ich weiß um viele der komplexen Gründe, warum ich so dick sein mußte. Ich bin mir über einiges klargeworden. Aber nicht genug. Ich bin fünfundfünfzig. Und ich habe keine Ahnung, was für eine Figur ich habe. Ich weiß, was ich wiege. Ich wiege, was die Waage angibt. Aber eine Vorstellung von meiner Figur habe ich deshalb trotzdem nicht. Ich spreche nicht von meiner Kleidergröße oder meinen Maßen. Ich spreche von meinem Aussehen.

Bis vor etwa einem Jahr fragte ich immer meinen Mann. Im Café, im Restaurant und im Theater deutete ich auf alle möglichen Frauen. Bin ich dicker als sie? Dünner? Ist mein Hintern dicker? Sind meine Hüften breiter? Ist meine Taille schmaler? Das fragte ich ihn. Ich mußte damit aufhören. Es machte ihn wahnsinnig. Mein Mann konnte einfach nicht verstehen, warum es mir so schwerfiel, mein Aussehen zu erfassen. Ich war selbst ratlos. Ich fand es verwirrend, keine feste Vorstellung von meinem eigenen Äußeren zu haben. Das hat sich gebessert. Ich stelle mir nicht mehr vor, daß ich aussehen würde wie jemand, der fünfzig Kilo mehr wiegt als ich. Aber hunderprozentig sicher bin ich mir noch nicht. Obwohl ich es gern wäre. Mein Selbstbild kann sich innerhalb von Sekunden wandeln. Der Blick in den Spiegel kann eine verzerrende Erfahrung sein. Ich muß mich nur leicht zur Seite wenden und sehe plötzlich doppelt so dick aus wie vorher. Ich verzerre das, was ich sehe, ohne zu begreifen, wie ich es bewerkstellige. Alle Dämonen in mir kommen zum Vorschein und verdrehen und verzerren alles, was ich sehe. Was ich sehe, verursacht mir nie Behagen. Spiegel habe ich ohnedies noch nie besonders gemocht. Ich kann es nicht leiden, daß ich wie hypnotisiert hinstarre. Und sofort den Bauch einziehe. Und die Stirn runzle. Und hinterher ärgere ich mich darüber, daß ich das getan habe.

In den ersten Jahren, nachdem ich den Großteil des Gewichts verloren hatte, das ich verlieren mußte, fragte ich meinen Mann nach jeder halbwegs normalen Mahlzeit, wie ich aussah. »Sehe ich noch so aus wie vorher?« fragte ich. Ich hörte mich und dachte mir: »Ich klinge wie eine Irre.« Aber ich konnte es nicht unterdrücken. Ich habe Jahre gebraucht, um mich zu beruhigen und zu begreifen, daß Freude am Essen einen nicht dick macht. Ich habe Jahre gebraucht, um soviel Selbstvertrauen zu entwickeln, daß ich mit Genuß essen konnte.

Bei Spiegeln traue ich mir immer noch nicht. Ich bemühe mich, ihnen aus dem Weg zu gehen. Ich glaube, daß es mir vielleicht nie möglich sein wird, in einen Spiegel zu schauen und nur zu sehen, was er widerspiegelt. Was ich sehe, ist so eindeutig mit dem verbunden, was ich empfinde. Wenn es mir schlecht geht, verblüfft es mich manchmal, daß ich unverändert aussehe, wenn ich an einem Spiegel vorbeikomme. Daß ich normal aussehe. Daß ich mich nicht in einen Unhold oder in ein Ungeheuer verwandelt habe.

Indem ich das schreibe, komme ich mir jämmerlich vor. Und oberflächlich. Und dämlich. Und abartig. Aber diese Abartigkeit ist unter Frauen verbreitet genug, daß ich mir halbwegs normal vorkommen kann.

Meine Freundin Virginia rief mich eines Tages an, um sich mit mir zum Kaffee zu verabreden. Ich freute mich. Ich hatte seit dem Morgen gearbeitet und konnte eine Unterbrechung gebrauchen. »Ich muß mir dringend die Haare schneiden lassen«, sagte ich am Telefon zu Virginia. »Meine Haare sehen grauenhaft aus.« Ich konnte es kaum fassen, daß ich Virginia vor dem Anblick meiner Haare warnte.

Als wir uns trafen, sah sie mich an und sagte: »Ich frage mich, wieso du dir die Haare schneiden lassen willst. Deine Haare sehen so perfekt aus, wie ich es mir für meine nur wünschen könnte.« Sofort ging es mir besser. Und dann schämte ich mich, daß Virginias Bemerkung meine Lebensgeister belebt hatte. Mir geholfen hatte, mich wohler zu fühlen. Warum brauche ich so etwas, um mich wohlzufühlen? Und warum komme ich mir so schnell unordentlich vor? Und warum hat die Unordnung damit zu tun oder wird dadurch gemildert, wie ich aussehe? Das ist nicht zu begreifen.

Ich beneide meinen Mann. Er neigt zu dermatischen roten Flecken im Gesicht, die oft ausbrechen. Das macht ihm überhaupt nichts aus. Mit dem Verstand weiß ich, daß ein makelloser Teint nicht Garant für ein makelloses oder sorgenfreies Leben ist. Oder mehr als das. Aber litte ich an seiner Dermatitis, dann wäre ich im Handumdrehen bei einem Dermatologen. Aber ich gerate eben schnell in Panik. Für jemanden, der so lange in die Psychoanalyse gegangen ist, bin ich in Hinsicht auf Panikattacken immer noch ziemlich unübertroffen. Bei heißem Wetter schwellen meine Beine und Füße an. Ich sammle leicht Wasser. Während einer längeren Periode sehr heißen und feuchten Wetters vor einiger Zeit schwollen meine Beine. Ihr Anschwellen machte mir Sorgen. Nach ein paar Tagen verspürte ich Panik. Meine Beine sahen aus wie vor vielen Jahren. Für manche könnte so etwas erfreulich sein. Für mich war es das nicht. Für mich war es erschreckend. Ich kam mir vor wie damals. Als hätte ich mich nicht verändert.

Ich konnte nicht unterscheiden zwischen meiner Reaktion auf warmes Wetter, die zu einer Flüssigkeitsansammlung und daraus resultierenden Schwellung des Gewebes führte, und einer Regression in mein altes Ich. Vielleicht deshalb, weil mein altes Ich teilweise noch vorhanden ist. Es ist nicht zusammen mit dem Gewicht verschwunden. Ich dachte, ich wäre es losgeworden. Ich dachte, es würde nie wiederkehren. Ich dachte, ich hätte es aus meinem Kreislauf herausgeschwitzt und herausgefiltert und herausgebrochen. Ich dachte, mein altes Ich wäre verschwunden. Aber das stimmt nicht. Reste von ihm sind noch vorhanden. Damit beschäftigt, zu suchen und zu stochern. Immer noch mit den alten Spielchen beschäftigt. Mein altes Ich bestimmt meine Empfindungen stärker, als mir lieb sein kann.

Es überrascht mich, wie selten ich mir schlank vorkomme. Und wie häufig und mit welcher Leichtigkeit ich mir unförmig vorkomme. Manche der Gründe für mein Bedürfnis, übergewichtig zu sein, wattiert und verborgen, sind immer noch da. Immer noch nicht bewältigt. Manches an mir ergreift begeistert jede Gelegenheit, mir zu versichern, daß ich immer noch dick sei. Wenn Leute mich als schlank bezeichnen, denke ich, daß sie von jemand anderem sprechen. »Sie sind der Menschentyp, der sich von einer Gabel voll Spaghetti satt vorkommt«, sagte ein Mann zu mir, der mich erst seit einigen Jahren kennt. Ich war sprachlos. Ich habe immer den Eindruck, es wäre unübersehbar, daß ich zu dem Menschentyp gehöre, der seinen Kopf in einen Eimer voll Schokolade stecken kann und ihn erst hebt, wenn der Eimer leer ist.

Meine Freundin Virginia ist hager und dünn. Sehr dünn. Ein Blick auf sie, und man weiß, daß sie immer so ausgesehen hat. Sie ist der sportliche Typ, der von Geburt an zum Rennen und Laufen und Tennisspielen bestimmt war. Sie ist der Typ, der alles essen kann, ohne ein Gramm zuzunehmen. Der Typ, der essen kann, was er will. Aber die wenigsten Frauen, ob dick oder dünn, sind wirklich sorglos. »In Gedanken war ich ständig damit beschäftigt, Kalorien zu zählen«, erzählte sie mir, als wir uns zum Kaffee trafen. »Das hat mich jahrelang beschäftigt«, sagte sie. Ich erschrak. Ich hatte immer gedacht, meine eigenen Kalorientabellen und -aufstellungen, mein eigenes Berechnen und Abwägen und Prüfen dessen, was verzehrt werden durfte und was nicht, hänge damit zusammen, daß ich dick war. »Manchmal habe ich gar nicht mitbekommen, was jemand zu mir sagte«, erklärte Virgina, »weil ich in Gedanken Kalorien addierte oder subtrahierte.« Auf solche Rechenkunststücke verstehe ich mich auch ziemlich gut. »Wir hätten Mathekurse abhalten können«, sagte ich zu Virginia. Sie lachte.

»Es gibt kein schöneres Gefühl, als wenn die Kleider locker sitzen«, sagte Virginia. Dieses Gefühl war mir äußerst vertraut, obwohl ich es noch nie in Worte gefaßt hatte. Es ist ein gutes Gefühl, wenn die Kleider locker sitzen. Warum empfinden wir so? Warum tut uns das so gut? Das Gegenteil kenne ich auch. Panik, wenn etwas zu eng sitzt. Der Rockbund nach einer großen Mahlzeit oder ein frischgewaschenes Kleidungsstück.

Virginia bedeutet ihre Schlankheit etwas. Ich hatte immer gedacht, daß es für sie eine Selbstverständlichkeit wäre. Daß meine Schlankheit mir etwas bedeutet und daß ich mit Argusaugen über sie wache, fand ich begreiflich. Ich dachte, das läge daran, daß sie so schwer zu erringen gewesen war. Ich dachte, Virginia hätte es leichter gehabt. Ich dachte, sie hätte sich nicht dauernd den Kopf über ihre Figur zerbrechen müssen. Aber offenbar sind Gewicht und Figur und Körpermaße etwas, was den meisten Frauen Probleme bereitet. Offenbar haben die wenigsten Frauen ein unbeschwertes Verhältnis zu ihrem Körper.

In Melbourne erzählten mir zwei meiner ältesten Freundinnen, sie seien beide voluminöser als ich. Sie sind beide sehr schlank, sind es immer gewesen. Ich weiß, daß ich die Voluminösere von uns dreien bin. Aber sie waren nicht davon abzubringen. Ich fragte sie nach ihrem Gewicht. Und ich erklärte ihnen, daß ich gar nicht so wenige Pfunde mehr wog als jede von ihnen. Sie wirkten überrascht. Mein Gewichtsverlust hat bewirkt, daß meine Freundinnen sich dicker vorkommen.

Einige Tage später besuchte mich die Dünnere der beiden. Sie packte mich an den Schultern und schüttelte mich. »Schau dich mal an! Wenn du noch mehr abnimmst, wirst du anorektisch aussehen«, schrie sie mich an. Ich erschrak. Das Schreien erschreckte mich mehr als das, was sie sagte. Ich weiß, daß ich keineswegs Gefahr laufe, anorektisch auszusehen. Ich befinde mich am oberen Ende des Normalgewichts im Verhältnis zur Körpergröße.

Aber dann gaben mir ihre Worte zu denken. Später an diesem Tag schaute ich in den Spiegel. Mit einemmal sah ich zerbrechlich aus. Und hohlwangig und bleich. Ich versuchte mir einzureden, daß es mir gutging. Aber ich fühlte mich schwach. Und mager. Es ging mir entsetzlich schlecht. Den ganzen Rest des Tages kam ich mir entsetzlich gefährdet vor. Abends fiel ich über den Schokoladenkuchen auf dem Büffet des Hilton-Hotels her. Ich nahm mir drei große Stücke. Weil ich so viel Schokoladenkuchen gegessen hatte, konnte ich vor schlechtem Gewissen nicht einschlafen. Ich lag mit klopfendem Herzen wach im Bett.

In New York spielen Gewicht, Figur, alles, was mit dem Aussehen zusammenhängt, eine viel größere Rolle als in den meisten anderen Städten Amerikas. Einer Studie der Gesundheitsbehörde zufolge sind die Bewohner des Staates New York um zehn Prozent weniger übergewichtig als der nationale Durchschnitt. Aber diese Statistik ist nicht aussagekräftig. Sie beweist überhaupt nichts. Diese Statistik schließt Upstate New York ein, und verglichen mit New York City ist Upstate New York ein anderer Planet, was Körpermaße betrifft. In New York City ist Dünnsein alles. Na ja, fast alles. Jemandem, der abgenommen oder erforderlichenfalls zugenommen hat, wird gratuliert, als wäre er für den Nobelpreis in Nuklearphysik nominiert worden.

Diäten und Gewichtabnahme sind Themen, mit denen man sich überall sofort Zuhörer verschaffen kann. Und jeder will mitreden. In der einschüchterndsten Umgebung und sogar auf Geschäftskonferenzen kann man damit zum Mittelpunkt werden. Jemand, der wissen will, wie man es fertiggebracht hat abzunehmen, hat nichts Einschüchterndes mehr. Schon gar nicht, wenn er einem anvertraut, daß er fast ein Jahr gebraucht hat, um zwei Kilo abzunehmen.

Ich habe einmal einem Mann auf einer Party erzählt, daß die Miss America immer magerer werden. Das hatte ich gar nicht sagen wollen, aber ich war nervös. Und müde. Es war eine Party mit lauter Prominenten. Der Mann hatte mich erfolgreich ignoriert. Er stand neben mir und hielt Ausschau nach jemand Prominenten, den anzusprechen sich lohnte. Sobald ich es gesagt hatte, bereute ich meine Worte. Aber der Mann drehte sich um. »Wirklich?« sagte er. Ich erzählte ihm, daß Ernährungsfachleute zu dem Schluß gelangt waren, daß die meisten Miss America der letzten Jahre als unterernährt eingestuft werden könnten. Er wollte wissen, woher ich das wisse, und wirkte beeindruckt, als ich sagte, es sei im Fachblatt der amerikanischen Ärztevereinigung veröffentlicht worden. Ich erzählte ihm, daß die Forscher herausgefunden hatten, daß der Körpermasseindex der Kandidatinnen im Verlauf der Jahre ständig gesunken war. Der Körpermasseindex – BMI – wird ermittelt, indem das Gewicht durch die Höhe im Quadrat dividiert wird. Es ist eine Maßeinheit, die ich noch nie richtig verstanden habe. Es gelingt mir einfach nicht, die erforderlichen Rechnungen auszuführen und zu einem halbwegs plausiblen Resultat zu gelangen. Wahrscheinlich liegt es daran, daß die ganze Sache mich nervös macht. Ich bin schon froh, daß ich es ertrage zu wissen, was ich wiege. Ich kann mir nicht vorstellen, mich mit weiteren Maßeinheiten abzufinden, mit weiteren Meßverfahren.

Der Mann, mit dem ich mich auf dieser Party unterhielt, wußte über den Körpermasseindex besser Bescheid als ich. Aber er hing an meinen Lippen. Wie gebannt. Wie hypnotisiert. Ich war etwas überrascht. Er war konservativ gekleidet. Er sah eher aus wie ein Banker als wie jemand, der mit Gesundheit oder Fitneß zu tun hat. Ich konnte mir nicht vorstellen, daß seine Hauptsorge seiner Bauchmuskulatur galt.

Ich erzählte ihm, daß in den zwanziger Jahren Miss-America-Kandidatinnen einen BMI zwischen zwanzig und fünfundzwanzig aufwiesen, was heute für Frauen als normal angesehen wird. Doch seit damals hatten die Siegerinnen immer häufiger einen BMI, der unter 18,5 lag. Und diese Zahl bezeichnet laut WHO Unterernährung.

Ich schwelgte mit ihm in Miss-America-Statistiken. Miss America von 1941 hatte einen BMI von 22,4, den höchsten je erreichten, sagte ich. Und Miss America von 1986 mit einem BMI von 16,9 führt das andere Extrem an. Er war wie verzückt. Ich erzählte ihm, daß im Verlauf der Jahre die Körpergröße der Siegerinnen um weniger als zwei Prozent zugenommen, ihr Körpergewicht hingegen um zwölf Prozent abgenommen hatte. Er fragte mich, woher ich die

Gastgeber der Party kenne. Doch inzwischen langweilte ich mich. Und war erschöpft. Er versuchte mich zu ködern. »Der Durchschnitts-BMI der Gäste auf dieser Party ist sicher niedrig. Die meisten sind sehr schlank«, sagte er. Ich versuchte, so schlank wie möglich zu erscheinen, als ich mich verabschiedete und mich nach meinem Mann umsah.

Man muß sich nur kurz in Manhattan aufhalten, um zu bemerken, daß die meisten Einwohner dünner sind als in anderen Teilen des Landes. Dafür gibt es viele Gründe. Demographisch gesprochen zieht New York vor allem Menschen an, die jung, überdurchschnittlich gut ausgebildet und wohlhabend sind, und für alle drei Personenkreise gilt, daß sie dünner sind als der Bevölkerungsdurchschnitt. In New York findet sich der größte Prozentsatz lediger Amerikaner. Und das Leben als Single bedeutet, daß man sich mehr Mühe gibt, besonders gut auszusehen, und daß man weniger Ablenkung von diesem Ziel hat, wie sie beispielsweise Kinder darstellen.

Und es gibt noch einen Grund, warum New Yorker so dünn sind. Sie gehen zu Fuß. Überallhin. Zur Subway, zur Reinigung und zum Feinkostladen kann man nicht fahren. Man muß zu Fuß gehen. Die meisten New Yorker müssen viel zu Fuß erledigen. Sie sind die Speerspitze des nationalen Trends der Stadtbewohner, sich mehr Bewegung zu verschaffen als ihre Vettern auf dem Land. Wenn New Yorker nicht arbeiten, gehen sie zu Fuß oder sie treiben Sport. Auf dem Land sitzen die Leute im Auto oder auf ihrem Rasenmäher.

Jemand fragte mich einmal, ob ich abgenommen hätte, weil es in New York so unangenehm sei, dick zu sein. »Nein«, sagte ich ein wenig verärgert. »Ich habe abgenommen, weil ich entsetzlich viel Geld und einen Großteil meines Lebens dafür geopfert habe herauszufinden, warum ich meinen Speck gebraucht habe. Dick zu sein ist überall unangenehm«, fügte ich hinzu. »Es ist nirgends ein Vergnügen.«

211

Manche der Unannehmlichkeiten kultivierte ich weiter, lange nachdem der Speck verschwunden war. Mit einer Hartnäckigkeit, die mich selbst erstaunte. Es fiel mir schwer, mir nicht dick vorzukommen. Ich klammerte mich an die Vorstellung, ich sei unförmig. Und gestand mir nicht ein, daß ich abgenommen hatte. Das Ausmaß der Selbsttäuschung muß gigantisch gewesen sein. Ich zählte Kalorien, wog meine Portionen, achtete darauf, daß Löffel und Hohlmaße nie überfüllt waren. Ich wollte abnehmen. Ich war unerbittlich. Und zugleich wollte ich so tun, als hätte sich nichts geändert. Als wäre ich immer noch dick. Wenn man zu mir sagte, ich sei schlank geworden, sagte ich: »Ein bißchen«, oder: »Nicht richtig«, und klopfte mir auf die Hüften, um zu beweisen, daß genug Masse vorhanden sei. Es dauerte Jahre, bis ich begreifen konnte, daß ich nicht mehr dick war.

Ich komme mir dünn genug vor, um über La Guardia Place zu gehen und dabei einen nicht zu kleinen, fettfreien, gefrorenen Schokoladenjoghurt zu essen. Allerdings muß ich den Drang unterdrücken, Passanten darauf hinzuweisen, daß es sich um einen fettfreien, gefrorenen Joghurt handelt. Als ich dicker war, hätte ich es nicht fertiggebracht, auf der Straße etwas zu essen, was wie ein großes Schokoladeneis aussieht. Ich hätte auf der Straße überhaupt nichts essen können. Alles, was ich aß, egal was, konnte ich nur heimlich essen.

Auch Schokoladenkuchen kann ich inzwischen in aller Öffentlichkeit essen. Ich kann zum Kaffee oder als Dessert ein Stück Schokoladenkuchen essen. Aber nicht ungezwungen, sondern als würden mich alle Anwesenden beobachten. Mein Tun registrieren. Obwohl ich weiß, daß es außer mir niemanden interessiert.

An einen neuen Körper gewöhnt man sich nicht von einem Tag auf den anderen. Von Zeit zu Zeit probiere ich noch Kleider an, die mir viel zu weit sind, und kann es nicht recht fassen, daß sie es sind. In Hotelzimmern kann ein Blick in den Spiegel mich noch immer überraschen. Mein erster Gedanke ist immer, daß der Spiegel mich schlanker erscheinen läßt. Auf meiner letzten Lesereise war ich davon überzeugt, daß die Spiegel in allen Hotels diesen Effekt bewirkten. Und das in Deutschland, wo krankhafter Eitelkeit weniger gefrönt wird als anderswo. Manche der Vergrößerungsspiegel in deutschen Hotelbadezimmern könnten verschiedene meiner Bekannten geradewegs in die Zwangsjacke befördern. Folglich ist kaum anzunehmen, daß auf figurschmeichelnde Ankleidespiegel Wert gelegt wird. Wenn ich mir wieder dick vorkommen will, muß ich nur zu viel essen und unter Völlegefühl leiden. Sobald ich Übergewichtige sehe, habe ich das Gefühl, eine von ihnen zu sein. Ab und zu kann ich dieses Gefühl ablegen und mich schlank fühlen. Ich wundere mich, wie lange mein Gehirn gebraucht hat, um die Veränderung meines Körpers anzuerkennen. Seit fast zehn Jahren bin ich nicht mehr übergewichtig. Wann werde ich aufhören, mir wie ein Fettkloß vorzukommen? Die Antwort weiß ich nicht. Beim Sex ist mir, als würde ein Teil von mir fehlen. Meine Ränder haben sich ins Ungewohnte verschoben. Manchmal komme ich mir noch immer vor wie jemand anders. Ich komme mir nackter vor, als ich es je empfunden habe, als ich dick war. Ausgezogen. Wie angezogen. Die Anpassung an neue Körpermaße kommt mir fast genauso schwierig vor wie die Ernährungsumstellung und die Diät und das Kalorienzählen und die Bewegungsübungen, die der Veränderung zugrunde liegen.

Ein Teil von mir findet es albern, daß ich so empfinde. Ich finde es idiotisch, daß ich mich mit meiner Figur und mit meinen Maßen so schwer tue. Ich komme mir unterbelichtet vor. Und albern. Und manchmal wie ein hoffnungsloser Fall. Die Fallstricke der psychischen Anpassung hatte ich nicht vorhergesehen.

In Frauenzeitschriften haben Diätgeschichten immer ein unmittelbares Happy-End. Frau um Frau fühlen die Heldinnen sich auf der Stelle wie ausgewechselt. Lächelnd halten sie ihre einstigen Kleider in Monstergröße mit ausgestreckten Armen. Kein Wort von irgendwelchen Schwierigkeiten. Alles Regelwidrige ist durch die Gewichtabnahme umgehend und ein für allemal geregelt. So war es, als ich mit zwölf Jahren zum erstenmal im *Australian Women's Weekly* schmökerte. Und so ist es weitgehend geblieben. Die Frauen – und in den Geschichten vom Abnehmen geht es nach wie vor hauptsächlich um Frauen – strahlen. Sie haben es geschafft. Es ist vorbei. Einstige Hindernisse sind bewältigt. Die Zukunft winkt. Leichten Schritts gehen sie ihr entgegen und verschwenden keinen Blick zurück.

Sich mit den Bedürfnissen zu befassen, die durch Dicksein befriedigt werden, das wird psychologischen Zeitschriften überlassen. Zweifellos ist es ein weit weniger fesselndes Thema. Und lange nicht so spannend wie der Triumph, das Gewicht loszuwerden. Warum wir übergewichtig sind und wie zäh das, was uns dazu gemacht hat, sich in unserer Psyche festkrallen kann, das ist keine attraktive Geschichte. Es ist nicht so aufregend wie das Abnehmen. Oder die kohlehydratarme Diät oder die proteinreiche Ernährung oder das farborientierte Programm.

Es war eine unangenehme Überraschung für mich, festzustellen, daß der Gewichtsverlust nicht unbedingt das Ende der Geschichte bedeutete. Sondern neue Entwicklungen einleiten konnte. Ich begreife, daß ich mir dadurch, daß ich mir nicht erlaube, mich dünn zu fühlen, wahrscheinlich die Hälfte der Angstsymptome erspare, die ich verspüren müßte, käme ich mir nicht weiterhin dick vor. Und auch der Hälfte des Vergnügens gehe ich aus dem Weg. Des Vergnügens an der vollbrachten Leistung. Des Vergnügens daran, sich besser zu fühlen. Sich leicht zu fühlen. Laufen zu können. Und des Vergnügens daran, gut auszusehen. Nicht an den Kleidern herumziehen zu müssen, damit sie passen, und sich nicht in Stoffbahnen einhüllen und einpacken zu müssen.

Das Vergnügen hat mir oft Schwierigkeiten bereitet. Viel leichter fällt es mir, melancholisch oder wehmütig oder verstört zu sein. Viel lieber bin ich unzufrieden. Oder sogar regelrecht unglücklich. Ich gebe es nicht gerne zu. Ich sehe mich nicht gerne in diesem Licht. Viel lieber betone ich meinen Sinn für Humor und den Umstand, daß ich vieles komisch finde, mich selbst inbegriffen. Aber wenn ich genau hinsehe, weiß ich, daß der Teil von mir, der sich an das Unbehagen klammert, wahrscheinlich mein wahreres Ich ist.

Ein Teil von mir hat sich im Kummer immer heimischer gefühlt als in der Fröhlichkeit, im Überschwang, im Glück. Wenn ich zu lustig war, bin ich hinterher besorgt. Gute Nachrichten können das gleiche bewirken. Ständig bin ich auf der Hut vor Widrigkeiten und Rückschlägen. Da macht das Unglück einen verläßlicheren Eindruck. Das Unglück hilft, Vergnügen und Leidenschaft zu meiden.

Beides scheint für viele Frauen vermintes Gelände zu sein. Auf mehr als eine Weise. In der *New York Times* las ich einen Artikel über weibliche leitende Angestellte, für die ein Kurs eingerichtet worden war, der ihnen helfen sollte, einen neuen Weg zu finden, um zurechtzukommen. Auf den ersten Blick hatte man nicht den Eindruck, daß die Frauen, die diesen Kurs absolvierten, Hilfe benötigten. Es waren ausnahmslos erfahrene, erfolgreiche leitende Angestellte mit Bezügen im sechsstelligen Bereich, die gute Arbeit für ihre Firmen leisteten. Aber sie hatten Probleme.

Der Begründer des Kurses erklärte, daß es darum gehe, den Frauen beizubringen, weniger dominant, weniger auftrumpfend zu sein. Sie lernten, den Mund zu halten, zu stammeln, das, was sie sagen wollten, auf verletzliche Weise zu sagen. Und Tränen nicht zu unterdrücken. Es sollte ihnen leichter gemacht werden, im Büro zu heulen. In dem Kurs ging es darum, daß die Härte, die diesen Frauen zum Erfolg verholfen hatte, auch eine Gefahr darstellte. Daß diese Frauen ihre Kollegen einschüchterten und außerdem ihre Vorgesetzen, die in der Mehrzahl Männer waren. Eine der interviewten Frauen sagte, sie sei auf den Kurs geschickt worden, weil sie »kein Verständnis für Inkompetenz« habe. Eine andere, Vizepräsidentin einer Software-Firma, sagte, sie sei hingeschickt worden, weil ihre »Leidenschaft für meinen Beruf andere Leute zu Tode erschreckt«. Kein Wunder, daß es für Frauen leichter ist, sich unterwürfig zu verhalten. Unauffällig. Hilflos oder depressiv. Leidenschaft, die Männer in ihren Beruf investieren, wird allgemein bewundert. Bei Frauen ist Unterwürfigkeit der Weg zum Ziel. »Ich habe versucht, verletzlicher zu werden, und das hat mein Verhältnis zu anderen positiv beeinflußt«, sagte eine Personalchefin über den Kurs. Wenn man »ein nettes Mädchen« ist, macht man nichts falsch.

Männer und Frauen halten weibliche Leidenschaft offenbar für etwas Furchteinflößendes. Auch mich erschreckt Leidenschaftlichkeit. Aber nur meine eigene. Nicht die anderer. Warum sollten Leidenschaft und Enthusiasmus und Erregung als etwas Gefährliches aufgefaßt werden? Ich wünschte, ich wüßte die Antwort. Etwas an der Befähigung, Erregung zu verspüren, erschreckt mich noch immer. Erregung kommt mir gefährlich vor. Als könnte ich sterben, wenn ich mich gehenließe. Obwohl ich bei dem Essen mit meiner jüngeren Tochter viel lache und kühne Pläne schmiede.

Trotz meines wunden Mundes war es ein herrlicher Abend. Und das Essen war so gut. Meine Tochter hat das Restaurant ausgesucht. Es war eine hervorragende Wahl. Sie ist kulinarisch sehr bewandert. Sie ist eine exzellente Köchin und scheint bei einem sehr guten Essen ungeschmälerten Genuß empfinden zu können. Wir teilen uns ein sagenhaftes Schokoladendessert und freuen uns, daß wir es gemeinsam genießen können. Wir sind uns stillschweigend darüber einig, welchen Weg wir miteinander zurückgelegt haben, während wir begeistert jeden Mundvoll Dessert loben.

Am nächsten Morgen denke ich darüber nach, welches Vergnügen es ist, sich so beglückt ein außergewöhnliches Schokoladendessert zu teilen. Jeden Bissen des Abendessens habe ich genossen. Es war so anstrengend für mich zu lernen, meine Mahlzeiten zu genießen. In der Regel tue ich es. Dennoch verstört es mich, wie viel noch immer ungelöst in mir schlummert.

Der Gedanke an all das Ungelöste macht es mir unmöglich zu arbeiten. Ich muß die Störung aus dem Kopf bekommen. Ich mache mich auf einen Spaziergang. Gehen sorgt normalerweise für Klarheit in meinem Kopf.

Bein Spazierengehen denke ich mir oft Zeilen aus. Fast wäre ich einmal überfahren worden, als ich die Houston Street überquerte und dabei über drei Sätze nachdachte. Ich war damit beschäftigt, mir den genauen Wortlaut in Erinnerung zu rufen, und bemerkte nicht, daß ein großer Lastwagen auf mich zudonnerte.

Die Straßen New Yorks sind für mich übersät mit Stellen, an denen ich mir Sätze oder Absätze ausgedacht habe. Die Eröffnungssätze eines Artikels, den ich für die Schweizer Zeitschrift *Du* über Bob Dylan geschrieben habe, sind mir am La Guardia Place eingefallen. Die ganze Ausgabe war eine Sondernummer zu Dylans sechzigstem Geburtstag. Vor Bruno's Bakery fielen mir die Worte ein. Ich ging hinein und holte Stift und Notizblock aus meinem Rucksack. »Ich muß den Mann, den ich liebe, mit einem anderen teilen. So zu leben ist nicht leicht. Der Mann, den ich liebe, liebt einen anderen. Leidenschaftlich«, schrieb ich. Ich lehnte mich an die Wand und fügte hinzu: »Ich bin diesem anderen gegenüber erstaunlich tolerant. In Wahrheit bin ich nämlich ziemlich eifersüchtig. Un der Mann, den ich liebe, ist mein Ehemann.« Bevor ich meinen Stift einsteckte, kritzelte ich: »Hin und wieder wird meine Toleranz überstrapaziert.«

Wie Sonia Kaufman mittlerweile aussieht, das fiel mir an der Ecke Sixteenth Street und Fifth Avenue ein. Es war ein windiger Tag, und ich konnte die Seiten meines Notizbuchs nur mit Müh und Not bändigen.

An diesem Morgen gehe ich um diese Ecke. Der Inhaber der Vesuvio Bakery winkt mir zu. Ich winke zurück. Hinter der nächsten Ecke begrüßt mich der Mann, der in Joe's Dairy den frischen und den geräucherten Mozzarella herstellt. Ich sehe den Dampf aus den Bottichen hinten im Laden aufsteigen.

Der Himmel nimmt eine graue Färbung an. Plötzlich überkommt mich Sehnsucht nach Polen. Diese Sehnsucht läßt sich nicht abschütteln. Sie ist ein Gefühl, das etwas merkwürdig Ursprüngliches berührt, anspricht, ausfüllt. Etwas so Vertrautes. Es ist die Sehnsucht, dort zu sein, wohin ich gehöre. Ich gehöre nicht nach Polen, sage ich mir immer wieder. Ich gehöre nicht auf die Friedhöfe und in die Todeslager Polens, zu denen meine Sehnsucht mich hindrängt. Aber es nützt nichts. Die Sehnsucht läßt sich nicht vertreiben. Manchmal wird sie schwächer, doch immer kehrt sie wieder. Und überrascht mich. Oft ist sie heftig und schmerzlich wie ein Leiden. Wie die schlimmste Form des Heimwehs.

Es widerfährt mir zu oft. Überall kann mich dieser Drang übermannen. Ich kann auf dem Weg nach Australien sein, freudig erregt in der Aussicht, meinen Vater und Melbourne und Sydney und enge Freunde wiederzusehen, und plötzlich zur Salzsäule erstarren.

Auf der Reise nach Australien hielt ich inne, als ich das Schild der polnischen Luftfahrtlinie *Lot* am New Yorker JFK-Flughafen sah. »Schau mal, *Lot*«, sagte ich zu meinem Mann und blickte plötzlich betrübt drein. So geht es mir sogar, wenn ich überhaupt nicht verstehen kann, warum ich nach Polen will. Während meiner letzten Lesereise in Deutschland ist mir das passiert. Ich war von Frankfurt nach Leipzig unterwegs. Ich saß angeschnallt auf meinem Sitz, als mein Blick aus dem Fenster fiel. Auf dem Asphalt neben uns stand eine *Lot*-Maschine. Am liebsten wäre ich ausgestiegen und in die *Lot*-Maschine gestiegen. An der Rivington Street schüttele ich den Kopf, als könnte ich damit alle Gedanken an Polen herausschütteln. An der Orchard Street fällt mir ein Schild in einem Schaufenster auf. Ich bleibe stehen. Das Schild befindet sich im Fenster eines Gebäudes, in dem das Lower East Side Tenement Museum untergebracht ist. Es besagt:

Preis 15 Cents und aufwärts
97 Orchard Street
Die weltberühmte Handleserin
Und Gedankenleserin
Prof. Dora Meltzer

Sie errät Name und Alter
Jedes Beliebigen.
Sie ist in der Handlesekunst ungeahnt
Sagt Ihnen voraus Ihre Vergangenheit, Gegenwart
Und Zukunft, gibt die besten
Ratschläge in Geschäften, Reisen,
Prozessen, Liebe, Krankheit, Familien-
Angelegenheiten usw.
Geöffnet von 9 Uhr vormittags bis 10 abends
97 Orchard Street

Das Schild heitert mich auf. Die Zeichensetzung finde ich wunderbar. Und den Zeilenfall. In den etwa hundert Jahren seit den Tagen Dora Meltzers scheint sich nicht allzu viel geändert zu haben. Die Leute wollen immer noch den gleichen alten Kram wissen. Und genau wie die gegenwärtigen Bewohner dieser Stadt hatte Professor Meltzer sehr lange Arbeitszeiten.

Ich sehe wieder auf das Schild. Ich denke mir, daß Professor Meltzer vielleicht »unerreicht« sagen wollte. Nicht »ungeahnt«. Mir gefällt der Gedanke, daß man in New York schon damals Hilfe bei Prozessen benötigte. Bei Geschäften. Bei Reisevorhaben. Und in der Liebe. Die Liebe ist in New York heute noch sehr kompliziert. Nicht daß sie andernorts eine simple Sache wäre. Aber in New York birgt sie zusätzliche Komplikationen. Zum Beispiel, wenn man sich trennt. Das ist immer schwer. Aber New Yorks umkämpfter Wohnungsmarkt schafft eine Extradimension. Ein zusätzliches Dilemma. Wer darf die Wohnung behalten?

Das ist keine unwesentliche Frage in einer Stadt mit exorbitanten Mietpreisen, einem nahezu inexistenten Wohnungsangebot und einem überteuerten Immobilienmarkt. In Manhattan, las ich in der *New York Times*, leben immer mehr Leute auch nach ihrer Trennung zusammen. Die Zeitung nannte dieses Phänomen Ex-Bewohner. Der Vorsitzende des New York City Rent Guidelines Board wurde mit dem Ausspruch zitiert, er könne sich gut vorstellen, daß einer der Partner zum anderen sage: »Du kannst den Hund, die Kinder und unser Vermögen haben, ich nehme die Wohnung.« Wenn Wohnraum zum kostbarsten Gut wird, ist das Leben nicht einfach.

Manche ehemalige Paare müssen sich sogar noch das Bett teilen, stand in dem Zeitungsartikel. Eine Psychologin schlug vor, Ex-Bewohner sollten soviel Zeit wie möglich allein verbringen, um einander das Gefühl des Getrenntseins ohne körperliche Distanz zu ermöglichen. Was sie darunter verstand, war mir nicht ganz klar. Außerdem hat in dieser Stadt sowieso niemand Zeit, schon gar nicht, um soviel Zeit wie möglich allein zu verbringen.

Vielleicht ist aus diesem Grund die Schnellvermittlung so erfolgreich. Sie hat eine lange Warteliste. Die Schnellvermittlung ist ein Eheanbahnungsinstitut für jüdische Singles. Die Paare haben acht Minuten Zeit, um sich miteinander zu unterhalten, bevor einem der nächste potentielle Partner zugeführt wird. Sieben Gespräche oder Verabredungen pro Termin finden durchschnittlich statt. Nach jedem Gespräch kreuzen die Teilnehmer auf einer Karte »ja« oder »nein« an, um mitzuteilen, ob sie den Betreffenden wiedersehen wollen. Wenn beide ja sagen, teilt die Schnellvermittlung beiden die Telefonnummer des anderen mit. Vermutlich funktioniert diese Methode. Und zumindest ziehen sich die peinlichsten Blind-Date-Momente auf diese Weise nicht über Gebühr lange hin.

Ich betrete ein Stoffgeschäft. Es ist eines der letzten Stoffgeschäfte der Lower East Side, wo es früher so viele von ihnen gab, fast ausschließlich von Juden geführt. Ich mag die Lower East Side. Sie ist nicht schick geworden. Ich bin mir nicht sicher, ob es mir zusteht, mich daran zu stören, daß Gegenden schick werden. Ich bin Teil des Problems, über das ich die Nase rümpfe.

Stoffe anzusehen finde ich beruhigend. Tröstlich. Ich liebe es, die Farben und Texturen zu betrachten und Webart und Dichte zu berühren. Und ich mag den Geruch neuen Stoffs. Stoffgeschäfte riechen überall auf der Welt immer ähnlich. Es ist ein Geruch, an dem sich nichts verändert hat. Trotz Lycra und Lurex und Polyster und all den modernen Synthetikmaterialien riecht es in Stoffgeschäften noch immer genauso wie in meiner Jugendzeit.

Ich kaufe oft Kleiderstoffe ein. Ich schicke sie meinem Freund, dem Designer Graham Long in Melbourne, der die Kleider nähen läßt und mir dann schickt. Diese Fernbeziehung hat sich alles in allem gut bewährt. Es gab eine kurzfristige Durststrecke, als nie etwas zu passen schien. Damals schlug ich Graham vor, einen anderen Beruf zu ergreifen.

Vielleicht als Stenotypistin. Er hat sehr viel Humor. Er lachte. Und stimmte mir zu.

Graham hat in den letzten zwanzig Jahren die meisten meiner Kleider entworfen. Dawn, die bei ihm arbeitet, hat mir letztes Jahr erzählt, daß sie meine Maße aus siebzehn Jahren besitzt. Einzelheiten und Genauigkeit haben mich mein Leben lang fasziniert. In diesem speziellen Fall habe ich keine Neugier bezeigt. Ich habe es nicht über mich gebracht, Dawn zu fragen, wie dick ich war, als ich am dicksten war.

Im Sommer war Graham in New York. Er brachte mir Kleider mit. Sie waren wunderschön. Es waren Kleider, die ich als jüngere Frau nicht hatte tragen können; als Zwanzig- und Dreißigjährige hüllte ich mich in schwarze Gewänder. Auch für meine Kindheit entschädigten mich diese Kleider. Für die Ballettkleidung und Tutus, in die ich mich niemals hätte zwängen können. Ich war auf Stoffsuche gegangen, um etwas Nüchternes für den Alltagsgebrauch zu kaufen. Zurückgekehrt war ich mit Lurex und Lamé und Chiffon. In Farben, die kaum als nüchtern gelten können. Die Kleider, die Graham mir brachte, waren aus Streifen und Schichten leuchtendpinkfarbenen und grauen Chiffons zusammengesetzt, aus orangeroter Spitze, die mit blauer Spitze und blauem Satin verwoben war. Und ein knallgrünes und ein grellrotes Kleid. Ich drehte mich in dem leuchtendpinkfarbenen und grauen Chiffon. Ich kam mir so glücklich vor. Am liebsten wäre ich aus dem Haus gestürmt und hätte mich gezeigt. Und meine neuen Kleider genossen.

Graham hatte sechs Kleider mitgebracht. Ich probierte sie alle an, sobald er angekommen war. Sie waren alle ziemlich körperbetont und nicht gerade unauffällig. Ich lief in jedem Kleid in das Atelier meines Mannes, um es ihm vorzuführen. Vor Aufregung war mir fast schwindelig. Am nächsten Morgen verspürte ich beim Aufwachen ein Gefühl entsetzlicher Verängstigung. Und eine Vorahnung drohenden Unheils.

Das Stoffgeschäft an der Orchard Street verkauft auch Zubehör und Posamenten. Rollen von Münzen, Troddeln und Perlen. Und Muschelschalen, die auf eine Borte genäht sind. So etwas habe ich noch nie gesehen. Für einen Augenblick frage ich mich, was ich mit der Muschelschalenborte anfangen könnte. Und an welchen Stellen der Kleidung man die Muschelschalen tragen könnte, ohne sie zu beschädigen. Ich zwinge mich, den Blick von einer Borte abzuwenden, die mit einem Gänseschwarm bestickt ist. Ich habe den Eindruck, daß ich vielleicht doch nicht die bescheidene, zurückhaltende, feinsinnige Person bin, für die ich mich gerne halte. Ich habe den Eindruck, daß es eine ziemlich laute Person in mir geben muß, die sich mit Münzen und Muscheln und Gänsen herausputzen will.

Den Laden führen alte orthodoxe Juden. Einer von ihnen kommt auf mich zu. »Was suchen Sie?« fragt er. Ich bin ein wenig verwirrt. Was ich nicht zu sein bräuchte. Ich weiß, daß Juden so direkt sein können. Diese Eigenschaft kenne ich von mir selbst.

»Ich möchte mich umsehen«, sage ich.

»Wonach?« sagt er.

»Das weiß ich noch nicht«, sage ich. »Ich weiß es nicht.«

»Hätten Sie gern roten Samt?« fragt er.

»Nein, danke«, sage ich.

»Wir haben roten Samt im Sonderangebot«, sagt er.

»Nein, danke«, wiederhole ich.

»Und blauer Chenille?« fragt er mich.

Blauer Chenille? Was sollte ich mit blauem Chenillesamt anfangen? Vielleicht denkt er, daß ich Stoff für einen Bettüberwurf suche.

»Nein, vielen Dank«, sage ich.

»Nein?« sagt er, als traue er seinen Ohren nicht. »Es ist Chenille von allererster Qualität«, erklärt er und betont jedes einzelne Wort ganz deutlich, damit ich ihn wirklich verstehe.

Ich zögere. Ich versuche zu überlegen, wie ich ihm erklären kann, daß ich nicht selbst nähe und daß ich, selbst wenn ich ein Kleid aus Chenille haben wollte, keine Pakete mit Chenille um die halbe Welt schicken könnte. Chenille ist viel zu schwer. Ich beschließe, keine Erklärung zu geben.

»Es ist eine sehr gute Qualität«, wiederholt er. »Schauen Sie sich den Stoff an.«

»Nein, danke«, sage ich.

»Nein?« erwidert er ungläubig.

»Nein, vielen Dank, lieber nicht«, sage ich. »Danke schön.«

In den drei Minuten, die ich in dem Laden bin, habe ich sechsmal Danke gesagt. Langsam werde ich müde. Und mutlos.

»Suchen Sie etwas?« fragt mich der alte Mann.

»Ich wollte mich nur umsehen«, sage ich.

»Umsehen, umsehen!« bellt er und entfernt sich mit mürrischem und verärgertem Gesichtsausdruck.

Ich gehe zu dem Geschäft mit Trockenfrüchten am Ende der Essex Avenue und denke mir, was für eine fabelhafte Stadt New York ist. Und wie sehr ich sie liebe. Warum habe ich so lange gebraucht, um zu merken, daß ich New York liebe? Ich weiß es nicht. Als ich ankam, war ich so einsam. Und jahrelang blieb ich einsam. Viel Zeit verbrachte ich am Telefon, mit Australien verbunden. Meine Telefonrechnungen waren von astronomischer Höhe.

Ich fühle mich schnell einsam. Wenn der Himmel sich grau färbt, kann ich mich einsam fühlen. Bei Regen kann ich mir einsam und allein vorkommen. Bei schwerem Regen. Ein Wolkenbruch kann mich völlig lähmen. Als käme mehr als nur Wasser vom Himmel. Als wäre es der Zorn Gottes.

Fast alles kann mir ein Gefühl der Einsamkeit einflößen. Eine Erinnerung, ein Foto, ein Gedanke, ein Berg, ein Gespräch. Ich kann von Leuten umgeben sein, die mich lieben, und mich dennoch einsam fühlen. Und unabhängig davon, was ich besitze, habe ich oft das Gefühl, als würde etwas fehlen. Dieses Gefühl gefällt mir nicht. Ich komme mir dabei undankbar vor. Und unreif. Und so, als hätten all die Jahre Analyse letztlich nicht viel ausgerichtet. Ich weiß, daß das irrational ist. Ich weiß, daß eine Analyse keinen neuen Menschen aus einem macht, keinen anderen, keinen besseren Menschen. Wenn man Glück hat, verändert die Analyse das Gleichgewicht zwischen einigen Dingen. Kleineren und größeren.

Ich glaube, das Gefühl der Einsamkeit habe ich mit auf die Welt gebracht. Fast alle meine Verwandten waren verschwunden, als ich geboren wurde. Sie waren tot. Ihre Abwesenheit war spürbar.

Der Gedanke, daß ich das Gefühl der Einsamkeit mit auf die Welt gebracht haben könnte, kam mir zum ersten Mal auf dem Laufband. Ich laufe fast jeden Morgen auf dem Laufband. Viele Gedanken sind mir schon auf dem Laufband gekommen. Zofia und Walentyna, die zwei Polinnen, die irgendwann in *Zu viele Männer* auftauchen, sind mir auf dem Laufband eingefallen. Sie fielen mir fast völlig ausgearbeitet ein. Ich lief mit dreieinhalb Meilen Stundengeschwindigkeit bergauf, als sie in meinem Kopf auftauchten. Und als ich das Laufband verließ, wußte ich genau, wie Zofia und Walentyna aussehen und was sie tun.

In Australien kam mir meine Einsamkeit weniger problematisch vor. Sie machte sich viel seltener bemerkbar. Als ich nach New York zog, verschlimmerte sie sich. Vielleicht hätte ich mich überall einsam gefühlt, nicht nur in New York. Ich dachte, es läge an den Menschenmengen, an der Hektik, an der Geschäftigkeit, die mich nervös und unsicher machte. Ich dachte, es läge daran, daß sich alles wie im

Zeitraffer abspielte. An dem Krach und dem Lärm. Fußgänger wirkten wie Irre. Niemand wartete darauf, daß die Ampel umschaltete, wenn er die Straße überquerte. Leute warfen sich vor die Fahrzeuge, als wollten sie sie herausfordern. Für meinen Geschmack waren zu wenige Regeln erkennbar. Zu wenig Ordnung. Inzwischen gehöre ich selbst zu den Gesetzlosen. Ich lege mich mit Autos und anderen Fahrzeugen an. Ich bin immer in Eile. Und wirke immer ungeduldig.

Inzwischen gefallen mir die erratischeren und ungenaueren Aspekte des Lebens. Mein Bedürfnis nach Planung, Systematik und Genauigkeit hat sich gelegt. Nonkonformismus stört mich nicht mehr. Er gehört in meinen Augen zu einem grundsätzlichen Optimismus. Einem Gefühl, daß alles möglich ist. Noch immer kommen die Leute nach New York, um einen Traum zu verwirklichen. Und Träume pflastern in New York City noch immer die Straßen.

Viele Städte achten die Vergangenheit. Achten das, was einmal war. New York achtet das, was noch immer möglich ist. Und diese Haltung ist ansteckend. Sie ergreift unmerklich Besitz von einem und prägt die eigenen Empfindungen.

Mein Bedürfnis nach Ordnung hat nachgelassen. New York hat mich davon kuriert. Unregelmäßigkeit und ein gewisses Maß an Unordnung machen mir nichts mehr aus. Sie gefallen mir sogar. Ich fühle mich nicht wohl in Städten, wo es zu ordentlich zugeht. Zu pingelig. Zu ausgeklügelt. Zu klar. Zu sauber. Zu aufgeräumt. Zu uniform. Zu homogen. Zu pasteurisiert. Zu ruhig. Dort fühle ich mich nicht heimisch, sondern einsam. Ich sehne mich nach Unordnung.

Aber ohne daß wir es wissen, ist die Unordnung im Begriff, eine ungeahnte Dimension anzunehmen. Für mich und für die meisten Bewohner New Yorks.

Der Angriff

Die Unordnung, die über uns hereinbricht, ist eine Unordnung, wie wir sie nie erwartet hätten. Wie sie nur die wenigsten von uns je erlebt haben. Und noch weniger sich hätten träumen lassen. Sie trifft uns unvorbereitet. Und schwer. Sie hat nichts Abstraktes, wie es Ereignisse von großer Tragweite haben können, wenn sie anderswo geschehen. Oder jemand anderem widerfahren.

Zwei Tage, nachdem ich die vorangegangenen Seiten über New York geschrieben hatte, hat New York sich verändert. Es war eine Veränderung, wie sie Dinge nicht unbedingt dauerhaft, aber grundlegend verändert. Eine Veränderung, welche die Landschaft verändert, die physische wie die psychische. Eine Veränderung, die auf Vorstellungen, Vorahnungen, Klagen, Leidenschaften und Meinungen einwirkt und abfärbt. Bei Individuen wie bei Nationen oder Religionen. Es war kein schleichender Wandel. Es schien mit Lichtgeschwindigkeit einzutreten.

Ich hörte es, als es geschah. Ich hielt es für einen ohrenbetäubenden Donnerschlag. Aber etwas so Ephemeres war es nicht. Es war der 11. September 2001. Morgens. Ich telefonierte mit meinem Freund Graham Long in Melbourne. Mitten im Satz wurde ich durch einen lauten Knall unterbrochen. Es war ein ungeheuer lautes Geräusch. Es war so heftig, daß die Fenster meines Arbeitszimmers klirrten und der Fußboden vibrierte. »Das war eben der gewaltigste Donnerschlag aller Zeiten«, sagte ich zu Graham. »Ich weiß«, sagte er. »Ich habe es gehört.« – »Der Wetterbericht hat gar keinen Regen vorausgesagt«, sagte ich. Und es war kein Regen.

Ich sah aus dem Fenster. Es regnete nicht. Die Sonne schien. Aber Naturbeobachtung ist nicht meine Stärke. Die unwahrscheinliche Kombination von Donnergrollen und blauem Himmel fiel mir nicht weiter auf. Ich war verärgert. Abends war ich zu einer Veranstaltung eingeladen, die elegante Garderobe erforderte. »Es wird sicher regnen«, sagte ich zu Graham. »So ein Mist.« Expliziter mußte ich nicht werden. Graham wußte, daß ich auf die desaströsen Auswirkungen von Regen auf meine Frisur anspielte. Wir plauderten noch ein bißchen. Aber irgend etwas an dem Knall beunruhigte mich. So lauten Donner hatte ich noch nie gehört. Ich verabschiedete mich von Graham und legte auf.

Mein Mann war in seinem Atelier am anderen Ende des Lofts. Er hatte den Knall ebenfalls gehört. Wir gingen die Treppe hinunter und traten auf die Straße, um nachzusehen. Was sich unseren Augen bot, war ein surrealer Anblick. Schier unfaßbar. Einer der Türme des World Trade Center's stand in Flammen. Es war der Nordturm, Turm Nummer zwei. Die Flammen schlugen aus seinen Seitenwänden.

Ich sah um mich. Die wenigen Passanten standen reglos da. Wie angewurzelt. Niemand rührte sich. Alle starrten voller Entsetzen nach oben zu dem armen Nordturm. Es war ein unbeschreiblicher Anblick. Ein grauenhafter Anblick. Unvorstellbar. Unbegreiflich. »Das kann nicht wahr sein«, sagte eine Frau. Aber es war wahr. Es war kein Trugbild. Der Turm sah verwundet und leidend aus, wie ein verwundeter Mensch. Seine Haut war tief aufgerissen. Sein Fleisch war zerfetzt. Ein breiter gezackter Riß, aus dem Flammen und schwarzer Qualm quollen.

»Es war ein Flugzeug«, sagte jemand. Niemand antwortete. Es klang so unglaublich. Wie sollte ein Pilot ein Gebäude dieser Größenordnung übersehen können? Es mußte ein sehr unerfahrener Pilot in einem Privatflugzeug gewesen sein, dachte ich mir. Ein sehr unerfahrener Pilot. Von dort aus, wo ich stand, sah es aus, als könnte die Wunde, der Riß, durch ein kleines Flugzeug verursacht worden sein. Ich wohne etwa zwanzig Minuten zu Fuß vom Gebiet rund um das World Trade Center entfernt. Der Riß sah nicht so tief aus, wie er tatsächlich war. Oder es lag an meiner Weigerung, die Ungeheuerlichkeit dessen, was ich gesehen hatte, anzuerkennen. Es sah aus wie ein schrecklicher, wie ein entsetzlicher Unfall.

Sprachlos gingen wir in unsere Wohnung zurück. Eine Freundin rief an. Sie erzählte etwas von einem möglichen Terrorüberfall. Wir schalteten den Fernseher ein, und im nächsten Moment schlug ein weiteres Flugzeug in den Südturm ein. In diesem Augenblick hätte uns unwiderruflich klar sein müssen, daß es sich nicht um einen Unfall handeln konnte. Doch gegen diese Vorstellung sperrte sich der Verstand noch immer. Er sperrte sich dagegen zu glauben, was wir mit eigenen Augen sahen. Ein Flugzeug, das sich in Position bringt und dann vorsätzlich in einen Wolkenkratzer rast. Einfach nicht zu glauben. Von entführten Flugzeugen war die Rede. Schockierende Neuigkeiten. Und wir standen unter Schock. Inzwischen war es Viertel nach neun. Um halb zehn hatte ich einen Zahnarzttermin. Wenn ich ihn nicht verpassen wollte, mußte ich mich auf den Weg machen.

Wenn ich zurückdenke, kann ich es kaum fassen, daß ich zum Zahnarzt gegangen bin. Daß ich meine Schlüssel holte, meine Jacke und meine Handtasche. Daß ich mehrmals auf die Uhr sah, um mich zu vergewissern, daß ich mich nicht verspätete. Es ist erstaunlich, welche normalen Dinge man automatisch verrichtet, während soeben etwas Abnormes geschehen ist. Fast so, als könne man nicht wirklich erfassen, was geschehen ist, um nicht den Verstand zu verlieren.

Bevor ich die Wohnung verließ, erinnerte ich meinen Mann daran, daß am Abend eine Ausstellung der Arbeiten unserer Freunde Lucie und PPP in Downtown eröffnet werden würde und daß wir hinterher eine kleine Party für sie veranstalten wollten. Wir benötigten Mineralwasser und Seltzerwasser, sagte ich zu ihm. Und am einfachsten wäre es, beide im Supermarkt zu besorgen. Er sagte, er werde sich darum kümmern. Ich verabschiedete mich und ging. Auf der Straße waren jetzt mehr Leute anzutreffen. Die meisten standen reglos da. Wie unter Schock. Sie schauten alle dasselbe an. Die Twin Towers. Aus beiden Türmen schlugen rote Flammen. Und dicke Wolken schwarzen Rauchs. Ich ging zu meinem Zahnarzt. Langsam. Immer wieder blieb ich stehen und sah zu den Türmen zurück. Ich war schrecklich unruhig. Vor meinem inneren Auge sah ich all jene, die sich in den Türmen aufhielten, die Gebäude verlassen, erschrocken, aber organisiert. Als müssten sie nichts anderes tun als ihre Sachen packen und gehen. Als hätten die Explosionen nicht bereits unzählige Menschenleben gefordert. Als hätten die Flammen nicht bereits Zahllose lebendigen Leibes verbrannt. Obwohl ich wußte, daß das Geschehene eine unausdenkliche Katastrophe war, konnte ich das Gewicht dessen, was ich sah, nicht einmal andeutungsweise erfassen.

Der Zahnarzt war ebenfalls wie unter Schock. Er sagte mir, er habe aus seinem Wagen mit angesehen, wie das zweite Flugzeug in den Südturm gerast war. Er sagte, er habe irgendwo einen Fernsehapparat, und machte sich auf die Suche. Er förderte einen staubigen, uralten Schwarzweißfernseher zutage. Das Gerät sah aus, als wäre es jahrelang nicht angerührt worden. Der Zahnarzt konnte es nicht in Gang setzen. Er schaltete das Radio ein. Und bereitete sein Besteck vor. Im Radio hörten wir, daß vier Flugzeuge entführt worden waren. Und daß zwei der entführten Maschinen noch vermißt wurden.

Ich war wie vor den Kopf geschlagen. Und mir war übel. Mir war nicht klar, wieweit es an meiner üblichen Furcht vor Zahnarztbesuchen lag und wieweit an dem Schock, unter dem ich stand. Ich sagte, mir sei nicht wohl. Der Zahnarzt fragte mich, ob er warten solle. Er sah selbst ziemlich mitgenommen aus. Im Radio wurde gemeldet, daß das Pentagon getroffen war. Mir wurde noch übler. »Dr. B.«, sagte ich, »ich glaube, ich gehe besser nach Hause.« – »Ist alles mit Ihnen in Ordnung?« fragte er. Er sah wie benommen aus.

Draußen schien jedermann unter Schock zu stehen. Ich rief zu Hause an. Mein Mann meldete sich nicht. Ich lief zu dem Supermarkt. Im Supermarkt machten die Kunden ihre Einkäufe. Alles war ruhig, aber normal. Als wäre nichts weiter passiert. Ich fand meinen Mann. Er bezahlte gerade das Wasser und vereinbarte die Uhrzeit für die Anlieferung. Uns war immer noch nicht klargeworden, daß nichts von dem, was wir für diesen Abend geplant hatten, stattfinden würde. Wir hatten Ausmaß und Folgen dessen, was geschehen war, noch immer nicht erfaßt.

Wir gingen nach Hause. Beide Türme waren in Rauchfahnen eingehüllt. Polizei-, Ambulanz- und Feuerwehrsirenen gellten in den Straßen. Die Leute sahen wie benommen aus. In unserer Straße begegneten wir einer Bekannten. Sie stand in einem Grüppchen von Passanten. Überall standen Passantengruppen in stillem Entsetzen. Wir umarmten unsere Bekannte und blieben auch stehen, stumm und reglos. Mehrere Leute weinten. Die meisten waren aschfahl. Ich zitterte. Ich fühlte mich scheußlich. Und dann geschah das Unvorstellbare. Vor unseren Augen stürzte der Südturm ein, Turm Nummer eins, der als zweiter Turm getroffen worden war. Er stürzte langsam ein. Fast in Zeitlupe. Ringsum brach Bestürzung aus. Leute schrien auf und brachen in Tränen aus. »Nein, nein, nein«, rief eine junge Frau. Jemand anders schrie.

Einen junge Frau neben mir sank plötzlich ohnmächtig auf den Gehsteig. Ihre Arme und Beine zitterten heftig. Wie bei einem epileptischen Anfall. Das Zittern ergriff ihren ganzen Körper. Jemand zog sich die Jacke aus und wickelte sie um die Frau. Ich versuchte mich zu erinnern, wo sich der nächste Arzt befand. Die Gegend war meine unmittelbare Nachbarschaft. Ich wohne hier seit langem. Hunderte Male bin ich an Arztpraxen und Kliniken vorbeigegangen. Doch in diesem Augenblick konnte ich mich an keine einzige von ihnen erinnern. Die vertrautesten Dinge waren mir aus dem Gedächtnis gewichen. Ich wußte nicht mehr, an welcher Querstraße sich die Arztpraxis befand, die ich jahrelang aufgesucht hatte. Jemand begleitete die junge Frau in eine Wohnung in der Nähe.

Fassungslosigkeit, Trauer und Schock waren greifbar. Beinahe mit Händen zu greifen. Die Leute waren wie betäubt. Gebannt. Außerstande, den Blick von der leeren Stelle abzuwenden, wo der Turm gestanden hatte. Der Turm war nicht mehr da. Übrig war nur eine riesengroße Rauchwolke, schwarzgrau und braun. All meine Illusionen von geordneter Evakuierung und von Menschen, die unversehrt das Gebäude verließen, waren vergangen. Als der Turm einstürzte und zusammenbrach, konnte ich an nichts anderes denken als an die Menschen in seinem Inneren, die verbrannt und zerquetscht und zermalmt wurden. Die meisten, die sahen, wie das Gebäude zusammensank, sahen nicht Stahl und Glas, Metall, Mörtel und andere Baustoffe auseinanderbrechen. Sie sahen Arme und Beine und Köpfe und Brustkörbe, selbst wenn die Gliedmaßen und Finger und Torsi nicht zu erkennen waren.

Wir gingen nach Hause. Wir weinten beide. Wie alle um uns herum. Allmählich wurde uns klar, was geschah. Ich begann an meine Kinder zu denken. Ich hatte schon zuvor an sie gedacht. Im Geist hatte ich mir gemerkt, wo sich jedes von ihnen befand. Um ihretwillen machte ich mir keine Sorgen. Ich wußte, daß sie sich mit größter Wahrscheinlichkeit nicht in der Nähe des World Trade Center's aufhielten. Meine ältere Tochter war nicht einmal in Manhattan. Sie war in den Catskills im Staat New York. Meine jüngere Tochter hielt sich, davon war ich überzeugt, in Midtown auf, in den Räumen des Verlags, bei dem sie angestellt war. Mein Sohn war in der Arbeit in der Notaufnahme eines Krankenhauses. Das wußte ich, weil er sehr früh an diesem Morgen aus Peru zurückgekommen war, kaum drei Stunden, bevor er in die Arbeit gehen mußte. Er hatte mir per E-mail seine Rückkehr mitgeteilt. Meine jüngere Tochter war am Abend zuvor aus Spanien zurückgekommen. Beide hatten sich wenige Stunden vor diesen Schreckensereignissen in der Luft befunden. Dieser Gedanke war alles andere als beruhigend.

Ich geriet in Panik. Was, wenn meine jüngere Tochter nicht im Büro war? Es gab keinen Grund, warum sie sich in Downton aufhalten sollte, sagte ich mir. Es sei denn, sie frühstückte mit einem ihrer Autoren. Ich rannte zum Telefon und rief sie an. Sie nahm nicht ab. Ihr Anrufbeantworter schaltete sich ein. Ich legte auf und rief eine ihrer Kolleginnen an. Ich bemühte mich, nicht hysterisch zu klingen. Die junge Frau am anderen Ende der Leitung sagte, ich solle mir keine Sorgen machen. Sie sagte, meine Tochter sei in einer Sitzung.»In einer Sitzung im Verlagsgebäude?« fragte ich.»Ja«, sagte sie.»Geht es Ihnen gut?« fragte ich.»Vermutlich ja«, sagte sie.»Alle hier im Haus sind mehr oder weniger unter Schock.« Zwei Minuten später rief sie mich an und sagte, sie habe sich mit eigenen Augen vergewissert, daß meine Tochter sich in der Sitzung befand.

Ich konnte meine Erleichterung förmlich spüren. Ich legte auf. Und dann durchzuckte mich Entsetzen. Mir fiel ein, daß zwei unserer engsten Freunde, Catherine und Steve, in Gebäuden arbeiten, die neben den Türmen des World Trade Center's liegen. Hektisch suchte ich ihre Bürotelefonnummern heraus. Ich rief beide an. Bei beiden antwortete der Anrufbeantworter. Ich hinterließ Botschaften. »Bitte ruf mich an«, sagte ich. Ich rief bei ihnen zu Hause an. Niemand nahm ab. Ich hatte nicht erwartet, daß jemand abnahm. Ich wußte, daß beide früh am Tag zu arbeiten begannen. Ich rief ihre Mobiltelefone an. Keine Antwort. Ich begann zu zittern. Wir hatten das letzte Wochenende mit ihnen verbracht. Als müßte der Umstand, daß ich sie kürzlich gesehen hatte, ein Garant ihrer Sicherheit sein.

In diesem Augenblick rief Catherine an. Beim Klang ihrer Stimme wäre ich am liebsten in Tränen ausgebrochen. Sie sagte, sie sei wohlauf und habe das Gebäude verlassen. Sie sagte, ihr Mann Steve habe sie angerufen und ihr gesagt, daß sein Büro evakuiert worden war. Sie rief mich von der Straße aus an. Sie versuchte, ihre Abteilung zusammenzuhalten und herauszufinden, wie sie aus der Nachbarschaft der Unglücksstelle wegkommen konnten. Alle Straßen waren mit Flüchtenden verstopft. Und niemand wußte, welche Richtung einzuschlagen war. Catherines Handy funktionierte nicht. Dieser Anruf war der einzige, der ihr geglückt war. Sie sprach im Gehen. Ich konnte die Panik um sie herum hören. Ich sagte zu ihr, sie solle zu uns kommen, und dann war die Verbindung unterbrochen. Ich rief ihre Eltern an, die in Wien leben. Die Telefonverbindungen waren das reine Chaos. Irgendwann kam ich durch und hinterließ die Botschaft, daß Tochter und Schwiegersohn wohlauf seien.

Meine Freundin Lucie rief an. Sie sagte, sie wisse nicht, ob die Ausstellungseröffnung an diesem Abend wie vorgesehen stattfinden werde. »Ich glaube es nicht«, sagte ich, aber sicher war ich mir nicht. »Wahrscheinlich wird sie abgesagt«, sagte Lucie, aber überzeugt klang sie nicht. Wenn ich daran zurückdenke, ist es unvorstellbar, daß wir glauben konnten, irgend etwas könne stattfinden wie geplant. Doch andererseits waren wir es gewohnt, daß die Stadt sich jeder Situation gewachsen zeigte. Wir waren alle so sehr daran gewöhnt, daß alles funktionierte. In dieser Stadt wurden Dinge nicht abgesagt oder storniert. Oder geschlossen. Oder aufgeschoben. Diese Stadt kannte keine Pause, keinen Stillstand. Sie geriet nicht so leicht aus dem Geleis. Ganz fraglos waren Tiefe und Breite und Ausmaß der Katastrophe uns noch lange nicht wirklich zu Bewußtsein gekommen.

An diesem Abend würde in der Stadt überhaupt nichts stattfinden. Die Stadt würde fast gänzlich geschlossen sein. Von dem gewohnten New York würde nichts zu sehen sein. Als ich mit Lucie sprach, brachte der Fahrer des Supermarkts vier Kisten Seltzer. Die einzigen Straßengeräusche waren das Gellen und Heulen der Sirenen. Manche tönten hohl. Manche brummten. Sie erfüllten die Luft mit rasender Dringlichkeit. Mit verzweifelter Hast.

In den Fernsehnachrichten wurden Chaos und Verwirrung gezeigt. Aber eines war klar. Es war klar, daß dieser Angriff planvoll erfolgt war. Daß Terroristen ihn ausgeführt hatten. Es gab Gerüchte über weitere eventuelle Ziele der Terroristen. Ich rannte ans Telefon und erreichte meine Tochter. Sie sagte, allen Angestellten des Verlags sei nahegelegt worden, nach Hause zu gehen. Die meisten waren noch im Verlag, sagte sie. Und der Geschäftsführer würde im Verlag bleiben. »Tu das, was die anderen tun«, sagte ich. Das schien die klügste Lösung zu sein. Meine Tochter sagte, sie wolle mich anrufen, falls sich etwas änderte. Die meisten Telefone in dem Gebäude funktionierten noch.

Die Polizei riegelte bereits die City ab. Außerhalb gingen große Menschenscharen auf dem West Broadway in nördliche Richtung. Sie gingen mitten auf der Straße. Schweigend. Hunderte und Aberhunderte. Ihnen war die Flucht gelungen. Sie waren entkommen. Aus Tribeca. Aus Battery Park City. Aus South Street Seaport. Aus der Wall Street. Aus dem ganzen Gebiet um das World Trade Center herum.

Sie hatten Handtaschen und Aktentaschen und Jacketts bei sich. Manche waren asche- und rußverschmiert. Andere nur leicht verschmutzt. Ihre Mienen waren ausdruckslos. Unbewegt. Und alle sahen gleichermaßen erschüttert, entsetzt und hilflos aus. Sie blickten geradeaus. Und gingen schweigend. Ihre Tränen flossen wortlos. Reglos. Manche der Frauen hielten ihre Schuhe in der Hand. Andere trugen Kinder. Es gab kein Durcheinander. Keine Panik. Keine Hysterie. Es war ein geordneter Abzug. So geordnet, als hätte man ihn geplant und vorbereitet.

An jedem öffentlichen Telefon warteten lange Schlangen. Viele Netze waren gestört. Ebenso die meisten Mobiltelefone. Die Leute standen Schlange, ohne zu murren. Man hätte meinen können, daß öffentliche Telefone in so einer Situation leicht antiquiert wirkten, aber sie funktionierten wenigstens.

Im Fernsehen wurde über mögliche weitere Angriffe spekuliert. Firmen begannen ihre Mitarbeiter nach Hause zu schicken. Mein Sohn rief mich an. Er hatte mich schon früher zu erreichen versucht, aber die Telefonleitungen des Krankenhauses waren immer wieder gestört. Er wußte, daß ich mir keine Sorgen um ihn zu machen brauchte, wollte mich aber trotzdem beruhigen. Er sagte, daß es ihm gutgehe. Dann schwieg er. »Wir haben die ganze Zeit gewartet, mit ungeheuer hohem Adrenalinspiegel«, sagte er dann. »Aber niemand ist eingeliefert worden. Niemand. Hier herrscht gähnende Leere.« Als ich das hörte, begriff ich, was er damit sagen wollte. Ich mußte mich setzen. Wenn keine Verletzten in die Notaufnahme gebracht wurden, dann konnte das nur bedeuten, daß es sehr viele Tote gab.

Danach erinnere ich mich nur an Einzelereignisse wie an Schnappschüsse. Was zwischen ihnen geschah, weiß ich nicht mehr. Meine Freundin Catherine kommt. Sie sieht erschöpft aus. Ihre Haare und ihre Kleidung sind voller Staub. Sie ist sehr still. In den Händen hält sie Plastiktüten. Eine davon enthält Aktenordner. Steve kommt. Er nimmt

Catherine in die Arme. Beide sind blaß, aber gefaßt. Steve hat auch Unterlagen mitgebracht.

In den Unterlagen befinden sich die Telefonnummern von Mitarbeitern, Kollegen und Freunden. Catherine und Steve haben Leute aufgelistet, nach deren Verbleib sie sich erkundigen wollen. Ihre Gelassenheit ist beeindruckend. Eines unserer Telefone und das Faxgerät funktionieren noch. Catherine und Steve setzen sich an den Schreibtisch meines Mannes. Am einen Ende des Tischs sitzt Catherine mit dem Telefon, am anderen Ende Steve mit dem Faxgerät. Später erfahre ich, daß Steve gesehen hat, wie Menschen aus den Fenstern der Türme sprangen. Er sah sie springen. Sah sie fallen. Sah, wie sie einander umklammert hielten. Das erwähnt er in diesem Augenblick nicht. Er wird es monatelang nicht erwähnen. Im Augenblick telefoniert er. »Catherine und mir geht es gut«, wiederholt er immer wieder.

Ich gehe in mein Arbeitszimmer. Ich habe E-mails bekommen. Zeitungsredakteure in Deutschland und Australien fragen an, ob ich über das Geschehene für sie schreiben will. Ich kann nicht einmal denken, vom Schreiben ganz zu schweigen. Wieder ist die Rede von denkbaren weiteren Terrorangriffen. Der Flugverkehr ist eingestellt. Die öffentlichen Verkehrsmittel in Manhattan fahren nicht. Ich versuche, abermals meine Tochter zu erreichen. Sie nimmt nicht ab. Ich probiere es mit den Telefonnummern von zwei Kollegen. Sie nehmen auch nicht ab.

Ich bekomme eine E-mail von einer Journalistin des in Melbourne erscheinenden *Age*. Sie hat einen Artikel geschrieben, der mir Kummer bereiten wird. Und meinem Vater auch. Die Tragödie, die über New York hereingebrochen ist, tut sie munter mit der Wendung »schlechtes Timing« ab. Und verlangt von mir einen Kommentar zu ihrem Artikel.

Meine jüngere Tochter ruft an. Nur wenige Telefone in dem Verlag sind noch in Betrieb. Die meisten Angestellten seien nach Hause gegangen, sagt sie. Sie wird auch gehen. Sie will zu uns kommen. Ich rate ihr, in ihre eigene Wohnung zu gehen. Ihre Wohnung liegt zwar vierzig Häuserblocks von dem Verlag entfernt, ist aber schneller zu erreichen als unsere Wohnung. Sie sagt, sie wolle mit uns zusammen sein. Sie weiß, daß es keine öffentlichen Verkehrsmittel gibt. »Ich gehe jetzt los«, sagt sie. Bei der Vorstellung, daß sie auf der Straße unterwegs ist, wird mir übel. Bei der Vorstellung, nicht mehr mit ihr in Kontakt zu stehen, wird mir übel. Nicht zu wissen, wo sie sich aufhält. Ich habe entsetzliche Angst, sie zu verlieren.

Meine ältere Tochter ruft aus Upstate New York an. Sie will nach Manhattan kommen. Sie weiß nicht, daß die City abgeriegelt ist. Daß Brücken und Tunnel geschlossen sind. Sie weiß nicht, daß sie dort, wo sie sich befindet, in Sicherheit ist. »Bleib, wo du bist. Rühre dich auf keinen Fall weg«, sagt mein Mann zu ihr. Diese Worte meines normalerweise lässigen Mannes klingen überhaupt nicht lässig. Er sagt sie sehr entschieden. Die Tochter hört auf ihn. Ich bin erleichtert.

Ich schreibe eine E-mail an eine Freundin in Australien; ich bitte sie, meinen Vater anzurufen, wenn es in Melbourne früher Vormittag ist. Ich bitte sie, ihm auszurichten, daß wir wohlauf sind. Später spreche ich mit ihm. Er ist weniger beunruhigt, als ich erwartet hätte. Mein Vater, der in Panik geraten kann, wenn er eine Rechnung zwei Minuten zu spät bezahlt oder wenn ein Kellner seinetwegen zehn Minuten warten muß, ist nicht in Panik. Er ist beunruhigend ruhig. Ich mache mir Sorgen, daß er sich nicht genug Sorgen macht. Ich versichere ihm, daß wir wohlauf sind. Ich sage, wie entsetzlich es war. Wie entsetzt wir alle sind. Er stimmt mir zu. »Es ist eine schreckliche Sache«, sagt er.

Ich beginne ihm zu erzählen, wie ich die Explosion gehört habe. Aber er unterbricht mich. »Alle Familienangehörigen sind wohlauf«, sagt er. Mehr will er nicht hören. Er ist auffallend wortkarg. Als wäre das, was geschehen ist, zuviel für ihn. Zu gefährlich, als daß er sich länger damit befassen dürfte. Panik kann er sich nur erlauben, wenn keine Gefahr droht. Aber in diesem Moment muß er sich zügeln. Seine Abschiedsworte klingen beinahe unbeteiligt. Und das bei dem Mann, der mir sagt, daß er nur für meine Anrufe lebt. Der in Panik gerät, wenn ich zu spät anrufe. Der weinte, als ich in dem Hotel, in dem wir in Deutschland wohnten, zwei Stunden später als von ihm erwartet eintraf. Ich lege auf und mache mir Sorgen um ihn.

Meine jüngere Tochter ruft mich an. Ihr Handy funktioniert. Sie ist auf der Fifth Avenue auf Höhe der Twenty-Eight Street. Als sie sagt, daß es ihr gutgehe, höre ich einen lauten Knall. Dann Schreie. »O Gott«, sagt meine Tochter. Dumpfe Geräusche, Klirren. Dann setzt die Verbindung aus. Mein Herz rast so heftig, daß ich fürchte, ohnmächtig zu werden. Ich rufe sie an, aber die Verbindung kommt nicht zustande. Sie ruft mich an. »Es war nur eine Fehlzündung«, sagt sie.

Ich höre die Leute in ihrer unmittelbaren Umgebung. »Alle laufen nach Uptown«, sagt sie. »Außer mir geht niemand in die entgegengesetzte Richtung.« Es überrascht mich, daß niemand nach Downtown geht. Was hat das zu bedeuten? Hat das zu bedeuten, daß die meisten Bewohner Downtowns bei Freunden in Uptown unterschlüpfen konnten? Es bereitet mir Sorgen. »Wäre es vielleicht besser, daß du in deine Wohnung gehst?« sage ich und versuche, nicht hysterisch zu klingen. »So viel näher ist meine Wohnung gar nicht«, sagt meine Tochter. »Ich gehe einfach weiter.«

Ich sage zu meinem Mann, daß sie zu Fuß in unsere Richtung geht und daß alle, denen sie begegnet, in die Gegenrichtung laufen. Seit Jahren kann ich an seinen Reaktionen ermessen, ob meine eigene Panik fehl am Platz ist. Er gerät selten in Panik. »Wo befindet sie sich?« fragt er. Ich sage, daß sie an der Ecke Fifth Avenue und Twenty-Fifth Street war, als ich aufgelegt habe. »Sie wird bald hier sein«, sagt er.

Catherine sitzt an seinem Schreibtisch. Sie umklammert eine der Plastiktüten, die sie mitgebracht hat. Ich frage sie, was in der Tüte ist. »Ach, Schokolade«, sagt sie in geistesabwesendem Ton. »Von Altmann & Kühne.« Ich bin sprachlos. Altmann & Kühne ist eine Wiener Konfiserie. Ihre Schokoladen sind wahre Kunstwerke. Es ist ein Traditionsunternehmen. Ich hatte ganz vergessen, daß Catherine kürzlich in Wien war. Und daß sie mir versprochen hatte, mir Schokolade von Altmann & Kühne mitzubringen.

»Ich hatte die Schokolade in meinem Büro«, sagt Catherine, als wolle sie erklären, warum sie die Schokolade bei sich hatte. »Und du hast sie mitgenommen, als das Gebäude evakuiert wurde«, sage ich. »Ja«, sagt sie. »Ich habe die Schokolade und meine Ordner eingepackt und bin losgerannt. Ich wollte nicht, daß die Schokolade schmilzt«, fügt sie hinzu, als erkläre das ihr Tun. Ich beginne ungläubig zu lachen. Catherine ist Anfang dreißig und eine sehr vernünftige Person. Ich kann es nicht fassen, daß sie eine Tüte Schokolade von Altmann & Kühne aus dem Gebäude mitgenommen hat. Ich nehme die Tüte in die Hand. Sie ist schwer. Voller Schokoladentafeln.

Ich kann es nicht fassen, daß Catherine diese Schokolade mitgeschleppt hat, während sie in den engen Straßen voller Flüchtlinge, voller weinender Menschen und voller Trümmer, Rauch und Asche ihre Mitarbeiter zusammenhielt. Sehr viel später werden wir erfahren, daß 1,2 Millionen Tonnen Schutt aus den Twin Towers über ein Gebiet von sechzehn Morgen Landes niedergegangen sind. Nach ihrer Flucht durch Staub und Qualm wird Catherine monatelang husten. Und irgendwann wird sie die Sache mit der Schokolade komisch finden. Im Augenblick kommt es ihr weder komisch noch eigenartig vor. Sie telefoniert weiter. Sie versucht, mit ihren Mitarbeitern Kontakt aufzunehmen. Um sich zu vergewissern, ob sie in Sicherheit sind. Ob sie es geschafft haben.

Meine Tochter kommt. Ich weine, als ich sie sehe. Mehr als sechzig Häuserblocks ist sie in rosa Riemchensandaletten mit hohen Absätzen gegangen. Dennoch will sie die Sandalen nicht ausziehen. Später gehen wir auf die Straße. Alle fünf. Draußen herrscht eine unheimliche, beinahe tödliche Stille. SoHo ist abgeriegelt. Das Gebiet südlich der Fourteenth Street ist für den Verkehr gesperrt. Mitten auf der Straße tragen Leute Taschen und ziehen Koffer hinter sich her. Alle gehen in eine Richtung. Nach Norden. Uptown.

Ich frage mich, wer die Leute sein mögen. Sind es Anwohner, die diese Gegend verlassen? Oder Gäste der Anwohner? Oder Gäste aus den schicken Hotels, dem Mercer und dem SoHo Grand Hotel? Taxis oder Mietwagen sind nirgends zu sehen. Jedermann muß viele Häuserblocks weit gehen, um zu einem Verkehrsmittel zu gelangen. Beim Gehen mühen und plagen sich die Leute mit ihren Habseligkeiten ab. Sie sehen aus wie fahrendes Volk. Unsolide. Erstaunlich, wie schnell Menschen der Mittelklasse wie Flüchtlinge wirken können.

Ohne Autoverkehr und von den Flüchtenden verlassen nimmt SoHo die Atmosphäre eines Friedhofs an. Von unvorstellbar schick verwandelt es sich binnen Sekunden in eine Gegend, die alles andere als angesagt ist. An der Houston Street, am Broadway und an der Sixth Avenue hat die Polizei Barrikaden errichtet. Man muß sich ausweisen, wenn man die Gegend betreten will. Mein Mann hat seinen Führerschein mitgenommen, weil unsere Adresse darin eingetragen ist. Ich erkläre den Polizisten, daß Catherine und Steve bei uns zu Gast sind, ebenso wie unsere Tochter. Dann vergewissere ich mich, daß man uns zurückkehren lassen wird.

Die Houston Street ist von schwarzen Lastwagen ge-
säumt. Dutzende und Aberdutzende. Und mit Maschinen,
die nach Erdarbeiten aussehen. Die Straße ist zu einem
Sammelplatz und zu einer Werkstatt für Rettungsgeräte geworden. Die ersten bewaffneten Soldaten sind zu sehen.
Wir gehen zu Bruno's Bakery. Wir sind alle sehr niedergeschlagen. Bruno's hat geöffnet. Ich bin so froh. Der Umstand, daß ein Café geöffnet hat und Gäste bedient, kommt
mir wie ein Rettungsanker vor. Der Umstand, daß die
Biscotti noch immer in parallelen Linien angeordnet sind,
hat etwas Beruhigendes.

Es ist fünf Uhr nachmittags. In dem Café sitzt ein halbes
Dutzend Gäste. Alle sind sehr still. Wir bestellen Tee und
Kaffee. Catherine ist kreideweiß. Sie hat noch nichts gegessen. Ich weiß, daß sie heiße Schokolade mag. Ich
möchte, daß Catherine heiße Schokolade trinkt. Ich bestelle
sie für sie. Ich denke, daß ihr die heiße Schokolade guttun
wird. Aber ich bestelle sie auch in dem verzweifelten
Bemühen, so zu tun, als hätte sich gar nicht so viel geändert. Ich trinke noch immer Kamillentee mit Zitrone, und
mein Mann trinkt wie immer einen doppelten Espresso. Wir
sitzen noch immer zusammen in einem Café. Wie wir es so
oft getan haben.

Draußen bildet sich ein kleiner Menschenauflauf. Ich
trete mit meiner Tochter auf die Straße. Die Luft, die den
ganzen Tag rauchgeschwängert war, wirkt noch rußiger.
Noch übler. Neue, dunkelbraune Wolken ziehen ununterbrochen auf. Ich begreife, was los ist. Ein weiteres Gebäude.
Nicht gefährdet. Eingestürzt. Verschwunden. Und ich habe
recht. Seven World Trade Center ist soeben zusammenge-
stürzt. Einfach so. Es ist zwanzig nach fünf. Meine Tochter
und ich beginnen zu weinen.

Die Flammen von Seven World Trade Center wüten,
genährt, wie wir später erfahren, von den Dieselvorräten, die
für den Notfall in diesem Gebäude lagerten. Seven World

Trade Center beherbergte unter anderem die Zollbehörde und Teile des FBI und der CIA. Und es beherbergte den städtischen Katastrophenschutz in Räumen, die Bunker genannt wurden.

Dieser Bunker war gegen Überschwemmungen gesichert, gegen Wirbelstürme, gegen alles nur Erdenkliche; er war so konstruiert, daß im Fall einer Natur- oder anderweitig verursachten Katastrophe die Behörden der Stadt New York handlungsfähig blieben. Vorgesehen war, daß sich im Katastrophenfall Bürgermeister und Behördenvertreter im Bunker versammelten, um ihre Aktivitäten zu koordinieren. Der Bunker befand sich im dreiundzwanzigsten Stockwerk von Seven World Trade Center. Bei schweren Schneestürmen pflegte Bürgermeister Giuliani die Reporter im Bunker zu empfangen. Hinter ihm befanden sich Bildschirme und eindrucksvolle Geräte. Und dorthin begab er sich nach dem Angriff als erstes. Aber er mußte kehrtmachen.

Bis alles vorbei ist, werden sieben Gebäude eingestürzt sein, darunter auch das Hotel Marriott. In diesem Hotel befanden sich achtzehn Kunstwerke von der Hand meines Mannes. Diese Arbeiten waren bei ihm bestellt worden, als das Hotel noch Vista hieß, und angebracht hatte man sie nach Umbau und Renovierung nach dem ersten Terroristenüberfall auf das World Trade Center 1993.

Im Foyer hingen zwei große Gemälde meines Mannes; im Restaurant und in anderen Räumen des Hotels gab es Bilder und große Keramikplastiken. Allmählich beginnt er es für sein Los zu halten, daß seine Bilder vom Feuer zerstört werden. Zuerst der Brand in unserem Loft vor fünf Jahren, bei dem Hunderte Bilder vernichtet wurden. Und jetzt dies.

Wir gehen nach Hause. Steve und mein Mann schlagen vor, etwas zu essen zu machen. Keiner von uns ist hungrig. Die beiden Männer kochen. Sie hacken und rühren und braten und sieben mit solchem Eifer, daß wir mitmachen wollen, an ihrer Energie und Lebenskraft teilhaben wollen. Sie stellen ein sonderbares Arrangement von Gerichten zusammen. Sie haben Reste und Nahrungsmittel aus dem Kühlschrank kombiniert. Wir setzen uns und essen.

Ein gerahmtes Bild fällt von einem Regalbrett, und das Glas zersplittert. Entsetzt springen wir alle auf. Und sind sichtlich erleichtert, daß nur etwas vom Regal gefallen ist.

In den Nachrichten werden wir gewarnt. Man fordert uns auf, wachsam zu sein. Weitere terroristische Angriffe werden für denkbar gehalten. Normalerweise gelassene Nachrichtensprecher sehen bekümmert und hilflos aus. Bürgermeister Giuliani wird gezeigt. Seine Gegenwart ist sehr beruhigend. Er scheint wie immer Herr der Lage zu sein. Er hat sich nicht versteckt. Er ist nicht weggelaufen. Ich würde ihn am liebsten küssen.

Ich bringe unverhältnismäßig viel Zeit damit zu, ein Nachthemd für Catherine auszusuchen. Bedächtig inspiziere ich meine Nachtwäsche. Ich entscheide mich für ein langes schwarzes Stretchnachthemd aus Spitze. Für Steve suche ich einen Bademantel aus und für meine Tochter einen Pyjama. Alle drei sehen mich sonderbar an, als ich ihnen ihre Nachtwäsche präsentiere. Vermutlich schlafen sie zu Hause unbekleidet.

In unserem Haus ist es immer ruhig, aber an diesem Abend herrscht eine befremdliche Stille. Ich bin erleichtert, als ich höre, wie sich der Nachbar in der Wohnung über uns bewegt. Ich bin erleichtert, daß wir nicht die einzigen Anwesenden sind. Früher am Tag bin ich auf der Straße einer Nachbarin begegnet. Ich wollte sie ansprechen, aber sie wollte nichts von dem Unglück hören. Sie fing an, von ihrem Schal zu sprechen. Wie gut er ihr gefalle. Es sah ziemlich abartig aus, wie sie an ihrem Schal herumzupfte und -zerrte. Ich nehme an, daß sie unter Schock stand.

Nachts sind wir dankbar für jede Ambulanz-, Polizei- und Feuerwehrsirene. Jede einzelne verheißt Hoffnung. Es sind viel zu wenige.

Vor ihrem Einsturz waren die Twin Towers des World Trade Center's 110 Stockwerke hoch. Jedes Gebäude hatte 21.800 Fenster, 104 Aufzüge und pro Stockwerk einen Morgen Nutzfläche. In den Türmen gab es Handelsunternehmen, Investmentfirmen, kleine Büros, ein Hotel und eine unterirdische Einkaufspassage.

Fünfzigtausend Menschen arbeiteten in den beiden Türmen. Bald werden wir wissen, daß Tausende umgekommen sind. Die meisten waren jung. In der Blüte ihrer Jahre. Wir werden wissen, daß es Tausende von Witwen und Witwern gibt. Tausende vaterloser und mutterloser Kinder. Wir werden wissen, daß ungeborene Babys vaterlos auf die Welt kommen werden. Wir werden wissen, daß Eltern ihre Kinder beweinen. Daß Brüder, Schwestern, Tanten, Onkel, Cousins und Cousinen ihre Toten beweinen. Wir werden wissen, daß zahllose Pläne im Keim erstickt wurden. Und Träume. Als ich nachts einschlafe, ist mir bewußt, daß es draußen zu still ist.

In der Nacht vor dem Angriff hatte ich sehr schlecht geschlafen. Jede Stunde war ich aufgewacht. Voller Unruhe. So schlecht hatte ich seit Jahren nicht geschlafen. Glaubte ich an das Übersinnliche, an parapsychologische Wellen oder Verbindungen, müßte ich denken, daß die verstörenden Pläne, die in die Tat umgesetzt werden sollten, mich verstörten. Aber verstörende Pläne teilen sich leider nicht mit. Sie schicken keine Warnung voraus.

Am nächsten Morgen weckt mich der Geruch. Ein Geruch, den ich gut kenne. Brandgeruch. Er riecht nicht wie ein Kaminfeuer oder wie ein Barbecue. Er ist sehr streng und durchdringend. Und dicht. So dicht wie Beton. Nicht schwach. Man kann ihn nicht vertreiben. Er füllt unser Loft. Gestern blies der Wind nach Süden. Da konnte der Geruch nicht zu uns dringen. Ich weiß, daß dieser Geruch durch nichts zu vertreiben ist. Er ist hartnäckig und beständig. Er wird nicht verschwinden. Er bleibt hängen. Und hängt sich an einen. In enger Umschlingung. Er ist klebrig und ekelerregend. Und dringt in alle Filter ein. Nach dem Feuer in unserem Loft waren wir fast ein Jahr lang diesem Geruch ausgesetzt. Er steckte in unseren Poren. In unseren Nasenlöchern.

»Ich habe in einer Stunde mit mehr Fremden gesprochen als in den ganzen zehn Jahren, die ich in New York lebe«, sagt Catherine. Sie sagt es aus heiterem Himmel. Wir sitzen beim Frühstück. Catherine war sehr still. Wir alle waren es. Sie meint die Stunde, die sie gebraucht hat, um das Gebiet des World Trade Center's zu verlassen. Für die Wegstrecke, der sie folgte, benötigt man unter normalen Umständen zehn Minuten. Sie ist noch immer sehr blaß. Und Steve ist es ebenfalls.

Im Fernsehen werden immer wieder Aufnahmen von Leuten gezeigt, die vor dem Angriff fliehen. Manche von ihnen sind so asche- und staubverschmiert, daß sie aussehen wie Grabskulpturen auf etruskischen Sarkophagen. Der Steinstaub ist so fein, daß er die Züge der Leute nachbildet. Und alle Einzelheiten ihrer Kleidung. Er hat sich in jedem Winkel, jeder Ritze festgesetzt. Manche versuchen, sich den Steinstaub mit Mineralwasser aus Augen und Ohren und Nase zu waschen.

Der öffentliche Verkehr in der City ist noch nicht in vollem Betrieb. Catherine und Steve wollen zu Fuß zu ihrer Wohnung in der Upper East Side gehen. Catherines Füße sind voller Blasen. Ich verbinde sie mit breitem australischem Wundpflaster. Für viele Frauen waren zum Gehen und Laufen ungeeignete Schuhe eine zusätzliche Erschwernis. Später werden viele Frauen in New York bequeme Schuhe in die Arbeit mitnehmen.

Wir begleiten Catherine und Steve einen Teil des Weges. Ich will Brot kaufen. Und Toilettenpapier. Wenn ich diese Einkäufe tätige, wird es mir besser gehen, das weiß ich. Brot beruhigt meinen Magen. Und Toilettenpapiervorräte beruhigen meine Nerven. Vermitteln mir den Eindruck, ich sei gewappnet. Ich sei der Lage gewachsen. Ich weiß, daß es Unsinn ist. Wir benutzen keine Unmengen Toilettenpapier. Ich glaube, daß wir nicht mehr Toilettenpapier benutzen als jedermann sonst. Ich habe nur gern große Vorräte davon im Haus.

Draußen erfüllen Staub- und Schuttpartikel die Luft. Gestern war die Luft in SoHo verhältnismäßig klar. Das hat sich durch die veränderte Windrichtung geändert. Der Wind hat Asche und Schutt und Rauch mitgeführt. In der Luft schweben Staubsplitter und -späne. Geschwärzte Überreste. Verbrannte Relikte und Überbleibsel. Manche Fragmente sind groß genug, daß man sie identifizieren kann. Versengte Papierfetzen tanzen und flattern mit einer Anmut, die etwas Unpassendes hat. Das Atmen fällt schwer. Es fällt schwer, sich klarzumachen, was wir einatmen. Nicht Kehricht oder Abfall. Nicht Schmutz, der von einer Baustelle herüberweht. Oder von einer Müllhalde. Wir wissen alle, woher dieser Staub stammt. Es ist mehr, als man ertragen kann.

An der Fourteenth Street verabschieden wir uns von meiner Tochter und von Catherine und Steve. Wir machen kehrt und gehen nach Hause. Nicht wenige Passanten haben Atemmasken auf. Wir kommen an einer Apotheke vorbei. Ich trete ein und frage, ob sie Masken verkaufen. Sie sind ausverkauft. In dieser Apotheke kaufe ich häufig ein. Ich frage, ob ich Masken bestellen kann. »Was reinkommt, wird an Passanten ausgegeben, vor allem Passanten mit Kindern«, sagt die Verkäuferin unfreundlich. Ich schäme mich entsetzlich. Ich komme mir vor wie ein Verbrecher. Meine Augen sind schon gerötet und entzündet. Ich kaufe eine Sonnenbrille.

Die zwei Türme brennen noch immer. Brennen weiter. Die Feuer werden, was wir noch nicht wissen, monatelang weiterbrennen. Rauch steigt zum Himmel auf. Heute stehen andere Laster an der Houston Street als gestern. Sie sind grau. Ihr Gesamteindruck ist einer von Stärke und Zähigkeit. Beinahe erschreckend. Sie stehen Kotflügel an Kotflügel aufgereiht. Sie wirken alert. Und zornig. Und grimmig. Kampfbereit. Zu allem bereit.

SoHo sieht wie tot aus. Wie ausgestorben. Keine Laufburschen sind unterwegs. Keine Zeitungsverkäufer. Kein Brot und keine Milch werden ausgetragen. Vereinzelte Läden haben geöffnet. Das Lebensmittelgeschäft Dean & Deluca ist geschlossen, aber Gourmet Garage, das robustere Äquivalent, hat geöffnet und bereitet Snacks zu.

An allen größeren Kreuzungen befinden sich Lastwagen und Barrikaden. Und Polizeikontrollen. Verblüffend, wie eine Gegend sich im Handumdrehen verwandeln kann. Eben noch Schauplatz ausgiebiger Luxuseinkäufe – Yves Saint Laurent Tür an Tür mit Chanel und Prada und Kenzo. Und im nächsten Moment militarisiert und mobilisiert. Die Militarisierung versuche ich mir zu erklären. SoHo ist nicht besetzt. Es ist kein Kampfschauplatz. Eine Gegend, wo man noch immer mit Rosmarin gebratenes Hühnchen kaufen kann, läßt sich kaum als Kriegsschauplatz bezeichnen.

Alles ist so still. Diese Stille ist verstörend. Das Leben in New York ist von Lärm geprägt. Lärm herrscht ständig. Lärm von Klimaanlagen. Verkehrslärm. Lärm von Straßenbauarbeiten. Und jetzt ist kein Lärm zu hören. Jetzt herrscht Stille. Sogar am Himmel. Keine Flugzeuge verkehren. Keine Linienflugzeuge, keine Privatflugzeuge, keine Hubschrauber. Die einzige Bewegung am Himmel ist die der schwarzen Rauchwolken, die unablässig emporsteigen. Die anschwellen und sich ausdehnen.

Mein Mann beginnt zu husten. Dieser Husten ist mir schon früher aufgefallen. Er klingt trocken und rasselnd. Mein Mann sagt nichts. Er ist eine stoische Natur. Er beklagt sich nie. Das ist nicht seine Art. Es müßte ihm dramatisch schlecht gehen, bevor er sagen würde, er fühle sich nicht besonders gut.

Ich beklage mich über alles und jedes. Oder so gut wie. Ich ergehe mich gern in Klagen und Beschwerden. Ausführlich. Mein Mann sagt nie, ich solle den Mund halten. Er sieht nie enerviert aus. Und zu guter Letzt bringt mich seine Freundlichkeit zum Verstummen. Ich höre mich ununterbrochen lamentieren. Und das klingt nicht gut. Meistens bitte ich dann um Verzeihung und entschuldige meine Mäkelsucht als genetischen Makel. Ich glaube, daß das stimmt. Alle Juden beklagen sich gern. Egal worüber. Juden sind nicht zufrieden, wenn sie sich nicht beklagen können. Klagen haben etwas Beruhigendes. Aber an diesem Tag würden alle Klagen der Welt nichts nützen. Fast niemand beklagt sich. Auf den Straßen wird nicht gestritten. Niemand drängelt oder schubst beim Anstehen nach Masken und Mineralwasser. Niemand stürzt sich auf die Nahrungsmittel. Oder worauf auch immer. Vorherrschend sind Geduld und Freundlichkeit, so spürbar vorhanden wie der Schock, das Entsetzen und der Kummer auf den Mienen der Leute.

Die Luft scheint immer dicker zu werden. Die Behörden lassen Masken verteilen. Aber es gibt keine mehr. Ich versuche es in ein paar Läden. Nichts zu machen. Überall sind sie ausgegangen. Ich gehe weiter. Ich halte mir mein Hemd vor Mund und Nase. In der Luft ist so viel Staub. Schutt, Asche, Rauch, Schmutz, Abfälle. Papierschnipsel, Stoffschnipsel, Kehrichtschnipsel. Es fällt schwer zu atmen. Ich gerate nicht in Panik. Es ist unnormal für mich, nicht in Panik zu geraten.

Zu Hause sehen wir Fernsehaufnahmen von Bahren und Betten und Infusionsständern und anderen Apparaten auf den Straßen vor den Krankenhäusern. Reihen von Ärzten im weißen Kittel stehen wartend daneben. Sie sind organisiert und vorbereitet und einsatzbereit. Vergebens. Keine Ambulanzen fahren mit quietschenden Reifen vor. Keine Patienten werden eingeliefert. Bald werden wir erfahren, daß fast alle Notaufnahmen in Manhattan an diesem Tag und am Vortag weniger Patienten hatten als sonst.

Mein Sohn kommt mit zwei Kollegen, die ebenfalls in der Notaufnahme arbeiten. Alle drei haben ihr Stethoskop umhängen und tragen Arztkittel. Aschenverschmierte Arztkittel. Sie haben den Ort des Angriffs aufgesucht. Nach der Arbeit sind sie hingegangen, um ihre Hilfe anzubieten. Bevor sie die Wohnung betreten, ziehen sie die Schuhe aus und schütteln große Aschenflocken aus den Schuhen. Sie sehen aus, als stünden sie unter Schock. »Es gab keine Verwundeten«, sagt einer von ihnen. »Nur Leichenteile«, sagt mein Sohn. Sie waschen sich. Wir geben ihnen etwas zu trinken. Und sie gehen, um sich kurz hinzulegen. In wenigen Stunden haben sie wieder Dienst.

Wir erfahren, daß der Midtown-Tunnel wieder geöffnet ist. Wir beschließen, nach Shelter Island zu fahren. Ein Teil von mir will die Stadt nicht verlassen. Ich will sie nicht im Stich lassen. Aber die Luft in unserem Loft ist fast so unerträglich wie die auf der Straße. Ich rufe meine jüngere Tochter an. Sie will uns nicht begleiten. Sie will in der Stadt bleiben für den Fall, daß sie in ihren Verlag gerufen wird. Ich rede auf sie ein. Sie sagt, in der Gegend, in der sie wohnt, sei die Luft besser. Sie sagt, sie sei wohlauf. Das Atmen meines Mannes klingt schwer und mühsam. Ich frage ihn. Er gibt zu, daß er Schmerzen in Brust und Augen hat. Ich rufe die Busgesellschaft an. Man teilt mir mit, daß der Bus um halb sieben an diesem Abend fahren wird. Ich bestelle zwei Fahrkarten. Meine Agentin ruft mich an und sagt, der Fahrer der Agentur werde uns aus der Stadt bringen. Ich sage ihr, daß ich Sitzplätze im Bus reserviert habe.

Wir gehen zur Haltestelle an der Forty-Fourth Street. Auf halbem Weg steigen wir in einen der kostenlosen Busse ein, die mittlerweile in der Stadt fahren. Er nimmt uns bis zur Haltestelle mit. Nachts kommen wir auf Shelter Island an.

Shelter Island ist ein ruhiges Fleckchen Erde. Zu jeder Zeit. Unter der Woche im Frühherbst gibt es nachts kaum Geräusche. Jedes Geräusch kann hier meilenweit gehört werden. Jedes Geräusch läßt mich zusammenzucken. Die Deckenventilatoren in unserem Schlafzimmer machen mich nervös. Ihr Surren klingt wie Hubschrauberrotoren in unmittelbarer Nähe. Normale Geräusche klingen nicht mehr normal. Auf der Herfahrt hat jemand im Bus eine Tasche fallen lassen. Die Hälfte der Fahrgäste zuckte zusammen. Ich schalte die Ventilatoren ab.

Das einzige andere Geräusch in dieser Nacht ist das Brummen der Militärflugzeuge am Himmel. Drei Flugzeuge fliegen hintereinander über unser Haus. Ihre Motoren klingen anders als die der Linienflugzeuge, tiefer, dumpfer, lauter. Lärmender. Als erforderte es eine große Anstrengung, das schwere Gewicht in der Luft zu halten. Osama bin Laden und das Al-Kaida-Netz wurden bereits als Verdächtige genannt. Das Wort Krieg fiel mehrmals.

Am nächsten Morgen, am 13. September, öffne ich die Hintertür und trete hinaus. Ich kann das Feuer riechen. Ich kann es riechen, bevor ich aus der Tür trete. Ich hatte den Eindruck gehabt, es schon oben im Schlafzimmer zu riechen. Aber ich dachte, das müsse eine Sinnestäuschung sein. Shelter Island liegt fast hundert Meilen von Manhattan entfernt. Ich erwähne den Geruch nicht. Ich habe noch immer den Eindruck, daß es eigentlich nicht möglich sein kann, ihn bis hierher zu riechen. Am Nachmittag sagt mein Mann, der gerade im Fernsehen Bilder von den brennenden Türmen sieht, daß er beim Aufwachen den Brandgeruch riechen konnte. Das sagt er mit sehr beherrschter Stimme. Als würden ihm gleich die Tränen kommen. Ich frage ihn, wie der Geruch bis hierher dringen kann. Er sagt, das wisse er auch nicht.

Wir gehen in die Ortschaft, um eine Zeitung zu kaufen. Shelter Island sieht aus wie immer. Nichts scheint sich ver-

251

ändert zu haben. Ein paar mehr Häuser und Geschäfte haben Flaggen aufgesteckt. Aber hier und wahrscheinlich an vielen Orten Amerikas haben die Leute schon immer eine Vorliebe für die amerikanische Flagge bezeugt. Auf der Insel ist es ruhig. Idyllisch. Zwischen der Insel heute und der vor ein paar Tagen besteht kein merklicher Unterschied. Es fällt schwer, sich vorzustellen, daß eine große Veränderung in New York stattgefunden hat. In Amerika.

In der City wird überall mit Plakaten und Flugblättern nach Vermißten aus den Türmen des World Trade Center's und der umliegenden Gegend gesucht. Das sehen wir im Fernsehen. Bald werden es Hunderte und Tausende sein. Die Steckbriefe der Vermißten werden Teile der Stadt pflastern. Die Flugblätter und Plakate, eilig an Wände und Türen und Laternenpfosten geklebt und getackert, sind herzzerreißend. So erkennbar selbstgebastelt. Kein Art-Director hat das Layout betreut. Oder die Formulierung des Inhalts. Die Steckbriefe haben jede Form und jede Größe. Schilder, Flugblätter, Formulare, Anschläge. Sie haben die Unschuld von Dingen, die Kinder gebastelt haben. Und die Wirklichkeitsnähe von Schnappschüssen. Und sie künden vom Schmerz äußerster Verzweiflung. Jeder einzelne ist eine Bitte, eine Beschwörung, ein Gebet. Jeder einzelne ist ein Aufschrei. Schockierend deutlich machen sie, wie sehr jeder Vermißte geliebt wird.

Vier Tage nach dem Angriff fühlen sich alle meine Bekannten zunehmend unwohl. Wenn ich dusche, rieche ich Rauch. Wenn ich die Arme hebe, scheint der Angriff sich zu ereignen.

Wir müssen zu einer Hochzeit gehen. Als wir eingeladen wurden, hatte ich mich auf die Hochzeit gefreut. Jetzt kann ich mir nicht vorstellen, mit anderen Leuten zusammenzusein. Trauer hüllt mich förmlich ein. Die meiste Zeit muß ich mir die Tränen verbeißen. Wenn ich den Mund öffne, um etwas zu sagen, beginne ich zu weinen. Ich kann mir nicht vorstellen, eine Hochzeit zu feiern. Es ist eine Hochzeit auf Shelter Island. Ich weiß, daß ich nicht die Brautmutter anrufen kann, um abzusagen. Ich weiß, daß ein großer Teil der Gäste aus anderen Bundesstaaten nicht kommen können wird.

Während der Hochzeit werde ich fröhlicher. Die Braut sieht wunderschön aus. Und glücklich. Und der Bräutigam, ein junger Südamerikaner, strahlt ununterbrochen. Er hat sein Leben aufs Spiel gesetzt, um von Ecuador nach Amerika zu kommen. Und jetzt ist er verliebt. Und heiratet. Die Brauteltern strahlen ebenfalls. Es gibt herrliche Dinge zu essen. Nach der Trauung setzen sich die Gäste und essen. Die Kapelle bginnt zu spielen. Und mit mir geschieht etwas. Mich überkommt das Bedürfnis zu tanzen. Ich will tanzen.

Ich bin jemand, der im besten Fall zögert, wenn es ans Tanzen geht. Ich tanze nicht gern. Obwohl ich mich redlich bemüht habe. Es fällt mir schwer, mich auf dem Tanzboden nicht als linkisch und unsicher wahrzunehmen. Doch an diesem Abend, bei dieser Hochzeit, die zu besuchen ich für unmöglich gehalten hatte, will ich tanzen. Ich stehe auf und tanze mit meinem Mann.

Ich tanze pausenlos. Ich drehe mich und wirbele und hüpfe. Ich drehe mich pausenlos. Ich trage ein aus Bahnen genähtes Chiffonkleid mit weitem Rock. Wie gebannt sehe ich meinen Rock wie einen geöffneten Fächer fliegen und Spiralen beschreiben. Ich drehe mich immer weiter, bis mir schwindelig wird. Ich kann nicht aufhören. Ich tanze immer weiter. Ich tanze mit dem überglücklichen Bräutigam, der mit den Füßen stampft und in die Hände klatscht und Sprünge macht. Ich springe mit und verrenke mir dabei schier die Hüfte. Ich esse mehr, als ich seit Jahren bei irgendeiner Einladung gegessen habe. Ich esse unaufhörlich. Wir gehören zu den letzten, die nach Hause gehen. Wir gehen zu Fuß. Es ist eine sternenklare Nacht. Wir sind beide glücklich.

Als ich am nächsten Morgen dusche, kann ich wieder das Feuer riechen. Es ist kein schwacher Geruch. Er ist ziemlich stark. Ich kann nicht arbeiten. Ich kann mich nicht konzentrieren. Ich kann an nichts anderes denken als an das, was geschehen ist. Ich werde monatelang nicht schreiben können. Das weiß ich in diesem Augenblick noch nicht.

Mein Mann malt. Voller Grimm und Inbrunst. Stunden verbringt er in seinem Atelier. Ich bekomme ihn kaum noch zu Gesicht. Ich beneide ihn um seine Fähigkeit, das, was er fühlt, auszudrücken. In seinen Bildern Schichten und Abstufungen komplexer Aussagen über Sterblichkeit und Leben, über Schmerz und Glück auszudrücken. Er ist wie besessen. Wenn ich ihn abends zu sehen bekomme, sieht er völlig erledigt aus. Das Bild, an dem er malt, wird später den Titel *Golgatha – schwebende Seelen* erhalten. Es wird fast drei Meter hoch und viereinhalb Meter breit sein. Es wird die Menschen zum Weinen bringen. Sie dazu bringen, die Vergänglichkeit der Dinge zu spüren. Die Erlösung zu spüren. Und das Glück.

Ich will bei meinen Kindern sein. Ich will sie sehen. Ich versuche, ein gemeinsames Abendessen zu organisieren. Ein Festessen. Den Umstand, daß wir einander haben, zu genießen und dafür dankbar zu sein. Zwei meiner Kinder haben im September Geburtstag. Genau wie ich. Ein gemeinsames Geburtstagsessen in einem netten Lokal kommt mir wie ein genialer Einfall vor. Ich beginne herumzutelefonieren. Und E-mails zu versenden. An meine Kinder. Eines wohnt auf dem Land, die zwei anderen haben einen langen Arbeitstag. Ich teile jedem von ihnen mit, wer wann Zeit hat. Zwei Tage später haben wir ein Datum gefunden, an dem wir alle fünf Zeit haben. Und einen Tag darauf ruft eines der Kinder an und sagt, das Datum sei doch nicht so günstig. Ich gebe es auf. Ich sitze da und bemitleide mich. Fühle mich verlassen. Ungeliebt.

Mein Freund PPP ruft an. Er heißt Paul Peter Porges. Aber alle sagen nur PPP. Er ist Karikaturist. Jahrelang hat er unter anderem für die Zeitschrift *Mad* gezeichnet. Er ist ein Wiener Jude um die siebzig. Ich frage ihn, wie es ihm geht. »Ich komme mir betroppezt vor«, sagt er. Mein Jiddisch ist nicht gut genug. Ich weiß nicht, was *betroppezt* bedeutet. Ich frage PPP. »*Betroppezt* bedeutet, daß man sich beschissen fühlt«, sagt er. Ich fange an zu lachen. Betroppezt ist ein Wort mit einem komischen Klang. Es klingt lustig. Vor allem, wenn das Wort mehrmals wiederholt wird. PPP buchstabiert es für mich. »Tropez wie in St. Tropez«, sagt er.

»Das Wort *betroppezt* habe ich noch nie gehört«, sage ich. »Die Juden haben eine Menge jiddische Bezeichnungen für ein und dasselbe«, sagt er. »Ja«, sage ich, »sie haben eine Menge Bezeichnungen dafür, daß es einem nicht gutgeht.« Ich weiß, daß man jiddisch auf vielfältige Weise sagen kann, daß es einem nicht gutgeht. Jiddischglossare sind voller Wendungen für diesen Seelenzustand. Die Antworten auf die Frage, wie es einem gehe, lauten in einem meiner Jiddischlehrbücher: Nicht sonderlich gut, ich habe Kopfschmerzen, meine Kinder machen mir Kopfschmerzen.

»Es gibt eine Menge Bezeichnungen für den Penis«, sagt PPP und führt einige Beispiele an. »Aber weißt du, daß es nur wenige für das weibliche Organ gibt?« sagt er. »Für die Vagina«, fügt er mit seinem Wiener Akzent hinzu, als sei nicht unbedingt damit zu rechnen, daß ich weiß, um welches weibliche Organ es sich handelt. Dann zerbricht PPP sich den Kopf darüber, warum das so ist. Gegen Ende unseres Gesprächs lachen wir beide. Ich bin ihm dankbar, daß er angerufen hat, um zu erzählen, daß er sich beschissen fühlt.

Mein Mann und ich beschließen, nach New York zurückzugehen. An der Bushaltestelle des Sunrise Express am Hafen von Greenport erfahren wir, daß Sicherheitsvorkehrungen getroffen wurden. Taschen dürfen wir nur in den Bus mitnehmen, wenn wir einverstanden sind, daß sie durchsucht werden. Das ist ein Schock. Diese Busverbindung ist uns so vertraut. Die meisten Fahrgäste kennen sich. Und kennen die Fahrer. Und die Kontrolleure. Greenport ist ein friedlicher Ort. Und weit weg von New York.

Im Bus sehe ich mit Unbehagen der Rückkehr nach New York entgegen. Ich hatte zurückfahren wollen. Ich will es noch immer. Ich weiß nicht, wovor ich mich fürchte. In Queens ist die Bushaltestelle vor einem Dunkin'-Donuts-Laden. Ich sitze immer auf der rechten Seite im Bus, damit ich einen guten Blick auf die Doughnuts habe. Ich sehe sie so gerne. Bleche voller Doughnuts haben etwas Hypnotisches. Sie sehen so üppig aus. So verführerisch. Ich habe sicher seit meinem achtzehnten Lebensjahr keinen Doughnut mehr angerührt. Ich weiß nicht, warum ich so fasziniert von diesen Doughnuts bin. Doughnuts gehören nicht zu den Dingen, die ich mir wünsche, die ich mir ersehne. Außer an dieser Bushaltestelle in Queens. Am besten gefällt mir der Anblick der Doughnuts mit Zuckerglasur. Und zwar der pinkfarbenen. Ich freue mich immer auf meinen Blick in die Welt der Doughnuts. Manchmal stelle ich mir vor, daß ich eines Tages aus dem Bus springe und ein Dutzend pinkfarben glasierte Doughnuts kaufe.

Wir verlassen Queens. Meine Befürchtungen nehmen zu. Als die Skyline Manhattans ohne die Türme des World Trade Center's zu sehen ist, beginnt mein Mann zu weinen. Die Skyline sieht so unvollständig aus. Mein Mann hört nicht zu weinen auf. Mir ist scheußlich zumute.

Bevor wir in den Midtown-Tunnel fahren dürfen, werden wir überprüft. Bewaffnete Nationalgardisten steigen in den Bus. Sie überprüfen jeden Fahrgast und durchsuchen das Gepäck einzelner. Ich ertappe mich dabei, daß ich unschuldig auszusehen versuche. Harmlos. Als wäre ich das nicht. Ich bin zu alt, um für eine Terroristin gehalten zu werden. Die Gardisten und ihre Maschinengewehre erschrecken mich. Ich weiß, daß meine Ängste unsinnig sind. Ich bin den Nationalgardisten dankbar, daß sie ihre Arbeit tun.

An unserer Bushaltestelle steigen wir aus und nehmen ein Taxi nach Hause. Unterwegs kommen wir an bewaffneten Wachen vor einer Synagoge vorbei. Ich bin entsetzt. Bewaffnete Wachen vor einer Synagoge habe ich zum erstenmal vor drei Jahren in Berlin zu sehen bekommen. Damals hat mich das entsetzt. Es war ein Anblick, der zur Vergangenheit zu gehören schien und dennoch offensichtlich für die Gegenwart als notwendig erachtet wurde.

Am Morgen gehe ich eine Zeitung kaufen. Der Zeitungskiosk in der Nähe ist ausverkauft. Ich versuche es an vier weiteren Stellen, bis ich ein Exemplar der *New York Times* finde. Die Straßen, in denen ich gehe, sind nicht mehr dieselben, die sie vor zwei Wochen waren. Die Leute auf der Straße sehen zutiefst traurig aus. Es ist eigenartig verstörend, Menschen zu begegnen, die einer nach dem anderen verängstigt wirken. Bekümmert. Niedergeschlagen. Wir sind so sehr daran gewöhnt, unter Fremden zu leben. Wir sind so sehr an die Schranken zwischen uns und Menschen, die wir nicht kennen, gewöhnt. Wir sind so sehr an die Anonymität der Leute um uns herum gewöhnt. An die Unsichtbarkeit derer, die uns umgeben. Diese Unsichtbarkeit aufgehoben zu finden, kann ein Schock sein. Deutlich zu erkennen, was andere fühlen.

So vieles hat sich verändert. Auf vertraute Fragen und Begrüßungen sind die alten Antworten nicht mehr die richtigen. »Hallo, wie geht's?« sage ich zu der Frau im Feinkostladen um die Ecke. »Wie geht's?« habe ich schon Hunderte Male zu ihr gesagt. Seit Jahren habe ich sie das gefragt. Seit Jahren hat sie geantwortet: »Ausgezeichnet.« Und heute schürzt sie die Lippen und senkt den Kopf. Niemandem in Lower Manhattan geht es gut, von ausgezeichnet ganz zu schweigen.

Immer mehr amerikanische Flagge sind zu sehen. Fast so, als hätte sich jedermann eine besorgt. In jedem Schaufenster ist eine Flagge zu sehen. Bei jedem Straßenverkäufer. An jedem Wagen und Lastwagen. Passanten haben Flaggen im Knopfloch, an ihren Hüten, an ihren Aktentaschen, an ihren Rucksäcken und Computerkoffern. An Kinderwagen befinden sich Flaggen. Die Masseure, die an den Straßenecken Rücken- und Halsmassagen anbieten, haben an ihren Massagestühlen Flaggen angebracht.

Anfänglich wirkten die Flaggen patriotisch. Und rührend. Wie ein Zeichen, daß die Leute sich um ihr Land, um ihre Kultur, um ihre Mitmenschen scharten. Doch schon bald wird das Zurschaustellen der Flaggen unangenehm. Es hat etwas Zwanghaftes. Als wäre es eine Voraussetzung für das Überleben.

Es sieht aus, als würde nicht Patriotismus demonstriert, sondern Furcht. Die Leute beflaggen, weil sie Angst haben. Jedes Geschäft, das nicht einem weißen Angloamerikaner gehört, ist beflaggt. Reichlich. Man beschränkt sich nicht auf eine Flagge. Es sind so viele, daß es lächerlich ist. Jeder Turbanträger steckt eine besonders große Flagge auf oder trägt sie am Körper. Als Loyalitätsbezeigung. Und als Treuebekenntnis.

Chinesen, Koreaner, Russen, Türken, Inder und Orientalen haben sich sofort durch Beflaggen als Amerikaner ausgewiesen. Kein Geschäft, das einem Einwanderer gehört, ist unbeflaggt geblieben. Jedermann versucht verzweifelt zu verhindern, daß man ihm den Angriff zum Vorwurf macht. Daß man ihn zum Sündenbock für unverdienten Zorn macht. Oder für überschüssige Wut. Oder für freiflottierende Feindseligkeit, die nach einem Gegenstand verlangt, gegen den sie sich richten kann. Verzweifelt versuchen sie, Repressalien zu entgehen. Übergriffen. Verzweifelt versuchen sie, ihr Leben weiterzuleben. Ihre Läden weiterzuführen.

Ihr Bemühen, die Mitbürger zu beruhigen, ist begreiflich. Keiner von uns ist begriffsstutzig. Keiner von uns hat geglaubt, Heuchelei und Rassismus und Haß wären ausgestorben. Egal wo. Und Minderheiten und Einwanderer sind für mögliche Probleme immer weitaus sensibler als jedermann sonst. Aber dieses Phänomen ist mehr als nur Übereifer. Es ist Hysterie. Panik. Flaggen in unermeßlichen Mengen. Im Übermaß. Als würde eine Flagge nicht genügen, um Böswilligkeit und Ressentiment abzuwehren.

Und dann wird es noch schlimmer. Zu den Flaggen kommen Schilder hinzu. Mehr als ein indischer Taxifahrer hat eine Flagge dabei. Und Schilder. Auf denen steht: »Ich bin Inder.« Zweifellos fühlen die Männer im Turban sich verdächtigt.

Die Nachfrage nach Flaggen scheint kein Ende zu nehmen. Fabriken auf Taiwan und in Korea produzieren im Akkord amerikanische Flaggen. Auf Shelter Island befinden sich an jedem Haus eine oder zwei Flaggen. Die Autos auf dem Long Island Expressway sind mit Flaggen bedeckt. Flaggen am Rückfenster. Flaggen auf der Windschutzscheibe. Flaggen am Dachgepäckträger. Im Fernsehen sieht das Land flaggenübersät aus. Die Flaggen werden zu einem neuen Symbol der Trennung. Wir und die anderen. Jeder will wir sein.

Wir sind im West Village zum Abendessen eingeladen. Wir treffen als erste ein. Wir freuen uns, unter Leute zu kommen. Mit Freunden zu essen. Wir plaudern mit den Gastgebern, einem jungen Schwulenpaar. Beide sind klug und sensibel. Zuerst versuchen wir alle, dem Thema des 11. Septembers aus dem Weg zu gehen, doch dann fragt mich einer der beiden, wie nah wir waren. Er muß nicht deutlicher werden. Er muß nicht das Wort Angriff oder Knall aussprechen. Ich weiß genau, was er meint. Ich sage ihm, daß wir es hören konnten. Ich sage: es. Ich könnte es nicht ertragen, eine Bezeichnung zu verwenden. Ich sage, daß der Lärm unser Loft zum Beben gebracht hat. Er sieht entsetzt aus.

Aus der Küche dringen Kochdüfte. Es riecht herrlich. Der junge Mann ist ein hervorragender Koch. Er ist Berufskoch. Er ist Inder, und seine Currygerichte sind von einer unvorstellbaren Zartheit und Vielgestaltigkeit. Ich atme tief ein und sage, wie gut das Essen riecht. Später am Abend erzählt er mir, daß er den Geruch der verbrennenden Leichen in den Türmen des World Trade Center riechen konnte. Er sagt, er hätte es an jenem ersten Tag sofort gerochen. Und könne es immer noch hin und wieder riechen, wenn der Wind aus der entsprechenden Richtung bläst. Er sagt, die Leichen hätten so gerochen wie die kremierten Leichen in den elektrisch betriebenen Krematorien in Indien. Er erzählt mir, daß er seinen Freund auf den Geruch aufmerksam gemacht hat, als sie auf die Straße traten. Der Freund, der die letzten Worte gehört hat, nickt.

Dieses Gespräch macht mich fassungslos. Und sprachlos. Mein Leben lang hat mich die Vorstellung des Geruchs brennender Leichen verfolgt. Des Geruchs brennenden Fleisches. Ich habe über den Geruch der verbrennenden Knochen der Mutter meiner Mutter in Auschwitz geschrieben. Ich habe über den Geruch gelesen, den brennende Leichen absondern. Ich habe an diesen Geruch gedacht. Ich habe diesen Geruch beschrieben. Ich habe mich vor diesem Geruch gefürchtet. Ich habe ihn nie gerochen. Ich will den jungen Mann über den Geruch ausfragen. Ich will ihn fragen, ob er sich sicher war, den Geruch zu riechen. Ich will ihn das fragen. Aber ich kann es nicht. Ich bin zu sprachlos. Zu schockiert. Zu entsetzt.

Ich weiß nicht, warum ich so schockiert bin. So außer mir. Oder warum es mir schwerfällt, das zu glauben. Ich weiß, daß Tausende ihr Leben verloren haben. Umgekommen sind. Ich weiß, daß viele der Toten in dem Feuer verbrannt sein müssen. Ich weiß, daß manche bei lebendigem

Leib verbrannt sein müssen. Meine Beine zittern. Ich muß mich setzen. Ich will die Tatsache, daß man brennende Leichen riechen konnte, verdrängen. Ich will meinen Freund befragen. Ihn fragen, wie er diesen Geruch durch den des brennenden Treibstoffs und der brennenden Baustoffe hindurch riechen konnte. Als könnte ich mit dem Bestreiten des Geruchs die Tatsache der Todesfälle bestreiten. Als könnte die Abwesenheit des Geruchs die Abwesenheit der Toten weniger spürbar machen. Ich weiß, daß das irrational ist.

Und ich weiß, daß er die Wahrheit sagt. Manche Leute haben einen sehr feinen Geruchsinn. Oft in Verbindung mit einem sehr sensiblen Gaumen und einem ausgeprägten Geschmacksinn. Mein junger Freund ist ein beeindruckender Koch. Speisen sind sein Lebensinhalt. Auch ich habe einen ausgeprägten Geruchsinn. Ebenso wie meine jüngere Tochter. Wir können Gerüche und Düfte und Aromen riechen, die andere nicht ohne weiteres wahrnehmen. Und wir sind gute Köchinnen.

Die anderen Gäste, zwei Paare, treffen gleichzeitig ein. Sie sind miteinander und mit den Gastgebern befreundet. Sie begrüßen und umarmen einander voller Herzlichkeit. Erkennbar enge Freunde. Beide Frauen sind bekannt. Und erfolgreich. Und einflußreich. Sie arbeiten in ähnlichen Bereichen. Beide Paare unterhalten sich und tauschen Neuigkeiten aus. Sich an ihrem Gespräch zu beteiligen, ist schlecht möglich. Unseren Gastgeber kennen wir erst seit kurzem, seinen Freunden sind wir noch nie begegnet. Ich sage nicht viel. Ich höre interessiert die Schilderung einer Indienreise eines der Paare mit an.

Unser Gastgeber beginnt zu servieren. Die Unterhaltung wird allgemeiner. Bezieht alle ein. Vorsichtige Andeutungen zum Thema der Katastrophe, die über die Stadt hereingebrochen ist. Offenkundig ist man sich unsicher, was dieses Thema im Rahmen einer Abendgesellschaft betrifft.

Die Stimmung ist ein bißchen gedämpft. Jeder sagt, wie schrecklich es sei. Jeder scheut davor zurück, das Geschehene zu erörtern. Das finde ich verständlich. Ich will auch nicht darüber sprechen. Es ist mehr, als man ertragen kann. Es läßt jedes normale Gespräch lächerlich erscheinen. Jeden normalen Gedanken. Alles Normale. Ich glaube nicht, daß irgendeiner der Anwesenden das Geschehene in die Kategorie interessanter Gesprächsthemen einreiht. Wir unterhalten uns über das Essen, darüber, wie köstlich es ist. Ich beruhige mich. Die Sorgfalt, Aufmerksamkeit und Zärtlichkeit, mit« der das Essen zubereitet ist, hat etwas Tröstliches und Tröstendes. Wir essen und genießen das, was wir essen.

Und dann beginnt eine der Frauen wie aus heiterem Himmel die Hände zu ringen. Sehr dramatisch. Sie ist wunderschön. Ihre Schönheit steigert die Theatralik ihrer Gesten. Unterstreicht sie. Sie setzt sich auf und sieht uns an, als stehe sie im Begriff, etwas Wichtiges zu verkünden. Und das tut sie. Sie sagt, sie habe zu lange geschwiegen. Ich weiß, daß sie nicht sagen will, sie habe an diesem Abend, bei diesem Essen zu lange geschwiegen. Sie war recht gesprächig. Ich weiß, daß sie es im übertragenen Sinn meint.

»Ich habe zu lange geschwiegen«, wiederholt sie. »Es ist Zeit, den Mund aufzumachen. Zeit, die Wahrheit zu sagen.«

Die anderen Gäste sehen ein wenig beunruhigt aus. Ich glaube, beunruhigend ist nicht, was sie sagt, sondern, wie sie es sagt. Ich freue mich. Ich finde es immer erleichternd, wenn Leute offen über Dinge sprechen, die ihnen am Herzen liegen. Das finde ich richtig. Allzu viele Abendessen, allzu viele Begegnungen sind leer und bedeutungslos.

»Diese schreckliche Sache, die unserer Stadt widerfahren ist«, sagt die Frau. »Der Angriff auf das World Trade Center. Und der Terrorismus. Nichts wird sich ändern, nichts wird besser werden, solange Amerika sich nicht dazu durchringt, fair zu den Palästinensern zu sein.« Was sie eben gesagt hat, macht mich sprachlos. Sie hat die Vielschichtigkeit von Geschichten, Kulturen, Religionen zusammengepreßt und auf einen Konflikt zwischen Bösewichtern und Unschuldslämmern reduziert. Sie hat ein großes menschliches Drama in eine Pappschablone verwandelt. Eine grobschlächtige, verzerrte Pappschablone.

Solche Vereinfachungen sind gefährlich. Und so aufrührerisch. Und das sollen sie sein. Diktatoren und Tyrannen haben sich schon immer des Rezepts zu bedienen gewußt, das da lautet, die Dinge auf den schlichtestmöglichen Nenner zu bringen. Alle Kontroversen, alle Probleme zur Eindimensionalität einzudampfen. Sie auf einen Feind zu reduzieren. Ich kann es nicht fassen, daß ich solche Totschlagargumente bei einer Abendgesellschaft im West Village zu hören bekomme. Ich bin verwundert. Ich denke mir, daß man mir das ansieht. Mein Mund steht vor Verwunderung offen. Die Frau bemerkt es nicht. Sie ist in voller Fahrt. Sie ringt noch immer die Hände. »Nichts wird sich ändern, solange Amerika nicht Israel zwingt, aufzuhören mit dem, was es den Palästinensern antut«, sagt sie.

Zum ersten Mal erlebe ich, daß jemand diese Tragödie, in deren Verlauf Tausende ihr Leben verloren haben, zum Anlaß nimmt, alte Rechnungen zu präsentieren, aufzumachen, zu begleichen. Mit größter Selbstverständlichkeit. Andere werden folgen und die Tragödie zum Vehikel lauthals vorgetragener moralischer Empörung machen. Sie werden das Geschehene zum Vorwand nehmen, alte Feinde zu verfolgen. Und die meisten dieser Feinde werden altgewohnte Feindbilder sein. Homosexuelle, Juden, Farbige. Andersgläubige.

An die Schnelligkeit, mit der alte Ressentiments und Vorurteile und Verleumdungen aufgewärmt werden, werden wir uns gewöhnen. Aber im Augenblick ist das Phänomen noch ungewohnt. Die Frau hört nicht auf. »Amerika hat Israel viel zu lange unterstützt«, sagt sie mit einer nachdrücklichen Geste. Auch das ist schockierend, und auch das wird sich wiederholen. Die Behauptung, daß Amerika den Angriff selbst verschuldet habe. Daß Amerika selbst schuld sei. »Wenn Amerika nicht aufhört, Israel zu unterstützen, wird es so weitergehen«, sagt sie. Offenbar ist sie der Ansicht, daß Amerika mit dem Terrorangriff das bekommen hat, was es verdient hat.

Ich bin entsetzlich angespannt. Ich sage kein Wort. Niemand sagt etwas außer der Frau. Sie spricht noch fünf Minuten lang weiter. Sie zittert fast vor Eifer. Niemand außer ihr hat die Stimme erhoben. Ich weiß nicht, was ich tun soll. Meine Anspannung wird unerträglich. Wir kennen unsere Gastgeber nicht sehr gut und die zwei Ehepaare überhaupt nicht. Ich habe keine Ahnung, was die anderen denken. Ich sitze mit pochendem Herzen da. Solche Reden habe ich schon gehört. Der Subtext ist mir vertraut. Er heißt Haß.

Ich spüre, wie mein Gesicht brennt. Plötzlich fällt mein Mann der Frau ins Wort. Das ist nicht so leicht. Sie will sich nicht unterbrechen lassen. Mit lauter, aber gemessener Stimme übertönt er sie, bis sie schweigt. »Die Problematik des Israeli-Palästinenser-Konflikts kann man kontrovers diskutieren und debattieren«, sagt er. »Und beide Seiten haben genug vor der eigenen Tür zu kehren. Aber mit solchen vollmundigen Behauptungen, wie Sie sie aufstellen, provozieren Sie entsprechende Reaktionen.«

Sie will ihn unterbrechen. »Lassen Sie mich ausreden«, sagt er mit seiner Lehrerstimme, die er Schulkindern gegenüber anzuschlagen pflegte. »Ich will Ihnen sagen, wie ich die Sache sehe«, sagt er. »Ich bin nicht mit allem einverstanden, was Israel getan hat. Die Westbank zu besetzen war ein Kardinalfehler. Die Siedlungen gehören aufgelöst. Ich würde morgen hinfahren, um persönlich dabei zu helfen. Und ich finde, Jerusalem sollte eine internationale Stadt sein.«

Das beeindruckt die Frau nicht im geringsten. »Nichts wird sich ändern, solange Amerika nicht handelt«, sagt sie.

»Und dafür wird Amerika büßen. Osama bin Laden liebt die Palästinenser. Er hat Gedichte darüber geschrieben«, sagt sie triumphierend. Von ihren irrationalen und ignoranten Gedankensprüngen und Schlußfolgerungen, ihren Purzelbäumen und Behauptungen wird mir ganz schwindelig. Der Angriff der Terroristen auf das World Trade Center hat machtvolle Emotionen ausgelöst. Unerwartete Emotionen. Es ist möglich geworden, bis dahin unannehmbare Gefühle laut auszusprechen.

Das werden wir in den kommenden Monaten immer wieder erleben. Unter dem Deckmäntelchen der Besorgnis um das Wohl der Nation werden die gewagtesten Behauptungen aufgestellt werden. Dinge, die wir uns bisher nicht zu sagen getraut hatten, werden kein Tabuthema mehr sein. Gefährliche Keile zwischen Gesellschaftsgruppen zu treiben und das als Besorgnis um unser Land auszugeben, wird kein Tabu mehr sein. »Israel ist das Problem«, erklärt die Frau für den Fall, daß jemand das nicht begriffen haben sollte. Ich habe begriffen.

Ich habe alles begriffen, was sie gesagt hat. Ich habe den Subtext hinter ihren glatten, geschickt zusammengestrickten Perfidien begriffen. Dieser Subtext ist mir wohlbekannt. Ich kenne ihn gut. Hinter antiisraelischen Gefühlen verbirgt sich etwas Gewichtigeres. Antijüdische Gefühle. Antisemitismus.

Schon bald wird Osama bin Laden auf diesen Zug aufspringen. Vor dem Angriff auf das World Trade Center haben Israelis und Palästinenser ihn nicht weiter beschäftigt. Nach dem Angriff werden beide in seine Rhetorik aufgenommen. Und es geht weiter. Auch die Juden werden von ihm berücksichtigt. »Ich habe zu lange geschwiegen«, sagt die Frau und beschreibt eine ausladende Geste, um die Bedeutung ihrer Worte zu unterstreichen. Mein Kopf schmerzt. Ich kann nicht mehr essen. Ich will nach Hause.

Ich kann nicht verstehen, warum niemand anders etwas sagt. Unsere Gastgeber wirken etwas betreten. Das andere

Paar sitzt gleichmütig da. Ich vermute, daß man uns nicht wieder einladen wird. »Haß auf andere ist etwas Schreckliches«, sage ich ruhig. »Ich bin aufgewachsen mit den Folgen dessen, was geschieht, wenn Haß sich ausbreitet. Meine Mutter und mein Vater waren in NS-Todeslagern«, füge ich hinzu. Aber ich kann nicht weitersprechen. Mein Kopf schmerzt zu sehr. Und ich bin zu nervös.

Plötzlich wendet sich der Mann des anderen Ehepaares an die Frau und sagt: »Was Sie wollen, ist die Vernichtung des Staates Israel, nicht wahr? Sie wollen, daß es kein Israel gibt. Sie wollen die Israelis am liebsten ins Meer jagen.« »Nein, nein, nein«, sagt die Frau. Er läßt sie nicht weitersprechen. »Sie wollen sie einfach ins Meer jagen. Sie wollen alle Israelis loswerden, alle Juden. Sie wollen uns loswerden.« Er sieht sehr verstört aus. Den größten Teil des Abends war er sehr still gewesen. Ich hatte keine Ahnung gehabt, daß er Jude ist. »Nein, Sie haben meine Worte mißverstanden«, sagt die Frau hitzig. »Sie haben sich unmißverständlich genug ausgedrückt«, sagt die Frau des Mannes. »Sie haben dreimal hintereinander gesagt, daß Israel in der Region nichts zu suchen hat. Und wohin soll es Ihrer Meinung nach gehen?« – »Irgendwohin, wo es friedlich ist«, sagt die Frau, die ihre Hände ringt und Tränen in den Augen hat. Ich glaube, sie ist schockiert darüber, daß alte Freunde ihr auf einmal widersprochen haben.

»Ich gehe nach Hause, einen Videofilm anschauen«, sagt die Frau des jüdischen Mannes und steht auf. Das sagt sie in einem Ton, der keinen Zweifel daran läßt, daß jeder Film dieser Situation vorzuziehen sein dürfte, erfreulicher, erfrischender sein dürfte. Und daß es unerträglich wäre, eine Minute länger hier zu sein. Ihr Mann erhebt sich auch. Sie gehen.

Mein Kopf droht zu bersten. Die Abendgesellschaft hat sich aufgelöst. Wir gehen so schnell wie möglich. Für meine Begriffe waren New Yorker Abendeinladungen immer zu unverbindlich und zu durchstrukturiert gewesen, um größere Kollisionen zu erlauben. Ich frage mich, ob so etwas künftig häufiger passieren wird. Ob es mehr Zwist, mehr Uneinigkeit, mehr Dissens und mehr Streit geben wird, als wir bisher gewohnt waren. In der Nacht kann ich nicht schlafen. Zum ersten Mal in meinem Leben macht mir die Aussicht auf blindwütigen Antisemitismus Sorgen. Er scheint mir in allzu vielen Teilen der Welt knapp unter der Oberfläche verborgen zu liegen.

Ein irrwitziges Bedürfnis zu kochen überkommt mich. Stunden verbringe ich mit der Überlegung, was ich kochen will. Im Geist lasse ich Nudelgerichte Revue passieren. Einen Fischeintopf. Ein Hühnergericht. Eine Bouillabaisse. Ich will kochen und Leute bewirten. Ich will mit Leuten zusammensein, die ich kenne. In New York ist das nicht so leicht zu bewerkstelligen. Am Wochenende bereite ich auf Shelter Island einen großen Hackbraten zum Lunch zu. Er wiegt über sechs Kilo. Wir essen ihn zu acht.

Unter der Dusche kann ich wieder den Brandgeruch riechen. Ich seife mich ein und merke, daß der Brandgeruch der Dove-Seife entsteigt. Ich weiß, daß das nicht sein kann. Seifen riechen nicht nach Brandgeruch. Dove erst recht nicht. Dove gilt als besonders hautfreundlich. Sie ist für empfindliche Haut geeignet und nicht parfümiert. Ich sehe das Seifenstück an. Es kann nicht nach Rauch riechen. Ich schnüffle daran. Ich rieche Rauch. Das macht mich schier wahnsinnig. Wie soll so etwas möglich sein? Und wenn diese Seife einen Brandgeruch haben sollte, warum ist er mir dann nicht vor dem 11. September aufgefallen?

Nicht nur mich beschäftigt der Geruch. Der Geruch, den der Brand hinterlassen hat. Dreieinhalb Wochen nach dem Angriff ist der Geruch überall in Downtown Manhattan mehr oder weniger gegenwärtig. Er hängt in den meisten Straßen und in vielen Gebäuden. Er ist so dick und dicht und kompakt, daß man den Eindruck hat, man könnte ihn berühren. Er riecht eingedickt und erstarrt. Verdichtet und dreidimensional. In der *New York Times* wird ein Passant mit den Worten zitiert, es sei der Geruch »entwurzelter Seelen«. Das ist ein wunderschöner Begriff. Ich wüßte gern, wer ihn geprägt hat.

Am 11. Oktober, genau einen Monat nach dem Angriff, ist der Geruch besonders auffällig. Seit zwei Tagen ist er auffallend stark. Wenn ich abends ins Bett gehe, kann ich den Brandgeruch in meinen Haaren riechen. Vielen geht es noch schlimmer. Benommen ist ein Wort, mit dem Leute ihren Zustand am häufigsten beschreiben. Jedermann, mit dem ich spreche, fühlt sich aus dem Gleichgewicht. Normalerweise stabile Persönlichkeiten wirken unausgeglichen. Verstört. Die merkwürdigsten Leiden machen sich bemerkbar. Leute, die zu Rückenschmerzen neigen, sagen, ihr Rücken mache sie schier wahnsinnig. Andere leiden an Migräne, Kopfweh, Magenschmerzen, Schlaflosigkeit.

Ich habe immer stärker das Bedürfnis, mit meinen Kindern zusammenzusein. Eines Tages beschließe ich beim Aufwachen, daß mein größter Wunsch ein gemeinsamer Urlaub ist. Ich weiß, daß so etwas nicht leicht zu bewerkstelligen sein wird. Sie sind erwachsen. Sie haben alle ein eigenes Leben. Aber ich werde die Organisation ganz allein übernehmen. Ich werde alles in die Wege leiten. Und wir werden an einen wunderbaren Ort fahren. Es ist so lange her, daß wir alle fünf gemeinsam verreist sind. In meinem Wunschtraum sitzen wir alle gemeinsam beim Frühstück. Wir gehen am Strand spazieren, spielen abends Spiele. Ich bin ganz aufgeregt. Ich erzähle meinem Mann von meinen Plänen. Er findet die Idee gut.

Ich schreibe zuerst eine E-mail an meinen Sohn. Er hat am wenigsten Einfluß auf seinen Dienstplan. Ich erkläre ihm, daß ich einen Familienurlaub organisieren will, und bitte ihn, mir seinen Dienstplan zu schicken. Er schickt ihn nicht. Ich spreche mit meiner jüngeren Tochter. Sie erzählt mir von ihren Urlaubsplänen und nennt mir einen Termin, der ihr für den Familienurlaub passen würde. Bis zu diesem Termin ist es etwa ein Jahr. Mein Enthusiasmus ist merklich gedämpft. Ich habe den Vorschlag so attraktiv wie möglich gemacht. Ich habe angeboten, alle Arbeit zu übernehmen. Und alles zu bezahlen. Italien und Mexiko habe ich als mögliche Reiseziele genannt. Ich gebe es auf. Meine ältere Tochter spreche ich gar nicht erst darauf an. Sie erfährt von dem Vorhaben und ruft mich an. Sie nennt mir die Termine, die ihr passen würden. Sie liegen alle Monate in der Zukunft. Mein Sohn erfährt, daß ich bekümmert bin. Er schickt mir seinen Dienstplan. Meine jüngere Tochter ruft an, um zu sagen, daß sie sich auch nach uns richten kann. Ich versuche, die Termine zu koordinieren. Es ist nicht einfach. Es erweist sich als unmöglich. Länger als zwei Tage hintereinander können wir uns nicht zur gleichen Zeit am gleichen Ort aufhalten. Einfache Dinge wie Familienferien sind schwierig geworden. Tragödien haben darauf keinen Einfluß.

Einige Tage später bin ich noch deprimierter. Ich will nach Hause. Nachdem es mir endlich gelungen ist, mich in dieser Stadt zu Hause zu fühlen, nach so vielen Jahren der Heimatlosigkeit, des Gefühls der Fremdheit, fühle ich mich erneut verstört. Erneut entwurzelt. Einige meiner alten Ängste haben die Gelegenheit genutzt, um sich wieder bemerkbar zu machen. Und die penetranteste darunter ist die Sehnsucht nach meiner Heimat. Nur daß ich jetzt nicht mehr weiß, wo das sein soll. Die Gewißheit, daß Australien es ist, hege ich nicht mehr. Das Gefühl, daß ich nach New York gehöre, ist erschüttert worden. Am liebsten würde ich jammern: »Ich will nach Hause!« Wenn ich nur wüßte, wo das sein soll. Ist es in den Armen meiner Kinder? Das glaube ich nicht. Offenkundig bin ich überfordert, wenn ich mehr auf die Beine stellen will als ein gelegentliches Essen mit ihnen.

Ich kann nicht zu meinem Mann sagen, daß ich nach Hause will. Es würde ihn bekümmern. Das hat er aus meinem Mund schon so lange hören müssen. Ich kann zu niemandem sagen, daß ich nach Hause will. Ich könnte dabei in Tränen ausbrechen. Jemand fragt mich, ob ich nach Hause fahre. Ich sage, daß ich nicht weiß, wo das sein soll. Man sieht mich besorgt an. Mich stimmt es auch besorgt. Ich habe in diesem Land zwei Zuhause. Eines in der Stadt und eines auf Shelter Island. Wie viele Zuhause benötige ich noch, bis ich mich zu Hause fühlen kann? Vielleicht eine endlose Zahl. Um Ziegel und Mörtel geht es dabei eindeutig nicht. Oder um meine penibel eingerichteten Küchen mit genug Utensilien für ein ganzes Restaurant. Was zählt? Was zählt wirklich? Was macht ein Zuhause aus? Etwas, was weniger leicht zu erlangen ist als Schöpflöffel und Zuckerschäufelchen und Papierkörbe. Etwas Unbestimmteres, Unstofflicheres. Das Gefühl, zu Hause zu sein.

Mein Vater ruft mich an. Er ruft später an als üblich. In Melbourne muß es Mitternacht sein. Es ist, als hätte er gespürt, daß er mir mehr als sonst fehlt. Er erzählt mir, daß er abends beim Kartenspiel fünfundsiebzig Cent gewonnen hat. Seine Stimme klingt sehr zufrieden. Er fragt, wie es mir geht. »Ein bißchen deprimiert«, sage ich. »Ein bißchen einsam. Ich will nach Hause zurück«, sage ich.

»Tu das nicht«, sagt er. Daraus hat er nie ein Hehl gemacht. Er will, daß ich Amerika erobere. Hollywood erobere. Egal wie oft ich ihm erkläre, daß das höchst unwahrscheinlich ist. Er sagt, er lebe für den Augenblick, in dem eines meiner Bücher verfilmt wird. Er ist überzeugt davon, daß es bald der Fall sein wird. Er will mit mir die Premiere besuchen.

»Sag Mrs. X nichts davon«, sage ich zu ihm. »Sie soll nicht wissen, daß es mir schlecht geht.« – »Selbstverständlich nicht«, sagt er. »Kein Wort werde ich zu ihr sagen. Wenn ich ein Wort zu ihr sagen würde, würde sie es weitererzählen sofort. Sie würde es weitererzählen nilzi wilzi.«

»Nolens volens«, sage ich zu ihm. »Das wolltest du sagen.«

»Ja, richtig«, sagt er. »Nilzi wilzi.«

Ich fange an zu lachen. »Mrs. X erzählt nolens volens alles weiter«, sage ich zu ihm. »Ja, sie redet nilzi wilzi«, stimmt er zu.

Inzwischen finde ich nilzi wilzi viel einleuchtender als nolens volens. Nolens volens klingt mit einem Mal idiotisch. Nilzi wilzi gefällt mir viel besser.

»Bist du noch immer zufrieden mit deinem neuen Computer?« fragt mein Vater.

»Er ist wundervoll«, sage ich. Ich habe einen iMac. Ich bin richtiggehend verliebt. »Er ist wundervoll«, wiederhole ich. Mein Vater ist freudig erregt. Er freut sich, wenn ich mit Dingen, die ich gekauft habe, zufrieden bin. Die Möglichkeit, einen neuen Computer zu kaufen, wenn man einen haben möchte, sieht er als Teilaspekt des Erfolgs. Als Teilaspekt unserer Erfolgsgeschichte. Als Beweis, daß wir keine Flüchtlinge mehr sind. Daß ich mit meinem Computer arbeite, macht die Sache noch erfreulicher. Mein Vater wäre nicht halb so glücklich, wenn ich mich über einen neuen Pelzmantel freuen würde.

Jahrelang habe ich meinen Vater zu überreden versucht, sich von mir einen Computer kaufen zu lassen. Regelmäßig sage ich ihm, daß er schnell lernen würde, ihn zu bedienen, und daß wir einander E-mails schicken könnten. Einmal hatte ich ihn fast soweit, als ich ihm beschrieb, daß man den Computer mit einer Kamera verbinden kann und daß wir einander dann Fotos per E-mail schicken könnten. Ich war mir nicht ganz sicher, ob ich mit dieser Technologie zurechtkommen würde – ein ausgesprochener Technikfreak bin ich nie gewesen –, aber ich wußte, daß der Gedanke meinem Vater gefallen würde. Fast hätte er nachgegeben, doch im letzten Moment be-

271

sann er sich auf sein Lieblingsargument, daß es nur Geld-
verschwendung wäre. Er gibt nicht gern Geld für sich aus.
Weder meines noch seines.

»Es ist albern, Geld auszugeben für einen alten Mann«,
sagt er diesmal zu mir. Ich erschrecke. Ich habe das Gefühl,
daß er Gedanken lesen kann. Er kann oft meine Gedanken
erraten.

»Das ist es nicht«, sage ich. Ich mußte ihn zwingen, sich
neue Turnschuhe zu kaufen, und auf unserer gemeinsamen
Europareise habe ich ihn genötigt, sich von mir einen
neuen Anzug kaufen zu lassen.

»Es ist albern«, wiederholt er. »Wozu solltest du Geld ausgeben für einen alten Mann?«

Mit einem Mal begreife ich, daß es nicht lediglich um die
Geldausgabe geht. Seine Worte hängen mit der Frage nach
meinem Computer zusammen. Ich begreife, daß sich hier
eine Achillesferse enthüllt haben könnte. Eine schwache
Stelle. Es wäre denkbar, daß er einlenkt und sich mit dem
Gedanken anfreundet, einen Computer zu besitzen. Aber
ich kann mich auch täuschen. Ich hoffe, daß ich mich nicht
täusche. Ich frage ihn. Ich formuliere die Frage sorgfältig.
Es muß unmißverständlich sein, daß er damit mir einen Gefallen tut. Nicht sich.

»Meinst du, du könntest mir die Freude machen, mich dir
einen Computer besorgen zu lassen?« sage ich.

»Vielleicht«, sagt er. »Vielleicht auch nicht.«

Das ist keine üble Antwort. Die beste, die ich ihm bislang
entlocken konnte. Die größtmögliche Annäherung an ein
Ja. Ich versuche, nicht zu aufgeregt zu klingen. Ich will ihn
nicht verschrecken. »Du weißt, daß du mich damit sehr
glücklich machen würdest«, sage ich in sorgsam beherrsch-
tem Ton.

»Wenn ich einen Computer nehme«, sagt mein Vater,
»will ich einen, was ist in einem Stück, nicht in zwei
Stücken.«

272

Mir ist nicht ganz klar, was er damit meint. Ich denke mir, daß er den Drucker meint. »Du brauchst auch einen Drucker«, sage ich. »Sonst kannst du nichts ausdrucken.«

»Natürlich muß ich haben einen Drucker«, sagt er. »Ein Drucker ist kein Computer. Ich spreche von einem Computer.«

Ich bin beeindruckt. Er kennt sich besser aus als ich bei der Inbetriebnahme meines ersten Computers. Ich bin mir nicht sicher, ob ich wußte, daß der Drucker ein separater Apparat ist.

»Ich will einen Computer, was ist in einem Stück«, wiederholt er. »Ich will nicht zwei Stücke.« Er merkt, daß ich ihn nicht verstehe, und seufzt. Ich merke, daß meine Glaubwürdigkeit als Expertin unterminiert ist. »Jeder weiß, daß es gibt Computer in einem Stück und Computer in zwei Stücken«, sagt er.

Von ein- und zweiteiligen Badeanzügen habe ich gehört. Von dreiteiligen Anzügen und mehrteiligen Fernsehserien. Aber von ein- beziehungsweise zweiteiligen Computern habe ich noch nie gehört. Ich schäme mich meiner Ignoranz. Und dann kommt mir die rettende Erleuchtung. Die rettende Eingebung.

»Ein Laptop!« rufe ich. »Du willst einen Laptop!«

»Ich will nicht einen Laptop«, korrigiert er mich, »sondern ich überlege mir, ob ich vielleicht einen will.«

Ich versuche ihm zu erkläre, daß ein PC bequemer zu benutzen ist. Ich erkläre ihm, daß ich die Tastatur eines Laptops zu klein finde, aber er hört mir nicht zu. Er hat sich entschieden. Ein für allemal. Er will einen Laptop. Er sagt, er will ihn mitnehmen können, wenn er verreist oder wenn er nach Amerika zieht. Von jemandem, der sich dem Gedanken versperrte, einen Computer zu besitzen, hat mein Vater sich in jemanden verwandelt, der nicht ohne seinen Computer verreisen will. Bevor er ihn besitzt. Mein Vater war noch nie ein Zauberer. Dennoch bin ich sprachlos. Ich sage ihm, daß Laptops teuer sind. »Das macht nichts«, sagt er. »Du kannst dir das leisten.«

Charles, ein Freund, geht mit ihm auf Computersuche. Charles wird meinem Vater helfen, einen Computer auszusuchen, und ihm dann zeigen, wie man ihn benutzt. Ich bin Charles sehr dankbar. Sie rufen mich aus der Computerabteilung von David Jones in Melbourne an. Der Laptop kostet tausend Dollar mehr als ein PC. Mein Vater, der wochenlang über den Preis von einem Paar Socken feilschen kann, ist unbeeindruckt. Er will den Laptop. Ich höre, wie er Charles erklärt, daß ich mir das leisten kann.

Ich erhalte E-mails von ihm. Er hat eine E-mail-Adresse. Sie beginnt mit seinem Namen auf polnisch. Jedesmal, wenn ich das sehe, muß ich lachen. Einen Namen, der in Schtetls und Dörfern verbreitet war, am Kopf einer E-mail zu sehen, hat etwas Aberwitziges. Seine E-mails sind meist kurz. »Ich stehe unter der Aufsicht von Professor Charles«, schreibt er. »Ich mache jetzt Schluß, wail mein Lehrer wird ungeduldig.« Ich staune. Mein Vater hat noch nie eine Schreibmaschine benutzt, von einem Computer ganz zu schweigen. Er muß jeden einzelnen Buchstaben auf der Tastatur suchen, bevor er die Taste drücken kann. »Wail« ist der erste einer Reihe von Tippfehlern, die mir ans Herz wachsen werden. Allein von diesem Wort wird es mehrere Variationen geben. Mein Liebling wird »weill«. Am liebsten würde ich es selbst verwenden.

Mein Vater schickt meiner jüngeren Tochter eine E-mail. Sie leitet sie an mich weiter. »Das Reden muß kurz sein«, schreibt er. »Ich bin in einer Situation, die meinen Lehrer macht ungeduldig, und deshalb muß ich Schluß machen.« Ein Sujet bildet sich in seinen E-mails heraus, das des ernsthaften Schülers und des tyrannischen Lehrers. Ich weiß, daß es sich in Wahrheit nicht so verhält. Ich kenne meinen Vater und Charles. Ich weiß, daß sie in traulicher Eintracht Schokoladenkekse vertilgen.

Mein Vater arbeitet nach einem Muster. Er schickt mir eine E-mail. Dann ruft er an, um sich zu vergewissern, daß ich sie erhalten habe. Ich erkläre ihm, daß E-mails im allgemeinen ankommen, nachdem sie abgeschickt wurden. Sofort hakt er ein und sagt: »Aha, im allgemeinen, aber nicht immer.« Wenn er anruft, muß ich meinen Computer einschalten und in meinem E-mail-Briefkasten nachsehen. Er wartet solange in der Leitung. Und ist sehr zufrieden, wenn ich sage, daß seine E-mail eingetroffen ist. Das hatte ich nicht vorgehabt, als ich ihn dazu überreden wollte, sich mit dem Computer vertraut zu machen. Ich versuche ihn davon zu überzeugen, daß E-mails im großen und ganzen ankommen, nachdem sie abgeschickt wurden. Doch er scheint mit einer Myriade technischer Unfälle bestens vertraut zu sein.

»Charles hatte einen Unfall, als er fuhr seinen Computer«, erzählt er mir, nachdem er zweimal angerufen hat, um sich nach seiner E-mail zu erkundigen. »Es war ein böser Unfall«, fügt er hinzu. »Er hat verloren alles auf seinem Computer.«

Inzwischen schickt er E-mails ohne Hilfe. Und ist darauf sehr stolz. Jede beginnt mit den Worten: »Ich bin zu Hause ohne Aufsicht«, und oft enden sie mit den Worten: »Ich mache jetzt Schluß, weill ich zu viel arbeite.« Charles ruft er regelmäßig an, wenn er nicht weiterkommt. Charles ist ein Goldstück. Stundenlang sitzt er am Telefon und leitet meinen Vater durch seine E-mail-Manöver.

Ich bitte meinen Vater, sich einen zweiten Telefonanschluß für seine E-mails legen zu lassen, weil sein Anschluß so oft besetzt ist.

»Wozu?« sagt er. »Das kostet nur Geld.«

Eines Tages wundere ich mich, wie er es fertigbringt, gleichzeitig Charles anzurufen und mit seinem E-mail-Programm in der Leitung zu bleiben. Bei seinem nächsten Anruf frage ich ihn.

»Charles rufe ich an auf meinem Handy, was du mir geschenkt hast«, sagt er.

Ich sage nichts. Es hat lange genug gedauert, ihn dazu zu überreden, das Mobiltelefon zu akzeptieren und es mitzunehmen, wenn er aus dem Haus geht. Und ich habe auch nachgegeben, als er sich für einen niedrigen monatlichen Tarif mit wenig Sprechzeit entschieden hat. Und jetzt telefoniert er mit Charles für ein Vermögen in der Minute.

Mein Vater fragt mich, ob das *Vegemite* angekommen ist, das er mir geschickt hat. *Vegemite*, den bitter schmeckenden australischen Brotaufstrich, habe ich noch nie gemocht. Aber ich habe eine Freundin in New York, die ganz wild darauf ist. Mein Vater hat sich schon in mehreren E-mails nach dem *Vegemite* erkundigt. »Sag mir Bescheid, wenn das *Vegemite* ankommt«, hat er mir drei Tage hintereinander geschrieben. In meiner Jugend gab es eine Reklamemelodie über »süße kleine *Vegemites*«, »so froh, wie man nur sein kann«. Ich wußte schon immer, daß ich nicht dazugehörte. Die E-mails meines Vaters versetzen mich in eine lange Träumerei über süße kleine *Vegemites*. Ich sage meinem Vater, daß ich ihm über das *Vegemite* Bescheid sagen werde, sobald ich morgen von Shelter Island nach New York zurückgekehrt sein werde.

Auf dem kurzen Weg von der Fähre zum Bus beginnt ein Mann plötzlich sehr schnell zur Fähre zurückzulaufen. Ich starre ihm entsetzt nach. Eine Frau neben mir tut das gleiche. Wir sind alle so schnell in Alarmzustand. Bei den kleinsten Geschehnissen verlieren wir die Fassung. Der Mann ist gerannt, weil er auf der Fähre seine Strickjacke vergessen hatte.

In New York weichen die Leute auf der Straße nicht länger dem Augenkontakt aus. Die bemüht nichtssagende Miene, die so lange das Markenzeichen New Yorks war, ist nicht mehr zu sehen. Die leere Miene, die in dieser Stadt ein Schutzmechanismus und Teil des Lebens war, gehört zur Vergangenheit. Die Leute sehen einander an. Sehen einander ins Gesicht. Suchen den Kontakt. Ich komme an einem erwachsenen Mann vorbei, der in sein Handy weint. Seelenregungen, die für intime Momente und enge Freunde reserviert waren, werden offen gezeigt. Der Seelenzustand der Leute wird nicht versteckt, nicht bemäntelt. Einstmals einschüchternde Zeitgenossen wirken menschlich. Sogar der Türsteher des SoHo Grand Hotel sieht weniger unnahbar aus.

Alle reißen sich um Souvenirs von früher. Am Mittwoch nach dem Angriff der Terroristen war es fast unmöglich, noch eine Postkarte von New York mit den Twin Towers zu finden. Die New York Times berichtete, daß an diesem Tag Souvenirs reißenden Absatz fanden. Die Leute wollten das Bild der Türme des World Trade Center's, wie sie gewesen waren, in Erinnerung behalten. Im Leben selbst waren sie so erschreckend abwesend. Leute, die noch nie eine Postkarte gekauft hatten, kauften Postkarten.

Inzwischen kann man Reproduktionen alter Postkarten kaufen. Ich tue es nicht. Ich kann es nicht ertragen, Fotos oder Postkarten von den Türmen vor ihrer Zerstörung anzuschauen. Ich kann es nicht ertragen, die Bilder der einstürzenden Türme anzuschauen, die im Fernsehen immer wieder in Zeitlupe gezeigt werden. Ich will die Rauchwolken nicht anschauen, die sie einhüllen und noch lange dort stehen, wo keine Türme mehr sind.

Ich vermeide es, geradeaus zu blicken, wenn ich den West Broadway in südliche Richtung entlanggehe. Ich blicke nicht nach oben. Ich will nicht die leere Stelle am Himmel sehen müssen. Die Leere ist so gegenständlich wie Zement oder Marmor. Heute ist herrliches Wetter. Das ist selten in New York, wo das Wetter ohne Übergang zwischen Kälte und Hitze oszilliert.

Heute ist das Wetter perfekt. Die Sonne scheint. Der Himmel ist von klarem, frischem Blau. Keine Wolke ist zu sehen. Genau solches Wetter herrschte am 11. September. Ich gehe nach Hause. Ich will nicht in diesem Wetter sein.

Ich habe einen Termin bei einer Gynäkologin in der Upper East Side. Ich fahre mit einem Taxi hin. Es ist mein erster Besuch bei dieser Gynäkologin. Jahrelang war ich auf der Suche nach einem guten Gynäkologen, der außerdem ein angenehmer Mensch ist. Ich bin in jede nur erdenkliche Schriftstellergewerkschaft eingetreten, um zu einer Krankenversicherung zu gelangen, die mir freie Arztwahl erlaubt.

Das Gesundheitswesen in diesem Land ist nicht leicht zu handhaben; es ist kompliziert und schwerfällig. Und das gilt für Weiße aus der Mittelklasse. Als Schwarzer und Armer hat man gar keine Chance.

In zwölf Jahren habe ich eine ganze Reihe verbrauchter oder unfreundlicher Allgemeinärzte erlebt. Der letzte hat mir den Rücken zugekehrt, während er meine Fragen beantwortete. Ich habe Gynäkologen erlebt, die aussahen wie Dreißigjährige und mich innerhalb von dreißig Sekunden abfertigten.

Zum erstenmal bin ich auf dem Weg zu einer Gynäkologin meiner Wahl. Sie ist großartig. Sie fordert mich auf, sie Sharon zu nennen. Sie ist klug, sie hat Humor, und sie ist sehr gründlich. Sie stellt mir mehr Fragen als ich ihr. Und sie gibt mir durchdachte, genaue Erklärungen. Und läßt mich nicht stundenlang warten. Als ich gehe, bin ich erstaunlich euphorisch.

In Uptown sieht alles so normal aus. Es riecht überhaupt nicht. Nicht eine Spur des bitteren, scharfen Geruchs, der so große Teile von Downtown umhüllt. Es fällt schwer zu glauben, daß etwas Außergewöhnliches passiert sein soll. Auf den Straßen und in Läden und Restaurants herrschen Gemütlichkeit, Zuversicht und Geschäftigkeit. Ich befinde mich in der Eighty-Second Street. Alles sieht aus wie immer. Daß eine Katastrophe stattgefunden hat, ist nicht zu erkennen. Nichts sieht katastrophaler aus als sonst auch. Die einzigen erkennbaren Katastrophen beschränken sich auf zu häufig geliftete Gesichter.

Ich gehe in das *Eat* an der Madison Avenue. Ich bestelle einen Salat und eine Tasse Tee. Den Salat bestelle ich wegen des Körbchens mit Brot von Eli, das dazu serviert wird. Ich bin verrückt nach Brot von Eli. In meinem Körbchen liegen dicke Scheiben Mehrkornbrot und Pekanrosinenbrötchen. Ich bin glücklich. Hier ist alles so friedlich. Zum ersten Mal in den zwölf Jahren meines Lebens in New York wünsche ich mir, in der Upper East Side zu wohnen.

Ich bin mit meinem Mann im Chinesischen Institut an der East Sixty-Fifth Street verabredet. Er will sich die Ausstellung der Bilder vom Westsee aus der Song-Zeit ansehen. Die Sixty-Fifth Street ist abgeriegelt. Eine Polizeibarrikade versperrt die Straße. Das ist das erste Anzeichen, daß etwas nicht in Ordnung ist, auf das ich in Uptown stoße. Kein Polizist ist zu sehen. Ich steige durch eine Lücke in der Barrikade und gehe zum Chinesischen Institut. Ein Polizist, der vor einem Gebäude Wache steht, fragt mich, wohin ich will. Ich sage es ihm. Er winkt mich weiter. Ich frage mich, warum die Straße abgeriegelt ist. Und warum es nur eine einzige bewaffnete Wache gibt. Bestünde wirklich Gefahr, wären ein paar Polizisten mehr sicherlich wünschenswert. Mein Mann ist schon da. Ich frage ihn, was die Barrikade und die Wache bedeuten. »Im Nachbargebäude hat die PLO ihren Sitz«, sagt er. Das finde ich nicht sonderlich beruhigend.

Immer wieder wandert mein Blick zu der Wand, hinter der sich das Gebäude der PLO anschließt. Ich denke mir, daß ich Jassir Arafat noch nie näher war. Und dann fällt mir ein, daß ich ihm schon näher war. In Wien wohnte ich zur gleichen Zeit wie Jassir im Hotel Imperial. Ich war auf Lesereise mit einem Buch, das sich gut verkaufte. Meine Verlegerin hatte mir ein Zimmer im Hotel Imperial bestellt. Und dort wohnte Jassir. Das beunruhigte mich ein wenig. Nicht Jassir selbst, sondern seine bewaffneten Leibwächter im Foyer. Jassir selbst habe ich gar nicht zu Gesicht bekommen. Er kam nie zum Frühstück herunter. Während meiner nächsten Lesereise wohnten wir wieder im Imperial. Was mir recht war. Bei Lesereisen, die ziemlich anstrengend sein können, will ich nach den vielen Hotels nur noch nach Hause. Das Hotel Imperial ist eines der wenigen Hotels, die ich nur ungern verlasse.

Wir kamen nachts an. Der Manager begleitete uns zu unserem Zimmer. »Als wir letztesmal hier waren, war Jassir Arafat auch hier«, sagte mein Mann im Aufzug zu dem Manager.

»Ja, richtig«, sagte der Manager. »Und morgen kommt Mr. Arafat an.«

»Ja«, sagte mein Mann wie aus der Pistole geschossen, »wir bemühen uns immer, Jassir auf den Fersen zu bleiben, wo wir uns auch aufhalten.«

Der Manager nickte mit ernster Miene. Östereicher sind nicht für ihren Humor berühmt. Ich fing an zu lachen. Und konnte nicht mehr aufhören. Die Vorstellung, Jassir Arafat auf den Fersen zu bleiben, kam mir wahnsinnig komisch vor. Zuerst sah der Manager mich verwundert an. Dann fiel der Groschen. Und er brach in Gelächter aus. Und diesmal machten mich Jassirs Leibwächter weniger nervös.

Der Polizist, der vor dem PLO-Gebäude Wache steht, kommt in das Chinesische Institut. Er muß telefonieren. Er will einen Wagen ohne Kennzeichen melden, der auf der Straße steht. Das beunruhigt mich schrecklich. Gibt es denn keine schnellere Methode, einen Wagen ohne Kennzeichen zu melden? Am liebsten würde ich ihm mein Handy anbieten. Die Rezeptionistin stellt eine Verbindung für den Polizisten her.

Wir sehen uns die Ausstellung an. Die Bilder vom Westsee sind wundervoll. Sie sind so tief und so klar. Sie gemahnen mich daran, wie unklar und unordentlich wir unser Leben machen. Und lassen mich wieder einmal den Entschluß fassen, mein eigenes Leben so klar wie möglich zu gestalten.

Wir gehen den halben Weg nach Hause. Ich erzähle meinem Mann, daß ich in Uptown wohnen möchte. Er lacht. In Downtown ist alles noch wie ausgestorben. Spärlich bevölkert. Niemand ist unterwegs. Es herrscht kein Verkehr. Eines der deutlichsten Zeichen der Veränderung ist der Umstand, daß man jederzeit ein Taxi bekommen kann. Ein Taxi zu suchen, war in SoHo eine Qual. Die Konkurrenz war hart und unerbittlich. Man mußte gegen Mitbewerber an allen vier Ecken jeder Kreuzung ankämpfen. Jetzt bekommt man jederzeit und überall ein Taxi. Sogar zu den berüchtigten Tageszeiten, wenn Schichtwechsel ist. Man bekommt ein Taxi, sobald man auf die Straße tritt. Es ist traurig. Taxifahrer sprechen nur davon, wie schlecht ihre Geschäfte gehen.

Ein Seminar mit dem Titel »Stress in the City« wird an einer New Yorker Universität abgehalten. Ich lese die Anzeige für das Seminar in der New York Times. Es soll den Teilnehmern helfen, mit Langzeitstreß zurechtzukommen. In der Anzeige steht, Ärzte seien zunehmend mit Angstgefühlen, Schlafstörungen und Depressionen bei Patienten konfrontiert, die in New York wohnen oder arbeiten. Und daß Berichten zufolge Alkoholgenuß und Verzehr kalorienhaltiger Nahrungsmittel geradezu explodiert seien.

Touristen meiden die Stadt auffällig. Die Ausnutzung der Hotels erreicht Tiefstände. Und die Preise sinken. Einem leitenden Angestellten aus der Hotelbranche zufolge sollen viele, darunter auch Amerikaner, den irrtümlichen Eindruck haben, daß der Angriff auf das World Trade Center die ganze Stadt demoliert habe. Ich frage die Inhaberin des Feinkostgeschäfts an der Ecke, wie ihre Geschäfte gehen. Sie sagt, es sehe schlecht aus. Ich erkundige mich nicht zum ersten Mal seit dem Angriff. Ich habe regelmäßig nachgefragt. Auch in anderen Geschäften in der Nachbarschaft. Niemand macht gute Geschäfte. Es ist beunruhigend.

Das *Vegemite* kommt an. Ich schreibe meinem Vater eine E-mail. Er antwortet mir mit einer E-mail, daß er sich freut.

Es sei schwierig gewesen, mir die E-mail zu schicken, schreibt er. Er habe es am Vorabend versucht, und es sei ihm nicht gelungen. Und er sei ins Bett gegangen und habe es am nächsten Morgen noch einmal probiert. Ich schlage ihm vor, Maschinenschreiben zu lernen, damit ihm das Tippen leichter fällt. Er schickt mir eine E-mail mit der Bitte, ihm für ein paar Monate keine Vorschläge mehr zu machen. Er sagt, er habe genug Schwierigkeiten mit dem »V Computer«. Das V steht für verwünscht. Mein Vater hat es nie über sich bringen können, das Wort »verwünscht« auszusprechen. Er findet es obszöner als viele weit obszönere Ausdrücke.

»Ich dellitiere nämlich mit dem V Computer«, drückt er es in seiner E-mail aus. Ich vermute, daß dieses Wort sich aus duellieren, delirieren und dilettieren zusammensetzt. Ich verstehe genau, was er sagen will. Ich liebe seine Sprache. Von jeher. Geschrieben ist sie fast aussagekräftiger als korrektes Englisch. »Wie« heißt bei ihm »wi«. Und »wi« kommt mir soviel kraftvoller vor als »wie«. Allmählich verliere ich den Überblick über meine eigene Rechtschreibung. Seine Rechtschreibung hat mich aus dem Geleis gebracht und sich auf mich übertragen. Ich merke, daß ich meiner Agentin geschrieben habe, daß ich gern wüßte, *wi* gewisse Verhandlungen ausgegangen sind.

Eine Tage später ruft mein Vater mich aufgeregt an. »Ich habe bekommen einen Brief von Mr. Bigpond«, sagt er. »Ich verstehe kein einziges Wort in diesem Brief.«

»Von wem?« frage ich.

»Von Mr. Bigpond«, sagt er irritiert. »Mr. Bigpond, was ist der Mann von der Computerfirma.«

»Ah, du meinst deinen E-mail-Server«, sage ich. »Ja, ja«, antwortet er. Ich verzichte darauf, ihm zu erklären, daß es sicherlich keinen Mr. Bigpond gibt; dafür ist mein Vater zu sehr aus dem Häuschen.

»Ich lese dir den Brief vor«, sagt er. Er liest: »A diagnostic code x-Unix 550 5.1.1, final recipient RFC734, action failed.«

Ich versuche ihn zu unterbrechen, aber er läßt mich nicht und liest weiter: »Looking for return path, auto-generated failure, the following address had permanent fatal errors.«

Ich hoffe, daß diese Benachrichtigung, daß eine E-mail nicht zugestellt werden konnte, nicht endlos lang ist. Mein Vater liest mir jeden Buchstaben und jede Ziffer langsam und sorgfältig vor.

Als er fertig ist, erkläre ich ihm, was die Benachrichtigung bedeutet. Er will, daß ich für ihn antworte. Sofort. Er will, daß ich Mr. Bigpond schreibe und ihm erkläre, daß mein Vater seinen Brief nicht verstanden hat. Ich erkläre ihm, daß es kein Brief ist, den man beantworten muß. Sondern nur eine Benachrichtigung. Er will trotzdem, daß ich für ihn antworte. Er läßt sich nicht davon abbringen.

»Dieser Brief macht mir Sorgen«, sagt er. »Es ist kein Brief«, sage ich. »Es ist ein Brief«, sagt er. »Ich halte ihn doch in der Hand. Ich faxe ihn dir«, sagt er. »Und du beantwortest ihn bitte für mich.«

»Einverstanden«, sage ich.

Neue Schriften erscheinen in den E-mails meines Vaters. Neue Zeilenabstände. Ich bin Charles so dankbar. Offensichtlich verbringt er viel Zeit mit meinem Vater. Manchmal kommen mir die Zeilenabstände in den E-mails meines Vaters ein bißchen erratisch, ein bißchen sprunghaft vor. In einer einzigen E-mail können einzelne, doppelte und dreifache Zeilenabstände enthalten sein. Und dann beginnt mein Vater regelmäßig Schriften und Formate zu wechseln. Und er scheint bis tief in die Nacht an seinen E-mails zu sitzen. Wenn ich seine E-mails nicht sofort beantworte, bekomme ich eine zweite E-mail, in der er fragt, ob die vorherige angekommen ist. Ich verliere den Überblick, auf welche E-mail er sich bezieht. Er ersinnt ein System, um diesem Problem abzuhelfen. Er sagt mir, ich solle »Antwort« anklicken und ihm seine Original-E-mail samt einer kurzen Empfangsbestätigung zurückschicken.

Meine Kinder stehen alle drei in E-mail-Verkehr mit ihm. Er weiß alles über ihr Leben. Er weiß mehr als ich. Er bringt Dinge aus ihrem Leben zur Sprache, über die ich nicht informiert bin. Er hat mir von der Beförderung meiner jüngeren Tochter erzählt, bevor sie es getan hat. Und er hat mir die Pläne meiner älteren Tochter, mit ihrem Partner nach Australien zu reisen, behutsam erläutert. Inzwischen hat Charles ihm gezeigt, wie man E-mails weiterleitet. Er leitet mir die E-mails meiner Kinder weiter. Er leitet mir die Examensergebnisse meines Sohnes weiter. Es sind sehr gute Ergebnisse. Ich freue mich. Aber ich bin gekränkt, daß mein Sohn nichts gesagt hat. Ich rufe ihn an. »Ich wollte sie dir gerade schicken, Lil«, sagt er. »Aber Grandpa hast du sie schon vorher geschickt«, sage ich in gekränkterem Ton als beabsichtigt. »Lil, du bist doch nicht etwa eifersüchtig auf Grandpa?« fragt mein Sohn. »Nein«, sage ich, aber es klingt nicht sehr überzeugend.

Mein Vater hat sich immer sehr gut mit meinen Kindern verstanden. Diese gute Beziehung hat sich nicht verändert. Hat keine Einbußen erlitten. Er weiß alles über alle ihre Freunde und Partner. Er hat ihre Geheimnisse anvertraut bekommen und hat ihnen Geheimnisse anvertraut. Er ist immer mit ihnen in Verbindung geblieben, egal wo sie lebten. Und jetzt beschämt er mich als Mutter. Er weiß über Dinge Bescheid, von denen ich keine Ahnung habe. Ich beschließe, ihn nach dem neuen Freund meiner jüngeren Tochter zu fragen. Ich weiß nichts über den jungen Mann.

Ich bin in einem Geschäft in der Lafayette Street. Zwei Ambulanzen fahren vorbei. Dann folgt eine dritte. Ich stürze aus dem Laden und laufe nach Hause. Ich schalte den Fernseher ein. Keine Nachrichten. Kein neuer Angriff hat sich ereignet. Ich war nicht die einzige, die in Panik geraten ist. Neben mir rief eine junge Frau in dem Laden: »Großer Gott!«, als sie die dritte Ambulanz hörte. Früher hätten drei Ambulanzen niemanden aus der Ruhe gebracht. Vor diesem

Geschehen. In einer Großstadt gewöhnt man sich an die Sirenen von Polizei, Krankenwagen und Feuerwehr. Das heißt nicht, daß man gegenüber dem Kummer, den sie signalisieren, hartherzig wäre. Es heißt nur, daß man nicht voller Panik nach Hause rennt.

An diesem Morgen gibt es eine neue Meldung. Überall im Land ist Terroristenalarm. Es ist die dritte oder vierte Meldung dieser Art seit dem Angriff. Bei jeder dieser Meldungen heißt es, man solle sehr vorsichtig sein. Und wachsam. Ich weiß nicht, wie vorsichtiger ein Durchschnittsbürger noch sein kann. Die meisten Leute sehen wesentlich mißtrauischer aus als früher.

Ich besuche Christine, die Chinesin, die meine Augenbrauen mit Wachs behandelt. Sie ist sehr offen und pragmatisch. Die ersten Worte, die sie zu mir sagte, waren: »Ihre Augenbrauen sehen fürchterlich aus.« Sie hat meine Augenbrauen nach jahrelangem exzessiven Zupfen wiederhergestellt. Christine arbeitet sieben Tage in der Woche von morgens bis abends. Sie ist Visagistin. Sie hat vier Kinder, denen sie das College finanziert. In den neun Jahren, seit ich sie kenne, hat sie nur eine Woche Urlaub gehabt.

An diesem Vormittag erzählt sie mir von den Schwierigkeiten mit ihrem Chef. Ihr Chef verlangt, daß sie jeden Tropfen jedes Mittels, die sie benutzt, abrechnet. Sie muß alle leeren Flaschen und Tiegel zurückgeben, bevor sie neue bekommt. »Und dann stehe ich ohne Arbeitsmaterial da«, sagt sie. »Wie soll ich denn arbeiten? Die Kunden vielleicht mit meiner Spucke massieren?« Ich fange zu lachen an. Christines Schwierigkeiten mit ihrem Chef bringen ein wenig von dem seelischen Gleichgewicht zurück, das ich bei der letzten Terrorismuswarnung verloren hatte. Christine tut so, als würde sie mit Spucke massieren. Wir lachen beide, bis wir nicht mehr können.

Mohammed Attas Testament wird veröffentlicht. Atta ist der mutmaßliche Anführer der Terroristengruppe, die am

11. September die vier Flugzeuge entführt hat. Das Testament ist bis ins einzelne ausgetüftelt. Und sehr förmlich. Sehr detailliert. Insbesondere in Hinsicht auf Mohammed Attas Leichnam. Der Leichnam soll von rechtgläubigen Moslems für die Bestattung vorbereitet werden. Seine Augen sollen geschlossen werden. Und man soll ihm neue Kleidung anziehen. Er will nicht in der Kleidung bestattet werden, in der er gestorben ist. Er will nicht, daß ihn irgend jemand besucht, der »sich zu meinen Lebzeiten nicht mit mir verstanden hat«. Niemand, der sich nicht mit ihm verstanden hat, soll Abschied von ihm nehmen.

Atta will auch nicht, daß Schwangere oder »unreine« Personen Abschied von ihm nehmen. Er sagt, diejenigen, die seinen Leichnam waschen, sollen Rechtgläubige sein und nicht zu viele, sofern nicht erforderlich. Und derjenige, der die Körperregion um die Genitalien herum wäscht, soll dabei Handschuhe tragen, damit er Attas Genitalien nicht berührt. Frauen sollen sein Grab nicht aufsuchen. Gar nicht. Weder während der Bestattung noch zu irgendeinem späteren Zeitpunkt. Es ist ihm sehr wichtig, daß alles den muslimischen Riten entsprechend durchgeführt wird. Immer wieder erklärt er, welche Aspekte muslimischer Bestattungsgebräuche und -sitten zu berücksichtigen seien. Und gibt detaillierte Instruktionen, wie dies zu tun sei. Das Testament wurde am 11. April 1996 verfaßt, als Mohammed Atta Ende zwanzig war.

In der *New York Times* erscheint ein Artikel, der Atta porträtiert. Man gewinnt das Bild eines schüchternen Kindes. Mit einem ehrgeizigen Vater, der seinen einzigen Sohn für zu verzärtelt hielt. Und zu mädchenhaft. Mr. Atta senior gab die Schuld daran seiner Frau. »Ich habe ihr immer gesagt«, erklärt er der *New York Times*, »daß sie ihn wie ein Mädchen erzieht, aber sie hat ihn trotzdem weiter verwöhnt.« Mr. Atta senior wollte, daß sein Sohn im Ausland studierte. Daß er Ägypten verließ. Daß er mit internationalen Abschlüssen zurückkehrte. »Ich habe ihm gesagt, daß ich das Wort Doktor vor seinem Namen sehen wollte«, erklärte Mr. Atta senior, seines Zeichens Anwalt, der *New York Times*. »Wir haben ihm gesagt, daß seine Schwestern den Doktor gemacht haben und daß ihre Ehemänner den Doktor gemacht haben und daß er schließlich der Mann in der Familie ist«, erklärte er.

Auf einem Foto neben dem Artikel sieht Mr. Atta senior selbstbewußt und wohlhabend aus. Mrs. Atta, eine orientalische Schönheit, lächelt. Ihr Gesicht ist an das Gesicht ihres Sohnes geschmiegt. Sie hält ihre Hand unter sein Kinn. Und strahlt. Ihr Sohn sieht hilflos und verloren aus. Sein Gesichtsausdruck ist der notdürftig gezügelter Irritation. Seine Augen sind tot. Er ist vierzehn oder fünfzehn Jahre alt.

Dieses Bild ist wegen seiner Gewöhnlichkeit so furchterregend. Es sieht so vertraut aus. Wie so viele Familienfotos. Es enthält soviel Verstörung. Soviel Erdulden. Soviel unsichtbaren und mürrischen Text, der auf die Oberfläche des reglosen, glänzenen Bildes geschrieben ist. Und wie bei so vielen Familienfotos sind sich die meisten der Abgebildeten dessen, was sie zum Ausdruck bringen, nicht gewahr.

Ich muß reisen. Eine Lesereise anläßlich der amerikanischen Veröffentlichung von *Zu viele Männer*. Ich fliege nach Miami. Auf dem Rückflug wende ich den Blick ab, als das Flugzeug zum Landeanflug ansetzt. Ich will die Stadt nie wieder aus der Luft sehen. Früher lehnte ich mich schier aus dem Bullauge in meinem Eifer, den ersten Blick auf die Skyline New Yorks zu erhaschen.

Sobald ich zurück bin, rieche ich den Geruch. Ich mache einen Spaziergang. Einen ausführlichen Spaziergang. Ich bin glücklich, wieder zu Hause zu sein. Mitten unter meinem Spaziergang merke ich plötzlich, daß der Geruch mir nichts mehr ausmacht. Tatsächlich finde ich ihn eigenartigerweise beruhigend. Und dann bleibe ich stehen. Mir ist klargeworden, daß ich es als Glück, als Privileg empfinde, von diesem Geruch umgeben zu sein. Daß ich froh bin, ihm nicht entfliehen zu können. Außerstande, ihn abzuschütteln wie einen abstrakten Verlust. Ich atme ihn tief ein. Die Luft ist voll mit den Spuren verschwundener Menschen, ihren Molekülen und Partikeln. Mit Fragmenten und Stäubchen und Tröpfchen derer, die von uns gegangen sind. Mir ist, als inhalierte ich Teile der Seelen jener, die umkamen. Mir ist zumute, als hätten sie Wurzel geschlagen. Zuflucht gefunden. Mir ist zumute, als würden sie nicht vergessen werden. Als würden sie weiterleben. Auf kleine und große Weise, in vielen Menschen.

Eine Million Tonnen Schutt vom Einsturz der Türme des World Trade Center's wird nach Fresh Kills gebracht, der 175-Morgen-Land-Müllsortieranlage auf Staten Island. FBI-Agenten und Forensiker und Polizisten sortieren den Schutt. Sie finden mehr als dreitausend menschliche Überreste. Und Hunderte von Kreditkarten, Führerscheinen und Ausweispapieren. Sie finden Schuhe, Bücher, Brieftaschen, Schmuck und Uhren. Manche der Uhren gehen noch. Sie finden fünfundzwanzig Pistolen, die Polizisten gehört haben, die bei dem Einsturz umgekommen sind. Und ein signiertes Bruchstück von einer Rodin-Skulptur.

Ich erzähle meinem Vater von meiner letzten Zahnbehandlung. Ich erzähle es ihm in einer E-mail, die ich spät nachts abschicke. Am Morgen erhalte ich eine Antwort. »Es tut mir leid, daß deine Zähne dir Ärger machen. Das brauchst du so dringend wie ein Loch im Kopf«, steht darin. Darüber muß ich lachen. Ich bin mir nicht sicher, daß das Wortspiel beabsichtigt war. Mein Vater ist begeisterter E-mail-Benutzer geworden. Ich merke, daß die Technologie ihn nicht mehr einschüchtert. Gern spielt er darauf an, daß mein Mann sich außerstande sieht, mit dem Internet umzugehen. Und immer wieder fragt er, ob mein Mann irgendwann beabsichtigt, sich mit dem Computer vertraut zu machen.

In der E-mail, die ich ihm zuletzt schickte, bat ich ihn um Entschuldigung, weil ich ihn einige Tage lang nicht angerufen hatte. »Mach dir keine Sorgen über das Reden – solange ich eine kleine E-mail bekomme, bin ich sehr glücklich«, schreibt er zurück. Ohne einen einzigen Rechtschreibfehler. Ich habe den Eindruck, daß Charles meinem Vater gezeigt hat, wie man das Rechtschreibprogramm benutzt. »Meinem Fuß geht es viel besser, und ich hoffe, daß er in wenigen Tagen wird verschwinden«, fügt mein Vater hinzu. Ich fange an zu lachen. Ich leite die E-mail an meine drei Kinder weiter. Binnen Minuten höre ich von ihnen. Mein Vater hat keine Ahnung, wieviel Vergnügen seine E-mails hervorrufen. Wieviel Freude sie verbreiten. Ansteckende Freude. Die E-mail über den Fuß schicke ich zwei Freundinnen. Beide reagieren umgehend. »Gott beschütze deinen Vater«, schreibt die eine. »Ich lebe für dich«, schreibt mein Vater am Ende einer seiner E-mails. Das raubt mir die Fassung. Stundenlang breche ich immer wieder in Tränen aus.

Ich mache einen Spaziergang. Ich frage die Inhaberin des Feinkostgeschäfts an der Ecke, ob die Geschäfte besser gehen. Ein bißchen besser, sagt sie. Ich frage einen Gemüsehändler. Er sagt, eine Spur besser. Aber nicht viel. Ich mache mir Sorgen. Um sie. Um die Gegend. Um die Stadt. Mir ist, als würde ich mich nach einem leidenden Verwandten erkundigen. Die Stadt ist wie verwundet. Verletzt. Ich will, daß es ihr besser geht, daß sie gesund wird. Ich kann nicht einmal so tun, als wäre mir das egal. Oder nicht allzu wichtig. Ich kann nicht einmal so tun, als würde ich am liebsten nach Australien zurückgehen. Jede Sehnsucht danach ist mir vergangen. Hat sich verflüchtigt. Ich kann von Zeit zu Zeit zurückkehren, doch nicht in der Illusion, daß ich nicht in New York sein wollte. Das will ich nämlich. Ich liebe New York. Mehr denn je.

Ein deutscher Journalist, der an einer großen Reportage über die Folgen des 11. Septembers schreibt, interviewt mich drei Monate nach dem Angriff. Er fragt mich, ob ich der Ansicht sei, daß der Angriff erfolgte, weil New York eine jüdische Stadt ist. Ganz und gar nicht, sage ich. Ich sage ihm, daß ich New York nicht für eine jüdische Stadt halte. Man kann jede Straße New Yorks entlanggehen und wird sofort sehen, daß Juden keine Mehrheit darstellen. New York ist eine multikulturelle, multiethnische Stadt. Nicht jüdisch. Wenn man auf die Straße tritt, denkt man nicht, man wäre in Tel Aviv oder in Jerusalem. Nur Nichtjuden können New York für eine jüdische Stadt halten, sage ich zu ihm. Das habe ich festgestellt. Die einzigen, die New York für jüdisch halten, sind diejenigen, die keine Juden sind.

Ich erzähle dem deutschen Journalisten von einem unerfreulichen Gespräch, das ich vor eineinhalb Jahren in Australien mit einer Journalistin hatte. Diese Journalistin habe ich lange Zeit geachtet und bewundert. Sie begann über New York zu sprechen und darüber, wie unhöflich die Amerikaner seien. Über dieses Thema habe ich schon von anderen Australiern mehr als genug zu hören bekommen. Ich versuchte gar nicht erst zu widersprechen. Ich versuchte es zu überhören. Doch da das Gespräch sich in die Länge zog, versuchte ich das Thema zu wechseln. Ich sagte, daß sich möglicherweise seit ihrem letzten New-York-Besuch die Dinge zum Besseren gewendet haben könnten. Das versuchte ich so entschieden wie möglich zu sagen, um anzudeuten, daß das Thema für mich erledigt sei. Aber sie ließ sich nicht beirren. Sie redete einfach weiter.

»Das Wort ›Bitte‹, das sagt dort niemand«, sagte sie. »Die Leute sagen: ›Geben Sie mir einen Hamburger.‹« Ich wußte, daß es keinen Sinn hatte, ihr zu erklären, daß man in New York wenige Leute sieht, die einen Hamburger essen. Statt dessen erklärte ich ihr, daß New Yorker tatsächlich sagen können: ›Ich nehme einen Hamburger‹, ohne das Wort ›bitte‹ zu verwenden, daß es jedoch im Ton sehr wohl mitschwingt. New York ist eine hektische Stadt, und die Leute sind immer in Eile. Bitten werden deshalb nicht so ausführlich formuliert wie anderswo. Aber wenn man hinhört, dann hört man die Höflichkeit im Ton und in der Stimme. Selten hört man Leute einen rüden Ton verwenden. Jedenfalls sicher nicht häufiger als in anderen Großstädten.

Das beeindruckte sie nicht. »Wissen Sie, was mir in New York am meisten auf die Nerven geht?« sagte sie zu mir. »Dieses aufdringliche Judentum.« Ich traute meinen Ohren nicht. Ich war wie vor den Kopf geschlagen. Es war der antisemitischste Ausspruch, den ich je persönlich zu hören bekommen habe. Eine andere australische Journalistin war bei diesem Gespräch ebenfalls zugegen. Sie sagte nichts. »Aufdringlichkeit kann problematisch sein«, sagte ich nach einem Augenblick. Die zweite Journalistin fuhr mich zu meinem Hotel zurück. Im Wagen sagte sie kein Wort über den Zwischenfall. Ich schwieg ebenfalls. Ich war noch immer schockiert. Und ich wollte sie nicht in eine peinliche Lage bringen. Die zwei Frauen sind befreundet.

Mehreren australischen Freunden erzählte ich von dem Gespräch. Sie waren entsetzt. Als ich dem deutschen Journalisten davon erzähle, ist er ratlos. Er versteht das Wort nicht, um das es geht. Ich versuche es ihm zu erklären, aber es gelingt mir nicht so recht. Er begreift es nicht. Ich hole den Fotografen zu Hilfe, der sehr gut Englisch spricht. Er erklärt es seinem Kollegen auf deutsch. Es dauert eine Weile. Offenbar ist es ein Begriff, der schwer zu übersetzen ist. Schließlich hat der Journalist begriffen und lacht. »Diese Frau hält New York wahrscheinlich für eine jüdische Stadt«, sagt er.

»Wahrscheinlich«, sage ich. Ich denke mir, daß ich nicht schlecht beraten wäre, meine Antworten auf seine anderen Fragen etwas kürzer zu halten.

Ende Januar fahre ich für eine Reihe Lesungen nach San Francisco. Die Stadt erinnert mich an Sydney. Aber Sydney ist schöner. Mein Mann begleitet mich. Zwischen den Lesungen wandern wir die hügeligen Straßen auf und ab. Die Lesungen verlaufen ohne Zwischenfälle. Ich kaufe in einigen großen Kaufhäusern ein. Ich fahre glücklich nach Hause.

Wenige Minuten vor der Landung auf dem Flughafen Newark verkündet der Pilot den Passagieren, daß sie in zwei Minuten zur Rechten des Flugzeugs Ground Zero sehen können, wie die Stelle bezeichnet wird, an der sich das World Trade Center befand. Er sagt es respektvoll, aber ich zucke erschrocken zusammen. Schockiert. Ich will nicht, daß Neugierige etwas begaffen, was keine Kuriosität ist. Und dann fühle ich mich entblößt. Mir ist, als hätte der Flugkapitän die Passagiere öffentlich aufgefordert, etwas Intimes, Privates zu begaffen. Mir ist, als hätte er mich entblößt, entkleidet. Ich weiß, daß dieses Gefühl absurd ist. Ich weiß, daß jeder das Recht hat, die Stelle zu betrachten. Und dennoch ziehe ich mir meine Jacke eng um den Körper. Als könnte das meine Bloßstellung verhindern.

Touristen finden sich noch immer nicht ein. In SoHo geht niemand auf Einkaufsbummel. Es herrscht befremdliche Ruhe. Den meisten von uns waren die Menschenmassen, die sich in der Nachbarschaft drängten, zur Selbstverständlichkeit geworden. Wir hatten uns an das Gedränge, an die Geschäftigkeit gewöhnt. Obwohl wir dachten, das Gedränge auf Gehsteigen und Kreuzungen gehe uns auf die Nerven. Ich beschwerte mich immer darüber, wie lange ich brauchte, um eine Tüte Milch einzukaufen. Ich beschwerte mich darüber, daß ich mir meinen Weg zwischen müßigen halbkomatösen oder in tiefer Einkaufsbetäubung befangenen Gaffern hindurchbahnen mußte. Jetzt fehlen sie mir. Ich wünschte, sie wären wieder da.

Inzwischen kann mein Vater im Internet surfen. Das ist mehr, als ich kann. Er erzählt mir, daß er 435 Angaben zu mir im Internet gefunden hat. Er will sie mir alle schicken.

Ich rede es ihm aus. Am nächsten Tag hat er wieder E-mail-Probleme. Er erzählt mir, daß er an diesem Tag dreimal versucht hat, E-mails zu schreiben, und jedesmal den Text verloren hat. Er tut mir leid. Auch von meinem Bildschirm ist immer wieder so vieles verschwunden. Auf unerklärliche Weise. Und für immer. Andere Leute finden Verlorenes wieder. Ich nie. Was weg ist, bleibt verschwunden, als hätte es nie existiert. Das macht mich wahnsinnig. Auch das Rechtschreibprogramm meines Vaters scheint den Geist aufgegeben zu haben. Mein Vater schreibt mir, daß Charles »Anderbiotika« nehmen muß und daß er selbst »in der Eisenmangel« sei. Er weiß, daß sein Eisenmangel mich besorgt machen wird. Er schreibt mir, ich solle mir keine Sorgen machen, denn er sei »wildentschlossen, zu halten ein unseren Vertrag«. Dieser Vertrag ist ein Abkommen zwischen uns. Mein Vater hat mir versprochen, noch mindestens ein Jahrzehnt am Leben zu bleiben, wenn er es irgendwie einrichten kann.

Ich stoße auf eine Zeitschrift, die ich vor fünf Monaten beiseite gelegt hatte. Sie enthielt einen Fotobericht über den 11. September. Damals konnte ich es nicht ertragen, die Bilder anzusehen. Es gibt eine Nahaufnahme von einem der Türme, dem Nordturm, am Tag des Angriffs. An den Fenstern mehrerer Obergeschosse drängen sich Leute, die sich hinausbeugen und hinunterblicken. Sie beugen sich hinaus, als wollten sie abschätzen, ob sie einen Sprung überleben könnten. Sie beugen sich hinaus, als gäbe es eine Chance für sie. Als befänden sie sich nicht Hunderte von Metern in der Höhe. Sie blicken hinunter. Als gäbe es da unten möglicherweise eine Antwort. Sie sehen aus wie in der Falle. Und es sind so viele. Minuten nach dieser Aufnahme ist der Nordturm eingestürzt.

Fünf Monate nach dem Angriff stehen die Leute in New York noch immer unter Schock. Unter Streß. Unter Verdrängung. Leute, die in der Nähe des Geschehens waren, und Leute, die nichts davon miterlebt haben. Schock und Streß sind nicht so auffällig wie in den ersten Monaten. Allergien, Migränen, Schmerzen, Unwohlsein und Schlaflosigkeit haben abgenommen. Aber gegenwärtig sind sie noch immer. Eine Freundin, die in einer Anwaltskanzlei drei Blocks vom World Trade Center entfernt arbeitet, sagt, daß sie noch immer von der Erinnerung an das Geschehen heimgesucht wird. Am 11. September konnte sie sich retten. Sie ging zu Fuß über die Brooklyn Bridge nach Hause. Und sah, wie der Nordturm einstürzte. Sie hat angerufen, um zu fragen, wo mein Mann seinen Künstlerbedarf kauft. Sie spielt mit dem Gedanken, zu malen, um sich nachts entspannen zu können. Fünf Monate nach dem Angriff vermeide ich es noch immer, den Blick auf die veränderte Skyline zu richten.

Sechs Monate nach dem 11. September wird im Fernsehen ein Dokumentarfilm gezeigt, den zwei Brüder gemacht haben, Jules und Gedeon Naudet. Sie drehten gerade einen Dokumentarfilm über einen Feuerwehrmann in der Ausbildung bei Ladder One, der Feuerwache, zu deren Einsatzgebiet die Türme des World Trade Center's gehörten. Sie wollten Tony, den Auszubildenden, während seiner neunmonatigen Bewährungszeit begleiten. Seine Entwicklung vom Jungen zum Mann dokumentieren.

In dem Dokumentarfilm sehen wir die Feuerwehrmänner von Ladder One am 1. September. Alle sind so fröhlich. Sie essen gemeinsam. Sie essen jeden Abend miteinander. Ihre Kameradschaft, ihre Kumpanei sind beeindruckend. Die meisten von uns verkehren nicht annähernd so familiär und entspannt mit ihren Verwandten, geschweige denn mit ihren Kollegen. Am 10. September gab es Lammkeule zum Abendessen. Draußen sind die Türme in voller Beleuchtung zu sehen. Der Himmel ist von tiefem Azur. Die Türme sehen wunderschön aus.

Am Morgen des 11. Septembers ertönt im Radio auf der

Feuerwache der Wetterbericht. »Siebenundzwanzig Grad Tagestemperatur mit Sonne und niedriger Luftfeuchtigkeit«, sagt der Sprecher in dem munteren Ton, der bei Wetterberichten bei guten Nachrichten üblich ist. Die Feuerwehrmänner werden gerufen, um eine undichte Gasleitung zu überprüfen. Um Viertel vor neun sehen wir sie auf der Straße, wo sie nach der lecken Stelle suchen. Jules Naudet filmt sie dabei. Er ist mitgekommen, um die Kameraführung zu üben. Sein Bruder Gedeon ist der erfahrenere Filmemacher der beiden. Sie befinden sich wenige Häuserblocks vom World Trade Center entfernt.

Die Filmaufnahmen werden durch ein lautes und ungewöhnliches Geräusch unterbrochen. Es ist das Geräusch einer Boeing 767 der American Airlines mit zweiundneunzig Fluggästen an Bord. Sie fliegt sehr niedrig. Und dann kracht sie in den Nordturm. »O Mist, Mist, Mist!« ruft ein Feuerwehrmann nach dem anderen. Und dann laufen sie auf den Turm zu.

Der Dokumentarfilm von Jules und Gedeon ist nicht der Film, den sie ursprünglich hatten machen wollen. Statt dessen ist er ein Bericht über einiges, was an diesem Tag geschehen ist. Mitten im Herzen der Katastrophe. Es ist sehr bewegend. Manche der Bilder sind unvergeßlich. Die Feuerwehrmänner von Ladder One sind zusammen mit anderen Feuerwehrmännern im Foyer des Nordturms. Sie koordinieren ihre Rettungsbemühungen. Beide Türme sind getroffen. Alle paar Minuten sind dumpfe Laute zu vernehmen. Das Auftreffen von Leichen. Es ist sehr laut. Und so entsetzlich. »Es regnete Leichen«, sagt einer der Feuerwehrmänner später. Feuerwehrmänner, ein Priester, Polizisten und Sanitäter kommen in den Nordturm gelaufen. Der Südturm stürzt ein. Wir wissen, daß der Nordturm ihm folgen wird. Seven World Trade Center stürzt ein. Zerbricht und zerbröckelt. Wie Sägespäne. Oder Schwamm. Danach ist alles von weißer Asche bedeckt. Es sieht aus wie eine

Mondlandschaft. Erschreckend. Erschreckend genug, um jeden von der Mondreise abzuhalten.

Die Schnelligkeit, mit der alles verschwindet, ist verblüffend. »Diese Gebäude sind von einer Sekunde auf die nächste eingestürzt«, sagt einer der Feuerwehrmänner verblüfft. »Von einer Sekunde auf die nächste waren sie verschwunden.« – »Ist das wirklich passiert? Sind die Türme wirklich nicht mehr da?« fragt ein anderer Feuerwehrmann, als er in die Wache zurückkommt, obwohl er es als Augenzeuge miterlebt hat. Er späht zur Tür hinaus, um sich zu vergewissern, daß er nicht träumt.

Im Radio hört man die Stimme von Bürgermeister Giuliani. »Wichtig ist, daß wir uns jetzt nicht wegen des Überfalls auf das World Trade Center vom Zorn übermannen lassen«, sagt er.

»Wir waren auf dem Dach des Marriott«, sagt ein Feuerwehrmann. »Überall waren Körperteile verstreut. Beine, Arme, Füße. Es war scheußlich.« Anderswo auf der Wache übergibt sich ein Feuerwehrmann. Die Feuerwehrmänner machen sich auf, um im Schutt nach Überlebenden zu suchen. Sie sind alle davon überzeugt, daß Hunderte, wenn nicht Tausende von Überlebenden eingeschlossen sind und darauf warten, daß man sie rettet. »Wir müssen sie da rausholen«, sagt einer der Feuerwehrmänner. »Und das tun wir«, fügt er hinzu. »Das tun wir immer.« Sie beginnen zu graben. Mit Spaten und Schaufeln. Eine gefährliche Arbeit. So grob und primitiv. Sie arbeiten mit Eimern. Eimerweise reichen sie Schutt weiter. Eimer um Eimer.

Es ist herzzerreißend. Nach vierundzwanzig Stunden ist nicht mehr zu bezweifeln, daß sie keinen Überlebenden finden werden. Das hält sie nicht von ihrem Tun ab. Sie graben weiter. »Wir haben es mit zwei Gebäuden von je 110 Stockwerken zu tun«, sagt einer von ihnen verzweifelt. »Und wir finden keinen Schreibtisch, kein Telefon, keinen Stuhl, keinen Computer. Das größte Stück Telefon, das ich gefunden habe, war eine halbe Tastatur. Wie soll man da Menschen finden?« sagt er fast wie im Selbstgespräch.

Die Bergungsmannschaften werden monatelang graben. Tag und Nacht. Sie werden heroische Anstrengungen unternehmen, um alles zu bergen, was helfen kann, Opfer zu identifizieren. Aller Schutt wird sorgfältig darauf untersucht, ob sich etwas darin befinden könnte, was für jemanden wichtig ist. Für viele wird der Schrecken durch den Dokumentarfilm wieder gegenwärtig.

Und man erkennt, wieviel seit jenem Tag in New York geschehen ist. Wieviele Fortschritte gemacht wurden, die man nicht für möglich gehalten hatte. Wie vieles berücksichtigt wurde. Die Zähigkeit der Stadt ist staunenswert. Und ebenso ihr Herz.

Sieben Monate, nachdem es aussah, als müsse das Feinkostgeschäft an der Ecke schließen, wird der Laden renoviert. Neue Kühlschränke und Tiefkühlschränke werden angeliefert. Und es wird eine neue Abteilung für Biokost eingerichtet. Neue Kunden finden sich ein. Mittags ist es schwer, einen Platz zu bekommen. Barneys, ein Geschäft für Oberbekleidung in Uptown, eröffnet eine Filiale in SoHo. Und es heißt, Bloomingdale's wolle am Broadway eine Dependance eröffnen. Laut *New York Times* wäre dies das erste Kaufhaus in Downtown.

Es geht vorwärts. Es wird besser. Ein Taxi zu bekommen ist wieder schier unmöglich. Wenn man zwischen fünf Uhr nachmittags und sieben Uhr abends ein Taxi braucht, muß man tief durchatmen und sich in die Schlacht stürzen. Ich höre, wie sich jemand über den Verkehrslärm beschwert. Und ich weiß, daß fast wieder Normalität eingekehrt ist. Monatelang hat sich niemand über die Stadt beschwert. Daß die Beschwerden fehlten, habe ich erst gemerkt, als sie sich wieder einstellten. Das war sehr beruhigend. Sich über New York zu beklagen war eine der Freuden seiner Einwohner. Es war eines der Dinge, die jene vereinte, die hier leben.

Ein Laden für Großküchenbedarf in der Bowery verkauft Restposten. In der *New York Times* las ich eine Meldung darüber. Manche der Artikel sind über sechzig Jahre alt. Als ich den Laden betrete, wirft der Mann hinter der Theke einen Blick auf mich und sagt: »Sie wollen ins Souterrain.«

»Offenbar sieht man mir an, daß ich ins Souterrain gehöre«, sage ich zu ihm.

»Sie sehen nicht nach Gastronomie aus«, sagt er in etwas gelangweiltem Ton. Er sieht müde aus.

Der Ausverkauf findet im Souterrain statt. Das Souterrain ist voller Menschen und voller Geschirr. Das meiste Geschirr ist schmutzig. Es lagert seit langem hier unten. Die Atmosphäre ist hektisch, aber freundlich. Gemütlich. Wie bei einer etwas zu groß ausgefallenen Wohltätigkeitstombola. Oder bei einem Dorfflohmarkt. Wo alle unter Anabolika stehen.

Ich bewundere eine ovale Auflaufform mit gerundetem Rand, die eine Frau neben mir gefunden hat. Sie legt sie in den schwarzen Plastikkorb zu ihren anderen Einkäufen. Und sagt mir, daß es eine zweite Form gibt. Ihre Hände sind völlig schwarz. Sie erzählt mir, daß ihr Wagen auf der Brooklyn Bridge den Geist aufgegeben hat. Ich äußere Anteilnahme. Sie sagt, sie habe ihn dort stehenlassen. Sie wollte den Ausverkauf nicht verpassen.

Ich kaufe zwanzig gelbe Kaffeebecher, die ich nicht benötige. Es ist ein herrliches Gelb. Ein sonniges Fünfzigerjahregelb. Am Boden der Becher verläuft das Gelb zu Weiß. Sie kosten zwei Dollar das Stück. Aber sie sind schwer. Ich rufe meinen Mann an und frage ihn, ob er Zeit hat, zwanzig gelbe Kaffeebecher abzuholen, die ich soeben in der Bowery gekauft habe. Er beginnt zu lachen. Er sagt, in einer Viertelstunde sei er da. Ich sage, ich wolle mein Bestes tun, in der Zwischenzeit keine weiteren Einkäufe zu tätigen.

Es ist so verlockend. Es gibt weiße Steingutplatten mit blauem Rand für zwei Dollar. Sie sehen genauso aus wie das Steingut, das meine Mutter benutzte. Das Blau ist ein sehr fröhlich stimmendes Blau. Es ist das Blau meiner Kindheit. Ich beherrsche mich mühsam. Ich kaufe sie nicht. Statt dessen kaufe ich vier braungesprenkelte Schüsseln mit braunem Rand. Die Schüsseln erwähne ich nicht, als mein Mann kommt. Ich habe alles einpacken lassen.

Wir gehen durch die Spring Street nach Hause. Wir sehen, daß es ein neues Restaurant gibt. Es heißt Café Lebowitz. »Café Lebowitz, was für ein großartiger Name«, sagt mein Mann. Jemand, der sich am Fenster des Restaurants zu schaffen macht, schaut erfreut auf. Es ist Bryan McNally, ein legendärer New Yorker Gastronom. Er hat in dieser Stadt mehr erfolgreiche Restaurants eröffnet als jeder andere. Seine Restaurants sind äußerst angesagt.

»Café Lebowitz, was für ein großartiger Name«, sagt mein Mann noch einmal. Bryan McNally lacht erfreut. »Ja«, sagt er, »wer hier nicht ißt, ist Antisemit.«

»Wollen Sie das schriftlich verkünden?« frage ich.

»Sicher«, antwortet er. »Auf der Speisekarte.«

»Nein, im Schaufenster«, rufe ich.

Lachend gehen wir nach Hause. New York ist fast wie früher. Bezaubernd, trotzig, furchtlos, voller Leben. Ich schreibe ein E-mail an jemanden, der vor dem 11. September mit dem Gedanken gespielt hat, nach New York zu ziehen. Gib deinen Plan nicht auf, schreibe ich. Es ist immer noch die Herrlichste aller Städte.

In der Stadt ist eine neue Sensibilität zu spüren. Ein neues Gefühl für die Vergänglichkeit dessen, was uns umgibt. Eine neue Wertschätzung. Ein neues Verständnis, daß Universen sich von einem Tag auf den anderen verändern können. Das eigene. Und das anderer. Dieses Verständnis ist mir von jeher vertraut. Das Universum meiner Eltern fand ein abruptes Ende. Von einem Tag auf den anderen. Von einem Tag auf den anderen hatte die Zukunft sich verändert. Bis zur Unkenntlichkeit. Hatte Sprünge und Risse bekommen. Deutschland fiel in Polen ein. Für meine Mutter und meinen Vater veränderte sich alles. Und für Millionen andere.

Dieses Vermögen der Universen, sich unversehens oder unmerklich zu verändern, ist mir von jeher vertraut, ist von jeher unauflöslich mit mir verbunden. Etwas, was ich nicht loslassen kann. Was ich nicht aus meinem Denken verbannen kann. Es ist Teil der Vergangenheit. Mit dieser Vergangenheit bin ich verbunden und verknüpft. Diese Vergangenheit ist Teil meiner Gegenwart. Und ist es immer gewesen. Wie gerne ich sie auch bisweilen verdrängen würde, verbergen, verleugnen – ich kann es nicht. Diese Vergangenheit befindet sich in meinem Inneren. Und in einem anderen Land. Dieses Land ist Polen.

Polen

Ich will nach Polen. Mehr als das. Mein Bedürfnis, dort zu sein, ist überwältigend, beinahe erschreckend. Ich sehe meiner jüngeren Tochter beim Backen zu, als es mich überkommt. Sie kocht kein polnisches Essen. Sie backt eine Schokoladen-Pfirsich-Torte. Der Duft der Schokolade hat mich von meinem Schreiben abgelenkt. Meine Tochter findet es komisch, daß das Schokoladenaroma mich am Schreiben hindert. »Hier riecht es wie in einer Schokoladenfabrik«, sage ich. Sie lacht. Ich setze mich und sehe ihr zu. Ich sehe zu, wie sie drei verschiedene Schokoladensorten mischt, als das Bedürfnis mich überkommt. Nicht das Bedürfnis nach Schokolade, sondern das Bedürfnis, in Polen zu sein.

Die Sehnsucht nach Polen beherrscht mich seit Jahren. Die Sehnsucht, hinzufahren. Die, dort zu sein. Diese Sehnsucht beherrscht mich seit fast fünfundzwanzig Jahren. Schon vorher tat sie das. Ich wußte es nur nicht. Diese Sehnsucht treibt mich in den Wahnsinn. Sie läßt sich nie lange unterdrücken. Und überkommt mich stets unerwartet. Wenn ich am wenigsten damit rechne, macht sie sich bemerkbar.

Und jetzt ist sie wieder aufgetaucht. Ich kann es kaum fassen. Warum will ich nach Polen? Warum gerade jetzt? Warum will wieder dorthin? Ich war schon so oft dort. Was will ich dort? Ich weiß es nicht. Ich weiß nur, daß ich es will.

Andere wundern sich, welche Macht Polen über mich hat. »Warum willst du schon wieder dorthin?« sagt ein Freund in einem Ton, der nahelegt, daß ich nicht ganz bei Trost sein müsse. »Ich fahre nicht hin, um Ski zu fahren oder Golf zu spielen«, sage ich ein wenig verärgert. »Das tust du sowieso nicht«, erwidert er. »Ich habe es nur als Metapher gemeint«, sage ich defensiv.

Wenn ich mir vorstelle, wieder in Polen zu sein, kommen mir die Tränen. Ich stelle mir vor, daß ich in Polen bin und weine. Mir das Herz aus dem Leib weine. Mehr weine, als ich bei all meinen bisherigen Besuchen dort geweint habe. Ich stelle mir vor, daß ich weine, bis ich keine Tränen mehr habe. Warum soll ich beabsichtigen, irgendwohin zu fahren, um dort zu weinen? Ich weiß es nicht. Aber das ist meine Absicht.

Ich überlege mir einen Zeitraum, in dem ich hinfahren kann. Und dann sage ich es meinem Mann. Er wirkt nicht gerade begeistert. Aber auch nicht unglücklich. Er wird mich begleiten. Ich beschließe, zuerst nach Berlin zu fahren. Ich denke mir, daß ich in einem künftigen Buch über Berlin schreiben könnte. Über Berlin und über meine Erlebnisse in Deutschland. Was ich erfahren habe. Wie ich bei meinem ersten Besuch empfunden habe, was sich verändert hat und wie. Und warum. Das schreibe ich vielleicht nicht in der ersten Person. Vielleicht schreibe ich es in Gestalt einer meiner Figuren.

Der Gedanke, zuerst nach Berlin zu fahren, stimmt mich fröhlich. In meinem deutschen Verlag freut man sich. Man bittet mich, in Berlin Interviews zu geben, und schlägt mir vor, einen Teil der Reisekosten zu übernehmen. Das freut mich. Obwohl ich nicht weiß, warum. Ich habe eine ungesunde Neigung, Kosten gering zu achten. Zu Geld hatte ich schon immer ein mehr als nonchalantes Verhältnis. Ich neige dazu, mehr auszugeben, als ich ausgeben kann. Ich habe versucht, diesen Impuls zu dämpfen. Mehr oder weniger erfolgreich. Warum mache ich mir auf einmal Gedanken über Kosten? Liegt es daran, daß ich mich um das eigentliche Ziel meiner Reise herummogle, indem ich nach Berlin fahre? Daß ich mein Bedürfnis, in Polen zu sein, zu bemänteln suche? Meine Reise in eine Arbeitsexpedition umzudeuten versuche? In ein Forschungsvorhaben? Forschungsvorhaben wirken seriös, gewichtig, ernsthaft. Sie wirken ernsthafter als endloses Herumgewandere in Polen.

Ich rufe das polnische Konsulat in New York an, um mich nach den Visumsbedingungen zu erkundigen. Die Visumsbedingungen vergesse ich regelmäßig. Das paßt so gar nicht zu mir. Ich kann mich an die unwichtigsten Einzelheiten des banalsten Gegenstandes erinnern. Ich habe ein außergewöhnlich gutes Gedächtnis. Ich erhalte eine lange Antwort auf polnisch. In Maschinengewehrstakkato und in herrischem Ton. Ich denke mir, daß die Ungeduld und das Herrische möglicherweise an der Sprache liegen. Unbeabsichtigt sind. Dann erfolgt die englische Fassung in identischem Ton. »Drücken Sie die Taste zwei für Visainformationen«, sagt die Stimme. Das tue ich. Nichts geschieht. Ich lege auf. Ich rufe wieder an. Die gleiche Botschaft, aber keine Visainformationen. Außer einer Reihe klickender Geräusche ist nichts zu hören. Ich versuche es unter einer anderen Nummer. Ich drücke auf die Taste für Informationen. Und das gleiche wie zuvor geschieht. Stille. Ich rufe wieder an. Ich drücke Taste vier für Vermittlung. Noch mehr Stille. Aber das Klicken ist verschwunden. Zwei Stunden später versuche ich es abermals. Inzwischen ist es Mittagszeit. Ich weiß, daß das Konsulat geöffnet haben müßte. Ich komme nicht durch.

Verärgerung steigt in mir auf. Warum funktioniert ihr Telefon nicht? Wir sind hier nicht in Polen. Am nächsten Tag suche ich das Konsulat auf. Sobald ich durch die Tür getreten bin und mich den schweren Vorhängen dahinter gegenübersehe, ist mir zumute, als wäre ich in Polen. Drinnen wird dieses Gefühl noch verstärkt. Ich befinde mich in einem kärglich möblierten und schwachbeleuchteten Raum mit dunkler Holzvertäfelung. Vom modernen Amerika keine Spur. Keine Schilder. Kein Informationsschalter. Eine lange Schlange. Und hinter einem Schalter mit kleinem Fenster sitzt ein einziger Behördenmitarbeiter. Alle sehen mißmutig aus. Ich frage mich, ob diese Mißmut lediglich Begleiterscheinung des oft frustrierenden Prozesses ist, ein Visum zu erlangen. Egal für welches Land. Ich frage mich, ob dieser Mißmut in allen Konsulaten anzutreffen ist. Ich glaube es nicht. Das australische Konsulat in Midtown New York sieht recht einladend aus.

Ich warte in der Schlange. Schließlich bin ich an der Reihe. Der Schalterbeamte fragt mich nach dem Zweck meiner Reise nach Polen. Eine Urlaubsreise, sage ich und versuche entspannt auszusehen. Und ehrlich. Ich bekomme das Visum. Zu Hause beschäftige ich mich mit meinen Plänen für diese Reise. Ich gelange zu dem Schluß, daß ich zuviel Zeit für den Aufenthalt in Polen eingeplant habe. Ich habe zwei Wochen eingeplant. Acht Tage sind mehr als ausreichend. Oder sieben. Ich will mich nicht über Gebühr lange in Polen aufhalten. Ich habe mich dort schon zu oft und zu lange aufgehalten. Ich blättere in einem meiner Reiseführer. Ich lese die vertrauten Namen. Katowicz, Chelmno, Lublin, Poznan. Orte und Städte, die wie ein Teil von mir sind, obwohl ich sie noch nie besucht habe. Ich beschließe, sie auf dieser Reise nicht zu besuchen. Ich will nur vertraute Orte wiedersehen. Orte, an denen ich schon einmal war. Ich kürze die Reise um zwei weitere Tage. Wenn ich so weitermache, wird die Reise bald auf einen Tag zurechtgestutzt sein. So mache ich es jedesmal, wenn ich nach Polen fahren. Ich plane meine Abreise. Am liebsten würde ich abreisen, bevor ich angekommen bin.

Ich denke über Berlin nach. Will ich meine Ankunft in Polen hinauszögern, indem ich vorher nach Berlin fahre?

Ist das ein umständliches Ausweichmanöver? Und was ist es, dem ich ausweichen will? Niemand zwingt mir etwas auf. Mein Verlag bestellt mir ein Zimmer im Hotel Savoy in Berlin. Ich liebe das Hotel Savoy. Das Savoy hat schon bessere Tage gesehen. Es ist ein bißchen heruntergekommen. Es ist ein wundervolles Hotel mit viel Charakter. Es ist zweifellos kein Allerweltshotel. Wenn man im Savoy wohnt, weiß man, daß man im Savoy wohnt.

Alles an diesem Hotel ist so, wie man es sich in Zusammenhang mit Hotels in früheren Zeiten vorstellt. Der Service ist entgegenkommend. Manche der Angestellten arbeiten seit langem dort. Sie haben Persönlichkeit und Eigenheiten. Sie handeln und wirken nicht, als hätte man sie in einer internationalen, anonymen Hotelierfachschule geformt und gebildet und geglättet. Hotel und Service zeichnet eine gewisse Exzentrik aus. Man sieht Ticks und Macken. Es ist so erleichternd. Es macht das Hotel menschlich. Und die Mitgäste sind immer interessant. Das Savoy ist ein Hotel, in dem schon immer Schriftsteller und Maler und Musiker und Fotografen und Philosophen gewohnt haben. Ich glaube, in einer der Suiten gibt es einen kleinen Flügel.

Um eine Suite sollte ich einen Bogen machen. Jedesmal, wenn ich mich in dem Hotel anmelde, erinnere ich mich daran. Ich glaube, es handelt sich um das Zimmer 311. Ich will mir immer die Zimmernummer notieren. Und vergesse es immer. Ich bekomme immer dieses Zimmer. Es ist eine tödliche Falle. Allein die Benutzung des Badezimmers kann gravierende Verletzungen zur Folge haben. Die Badezimmertür, die Toilettentür und die Schranktüren sind mit Spiegeln verkleidet. Es ist ein leichtes, in den Schrank zu laufen, wenn man auf die Toilette will.

Und das ist noch nicht alles. Wenn man die Tür zur Toilette gleichzeitig mit der Tür zur Dusche öffnet, stoßen die Türen zusammen. Das kann für beide Zimmerbewohner eine unangenehme Überraschung sein. Auch das Schlafzimmer ist eine Gefahrenzone. Gleich hinter der Tür-schwelle lauert eine kleine, fast unsichtbare Stufe, über die man unweigerlich stolpert, sofern man nicht den Blick unbeirrt auf den Boden gerichtet hält. So kann man sich die Zehen verletzen. Aber das ist noch lange nicht alles. In dem Schlafzimmer befinden sich Säulen an unerwarteten, um nicht zu sagen ungeeigneten Stellen. Unbedingt ist darauf zu achten, daß man nicht versucht, das Bett zu verlassen, sobald man darin liegt, es sei denn, man ist hellwach. Im Halbschlaf aufzustehen ist auf keinen Fall ratsam. Für die Inneneinrichtung dieses Zimmers zeichnet Inspektor Clouseau verantwortlich. Oder Peter Sellers als Inspektor Clouseau. Ich kann es bezeugen.

Am ersten Morgen bei meinem ersten Besuch fragte mich der Manager des Hotels, wie mir das Zimmer gefalle. Ich konnte ihm nicht die Wahrheit sagen, weil er so eifrig um mein Wohl bemüht war. »Wunderbar«, sagte ich.

»Ist alles zu Ihrer Zufriedenheit?« fragte er mich am nächsten Tag.

»Ausgezeichnet«, sagte ich.

»Wenn Sie irgendeinen Wunsch oder eine Beschwerde haben, wenden Sie sich bitte ohne zu zögern an mich«, sagte er.

»Das werde ich tun«, erwiderte ich.

Aber ich habe es natürlich nicht über mich gebracht.

Für jemanden, der sich danach gesehnt hat, nach Polen zu fahren, bin ich auffallend froh über den Zeitaufschub, den meine Reise nach Deutschland bedeutet. Die Ironie dieser Freude entgeht mir nicht. Mein Vater ruft mich an. Er kann es kaum glauben, daß ich schon wieder nach Polen fahre. Er weiß, wie oft ich schon dort war. Einmal hat er mich begleitet. Ich bin mir nicht sicher, ob er es noch einmal tun würde. Mein Vater hat seit einigen Tagen Rückenschmerzen. Diese Schmerzen sind neu. Als er mir davon erzählte, habe ich mich bemüht, nicht zu besorgt zu sein. Ich bemühe mich, über die Alterszipperlein meines Vaters nicht zu besorgt zu sein. Alterszipperlein sind nichts Ungewöhnliches. Aber ich habe so schreckliche Angst, ihn zu verlieren. Jedes Zipperlein, das er erwähnt, nimmt in meinen Augen entsetzliche Dimensionen an. Ein Glück, daß er so gesund ist.

Ich frage meinen Vater nach seinem Rücken. »Es geht ein bißchen besser«, sagt er. »Der Arzt hat gesagt, ich soll es nehmen nicht so schwer.«

»Hat er gesagt, ob du weiterhin Gewichte heben kannst?« frage ich.

»Er hat gesagt, ich soll machen andere Übungen«, sagt mein Vater. »Übungen, was bewegen den Rücken nicht so viel.«

»Gut«, sage ich. Ich weiß, daß mein Vater trotz ständiger gegenteiliger Beteuerungen das Gewichtheben liebt.

»Mein Trainer hat die Übungen getauscht schon bevor ich beim Arzt war«, sagt mein Vater. »Du solltest dir keine Sorgen machen wegen meinem Rücken«, sagt er. »Du solltest dir Sorgen machen darüber, daß du schon wieder nach Polen fährst.«

Ich lache und sage, daß ich froh bin, daß es seinem Rücken besser geht. »Diese Sache mit meinem Rücken ist kein Grund, sich Sorgen zu machen«, sagt er. »Es ist eine sehr beliebte Sache bei alten Leuten.«

»Tatsächlich?« sage ich und gelange zu dem Schluß, daß er damit nicht behaupten will, alte Leute rissen sich darum, diese Rückenschmerzen zu bekommen, sondern daß er sagen will, es sei ein verbreitetes Leiden. Ich sage ihm, daß ich aus Deutschland anrufe.

Ich fliege mit der Lufthansa. Im Flugzeug denke ich an verschiedene Leute, die ich in Berlin sehen werde. Ich freue mich auf den Aufenthalt. Ich kenne einige Juden, die nicht begreifen können, daß ich mit der Lufthansa fliegen und mich in Deutschland wohlfühlen kann. Es hat lange gedauert, bis ich dazu in der Lage war. Es war ein umständlicher und dorniger Weg bis dahin. Nicht wie dieser Flug, der ausnehmend glatt und schnell verläuft. Wir sind schon fast da. Bis zur Landung ist es noch eine halbe Stunde. Ich bin müde. Ich kann im Flugzeug nicht schlafen. In Berlin werden wir am späten Vormittag ankommen. Ich überlege mir, was ich tun kann, um den restlichen Tag auf den Beinen und wach zu bleiben. Plötzlich komme ich mir hellwach vor.

Mir fällt ein, daß das frühere NS-Konzentrationslager Sachsenhausen in der Nähe von Berlin liegt. Das hatte ich schon früher gewußt, aber ich hatte nie daran gedacht, wenn ich in Berlin war. Ich habe mich nie erkundigt, wie weit es von Berlin nach Sachsenhausen ist. Ich frage eine der Stewardessen. Sie sieht peinlich berührt aus. Genau wie mein Mann. »Fünfzig bis sechzig Minuten Fahrzeit nördlich von Berlin«, sagt die Stewardeß.

Ich habe den ganzen Tag zur Verfügung. Meine Verlegerin kommt erst morgen an. »Wir können nach Sachsenhausen fahren«, sage ich zu meinem Mann. Er sieht nicht gerade begeistert aus. »Es dauert nicht lange«, sage ich. Er tut mir leid. Es ist kein Vergnügen, mit jemandem verheiratet zu sein, den es in Vernichtungslager zieht. Eine Ehefrau mit einer Vorliebe für Drachenfliegen oder Kathedralen wäre leichter zu ertragen. »Natürlich können wir hinfahren«, sagt er und versucht auszusehen, als würde ihn die Aussicht erfreuen.

Wir erreichen das Hotel Savoy. Der Mann an der Rezeption begrüßt mich strahlend. »Wir haben Ihr Lieblingszimmer für Sie reserviert, Frau Brett«, sagt er. Im Foyer sind meine Bücher in einer Glasvitrine ausgestellt. Der Portier sieht so glücklich aus, daß ich nichts sagen kann als: »Vielen herzlichen Dank.« Fünf Minuten nach Betreten der Suite habe ich Kopfschmerzen. »Die beste Methode, um mit diesem Zimmer zurechtzukommen«, sagt mein Mann, »ist, sich so wenig wie möglich darin aufzuhalten.«

Wir fahren mit dem Taxi nach Sachsenhausen. Der Fahrer, ein junger Mann, wird dort auf uns warten und uns zurückfahren. Die Geschäfte ließen zu wünschen übrig, sagt er. Ich frage ihn, ob viele Leute nach Sachsenhausen fahren. Nein, sagt er. Die meisten, die hinführen, seien ältere Leute. Junge Leute, sagt er, führen nicht hin. Auf der Fahrt bin ich sehr angespannt. Was tue ich nur? Ich bin müde und bin im Jet-lag. Warum suche ich schon wieder ein Vernichtungslager auf? »Warum fahre ich nach Sachsenhausen?« frage ich meinen Mann. Er schweigt. Der Taxifahrer hört meine Frage und fragt, ob ich lieber eine Stadtrundfahrt in Berlin machen wolle. »Nein, nein, nein«, sage ich schnell, damit er mir glaubt. Ich will nicht umkehren. Ich will weiterfahren. Ich erkläre dem Fahrer, daß ich gern den Weg finden würde, den die jüdischen Häftlinge vom Zug zum Todeslager gehen mußten. Ich erkläre, daß ich weiß, daß sie ein beträchtliches Stück Weges gehen mußten. Er sagt, wir seien schon fast da und er werde den Weg finden. Er sieht schmerzlich berührt aus.

Wir gelangen nach Oranienburg. Oranienburg liegt in der ehemaligen DDR. Sachsenhausen gehört zu Oranienburg. Wir fahren zum Bahnhof. Wir können das Todeslager sehen. Wir fahren und fahren. Wir können den Weg von den Gleisen zu dem Lager nicht finden. Ich will aufgeben. Ich sage zu dem Fahrer, er solle sich keine Mühe mehr geben. Aber er sucht weiter. Überall, wo er einen Pfad oder ein Sträßchen vermutet, springt er aus dem Wagen.

Ich beginne zu denken, daß ich mich getäuscht haben muß. Daß ich Sachsenhausen mit einem anderen Todeslager verwechselt haben muß. Ich sage zu dem Fahrer, daß ich müde bin. Er sagt, er sei nicht müde. Er sagt, er werde den Weg finden. Zehn Minuten später hat er ihn gefunden. Ich steige aus und gehe. Es ist ein sonderbares Gefühl, diesen Weg zu gehen, an den ich so oft gedacht habe. Den ich mir so oft vorgestellt habe. Er ist breiter, als ich es mir vorgestellt hatte. Er führt zu einem unauffälligen Hintereingang des ehemaligen Todeslagers. Es ist ein kurzer Weg vom Bahnhof hierher. Die Bevölkerung hat oft zugesehen, wie die Häftlingsprozession im Lager ankam. Deutsche Frauen brachten ihre Kinder mit. Es war ein Schauspiel. Eine Nachmittagsunterhaltung. Manchmal warfen sie den Häftlingen Brotrinden zu. Nicht um ihnen zu essen zu geben, sondern um zuzusehen, wie sie um die Rinden wetteiferten und stritten. Jetzt sieht der Weg so alltäglich aus. Nichts ist zu sehen von dem, was hier geschah. Von der Gewalttätigkeit. Der Grausamkeit. Dem Haß.

Die Umgebung sprenkeln bescheidene Vororthäuser. Leute, die ein Alltagsleben leben. Die zur Arbeit gehen. Kinder haben. Zu Abend essen. Genau wie damals. Ich stehe neben dem Hintereingang des Lagers, als ich Schritte höre, die sich nähern, schnelle Schritte. Es ist eine alte Frau, die rennt. Sie rennt mit den schnellen, kleinen Trippelschritten eines Kindes. Und mit einer kindlichen Konzentration und Zielstrebigkeit. Als sie mich erreicht, sieht sie zerzaust und atemlos aus.

»Sie sind wiedergekommen«, sagt sie zu mir in großer Erregung. Das macht mich so ratlos, daß ich sie nur stumm ansehe. »Sie sind wiedergekommen!« ruft sie und klatscht in die Hände. Sie sieht mich sehr eindringlich an. Sie scheint völlig aus dem Häuschen zu sein. Etwas an ihrer Erregung ist unerträglich ergreifend. Gekleidet ist sie in das exzentrischste und eklektizistischste Sammelsurium von Kleidungsstücken, das man sich vorstellen kann. Im East Village würde sie nicht auffallen. Sie trägt einen langen, weiten, bunten Baumwollrock und eine cremefarbene Spitzenbluse über etwas, was wie ein dunkelbraunes T-Shirt aussieht. Der Rock reicht ihr bis zu den Knöcheln. Sie trägt braune Stiefeletten und grellgemusterte bunte Socken. Und einen offenen Wollmantel in gedämpftem Purpur.

»Ich war noch nie hier«, sage ich langsam zu ihr.

310

»Nein, nein«, ruft sie. »Sie waren hier! Und Sie haben gesagt, Sie würden wiederkommen!« Ihr Englisch ist ungelenk. Ich denke mir, daß sie meine Worte vielleicht nicht richtig verstanden hat. Ich gehe zu dem Taxi. Ich will den Fahrer bitten, ihr zu erklären, daß sie mich mit jemand anderem verwechselt. Daß ich noch nie zuvor hier war. Sie geht mit mir. Und läuft mir dann voraus. »Sie ist wiedergekommen!« verkündet sie dem Fahrer. »Sie ist wieder da!« Das ruft sie mit lauter Stimme. Mit dem rückhaltlosen Enthusiasmus eines Kindes, das eine Botschaft überbringt. Ihre Botschaft ist schlicht. Sie hat auf mich gewartet. Sie hat gewußt, daß ich wiederkommen würde.

»Ich war noch nie hier«, sage ich ruhig.

»Ich habe auf sie gewartet. Ich habe gewußt, daß sie wiederkommt«, sagt sie triumphierend zu dem Taxifahrer.

Langsam werde ich nervös. Wer war hier? Und warum hat dieser Jemand gesagt, er werde wiederkommen? Sah dieser Jemand so aus wie ich? Die alte Frau wendet sich an mich. »Sie waren es«, wiederholt sie. Sie erzählt dem Taxifahrer, wie froh sie ist, daß ich wiedergekommen bin. Ich sage zu meinem Mann, daß ich mich langsam zu fürchten beginne. »Sie ist harmlos«, sagt er. »Fürchte dich nicht vor ihr.«

»Wie kommt sie auf die Idee, ich wäre schon einmal hiergewesen?« frage ich ihn. Ich sage es mit ganz leiser Stimme. Meine Stimme ist immer leise. Ich habe die Frage fast geflüstert. Die alte Frau unterbricht ihr Gespräch mit dem Fahrer. Sie sieht mich an. »Ich habe Sie hier gesehen«, sagt sie.

Sie ist noch immer höchst erregt. Sie redet auf deutsch auf den Fahrer ein. Ich höre sie sagen, daß sie während der Schreckenszeit nicht hier war. Sie sieht mich an, um sich zu vergewissern, ob ich ihre Worte verstanden habe. Sie redet mit unvorstellbarer Schnelligkeit auf den Fahrer ein. Er ist reizend zu ihr. Er lauscht ihr und nickt. Mehrmals sagt sie, wie wichtig dieser Tag für sie sei. Ich sage, daß wir weiterfahren müssen. Die alte Frau teilt dem Fahrer mit, daß sie eine wichtige Nachricht für mich habe. Sie holt tief Luft, wendet sich zu mir und sagt auf englisch: »Achten Sie darauf, daß Ihr Motor nicht schneller läuft, als Ihr Engel fliegen kann.«

Ich bin sprachlos. Mein Motor? Was will sie mir damit sagen? »Achten Sie darauf, daß Ihr Motor nicht schneller läuft, als Ihr Engel fliegen kann«, wiederholt sie. Dann tritt sie einen Schritt zurück. »Auf Wiedersehen bis zum nächsten Mal«, sagt sie und beginnt zu winken. Und zu weinen. Wir entfernen uns. Ich bin sehr verstört. Wer ist sie? Für wen hält sie mich? Und von wo soll ich wiedergekommen sein? Wem glaubte sie zuzuwinken? Über wen hat sie geweint? Was hat sie in der »Schreckenszeit« miterlebt? Ich weiß, daß sie dort war. Ich spüre es in meinen Knochen. Sie hatte die Aura eines Menschen, der mehr erlebt hat als andere. Ich denke an ihre Tränen. Am liebsten würde ich selbst weinen. Ich sage zu dem Fahrer, daß ich einen kurzen Spaziergang machen möchte, bevor ich Sachsenhausen betrete. Mein Mann begleitet mich. »Es ist nur eine alte Frau«, sagt er zu mir. Wir gehen schweigend. Und kehren dann zu dem Lager zurück.

Ein Schild kurz vor dem Haupteingang des Todeslagers besagt »Stadthotel«. Ein Pfeil darauf weist die Richtung zu einem Viersternehotel. Wozu soll dieses Schild gut sein? Welcher Besucher Sachsenhausens bleibt so lange, daß er ein Zimmer zum Übernachten braucht? Wer soll hier Urlaub machen? Das Schild ist ziemlich verstörend. Auf dem Gelände von Sachsenhausen gibt es ein Restaurant. Mit Speisekarte. Man kann jetzt »Currywurst« mit »Pommes frites« in Sachsenhausen haben. Man kann »Schweineschnitzel« und »Spaghetti Bolognese« haben. Man kann Eis haben. Und Käsekuchen. In dem Lager gibt es ein kleines Museum. Im Krieg war Sachsenhausen die Hauptverwaltung aller deutschen Konzentrationslager. Nach dem Krieg benutzte die sowjetische Geheimpolizei Sachsenhausen als Gefangenenlager. Tausende Gefangene sind hier gestorben.

Wir fahren zum Hotel Savoy zurück. Ich fühle mich erschöpft. Nachts liege ich im Bett und denke mir, wie froh ich bin, wieder im Savoy zu sein. Mein Mann warnt mich davor, nachts aufzustehen, ohne ihn vorher zu wecken. Er befürchtet, daß das Zusammentreffen meines mangelnden Orientierungssinns mit den Hindernissen zwischen Bett und anderen Örtlichkeiten in der Suite katastrophale Folgen zeitigen könnte.

Am nächsten Morgen nehme ich eine Faxkopie verschiedener Artikel der *New York Times*, die im Hotel ausliegt, zum Frühstück mit. Wenn ich nicht in New York bin, leide ich unter akutem *New-York-Times*-Entzug. Mein Mann leidet noch schwerer. Er hat sich auf die Suche nach einem ganzen Exemplar der *New York Times* gemacht. Ich bin mit meiner Verlegerin zum Frühstück verabredet. Ich bin zu früh da. Ich komme immer zu früh. Bei jedem Anlaß. Ich habe versucht zu üben, mich zu verspäten. Oder wenigstens nur pünktlich zu sein. Vergebens. Ich saß immer nur da und sah voller Unruhe dauernd auf die Uhr, während ich abzuschätzen versuchte, wann ich aufbrechen sollte, um nicht zu früh anzukommen. Deshalb habe ich diese Bemühungen aufgegeben.

Meine Verlegerin wird frühestens in einer Viertelstunde erwartet. Die meiste Zeit war ich mit meinen Gedanken beschäftigt. Ich lag wach im Bett und dachte an die alte Frau in Sachsenhausen. Ihr Gesichtsausdruck war so trostlos. Unter den wortreichen Reden war soviel Trostlosigkeit. Unter dem Schwall der Erregung. Der Inbrunst. Ich verstehe etwas von Trostlosigkeit. Dieses Gefühl empfinde ich oft. Und ich bin mit einer Mutter aufgewachsen, die dieses Gefühl oft empfunden hat. Die immer unter dem Gefühl des Verlusts und der Verstörung litt, als Folge dessen, was ihr widerfahren war. Es wurde nicht schwächer. Sie litt bis zu ihrem Tod darunter.

Ich gehe in den Frühstücksraum des Savoy. Es sind noch nicht viele Frühstücksgäste da. Ich hinke leicht. Heute morgen habe ich mir die rechte große Zehe an der Stufe im Schlafzimmer angestoßen. Es tut weh. Ich hoffe, daß die Zehe nicht gebrochen oder verstaucht ist. Ich weiß gar nicht, ob man Zehen verstauchen kann.

Eine der Kellnerinnen erblickt mich und stürzt auf mich zu, um mich zu begrüßen. »Ihr Joghurt ist fettfrei, Frau Brett«, ruft sie und eilt auf mich zu. Sie scheint sich zu freuen, mich zu sehen. »Absolut fettfreier Joghurt«, wiederholt sie laut. Die wenigen Frühstücksgäste blicken auf. Ich komme mir töricht vor. »Ich habe keinen fettarmen Joghurt besorgt«, sagt die Kellnerin, »sondern genau die Sorte, die Sie mögen. Fettfrei.« Die anderen Gäste starren mich an. Die obsessive Beschäftigung mit fettarmen, halbfetten, vollfetten oder fettfreien Nahrungsmitteln hat sich in Europa nie einbürgern können. Europäer schütteln darüber den Kopf. Zu Recht. Fettfreie Produkte bewirken noch lange keine fettfreie Bevölkerung. »Amerikanerin«, sagt eine ältere Dame zu ihrem Begleiter mit einem Blick auf mich. Ich danke der Kellnerin überschwenglich. Ich weiß, daß sie den Joghurt eigens für mich besorgt haben. Fettfreier Joghurt ist in Deutschland nicht leicht zu bekommen.

Ich sitze an einem Tisch am Fenster. Die Kellnerin bringt mir mit schwungvoller Geste die Schale mit fettfreiem Joghurt. Ich warte auf meine Verlegerin. Mir ist ein bißchen flau im Magen. Das viele Aufhebens um meinen fettfreien Joghurt hat mich verlegen gemacht. Ich komme mir etwas abnorm vor. Es ist mein Ehrgeiz, normal zu sein.

Meine Verlegerin und die Pressedame kommen. Sie lachen, als ich ihnen die Geschichte mit dem Joghurt erzähle. Die Pressedame umarmt mich und sagt: »Sehen Sie nur, was ich mitgebracht habe.« Aus einer großen Einkaufstüte holt sie sechs Becher fettfreien Joghurt. Ich fange an zu lachen.

Ich habe zwei Interviewtermine. Beide Journalistinnen sind junge Frauen. Sie haben mich schon früher interviewt. Ich mag sie. Wir küssen uns zur Begrüßung. In ihrer Gegenwart fühle ich mich wohl. Wir reden offen miteinander. Und verstehen uns gut. In Deutschland fällt mir immer wieder auf, wie europäisch ich bin.

Nach den Interviews bin ich mit meinem Mann verabredet. Ich erwarte ihn im Café Einstein. Ich denke an die alte Frau in Sachsenhausen. Warum war sie sich so sicher, daß ich wiedergekommen sei, um sie zu sehen? Ein Kellner geht mit einem großen Tablett voll frischgebackenem Apfelstrudel vorbei. Es sieht unwiderstehlich aus. Ich muß immer wieder an die alte Frau denken. Wer hat ihr versprochen, wiederzukommen, um sie zu sehen? Jemand Reales? Oder jemand Eingebildetes? Oder jemand, der seit langem tot ist. Jemand, der ermordet wurde. Ich sehe so vielen Juden ähnlich, die abgeschlachtet wurden.

Mein Mann kommt. Ich freue mich so sehr, ihn zu sehen. Wir bestellen einen Strudel, einen Espresso und einen Kamillentee mit Zitrone. Abends öffne ich zwei Schranktüren, bevor ich die Tür zur Toilette finde. Darüber muß ich lachen, bis mir die Tränen kommen. Ich liebe dieses Hotel. Am liebsten würde ich hierbleiben. Am liebsten würde ich hier einziehen.

Mein Vater ruft an. Er will wissen, wie es mir geht. Meine Erfahrungen in Deutschland interessieren ihn sehr. Bei meiner nächsten Reise nach Deutschland wird er mich überraschen. Er wird mir erklären, daß er mitkommen will.

»Ich werde mein Flugticket selber bestellen«, wird er sagen. »Ich werde gleich bei der Luftwaffe anrufen.«

»Ich denke, du tätest besser daran, bei der Lufthansa anzurufen«, werde ich zu ihm sagen.

»Oj Gott«, wird er sagen und in Gelächter ausbrechen.

Jetzt erzähle ich ihm von den Spiegeltüren und davon, daß ich dauernd in den Schrank laufe, wenn ich auf die Toilette gehen will. Er lacht sich halb tot. Er fragt mich, wie die Interviews verlaufen sind. Bei seinem letzten Aufenthalt in Deutschland war er das abgerissene Gespenst eines Menschen. Er und meine Mutter waren DPs, Displaced Persons, die in einem Lager für Displaced Persons in Deutschland lebten. Er hält es für ein Wunder, daß Deutsche inzwischen meine Bücher lesen und lachen. Und weinen. Ich beschreibe meinem Vater die Dusche und bereue es sogleich. Er lacht so sehr, daß er nicht mehr sprechen kann. »Ist alles in Ordnung?« frage ich ihn mehrmals, bevor er antworten kann.

Am nächsten Tag gehe ich am Kurfüstendamm einkaufen. Ich kaufe mir kein Chanel-Kostüm und keinen Mont-Blanc-Füller und keine Cartier-Uhr, Dinge, die es am Kurfürstendamm zu kaufen gibt. Ich kaufe Toilettenpapier, Papiertaschentücher, Mineralwasser, Äpfel, Zahnpasta und Rosinen und Orangen. Ich rüste mich für Polen. Diese Vorbereitungen sind völlig unnötig, aber ich kann nicht anders. Ich kaufe zwei Schachteln Papiertaschentücher und gehe in den Laden zurück und kaufe noch eine Rolle Toilettenpapier.

Etwas in mir findet das absurd. Alles, was ich gekauft habe, gibt es in Polen auch. Alles, was ich gekauft habe, gibt es zu kaufen, zwei Blocks entfernt von dem Hotel in Krakau, in dem ich wohnen werde. Das weiß ich. Ich tue das nicht zum ersten Mal. Ich bin schon mit Rollen von Toilettenpapier und Tüten voller zerquetschter Äpfel, die nicht mehr genießbar waren, in Polen angekommen. Es ist fast, als könnte ich es nicht recht glauben, daß ich dort keine Notrationen brauche. Als könnte ich es nicht recht glauben, daß Nahrung und Wasser und Toilettenpapier dort erhältlich sind. Für Juden. Ich besitze eine American-Express-Karte und eine MasterCard und fülle trotzdem meinen Koffer mit Äpfeln und Toilettenpapier.

Auf dem Weg nach Polen haben wir bei der Zwischenlandung in Wien eine Stunde Wartezeit. Aus den Läden und Cafés im Flughafen dringt das Aroma von frischgebackenem Brot und Kaffee und Gebäck. Am liebsten würde ich dort bleiben. Ich will den Flughafen nicht verlassen. Ich begegne einer Bekannten. Sie ist Österreicherin, Mitte vierzig. Ich mag sie nicht besonders. Ich hatte bei einer Publikumsdiskussion über die Auswirkungen von Katastrophen auf Opfer und Täter und deren Kinder und Enkelkinder gesprochen. Ich hatte diese Frau gefragt, ob sie Schuldgefühle verspüre, während sie mich sprechen hörte. »Nein«, hatte sie gesagt. »Nicht im geringsten. Ich weiß, daß sich niemand in meiner Familie etwas hat zuschulden kommen lassen.« Diese Antwort wurde so schnell und glatt gesagt. Ich fand es abstoßend.

Österreicher haben nicht das Bedürfnis, ihre Rolle während der NS-Zeit zu untersuchen, wie Deutsche es tun. Viele Österreicher halten sich in meinen Augen noch immer für Opfer Hitlers. Über mögliche Mitschuld oder Kollaboration haben sie sich nie den Kopf zerbrochen. Sie sind ganz zufrieden, alle Schuld bei den Deutschen zu sehen. Deutschland hat eine Nachkriegsgeneration hervorgebracht, die von der Vergangenheit ihres Landes gequält und heimgesucht wird und die sich darüber informiert hat. Österreich nicht. Die Frau, der ich zulächle und zunicke, ist gebildet und belesen. Sie hat einen Doktor in Literaturwissenschaften. Sie scheint sich zu wundern, daß ich nicht stehenbleibe.

Ich frage meinen Mann, ob er nicht Lust habe, bei Harrods eine Schweinefleischpastete zu essen. Im Flughafen gibt es einen Harrods-Stand. Mein Mann sieht mich mit einem merkwürdigen Blick an. Er hat gerade erst ein riesiges Frühstück gegessen. »Wenn wir uns nicht in Bewegung setzen, werden wir den Flug verpassen«, sagt er. Er hat recht. Wir müssen uns die Sitzplätze zuteilen lassen. Wir fliegen direkt nach Krakau. Ich kann die Reise nicht länger hinausschieben. Wir gehen in den Wartebereich. Als ich den Schalter zum Einchecken erreiche, haben sich meine Ängste ins Grenzenlose gesteigert. Ich wundere mich über meine Ängstlichkeit. Ich zittere. Und mir ist schwindelig. Mir ist, als müsse ich ohnmächtig werden, während die Angestellten der Tyrolian Airways überlegen, ob sie uns in Reihe 14 oder in Reihe 17 auf Sitz A und B setzen sollen.

Meine Angstsymptome machen mir angst. Soviel Ängste habe ich seit Jahren nicht ausgestanden. Bei meiner letzten Reise nach Polen war es nicht so. Ich war nicht die Ruhe in Person. Ich benahm mich nicht, als ginge es auf die Bahamas. Aber ich war nicht ein so hoffnungsloser Fall wie diesmal. Haltsuchend klammere ich mich an den Schalter, während der Flugbegleiter unsere Sitze aussucht.

Vor dem Einsteigen gehe ich auf die Toilette. Mir ist übel und schwindelig. Ich will die Tür nicht absperren. Ich fürchte mich plötzlich davor, mich selbst einzusperren. Ich weiß, daß ich kein mechanisches Genie bin, aber bislang ist es mir noch immer gelungen, Türen zu öffnen, die ich abgesperrt hatte, versuche ich mich zu beruhigen. Es nützt nichts. Es beruhigt mich nicht. Ich beäuge den Spalt unter der Tür, um zu ermessen, ob ich auf dem Bauch hinauskriechen könnte, falls ich mich einsperren sollte. Der Spalt sieht zu eng aus. Mein Brustkorb ist wie zusammengepreßt. Ich pinkle bei unversperrter Tür.

Wir müssen die Landebahn betreten, um das Flugzeug zu besteigen. Es ist eine kleine Propellermaschine. Ich sehe, wie der Pilot die Propeller startet, indem er sie mit der Hand in Betrieb setzt. Das beruhigt mich nicht. »Müssen wir das?« frage ich meinen Mann. »Meine Idee war es nicht«, erinnert er mich. Mir ist entsetzlich übel. Im Flugzeug kaue ich zwei Mylanta-Tabletten. Seit Jahren habe ich Mylanta nicht mehr genommen. Nicht mehr seit dem Beenden von *Zu viele Männer*. Auf diese Reise habe ich einen Vorrat von

Mylanta mitgenommen. Die Übelkeit beginnt zu weichen. Ich fühle mich langsam besser.

Der Pilot scheint zu wissen, was er tut. Obwohl das Flugzeug klein ist und wir in einige Turbulenzen geraten, verläuft der Flug verhältnismäßig ruhig. In der Luft über Polen blicke ich zum Himmel hinaus. Gibt es in diesem Teil der Galaxie mehr Seelen als in anderen Teilen? Wimmelt es am Himmel von Leuten, deren Lebensfaden plötzlich abgeschnitten wurde? Sind sie geradewegs wie heliumgefüllte Ballons hierhergeflogen? Ist dieser Teil des Universums enger bevölkert als andere? Ich wünschte, so wäre es. Es würde bedeuten, daß Kinder mit ihren älteren Geschwistern vereinigt wären. Daß Mütter und Väter und Liebende wieder zusammen wären. Es würde bedeuten, daß es einen Himmel und ein Leben nach dem Tod gäbe. Daran glaube ich nicht. Oft habe ich mir gewünscht, gläubig zu sein. Wäre ich gläubig, könnte ich glauben, daß meine Mutter wieder bei ihrer Mutter ist. Und bei ihrem Vater und ihren vier Brüdern und drei Schwestern und deren Kindern in diesem Teil des Kosmos, an diesem Teil des Firmaments. Der Himmel über Polen ist grau. Und schwer. Als wüßte er, was geschehen ist. Was er aufnehmen mußte.

Wir landen. Der Zollbeamte schnauzt mich an. Als ich 1983 zum erstenmal nach Polen kam, ist mir das auch passiert. Damals war ich zutiefst erschrocken. Der Mann, der mich anschnauzte, wollte meine Nationalität wissen. Ich konnte seine Frage nicht verstehen. Er hielt meinen Paß in der Hand. Was der Mann heute sagt, kann ich auch nicht verstehen. Aber ich fürchte mich nicht mehr wie früher. Ich bin daran gewöhnt. Ich dachte, mit dem Ende der kommunistischen Ära würden sich diese Dinge vielleicht ändern. Aber das war nicht der Fall. Die Zollbeamten und Paßbeamten sind so unfreundlich wie eh und je. »Verzeihung?« sage ich zu dem Zollbeamten. Er antwortet nicht. Er schüttelt den Kopf und stempelt meinen Paß.

Im Taxi auf dem Weg nach Krakau merke ich auf einmal, daß all meine Ängste sich gelegt haben. Ich fühle mich ruhig. Ich bin so entspannt, als wäre ich fast im Koma. Ich schaue aus dem Wagenfenster. Die Farbe des Lichts, ein weiches, helles Grau, ist mir so vertraut. Es ist das Licht der Vergangenheit meiner Eltern. Jahrzehnte, bevor ich es erblickte, habe ich sie mir in diesem Licht vorgestellt. Auch der Geruch der Luft ist mir vertraut. Ist mir wohlbekannt. Ich kannte ihn schon, bevor ich ihn zum ersten Mal roch. Woher, das weiß ich nicht. Manche Dinge sind unerklärlich. Am Stadtrand rieche ich Kohlenfeuer. Diesen Geruch liebe ich. Er stimmt mich immer glücklich. Ich schließe die Augen und atme den Duft ein. Tief. Ein großes Glücksgefühl durchdringt mich.

Der Mann in der Zentrale, der über Funk mit den Fahrern spricht, klingt vertraut. Die Wörter klingen so vertraut. Die Sätze, die Modulation, die Betonung. Die Wörter sind die Wörter aus meiner Kindheit. Es ist Jahre her, daß ich mitten unter diesen Sätzen und Wendungen gelebt habe, unter diesen Verbindungen von Vokalen und Konsonanten. Als ich heranwuchs, hörte ich sie Tag und Nacht. Ich hörte sie Tag und Nacht, bis ich mit achtzehn oder neunzehn von zu Hause auszog. Sie sind noch immer so machtvoll. Partikel meiner Kindheit umschweben mich auf dem Rücksitz des Taxis. Unzusammenhängende Fragmente und Momente. Dinge, an die ich seit Jahren nicht gedacht habe.

Mir ist friedvoll zumute. Ich staune über mich. Vor der Abreise war ich so nervös. Den größten Teil der letzten Nacht in Berlin konnte ich nicht schlafen. Ich wollte in Berlin bleiben. Und dann wollte ich in Wien bleiben, am Flughafen. Der Flughafen kam mir so lebendig vor. Ich wollte nicht nach Polen. Polen kam mir so tot vor. Ich sehe aus dem Wagenfenster. Ich hatte vergessen, wie sehr ich mich in diesem Land zu Hause fühle. Ich hatte vergessen, wie nah mir seine Kultur ist, wie nah mir die Eigenarten sind, die Interaktionen, die Reaktionen, wie nah mir die Lebensart ist.

Wir sind fast im Zentrum von Krakau angekommen. Auf einer der Hauptstraßen uriniert ein Mann an einen Baum. Er ist der zweite, den ich in der Öffentlichkeit urinieren sehe. Und dabei befinde ich mich erst seit einer halben Stunde im Lande. Es ist nicht allzu ungewöhnlich, in polnischen Ortschaften und Städten Männer, manchmal sogar Frauen, in der Öffentlichkeit urinieren zu sehen. Ich weiß nicht, warum sie das tun. Diese Neigung, vor aller Augen zu pinkeln, ist nicht Teil der Kultur, der ich mich nahe fühle. Ich sehe, wie der Mann seine Hose schließt. Ich weiß, daß ich wieder in Polen bin. Der Mann aus der Zentrale spricht noch immer über Funk. Er lacht über eine Bemerkung eines Fahrers. Er klingt wie mein Onkel. Oder wie einer der Freunde meiner Eltern, zu denen ich Onkel und Tante sagte. Ich weiß, daß er es nicht ist. Auf einmal würde ich am liebsten weinen.

Wir erreichen das Hotel im Herzen von Stare Miasto, der Altstadt, dem schönsten Viertel Krakaus. Wir melden uns an. Man gibt uns dasselbe Zimmer wie bei unserem letzten Besuch. Ich bitte den Portier, der unser Gepäck auf das Zimmer bringt, mir zu zeigen, an welcher Steckdose ich mein Mobiltelefon aufladen kann. Er zeigt es mir. Meine Verlegerin hat mir ein europäisches Handy mitgegeben. Ich verbinde es mit dem Adapter und stecke den Adapter in die Steckdose. Es funktioniert. Ich verspüre Triumphgefühle. Ich liebe Telefone. Abgöttisch. Ich benutze sie nicht gerne. Ich besitze sie nur gerne. Das Gefühl der Verbindung gefällt mir. Das Gefühl des Möglichen. Ich bin so froh, daß mein Handy funktioniert. Das hat meine Laune gehoben. Ich komme mir ein bißchen oberflächlich vor, weil ein Handy meine Laune heben kann. Aber Telefone haben schon immer eine herausragende Rolle in meinem Leben gespielt. In wiederkehrenden Alpträumen geht es um nicht funktionierende Telefone. Ich kann Leute, die ich anrufe, nicht erreichen. Und bin in Lebensgefahr. Diese Alpträume habe ich seit meiner Jugend.

Daß das Handy funktioniert, macht mich geradezu leichtfertig. Am liebsten würde ich auf die Straße eilen und in Krakau spazierengehen. Es ist eine wunderschöne Stadt. Außerdem möchte ich noch mehr Mineralwasser einkaufen. In Polen ist es nicht ratsam, Wasser aus dem Wasserhahn zu trinken. In den meisten Hotels wird man auf Anschlägen davor gewarnt. Ich bin aufgeregt, weil ich in Polen bin, und fürchte mich ein wenig.

Draußen auf der Straße sieht alles lebendig und belebt aus. Der Hauptplatz der Stadt ist voller Leute. Touristen und Studenten. Krakau ist eine Universitätsstadt. Überall sieht man junge Leute. Und auf einmal überwiegt die Freude, wieder hier zu sein, die Furcht. Ich fürchte mich nicht mehr. Ich fühle mich nicht mehr in Gefahr. Ich gehe ohne aufzuhören.

Ich komme an meiner Lieblingskonditorei vorbei. Der Käsekuchen dort ist unglaublich gut. Er ist mindestens fünfzehn Zentimeter hoch. Und es gibt dort einen Mohnkuchen mit einer dicken Schicht dunkler Schokolade. Ich mag Mohnkuchenfüllungen, die dunkel und unverfälscht sind. Nicht mit Teig oder Nüssen oder Äpfeln oder Zitronat oder Orangeat vermischt. Hier ist die Füllung so, wie ich sie mag. Von schwärzestem Schwarz. Einmal habe ich den Kuchen probiert. Er war unvorstellbar köstlich. Und das Stück war riesig. Es kam mir vor, als wöge es fast ein Kilo. Ich habe lange gebraucht, um es aufzuessen. Und lange, um mich davon zu erholen. Mir war nicht übel oder unwohl. Ich litt nur unter Angstsymptomen.

Sobald ich den letzten Krümel gegessen hatte, begann mein Herz zu pochen. Wie verrückt. Mir war, als müßte ich ohnmächtig werden. Oder platzen. Ich wußte, daß es keine allergische Reaktion auf den Mohn war oder auf die Butter oder die Milch oder den Zucker. Ich wußte, daß ich Ängsten ausgesetzt war. Ängsten, über die ich möglicherweise keine Macht hatte. Mein Herz pochte. Schweiß lief mir das Gesicht hinunter. Bilder von Völlerei gingen mir durch den Kopf. Bilder von Nachmittagen, Vormittagen und Abenden. Bilder von mir. Von mir mit achtzehn, wie ich mir große Stücke Käsekuchen kaufe, um sie heimlich zu essen. Von mir mit zwanzig, wie ich mir zum Lunch fünf Sandwiches bestelle und dabei so tue, als wäre es eine Bestellung für fünf Leute. Von mir als einsamer junger Mutter, die am Ende des Flurs auf dem Boden sitzt und mitten in der Nacht Orangenmarmelade mit dem Löffel ißt. Ich sehe in das Schaufenster. Der Käsekuchen und der Mohnkuchen sind noch immer da. Ich bleibe nicht länger stehen. Ich gehe weiter.

Am Rand des Planty, eines baumgesäumten Parks, der die Altstadt einfaßt, stoße ich beinahe mit einem Mann mittleren Alters zusammen. Er pinkelt. Ich bin entsetzt. Außer mir beachtet ihn niemand. Ich wende den Blick ab. Ich konzentriere mich auf die Gesichter der jungen Studenten um mich herum. Als ich das letzte Mal in Polen war, habe ich mir den Kopf darüber zerbrochen, warum mich das Urinieren in aller Öffentlichkeit so anwidert. Als ich das letzte Mal hier war, war ich in Gedanken hier. Die Reise habe ich auf den Seiten eines Buchs gemacht. *Zu viele Männer.* Ich wollte eine Liebesgeschichte schreiben. Die Geschichte der Liebe zwischen Vater und Tochter. Und mitten in dieser Liebesgeschichte wollte ich die Geschichte von jemandem schreiben, der in der Nazipartei eine größere Rolle gespielt hat.

Ich wollte, daß die Leute begriffen, daß die Greueltaten, die damals begangen wurden, nicht von Ungeheuern begangen wurden. Daß sie von ganz normalen Menschen begangen wurden. Ich brauchte jemanden, der in der Nazipartei eine größere Rolle gespielt hat, aber nicht im Lauf der

Zeit zu einer Karikatur geworden war. Wie Hitler. Oder Goebbels. Ich könnte mich stundenlang über Hitlers empfindlichen Magen auslassen oder darüber, daß er Vegetarier und tierlieb war, aber niemand würde ihn für einen normalen Menschen halten. Deshalb habe ich mich für Rudolf Höß entschieden, der drei Jahre lang Kommandant von Auschwitz war. Rudolf Höß war ein normaler Mensch. Er war Familienvater. Ein guter Vater und ein guter Ehemann. Er liebte seine Frau. Er war gewissenhaft. Er war ehrgeizig. Er war tüchtig und fleißig und gewissenhaft wie so viele von uns. Er tat seine Arbeit sehr gut. Das Pech dabei war, daß seine Arbeit darin bestand, andere Leute zu ermorden.

Indem ich die Lebensgeschichte von Rudolf Höß in meinen Roman einarbeitete, wollte ich zeigen, wie normal und menschlich er war. Ich wollte das Porträt eines ganz gewöhnlichen Menschen mit allen Facetten zeigen. Ich wollte es den Leuten erschweren zu denken, unmenschliche Taten würden von Ungeheuern begangen. Ich wollte, daß sie erkennen, daß unmenschliche Taten von ganz gewöhnlichen Menschen begangen werden. Wenn wir denken, es wären Ungeheuer, die das Ungeheure tun, dann bleiben wir dazu verurteilt, unsere Geschichte unablässig zu wiederholen. Ich mußte zeigen, daß wir alle zum Bösen fähig sind. Daß wir alle fähig sind, ein Baby mit dem Kopf gegen die Wand zu schlagen.

Wenn ich so etwas auf den Lesereisen für *Zu viele Männer* laut werden lasse, sind die Leute entsetzt und widersprechen mir. Als gäbe es eine Spezies von Menschen, die keine echten Menschen sind. Die anders sind als wir. Die aus Granit oder Kürbisfleisch oder sonst etwas bestehen, woraus wir nicht bestehen. Ich bin aufgewachsen mit der Erkenntnis, wie ungeheuer gefährlich es ist zu denken, jemand anders wäre eine andere Art Mensch als man selbst. Jemand anders wäre wegen seiner Hautfarbe oder Sprache, wegen seiner Religion oder seiner sexuellen Orientierung kein richtiger Mensch. Rudolf Höß und Tausende Männer und Frauen seiner Zeit waren keine Ungeheuer. Sie waren nur der Ansicht, daß die Menschen, die sie umbrachten, keine richtigen Menschen seien.

Ich lasse *Zu viele Männer* in Polen spielen. Ich war jeden Tag in Polen in einem winzigen Zimmer in einem kleinen Häuschen auf Shelter Island in Amerika. Das Häuschen hatten wir für ein Jahr gemietet. Es kostete genauso viel wie ein größeres Haus für den Sommer. Das Häuschen lag neben einer Bootswerft. Ich hatte mich erkundigt, ob es in der Nachbarschaft laut sei. Der Vermieter sagte, diese Gegend der Insel sei besonders ruhig. Nur er und seine Familie wohnten in unmittelbarer Nachbarschaft. Später fand ich heraus, daß er fast alles für ruhig hielt. Er war sehr schwerhörig. Er wohnte im Nachbarhaus. Und reparierte vor meinem Fenster Boote. Ich schaltete in allen drei Zimmern die Deckenventilatoren ein und einen zusätzlichen Standventilator, um seinen Lärm zu übertönen. Es nützte nichts. Ich entdeckte ein Radio und suchte ein Programm. Das statische Knistern war entsetzlich laut. Aber es konnte das Sägen und Bohren und Hämmern draußen nicht übertönen. Später, im Sommer, schaltete ich eine alte Klimaanlage ein. Ich erfror fast beim Schreiben. Doch die Ventilatoren und das Radio und die Klimaanlage waren macht- und wirkungslos gegen das Geklopfe aus der Werkstatt.

Manchmal, wenn der Krach mich fast in den Wahnsinn trieb, trat ich nach draußen und brüllte dem Vermieter die Frage zu, wie lange er noch hämmern würde. Aber er konnte mich nicht hören. Ich versuchte es mit Kopfhörern. Doch etwas Sonderbares geschah. Mit Kopfhörern auf den Ohren konnte ich das, was ich geschrieben hatte, nicht lesen. Der Bruder des Vermieters, Kapitän auf einer Fähre, war unser anderer Nachbar. Sein größtes Vergnügen war das Rasenmähen. Mit Hingabe mähte er seinen Rasen. Regelmäßig. Sobald in der Bootswerft Ruhe eintrat, ertönte das Geräusch des benzinbetriebenen Rasenmähers.

Ich weiß nicht, wie ich es fertiggebracht habe, in diesem Häuschen zu arbeiten. Aber ich schrieb. Ich entzog mich dem Lärm. Ich entzog mich fast allem, was mich umgab. Nach etwa der Hälfte des ersten Kapitels befand ich mich bereits auf einem anderen Planeten. Ich schrieb Tag und Nacht. Telefonanrufe nahm ich nur von meinem Vater entgegen. Besucher gab es keine. Niemand bekam mich zu sehen. Meine größten Ausflüge waren alle paar Wochen die Einkäufe im Supermarkt.

Manche meiner Bekannten erschreckte diese Zurückgezogenheit. Aber mich nicht. Ich wußte, wo ich war. Ich war in Polen. An manchen Tagen zitterte ich beim Schreiben. An manchen Tagen war mir übel. Jedesmal wenn Ruth Rothwax eine Mylanta-Tablette nahm, nahm ich auch eine. Daß ich das tat, war mir nicht bewußt, bis der Apotheker mich fragte, warum ich soviel Mylanta kaufte. Wenn ich an Stellen schrieb, die mich quälten oder bekümmerten, tröstete ich mich mit der Vorfreude auf komische Passagen. Die Seiten, die mich Tränen kosteten, überstand ich, indem ich mich auf komische Abschnitte freute. Jede einzelne komische Zeile genoß ich.

Jahrelang hatte ich mir für dieses Buch Notizen gemacht. Im Bus. Beim Gehen. Im Urlaub. Bei Reisen nach Polen hatte ich mir nur wenig notiert. In Mexiko hatte ich mir Notizen gemacht. Notizen über Polen. Am Swimmingpool des Hilton-Hotels in Melbourne hatte ich mir Notizen gemacht. Als ich mich zum Schreiben hinsetzte, war ich bereit. Ich hatte lange darauf gewartet, dieses Buch zu schreiben. Ich schrieb und korrigierte mit großer Geschwindigkeit. Ich verbrauchte Unmengen Stifte und Papier.

Um das vierte Kapitel herum entwickelte ich Heißhunger auf gekochten Kohl. Ich hatte nie zuvor gekochten Kohl gegessen. Ich hatte Sauerkraut gegessen und gefüllten Kohl und süßsaure Kohleintöpfe. Aber gekochten Kohl? Niemals. Vom vierten Kapitel bis zum Ende des Buchs mit dem Ende des siebzehnten Kapitels lebte ich von gekochtem Kohl, gewürzt mit einer gekochten Zwiebel. Das aß ich jeden Tag zum Abendessen. Manchmal auch zum Lunch. Im Sommer bei über dreißig Grad Hitze aß ich große Schüsseln dampfenden gekochten Kohls. Mein Mann, der anderswo auf der Insel ein Atelier gemietet hatte, kochte mir den Kohl im voraus. Ab und zu schlug er vor, den Speisezettel etwas abzuwechseln. Aber ich war unerbittlich. Ich wollte meinen gekochten Kohl. Das Häuschen roch nach gekochtem Kohl. Wahrscheinlich stank es danach. Mir fiel das nicht auf. Ich war in Polen.

Von Tag zu Tag stand ich früher auf. Ich lief auf dem Laufband und machte mich an die Arbeit. Als ich an das zehnte Kapitel gelangte, stand ich um vier Uhr morgens auf. Meine Knie taten weh und meine Hüften schmerzten, weil ich so viele Stunden unbeweglich in der gleichen Haltung verbrachte. Meine Finger und Handgelenke waren entzündet. Und meine Beine waren verkrampft. Krämpfe. Ich hatte nicht gewußt, daß das Dasein eines Schriftstellers körperlich anstrengend oder gar gefährlich sein kann.

Von Tag zu Tag lief ich länger auf dem Laufband. Teilweise vermutlich um mir zu beweisen, daß ich die Kraft besaß, das Buch zu beenden. Und teilweise um mich dem, was ich schrieb, nicht sofort aussetzen zu müssen. Einmal blieb ich zwei Stunden lang auf dem Laufband. Ich glaube, an jenem Tag wäre ich am liebsten den ganzen Tag dort geblieben. Es war der zwölfte Todestag meiner Mutter. Eine Passage, die zu schreiben ich im Begriff stand, hatte mit dem Leben meiner eigenen Mutter zu tun. In dieser Szene übergibt sich Ruth Rothwax. Und ich weinte.

Meinen Supermarktbesuchen sah ich erwartungsvoll entgegen. Sie waren eine Atempause. Aber wenn ich erst dort war, dauerte es keine zehn Minuten, bis ich genug hatte und nach Hause zurück wollte. Dennoch taten mir die Ausflüge gut. Ich schaute mir Dosen mit Spaghetti und Packun-

gen mit Süßigkeiten an und wußte, daß ich nicht in Polen
war. Einmal las ich die Inhaltsangaben auf einer Dose fettarmen Katzenfutters, als ein Mann mich etwas fragte. Ich
erkannte ihn; ich sah ihn oft im Bus. Ich konnte seine Worte
nicht verstehen. Ich starrte ihn an, als hätte er mich auf
tschechisch angesprochen.

Während ich das Buch schrieb, rief mein Vater mich einmal in der Woche an. Meistens samstagabends. Er wollte
immer nur wissen, wie viele Seiten ich geschrieben hatte.
Und wann ich voraussichtlich das Kapitel beenden würde.
Er führte sorgfältig Buch über meine Fortschritte. Jede
Woche wußte er genau, an welchem Kapitel ich arbeitete
und bis zu welcher Seite ich gelangt war. Jede Woche sagte
er voraus, bis zu welcher Seite ich gelangt sein würde,
wenn er das nächstemal anrief. Wenn ich weiter war, als er
geschätzt hatte, freute er sich unbändig. Und wenn ich ein
bißchen hinterherhinkte, tröstete er mich und sagte, ich
solle mir keine Gedanken machen. Wenn ich gelegentlich
mehr geschrieben hatte, als wir beide erwartet hatten, war
er außer sich vor Begeisterung. Er begann zu berechnen,
wann ich welches Kapitel erreichen würde. Ab und zu
machte er sich Sorgen. Weil ich mich absonderte. Und mich
mit Themen beschäftigte, die er gefährlich fand. Als ich ihm
erzählte, daß ich viel Kohl aß, lachte er.

Das Buch hatte siebzehn Kapitel. Das wußte ich, bevor
ich zu schreiben begann. Ich wußte es, als ich nur einen
sehr ungefähren Entwurf für mein Buch hatte. Warum ich
das wußte, weiß ich nicht. Aber ich wußte es. Und mitten
im sechzehnten Kapitel überkam mich auf einmal Panik.
Ich war dem Ende des Buchs so nahe, und gleichzeitig war
es noch in so weiter Ferne. Ich hatte den Eindruck, daß ich
noch lange brauchen würde, um es abzuschließen. Daß es
mir nie gelingen würde. Daß irgend etwas mich daran hin-
dern würde. Daß ich mir einen Bein oder einen Arm brechen würde. Oder Mumps bekommen. Oder sterben. Oder zu

müde werden würde. »Natürlich wirst du das Buch schreiben zu Ende«, sagte mein Vater, als ich ihm davon erzählte. Er nannte ein Datum; bis zu diesem Termin, sagte er, würde ich mit dem sechzehnten Kapitel fertig sein, davon sei er überzeugt. Er brachte mich zum Lachen. Er forderte mich auf, mehr Kohl zu essen. Ich bekam bessere Laune und beendete das sechzehnte Kapitel.

Ich hatte mir ein Ziel gesetzt. Einen Termin, bis zu dem ich das Buch beendet haben wollte. Diesen Termin hatte ich festgesetzt, bevor ich zu schreiben begann. Ich hatte ihn festgesetzt, bevor ich wußte, wie umfangreich das Buch sein würde. Gegen Ende des sechzehnten Kapitels war ich um Haaresbreite davon entfernt, das Buch bis zum 16. Oktober beendet zu haben, dem von mir festgesetzten Termin. Aber ich war erschöpft. Und den Kohl leid. Alles an mir schmerzte. Meine Hüften, meine Handgelenke, meine Augen, mein Hals. Und ich fürchtete mich. Ich wollte das letzte Kapitel nicht in Hast und Eile schrieben. Ich wollte es so gut schreiben, wie ich nur konnte. Ich begann das siebzehnte Kapitel zu schreiben. Mein Vater rief mich jetzt zweimal wöchentlich an. »Wie kommst du voran?« lautete seine Frage. »Wie viele Seiten?« Und dann: »Ich will dich nicht länger stören«, und mit diesen Worten legte er auf. Am 10. Oktober konnte ich nicht mehr richtig atmen. Mein Brustkorb fühlte sich beengt an. Ich mußte immer wieder zu schreiben aufhören, um Luft in meine Lungen zu zwingen, um tief durchzuatmen. Am 14. Oktober schrieb ich das letzte Wort. Ich war überschwenglich glücklich. Kurzfristig. Ich rief meinen Vater an. Er weinte. Ich packte mein Manuskript ein und meine Stifte und Bleistifte und Radiergummis und Gummiringe und Büroklammern und Mappen und Notizbücher.

Ich verließ das Häuschen und fuhr für ein paar Tage nach New York. Als ich das Haus auf der Insel verließ, bekam die Frau des Vermieters mich zum erstenmal zu sehen. Sie sah erschrocken aus. Sie starrte mich an wie eine Erscheinung. Ich glaube, sie hatte an meiner Existenz gezweifelt. Ich glaube, sie hatte gedacht, mein Mann tue nur so, als hätte er eine Ehefrau. Mein Mann wiederum hatte eine andere Theorie. Er sagte, die Verwandten des Vermieters seien wahrscheinlich zu der Vermutung gelangt, er hätte mich um die Ecke gebracht. Mit ihm hatten sie oft zu tun. Er hatte versucht, das Rasenmähen zeitlich einzudämmen, und hatte gebeten, daß die kaputten Insektennetze ausgetauscht wurden, indem er erklärte, daß ich für Insektenstiche anfällig sei. Er hatte auch gebeten, daß die Klimaanlage, die ich als Lärmschutz benötigte, repariert wurde, als sie den Geist aufgab. All diese Bitten erfolgten um meinetwillen. Aber ich wurde nie gesehen. Wir hatten großes Glück. Der Vermieter war ein Tausendsassa im Reparieren. Alle Reparaturen wurden durchgeführt, wenn ich im Supermarkt einkaufen war. Wenn der Vermieter Reparaturen durchführte, kaufte ich länger im Supermarkt ein. Das war die Zeit, als ich limonengrünen Zuckerguß und andere Dinge kaufte, die ich nicht benötigte. Ich lief Gefahr, Käse in der Dose und Instantschokolade in der Sprühflasche zu kaufen. Und antibakterielle Putztücher für Küche, Bad und Computer. Zum Glück arbeitete der Vermieter sehr schnell.

Beim Warten auf die Fähre zur Haltestelle des Busses nach New York sah ich eine Frau, die ich kannte. Ich begrüßte sie freudig. Ich war überglücklich, im Freien zu sein, genoß den Sonnenschein und die Wärme und den Salzgeruch des Wassers. »Jetzt bin ich bereit für den Sommer«, sagte ich zu ihr. Sie warf mir einen Blick zu und sagte: »Der ist vorbei.« Ich erstarrte fast. Ich muß ihr auf die Nerven gegangen sein, denn sie entfernte sich. »Ich war die ganze Zeit im Haus und habe an einem Buch geschrieben«, sagte ich als Erklärung zu einem Mann, der ebenfalls auf die Fähre wartete. »Oh«, sagte er, aber er sah nicht allzu überzeugt aus.

Überglücklich kam ich in New York an. Die Stadt wirkte so lebendig. So voller Leben. Ich war glücklich, dort zu sein. Dieses Glücksgefühl währte zwei Tage und wurde dann von einem entsetzlichen Gefühl des Elends abgelöst. Wo ich ging und stand, war mir elend zumute. Ich hatte gedacht, ich würde feiern. Mit Freunden ausgehen. Statt dessen konnte ich kaum die Tränen zurückhalten. Ich war wie beraubt. Ich wollte zurück zu Edek und Ruth Rothwax. Aber das konnte ich nicht. Das Buch war jetzt schon zu lang. Es hatte fast achthundert Seiten. Es würde um siebzig Seiten gekürzt und als Roman von siebenhundertvierzehn Seiten veröffentlicht werden. Ich ertappte mich dabei, daß ich an Rudolf Höß dachte. Häufig. Ich merkte zu meinem Entsetzen, daß er mir fehlte. »Höß fehlt mir«, sagte ich zu meinem Mann. Er lachte, aber er verstand mich. »Aber der gekochte Kohl fehlt dir hoffentlich nicht auch?« fügte er hinzu. Darüber mußte ich lachen. Gekochter Kohl fehlte mir tatsächlich nicht. Ich ärgerte mich über mich selbst, weil Höß mir fehlte. Daß Ruth und Edek mir fehlten, konnte ich verstehen. Aber Höß? Mir? Doch so war es. Er fehlte mir.

Ich dachte über kleine Aspekte seines Lebens nach, die ich in den Roman nicht aufgenommen hatte. Seine Ernsthaftigkeit und seine Genauigkeit. Ich dachte an die Briefe, die er seiner Frau und seinen Kindern geschrieben hatte, als er wußte, daß er sterben würde. Ich dachte mehr über ihn nach, als ich wollte. Monatelang fehlte er mir. Wenn ich von ihm sprach, fiel mir auf, daß ich es in freundschaftlichem, familiärem Ton tat. Als wäre er ein guter Freund oder ein Verwandter. Wie war das möglich? Was nahm ich an ihm wahr, was mir erlaubte, für ihn zu fühlen? Daß er ein normaler Sterblicher war? Ein Mann, der seine Arbeit liebte und seine Familie liebte? Oft wünschte ich, ich könnte ihn hassen. Mehrere meiner Bekannten wünschten sich, daß Ruth Rothwax Höß schlug oder trat. Aber das konnte sie nicht, das wäre viel zu einfach gewesen. Und ich konnte ihn nicht hassen. Ich konnte verabscheuen, was er getan hatte. Aber nicht ihn. Manchmal spüre ich seine Gegenwart jetzt noch. Ich, die ich nicht an Gespenster oder Fluida oder Hexen oder Zauber glaube, spüre jetzt noch manchmal Rudolf Höß. Seinen Geist.

Jetzt, da ich in Fleisch und Blut wieder in Polen bin, will ich in der Synagoge den Gottesdienst besuchen. Das will ich immer, wenn ich in Polen bin. Ich war öfter in Polen im Gottesdienst als andernorts. Ich gehe selten in den Gottesdienst. Ich denke nicht einmal darüber nach, außer wenn ich in Polen bin. Ich frage mich für einen Moment, ob Ruth Rothwax und Höß sich wohl noch in diesem Teil des Universums befinden. Ich blicke zum Himmel. Ich sehe keine Turbulenzen.

Und ich will nach Auschwitz. Im Hotel frage ich an der Rezeption nach einem Wagen, um hinzufahren. »Kann ich bei Ihnen einen Wagen nach –« sage ich. »Auschwitz«, sagt die junge Frau an der Rezeption. »Woher wissen Sie das?« frage ich. Sie ist neu hier. Bei meinem letzten Besuch war sie noch nicht da. Sie errötet. »Ich weiß es nicht«, sagt sie. Entweder sehe ich auffallend jüdisch aus, oder Auschwitz ist bei Gästen dieses Hotels ein beliebtes Ausflugsziel. Wahrscheinlich trifft beides zu. Ich bestelle einen Wagen für den übernächsten Tag. Er wird fünfundachtzig US-Dollar kosten.

Die Toilette meines Hotelzimmers funktioniert nicht. Wasser tritt aus. Warum ist das so in Polen? Inzwischen gibt es hier Chanel und Guerlain und wahrscheinlich Cartier und Yves Saint Laurent. Warum bekommt man die Toiletten nicht in den Griff? Kaputte Toiletten haben Ruth Rothwax durch ganz Polen verfolgt. Ich rufe die Rezeption an. »Ja, ja«, sagt die junge Frau, als ich sie informiere; sie verspricht, sofort einen Klempner zu schicken.

Ich frage sie, ob sie sich bei der Remuh-Synagoge in Kazimierz, dem einstigen jüdischen Viertel, erkundigen könne, wann heute ein Gottesdienst stattfindet. Es ist Freitag. Ich weiß, daß es am Freitag einen Gottesdienst gibt. Sie ruft zurück und sagt, der Gottesdienst beginne um sieben Uhr abends. Allerdings, sagt sie, würden viele Besucher erwartet. »Selbstverständlich«, fügt sie hinzu, »sind Sie willkommen.« Viele Besucher? Ich frage mich, wer das sein mag. Die Remuh-Synagoge ist winzig. Sie wurde 1557 errichtet. In der NS-Zeit wurde sie geplündert, aber nicht zerstört wie so viele andere Synagogen in Polen. Die Juden aus der Nachbarschaft, die sie besuchen, sind nicht zahlreich. Hauptsächlich ältere Leute. Handelt es sich bei den vielen Besuchern heute abend möglicherweise um eine jüdische Reisegruppe? Vielleicht aus Amerika? Wer es auch sein mag, es müssen Ausländer sein. In Polen gibt es nicht genug Juden, um eine Synagoge zu überfüllen.

Wir steigen aus dem Taxi und sehen sofort, daß der kleine Hof der Synagoge voller Menschen ist. Beinahe überfüllt. Leiber pressen sich an das Tor. Den Gesang hört man bis auf die Straße. Es ist lauter Gesang, kraftvoll, pulsierend, triumphierend, beinahe ekstatisch. Wir betreten den Hof. Er ist voller Jungen. Voll junger Männer. Die Arm in Arm tanzen. Im Kreis tanzen. Umringt sind sie von mehreren Sicherheitspolizisten, die Gefahr laufen, erdrückt zu werden. Die jungen Männer tanzen. Sie stampfen auf dem Steinpflaster des Hofs. Sie stampfen mit aller Kraft. Mit einer Kraft, die fast etwas Bedrohliches hat. Ihre Schuhe klappern im Stakkato. In einem lauten Stakkato. Einem Stakkato mit Tremolo. Die jungen Männer drehen sich und wirbeln und kreiseln und springen. Sie tanzen immer im Kreis. Und immer schneller. Bis sie aussehen wie einzelne Teile einer sehr großen, wirbelnden Pirouette. Sie drehen sich ohne Unterlaß. Sie haben junge Gesichter. Frische Haut und volle Münder. Und doch ist an ihren Gesichtern etwas Altersloses. Etwas Universelles. Sie haben die Gesichter der Inbrünstigen. Der Rückhaltlosen. Die der Hingabe. Der

Hingabe an Gott. Oder an einen Geliebten. Oder an eine andere Gottheit.

Und es sind so viele. Vielleicht an die hundertfünfzig. Ich sehe ihnen zu. Ich traue meinen Augen kaum. Ich war schon oft in dieser Synagoge. Fast immer ist sie fast menschenleer. Und jetzt ist sie voll. Voller Juden. Und diese Juden sind nicht tot. Sie sind so lebendig. So pulsierend. Ihre Stimmen erklingen weit in die Nacht, weit in die Straßen. Ihre Stimmen erklingen voller Freude. Voll einer Freude, die so laut ist, daß man sie in ganz Krakau hören können muß. Einer Freude, die so laut ist, daß Tote wie Lebende sie hören können müssen. Es seien Studenten aus Israel, sagt jemand zu mir.

Im Inneren der normalerweise nur spärlich besuchten kleinen Synagoge befinden sich die Mädchen, die jungen Frauen. Es sind an die hundert. Die Inbrunst der Mädchen äußert sich leiser. Gedämpfter. Beinahe schweigend. Sie sitzen in dem Frauenraum an Tischen. Und beten. In dem Raum ist es sehr ruhig. Und sehr leise. Manche der Mädchen sind atemberaubend schön. Die Mädchen, die jungen Frauen, beten. Leise. Sie beten so, wie Frauen viele Dinge tun. Mit wenig Geräusch. Mit wenig Getöse. Mit wenig Anzeichen ihrer inneren Ergriffenheit. Ihrer Leidenschaft.

Draußen veranstalten die Jungen ein gewaltiges Spektakel. Ich gehe hinaus und sehe ihnen zu. Ein Sicherheitspolizist tritt auf mich zu und fragt mich, woher ich komme. Aus New York, sage ich. Er fragt, ob ich Jüdin sei. Ja, sage ich. »Okay«, sagt er und geht. Ich schaue den jungen Männern zu. Sie singen und tanzen noch immer. Die Zelebrierung, die Bestätigung, die Frömmigkeit sind so laut. So unerschütterlich. Als könnten sie durch schiere Lautstärke, durch schiere Intensität eine Absenz wettmachen. Als könnten sie durch ihren Glauben und durch schiere Willenskraft eine Leere ausfüllen.

334

Auf einmal kommen mir fast die Tränen. Es überwältigt mich, inmitten soviel Judentums zu sein. Mitten in Polen. Ich kann es kaum fassen. So muß es früher hier gewesen sein. Bevor die Juden Polens ermordet wurden. Es muß jüdisches Beten gegeben haben, jüdisches Tanzen, jüdisches Lachen, jüdisches Leben. Früher gab es in Polen fast dreieinhalb Millionen Juden. Vor dem Zweiten Weltkrieg. Es gab jüdische Schulen, jüdische Firmen, jüdische Zeitungen, jüdische Theater, jüdische Gebiete, jüdische Viertel.

Die meisten jüdischen Stätten im heutigen Polen sind nichts als das. Stätten. Stätten, an denen es keine Juden gibt. Kein Leben. Es sind Orte auf Karten. Historische Schauplätze. Stellen auf der Reiseroute von Touristen. Niemand würde diese jungen Juden mit solchen Stellen verwechseln. Mit Örtlichkeiten. Flecken auf der Landkarte. Sie tanzen noch immer. Sie sind so stark und kraftvoll. Ich habe noch nie eine so robuste Gruppe von Juden erlebt. Es sind Juden jeder Farbe. Juden, die arabisch aussehen. Juden, die schwarz aussehen. Juden, die sehr hellhäutig sind. Und sie tanzen weiter bis kurz vor Gebetsbeginn. Wir gehen alle in das Gebäude. Ich setze mich zu den Frauen.

Am nächsten Morgen bin ich sehr niedergeschlagen. Die Überschwenglichkeit des Vorabends ist von mir gewichen. Ich bin deprimiert. Ich denke an die jungen jüdischen Männer und Frauen. Ich frage mich, was sie sich davon versprechen, eine Reise durch Polen zu machen. Was sie damit zu bewerkstelligen suchen. Was sie dadurch zu beleben versuchen. Was sie wiederzubeleben versuchen. Es kommt mir alles so sinnlos vor. Und es ist sinnlos. Was verschwunden ist, kann man nicht wiederbeleben. Vielleicht wußten das die jungen Männer. Vielleicht war das der Grund, warum sie so fest mit den Füßen aufstampften. Damit die Grabsteine und das Kopfsteinpflaster und die Steinmauern und die Sterne ihre Botschaft spüren konnten. Und was war ihre Botschaft? Wir sind hier? Wir sind stark? Es ist nicht alles verloren? Aber das ist es. Für alle Zeiten.

Die jungen Männer und Frauen gehören zu einer größeren Reisegruppe. Juden, die Polen bereisen. Juden aus Israel, Juden aus Kanada, Juden aus Amerika, Juden aus Australien. Juden, die durch Polen wandern. Auf der Suche nach etwas, was sie nie finden werden. Sie reisen allein und in kleinen Gruppen. Ihr Vorhaben ist von Trauer und Kummer getränkt. Die meisten von ihnen sehen traurig und kummervoll aus. Und verwirrt. Polen ist für Juden zu einem Schrein geworden. Zu einem Heiligtum, das man verehrt. Zu einem Ort, wo man betet. Wo man Gräber pflegt, sofern man zu den wenigen Glücklichen zählt, die Gräber haben, die sie pflegen können. Die meisten Juden treffen nur auf Abwesenheit. Abwesenheit von Gräbern. Abwesenheit von Menschen. Abwesenheit von Verwandten. Abwesenheit jeder Spur der Existenz ihrer Mutter, ihres Vaters, ihrer Tante, ihres Onkels, ihrer Großmutter, ihres Großvaters.

Ich habe meine Handschuhe verloren. Ich muß mir neue kaufen. Aber ich will nicht an den Geschäften auf dem Marktplatz vorbeigehen. Ich will die häßlichen geschnitzten Holzkarikaturen von Juden, die dort den Touristen verkauft werden, nicht sehen. Die geschnitzten Juden haben allesamt sehr lange Nasen. Nasen, die zwischen ihren Augen beginnen und unter dem Kinn enden. Und sie haben lange Augen mit schweren Lidern. Und sehr lange Gesichter. Wie meines heute morgen. Jedesmal, wenn ich hier bin, bieten mir alle Händler auf dem Marktplatz diese Figuren an. Jedermann hier erkennt die Jüdin in mir. Das ist nicht überall so. Selbst der israelische Sicherheitspolizist gestern abend mußte mich fragen, ob ich Jüdin sei. In anderen Ländern hält man mich für eine Italienerin, für eine Spanierin, eine Marokkanerin, eine Türkin. In Polen werde ich auf der Stelle als Jüdin identifiziert.

Ich bin so wenig jüdisch. Gestern abend fragte ich nach dem Gottesdienst in der Synagoge einen Mann mittleren Alters, der die Studenten begleitete, was die Studenten gesungen hatten. Voller Verachtung wandte er den Blick ab. Fast zwei Minuten lang sagte er kein Wort. Ich stand da wie angewurzelt. Zuerst ratlos, und dann kam ich mir töricht vor, dumm. Nach einer halben Ewigkeit drehte er sich wieder zu mir um und sagte: »Lieder mit Psalmentexten.« Dabei verzog er verächtlich das Gesicht. Ich begriff, was seine Grimasse bedeutete. Sie bedeutete: Was für eine Jüdin sind Sie denn? Er hatte recht. Ich weiß so gut wie nichts über das Judentum. In die Synagoge gehe ich nur, wenn ich in Polen bin. Ich kenne mich mit Todeslagern und Friedhöfen aus. Ich kenne mich mit Mord und Vernichtung aus. Aber die Psalmen sind mir nicht sehr vertraut. Das Singen und das Tanzen im Kreis habe ich schon gesehen, aber ich weiß nichts darüber. Ich besitze darüber keine Informationen. Ich besitze nichts weiter als das Wissen, das mir erlaubt, es als jüdisch zu identifizieren. Ich weiß, daß das Singen und das Tanzen im Kreis kein katholisches Brauchtum ist. Nicht griechisch-orthodox. Oder türkisch. Oder mexikanisch. So eine Jüdin bin ich.

Ich bin niedergeschlagen. Und reizbar. Beim Frühstück rege ich mich sinnlos schnell auf. Der enervierte Gesichtsausdruck der Kellnerin, die ich um eine Kanne statt einer Tasse Kaffee bitte, weckt in mir den Wunsch, sie zu schlagen. Am liebsten würde ich vom Frühstücksraum aus meinen Vater anrufen, doch es ist sehr still in dem Raum, und ich befürchte, etwas Gemeines oder Unfreundliches über die Polen zu sagen. Ich will nur die Stimme meines Vaters hören. Damit muß ich warten, bis ich auf der Straße bin.

Die jungen Männer, die zu Gott, zu den Sternen, zu den Mauern, zu den Gräbern, zu den Toten gesungen haben, haben den Zorn erneut entfacht, den ich in Polen so manches Mal verspürt habe. Den Zorn über den Antisemitismus, der trotz des Fehlens von Juden überlebt hat. Und trotz seiner besonders albernen Ausprägungen. Einmal habe ich eine junge Studentin der Wirtschaftwissenschaften in Warschau gefragt, warum Polen glaubten, Juden würden das Blut von Christenkindern in ihre Mazzen mischen. »Weil es stimmt«, antwortete sie. Ich wies darauf hin, daß Mazzen weiß sind. »Das glaube ich nicht«, erwiderte sie.

Beim Frühstück gibt ein Mann mir gegenüber seinem Kollegen Feuer und zündet sich dann selbst eine Zigarette an. »Der einzige Trost«, sage ich zu meinem Mann, »ist der, daß sie alle bald tot sein werden. Sie werden sich zu Tode geraucht haben.« Ich bin schockiert über meine eigenen Worte. Woher kommt diese Gehässigkeit? Diese Wut? Dieser Haß? Es ist genau das, was ich an anderen verabscheue. Ich dachte, ich hätte mich beruhigt. Ich habe Jahre gebraucht, um mich in diese Rage zu versetzen. Um mir genau zu vergegenwärtigen, was in Polen meiner Mutter und meinem Vater widerfahren ist. Und Millionen anderen. Ich nehme an, daß ich möglicherweise Jahre brauchen werde, um mich zu beruhigen. Rage. Sich zu Tode rauchen. Alles, was ich sage, bringt weitere Wendungen, weitere Bilder mit sich. Bilder von Juden, totgeraucht, die in den Himmel über Polen wehen. Brennende Arme, Beine, Köpfe.

Erst jetzt erlaubt Polen sich einen ersten zaghaften Blick auf die eigene Kollaboration, die eigene Mittäterschaft und Mitschuld in jener Zeit. Die bloße Vorstellung einer Selbsterforschung bewirkte einen gewaltigen Aufruhr, gewaltige Empörung. Bei Regierungsverantwortlichen, beim Klerus, bei der Bevölkerung. Obwohl die Beweise eine eindeutige Sprache sprechen. Wie im Fall der Ermordung von eintausendsechshundert Juden im Juli 1941 in der kleinen Stadt Jedwabne im Nordosten Polens. Die Juden wurden nicht von den Nazis ermordet. Nicht von den Deutschen. Sie wurden von ortsansässigen Polen ermordet. Die eintausendsechshundert Polen machten die Hälfte der Bevölkerung

Jedwabnes aus. Ermordet wurden sie von der anderen
Hälfte. Von den Polen.

Mein Mann sagt, ich solle mich beruhigen. Ich rufe meinen Vater an. »Reg dich runter«, sagt er. »Ich hab mich run-
tergeregt«, sage ich. Ich wollte sagen: abgeregt. »Nein, das
hast du nicht«, sagt er. »Reg dich runter, reg dich runter.«
Mein Vater will über etwas anderes reden. »Hast du schon
gegessen einen pontshke?« fragt er aufgeregt. *Pontshkes*
sind die marmeladengefüllten, zuckerbestäubten Krapfen,
die Edek Rothwax in *Zu viele Männer* überall in Polen gegessen hat. Sie sind ganz phantastisch. Mein Vater spricht
weiter, bevor ich antworten kann. »Wahrscheinlich nicht«,
sagt er ein wenig niedergeschlagen. Er kennt mich gut. Er
ist schon mit mir gereist. Er hat beobachtet, was ich esse.

»Hat David gegessen einen *pontshke?*«

»Ja, gestern hat er zwei Stück gegessen«, sage ich. Mein
Vater freut sich.

»Und bigos?« fragt mein Vater. *Bigos* ist ein Eintopf aus
verschiedenen Fleischsorten, Wurst und Weißkohl oder
Sauerkraut. »Ja«, sage ich. »David hat bigos und Gersten-
suppe und pierogi gegessen.« Mein Vater ist überglücklich.
Er weiß, daß er sich auf meinen Mann immer verlassen
kann.

Ich gehe im Planty spazieren, während ich mit meinem
Vater telefoniere. Ich bin so glücklich, mit ihm zu sprechen.
Vor kurzem hat er mir ein Foto von sich geschickt. Das Foto
wurde anläßlich des Geburtstags einer guten Freundin von
mir aufgenommen. Mein Vater hockt auf der Armlehne
eines Sofas. Auf dem Sofa sitzen meine Freundin und ihre
Mutter und ihr Stiefvater. Mein Vater lehnt sich beinahe
waagerecht über sie, um auch auf das Bild zu kommen. Er
sieht aus wie ein Lausbub. Voller Streiche. Voller Leben.

Als das Foto ankam, wies mein Mann mich darauf hin,
welche Beweglichkeit und Gelenkigkeit es erfordert, auf der
Armlehne eines Sofas zu kauern und sich dabei noch zur

Seite zu lehnen. Mein Mann hat recht. Das ist nicht so einfach. Dieser Gedanke hat mich wieder aufgemuntert. Bei dem letzten Telefongespräch davor hatte mein Vater so traurig geklungen. Er hatte mir wieder einmal erzählt, wie einsam er sei. Daß die meisten seiner Freunde tot seien. Und daß es nicht so einfach sei, neue Freunde zu finden. Ich sagte zu ihm, ich wünschte, er würde jemanden kennenlernen. Nicht unbedingt die große Liebe, aber eine Gefährtin. Er hat mich eindringlich gebeten, ihn mit weiteren Verkuppelungsexperimenten zu verschonen. Er klang, als meinte er es ernst. Ich habe es ernst genommen.

Heute klingt mein Vater viel fröhlicher. Er erzählt mir von einer Bestsellerliste, die meine deutsche Verlegerin ihm geschickt hat. Mein Vater hat gelernt, Bestsellerlisten zu entziffern. Er ist darin mittlerweile recht geübt. Er studiert die Listen eingehend. Er überprüft, wer sonst noch auf der Liste steht. An welchem Platz. Und seit wieviel Wochen. Mein Vater hält Ausschau nach Rivalen, die es nach meinem Platz gelüsten könnte. Er hält Ausschau nach Büchern auf dem Weg nach oben. Und nach Büchern auf dem Weg nach unten. Mein Vater erzählt mir, daß John Grisham auf der Liste steht. Er gewöhnt sich allmählich daran, John Grisham auf jeder Liste zu begegnen.

An diesem Abend sagt mein Mann zu mir: »Hier in Polen bist du glücklicher, obwohl du traurig bist. Du bist hier glücklicher als an vielen anderen Orten.« Das kränkt mich ein wenig. Die Unterstellung, ich sei kein glücklicher Mensch, gefällt mir nicht, obwohl ich mir keineswegs sicher bin, einer zu sein. Aber ich bin nicht unglücklich. Ich will nicht für einen unglücklichen Menschen gehalten werden. Ich nehme meinen Arm aus dem Arm meines Mannes. Wir waren Arm in Arm gegangen. Ich bin verärgert, weil er das gesagt hat. Ich beginne mit ihm zu streiten. Darüber, wie glücklich oder unglücklich ein glücklicher oder unglücklicher Mensch zu sein habe. »Ich habe nicht behauptet, du wärst unglücklich«, sagt er, »sondern ich wollte dich nur darauf aufmerksam machen, wieviel glücklicher du in Polen bist als an vielen anderen Orten.« Ich bedenke ihn mit einem wütenden Blick. »In Polen bist du glücklicher als in Mexiko«, sagt er.

Hat er recht? In Mexiko leide ich unter tausend Ängsten. Und vielleicht auch anderswo. Mehr als in Polen? Als ich das letzte Mal in Mexico City war, einer Stadt, die ich ästhetisch ausgesprochen ansprechend finde und deren Vitalität ich sehr verführerisch finde, war ich von vielen Dingen verstört. Ich war voller Ängste. Und das, obwohl unsere mexikanischen Freunde Liz und Geraldo uns begleiteten.

Wir wohnten im Hotel Gillow. Es liegt in der Nähe des Zócalo im Zentrum von Mexico City. Das Hotel war sehr preiswert. Liz und Geraldo hatten es ausgesucht. Ich war sehr nervös, weil es so billig war. »Ich wohne in einem Hotel, das neununddreißig Dollar die Nacht kostet«, sagte ich vor meiner Abreise zu verschiedenen Leuten. Hätte ich dabei nicht schmerzlich die Miene verzogen, hätten sie es für eine prima Sache gehalten. Meine jüngere Tochter lachte, als ich es ihr erzählte. Sie lachte über meine Miene, nicht über den Preis. »Es ist sicher wunderschön, Lil«, sagte sie. »Außerdem fährst du nur für kurze Zeit hin.«

Es war tatsächlich wunderschön. Das Hotel befand sich in einem vormaligen Mönchskloster aus dem Jahr 1875. Unser Zimmer hatte einen eigenen Balkon, von dem man auf die Straße sah. Am ersten Abend erklärte mir Geraldo, daß wir im Fall eines Erdbebens die Treppe hinaufgehen sollten, nicht hinuntergehen. Dann würde nichts auf uns fallen. Wenn wir uns auf dem Dach befänden, sagte er, hätten wir eine Chance zu überleben, wenn das ganze Gebäude einstürzte. Ich hatte ganz vergessen, mir über Erdbeben Sorgen zu machen, und geriet sofort in Panik. Aber nur kurzfristig. Es gefiel mir zu wissen, was ich im Fall eines Erdbebens zu tun hatte. Durch diese Art von Wissen gefeit zu sein, beruhigt mich.

Gegen halb zwölf Uhr nachts läutete das Telefon in unserem Zimmer. Ich erschrak fürchterlich. Es war mein Vater. Er hatte seit eineinhalb Stunden versucht, mich zu erreichen. Man hatte ihn mit mehr als zehn Zimmern verbunden, sagte er. Er schien sich mit einer Menge Leute unterhalten zu haben. »Sie sprachen nicht so gutes Englisch«, sagte er. Hier war Mexiko, rief ich ihm ins Gedächtnis. Zuletzt hatte man ihn mit dem Zimmer von Liz und Geraldo verbunden. »Ich sagte zu ihnen, daß ich suche nach Lily und David«, sagte er. »Und sie wußten, in welchem Zimmer ihr wohnt.« Das verblüffte ihn. »Sie sind unsere Freunde, Dad«, sagte ich. »Nun ja, es sind sehr nette Leute«, sagte er. »Ich habe mich nett unterhalten mit ihnen.«

Niemand außer ihm konnte uns im Hotel Gillow erreichen. Eine meiner Verlegerinnen mußte dringend mit mir sprechen. Das Hotel teilte ihm mit, daß es keine Lily Brett unter den Gästen gebe. Sie versuchte es mit David Rankin. Auch den schien es nicht zu geben. Das konnte ich nicht verstehen. Mehrere Male fragte ich an der Rezeption nach, ob wir unter meinem Namen und dem meines Mannes eingetragen seien. Man versicherte mir, daß es sich so verhalte. Aber erreichen konnte uns niemand. Und ich gab es auf, mir den Kopf zu zerbrechen. Es stellte sich heraus, daß man uns als Lily Brett und Frank eingetragen hatte. In einem Wort: Lilybrettandfrank. Eigentlich gar kein so übler Name.

Am nächsten Tag machten wir einen Spaziergang und sahen in einem Park in der Nähe ältere Paare, die sich küßten. Es war ein so ungewohnter Anblick, daß es fast etwas Schockierendes hatte. In den Teilen der Welt, in denen ich gelebt habe, ist die Liebe für junge Leute reserviert. Und für gutgekleidete Leute. Leidenschaft bei Älteren, vor allem in der Öffentlichkeit, gilt als geschmacklos. Die älteren Paare in dem Park gingen ganz in ihrer Liebe auf. Ich war hypno-

tisiert von der Selbstvergessenheit, mit der sie sich ihren
Gefühlen hingaben. Dem Augenblick hingaben. Ohne Gefühl der Peinlichkeit. Ohne sich zu sorgen, ob Röcke verrutscht, Frisuren zerzaust, Make-ups verschmiert waren. Ich
beneidete sie. Es ist nicht einfach, selbstvergessen oder
hingebungsvoll zu sein, wenn man über vierzig ist. Über
fünfzig. Über sechzig. Wir blieben lange in dem Park.
Gehend, tagträumend, redend.

Wir entdeckten die Konditoreien von Mexico City. Sie
waren fast so herzerfrischend wie die älteren Liebespaare.
Und besaßen fast ebensoviel Leidenschaft. Und Erregung.
Es gab Geburtstagskuchen. Und Taufkuchen. Hochzeits-
kuchen. Gedenktagkuchen. Und jeden Kuchen bedeckten
große, aus Zucker geformte Blumen. Faustgroße Rosen. In
sehr bunten Farben. Rote, rosa und grüne Pelargonien und
vielfarbige Orchideen. Zitronengelbe Lilien mit fluoreszie-
rendem gelben Inneren ergossen sich über mehrstöckige
Schichttorten. Gardenien in knalligem Violett waren mit
cremefarbenen Gänseblümchen zusammengebunden. Die
Blumenarrangements, die wie das Werk eines unter Am-
phetaminen stehenden Landschaftsarchitekten aussahen,
waren sehr festlich. Neben einer der Konditoreien entdeckte
ich eine kleine Schreibwarenhandlung mit sehr alten Beständen. Ich kaufte Bleistiftanspitzer in Form von Schwä-
nen, eine alte blaue Schultasche mit Karomuster und einen
Füllfederhalter aus den fünfziger Jahren.

Abends aßen wir in La Opera Bar, einem vornehmen Art-
nouveau-Restaurant in der Nähe des Gillow. Das Essen dort
ist vorzüglich. Und die Kellner sind aufmerksam, umsichtig
und fürsorglich. Manche von ihnen sehen außerdem sehr
gut aus. Alle anderen Gäste waren Mexikaner. Mexikaner
verkehren in diesem Restaurant seit Generationen. Geraldo
hat in Kindheit und Jugend mit seinen Eltern, seiner
Schwester und seinem Großvater jeden Samstag in La
Opera Bar zu Abend gegessen. Ich fand es wundervoll, mit-

ten in diesem sehr kultivierten mexikanischen Publikum zu sitzen, mitten in dem schnell gesprochenen Spanisch, das man sich zuwarf. Das Restaurant war voll. Jeder Tisch war besetzt. Die Atmosphäre war so lebhaft, so lebendig. Alle aßen und redeten um die Wette. Alle waren so herzlich und so offen. Alle schienen einander zu küssen und zu umarmen. Ich kam mir dabei wie eine ziemlich zurückhaltende Person vor. Beinahe anglikanisch.

Im Café de Taguba, wo wir am nächsten Tag zu Mittag aßen, herrschte die gleiche Atmosphäre. Das Café de Taguba existiert seit 1921. Die Kellnerinnen waren so gekleidet, wie sie sicherlich schon damals gekleidet waren, in adrette, hochgeschlossene, gestärkte weiße Baumwollkleider mit Kragen und Taschen. Sie hätten ebensogut Krankenschwestern von der Intensivstation sein können, wenn man von ihren großen weißen Schleifen und den gerüschten weißen Schürzen absah. Das Café de Taguba und La Opera Bar und die Bleistiftanspitzer und die Offenherzigkeit und Großzügigkeit und Lebhaftigkeit beruhigten mich. Bewirkten, daß all die Sorgen, die ich zusammen mit meinem Gepäck einzupacken scheine, mir weniger Sorge machten. Obwohl ich sie gar nicht einpacken muß. Sie kommen offenbar von allein mit, egal, wohin ich reise.

Am Tag nach unserem Mittagessen im Café de Taguba erfuhr ich, daß die Zapatista-Rebellen sich am Sonntag vor ihrem großen Marsch durch die Stadt im Zentrum versammeln wollten. Sympathisanten trafen bereits aus allen Landesteilen ein. Die Zapatistas protestierten gegen die Behandlung der eingeborenen indianischen Minderheit durch die mexikanische Regierung. Innerhalb der grobgeschätzten Bevölkerung Mexikos von hundert Millionen bilden die eingeborenen Indios einen Anteil von zehn Millionen. Sie sind unverhältnismäßig arm, analphabetisch, unterernährt und unfrei. Sie brauchen Hilfe. Unbestreitbar.

Doch die Nachricht vom Marsch und vom Sammeln der Zapatistas spornte all meine Sorgen zu hektischer Aktivität an. Sie krochen aus allen Ritzen. Ich steckte fünfzig Dollar in eine Sammelbüchse der Zapatistas und begann mich um mich selbst zu sorgen. Der Marsch, für den hunderttausend Sympathisanten erwartet wurden, sollte an dem Tag stattfinden, an dem ich Mexiko verlassen wollte.

Ich rief Continental Airlines an und wollte wissen, ob sie für den Sonntag mit Problemen rechneten. Der Schalterbeamte, ein Mexikaner, sagte, ich solle mir keine Sorgen machen. Das beruhigte mich überhaupt nicht. Für Mexikaner gibt es nie einen Grund, sich Sorgen zu machen. Von diesem Augenblick an machte ich mir Sorgen um die Abreise. Wenige Tage nach meiner Rückkehr nach New York war eine Lesereise in Deutschland vorgesehen, aber meine Panik wäre dieselbe gewesen, wenn ich keine Pläne gehabt hätte.

Mir war, als würde ich Mexiko nie mehr verlassen können. Das Gefühl der Ruhe und des Wohlbefindens, das ich in Mexico City empfunden hatte, schwand zusehends. An seine Stelle trat die Zwangsvorstellung, für alle Zeiten in Mexiko festgehalten zu sein. Für alle Zeiten außerstande zu sein, die Sprache zu sprechen. Ich fragte die Angestellten des Gillow immer wieder, ob der Weg zum Flughafen durch Stauungen oder Demonstranten behindert sein könnte. Sie sagten, daß nichts dergleichen zu erwarten sei. Keine Verzögerungen. Keine Stauungen. Ich glaubte ihnen nicht.

Ich war so froh, das Schild der Continental Airlines zu sehen, als wir den Flughafen erreichten. Ich war ein neuer Mensch. Wir hatten viel Zeit. Wir waren sehr früh angekommen. Unterwegs war nur spärlicher Verkehr gewesen. Wir waren drei Stunden zu früh da. Mein Mann war sehr nett zu mir. Er tat so, als mache es ihm nichts aus. Wir waren die ersten am Schalter, um einzuchecken. Zur Belohnung bekamen wir Sitze am Notausgang mit besonders viel

Beinfreiheit. Ich war sehr zufrieden. Ich war so glücklich, nach Hause zurückzukehren.

Im Flugzeug hoffte ich, daß die Zapatistas Erfolg hatten. Ich bemühte mich, mir die nicht geringe Beschämung, die ich angesichts meiner Panik und Anspannung empfand, möglichst wenig anmerken zu lassen.

Ich gerate so leicht in Streß. Ich kann überall hysterisch werden. Ich kann an Orten angespannt sein, die andere aufsuchen, um sich zu entspannen. Ich kann in der Sauna, im Schönheitssalon und im Jogakurs angespannt sein.

In San Miguel, einem mexikanischen Bergnest, das andere Leute idyllisch finden würden, kann ich jetzt noch nervös werden. Ich muß nur drei schmutzigweiße Esel sehen, die herrenlos dahintrotten, um mir Sorgen zu machen. Letztes Jahr waren wir in San Miguel anläßlich der Eröffnung einer Ausstellung mit Bildern meines Mannes im Centro Cultural El Nigromante. Eigentlich trotteten die Esel gar nicht, sondern gingen. Gemächlich. Sehr gemächlich. Aber sie waren allein. Mit leeren Säcken beladen. Vielleicht waren sie auf dem Nachhauseweg. Ein Begleiter war nirgends zu sehen, doch die Esel schienen ihren Weg zu kennen. Bei ihrem Anblick geriet ich in Panik. Mit Eseln habe ich mich noch nicht oft abgegeben. Ich kann sie nicht einschätzen. Sie sehen ganz harmlos aus, aber was hat das schon zu sagen? Der Schein kann schließlich trügen. Ich vermutete, daß sie sich eher wie Pferde als wie Hunde verhielten und wahrscheinlich nicht bissig waren. Aber sicher war ich mir nicht.

Die drei Esel beanspruchten die ganze Straßenbreite. Und sie gingen sehr nah an dem schmalen Gehsteig. Ich fürchtete mich zu sehr, um an ihnen vorbeizugehen. Ich dachte mir, daß sie vielleicht austreten konnten, wenn sie schon nicht bissig waren. Ich war mit ihnen allein. Hätte ich ein Handy bei mir gehabt, dann hätte ich meinen Mann angerufen und ihn gebeten, mich abzuholen. Aber ich hatte keines. Deshalb atmete ich tief durch und ging forschen Schritts an ihnen vorbei. Ich ging so schnell, daß einer der Esel erschrak. Und stehenblieb. Ich blieb nicht stehen. Als ich aus ihrer Reichweite gelangt war, atmete ich auf. Kurzfristig. Wir waren gerade erst angekommen, und ich mußte dringend unseren Rückflug nach New York von der Fluggesellschaft bestätigen lassen.

Im Hotel bat ich die Rezeption um die Telefonnummer der Continental Airlines. Ich pflege meinen Rückflug sobald wie möglich bestätigen zu lassen. Es hilft mir zu entspannen. Es verringert mein Streßpotential. Das Potential, mir einzubilden, irgend etwas könnte meine Rückkehr verhindern. Könnte verhindern, daß ich in mein Leben zurückkehre, zu den Menschen, die ich liebe, zu meinen Büchern.

Manchmal halte ich diese Ängste für etwas, was mit der Vergangenheit meiner Eltern zusammenhängt. Mit dem Umstand, daß meine Mutter und mein Vater unvermittelt aus ihrem Zuhause gerissen, von ihrem gewohnten Leben abgeschnitten wurden. Eine Rückkehr war nicht möglich. Und als sie Jahre später möglich war, da gab es nichts mehr. Nichts mehr, wozu zurückzukehren einen Sinn gehabt hätte. Ich bin überzeugt, daß meine Unsicherheit und Ängstlichkeit in mehr Hinsicht als unbedingt erforderlich teilweise mit der Lebensgeschichte meiner Eltern zusammenhängen. Und teilweise liegen sie nur an mir. Ich habe den schrecklichen Verdacht, daß ich unter Umständen kein bißchen weniger hektisch und nervös wäre, wenn ich die polnisch-jüdische Prinzessin geworden wäre, die ich hätte sein sollen, bevor Hitler sich einmischte.

»Ja, ja«, sagte die Frau an der Rezeption, als ich sie um die Telefonnummer der Continental Airlines bat. Sie sagte, sie führten sie und würden sie mir so schnell wie möglich zustellen. Eine halbe Stunde später erhielt ich ein kontinentales Frühstück. Ich war ratlos. Es war vier Uhr nachmittags. Es dauerte eine weitere halbe Stunde, bis ich herausgefunden hatte, was passiert war. Schließlich bekam ich die Telefonnummer. Und zwei weitere kontinentale Frühstücke. Als ich die Frau an der Rezeption wiedersah, freute sie sich, daß mir die Frühstücke so gut geschmeckt hatten. Ihre Freude war ansteckend.

Es gibt so vieles an Mexiko, was ich liebe, und man sollte meinen, ich könnte gelassener sein. Insbesondere in San Miguel. Das Alltagsleben ist in so vielem der Hektik und dem Snobismus vorzuziehen, die den Alltag so vieler von uns prägen. Wenn ich in Manhattan Strickwolle kaufen will oder eine Pinzette oder eine Nagelbürste, dann muß ich ziemlich lange nachdenken, wo ich so etwas finden kann. In San Miguel geht der Bürstenbinder von Tür zu Tür. Man kann bei ihm so viele Nagelbürsten kaufen, wie man will. Außerdem verkauft er Staubwedel aus Federn und Scheuerbürsten und Flaschenreiniger und Kehrschaufeln mit Bürsten und ein ganzes Sortiment von Besen. Als ich Lupe besuchen wollte, das Hausmädchen, das zu dem Haus gehörte, das wir bei einem früheren Aufenthalt in San Miguel gemietet hatten, begegnete ich einem Bürstenbinder. Ich kaufte zwei blaue Nagelbürsten und zwei blaue Federwische. Ich bin kein zwanghafter Nagelreiniger, und Staubwischen ist auch nicht mein bevorzugter Zeitvertreib; Nagelbürsten und Federwische gefallen mir einfach.

Ich freute mich darauf, Lupe wiederzusehen. Ich wollte sie zu der Ausstellungseröffnung einladen. Lupe freute sich, mich zu sehen. Wir umarmten einander und standen vor der Haustür und strahlten uns an. Ich fragte sie, wie es ihr gehe. Nicht so gut, antwortete sie mit ein wenig Mimik und mit einem Schwall Spanisch. Ich fragte sie, was ihr fehle. Sie deutete auf ihre Brüste. Ich machte mir Sorgen. Ich sah ihre Brüste an. Ja, sagte sie, mit ihren Brüsten sei etwas nicht in Ordnung. Ich empfand das ungute Gefühl, das mit der Erwartung schlechter Nachrichten einhergeht. Lupe deutete Kratzbewegungen an und zeigte dabei auf ihre

Brüste. Dann zeigte sie noch einmal auf ihre Brüste und beschrieb dabei heftige Kratzbewegungen. Ihrer Miene las ich ab, daß die juckenden Brüste sie wahnsinnig machten. Ich versuchte herauszufinden, was die Ursache des Juckens war. Aber das schien Lupe nicht zu wissen. Sie zog ihren Pullover hoch, um mir die Brüste zu zeigen. Sie sahen ganz normal aus.

Ich war sehr erleichtert, daß das Brustproblem nichts Schlimmeres war. Ich wollte den quälenden Aspekt des Juckens damit nicht herunterspielen. Jemand, der so anziehend auf alle stechenden Insekten wirkt wie ich, weiß, was Jucken bedeuten kann. Doch meine zugegebenermaßen begrenzten medizinischen Kenntnisse erlaubten mir zu versichern, daß mit unmittelbarer Todesfolge nicht zu rechnen sei. Lupe zog ihren Pullover wieder herunter, sah mich an und strahlte. In schneller Abfolge wollte sie wissen, ob ich noch immer joggte, Salat esse und in meinen Mann verliebt sei. Wir standen noch immer vor der Haustür. Ich trat in das Haus.

Ich überreichte Lupe die Einladung zur Ausstellungseröffnung. Sie war überwältigt. Sie fragte, ob sie ihren Freund mitbringen dürfe. Ich war mir nicht sicher, welchen Freund sie meinte, ihren festen Freund oder den, der ihr Liebhaber war. Aber vielleicht habe ich die Geschichte mit dem Freund nie richtig verstanden. Die Geschichte, die ich mir zusammenreimte, als wir das Haus gemietet hatten, war sehr kompliziert und hochdramatisch gewesen. Und ich war mir gar nicht sicher gewesen, ob ich tatsächlich verstanden hatte, was Lupe mir erklärt hatte. Jedenfalls sagte ich, ihr Freund sei willkommen. Lupe dankte mir und gab mir einen Kuß. Sie erzählte mir, daß ihr Sohn zu der Musik aus dem Radio mit Kassettenrecorder tanze, das ich ihr geschenkt hatte, und gab mir noch einen Kuß.

Leute, die ich seit Jahren kenne, küssen mich nicht so. Nur die wenigsten meiner Bekannten küssen einander spontan. Oder häufig. Wir sind sehr viel förmlicher geworden, als wir es früher waren, als wir in größerer Nähe zueinander lebten, als wir weniger vornehm waren. Früher küßte ich alle Freunde meiner Eltern und meine eigenen Freunde. Gute Freunde, meine Kinder, meinen Vater und meinen Mann küsse ich heute noch. Mein Mann küßt viele Leute. Zu viele. Er küßt Leute, die er nur flüchtig kennt. Sie sind oft überrascht, wenn nicht gar erschrocken. Ich gab Lupe einen Kuß und sagte ihr, daß sie großartig aussehe. Was stimmte. Und es war herrlich, sie wiederzusehen. Wir gingen durch das Haus. Lupe erzählte mir, daß die gegenwärtige Mieterin, eine Frau aus New York, sehr ruhig sei, sehr still. Lupes Worten zufolge saß die Frau den ganzen Tag im Garten und las. Sie sei sehr still, sagte Lupe.

»Nicht wie ich«, sagte ich zu Lupe, die sich halb totlachte.

Lupe erzählte mir, daß die Mieterin auch viel Salat esse. Lupe sagte, sie nehme an, daß die Leute in New York alle viel Salat äßen. Ich sagte, da habe sie wahrscheinlich recht. Lupe zeigte mir die Wäsche der Mieterin, die auf dem Dach an der Wäscheleine hing. Ich konnte sofort sehen, daß die Frau aus New York kam. Alles war schwarz. Oder grau. Schwarzer BH, schwarze Unterhosen, schwarzes T-Shirt. Eine graue Jogginghose und ein graues Top hingen ebenfalls an der Leine. Wenn sie aus New York kam, wie konnte sie dann so ruhig sein?

Auf dem Rückweg sah ich an einem Ständer vor einem Laden geflochtene bunte Plastikeinkaufstaschen mit Reißverschluß. Solche Einkaufstaschen, die in den abenteuerlichsten Farben und Mustern angeboten werden, sind in Mexiko sehr verbreitet. Jedermann benutzt sie. Aber mit Reißverschluß hatte ich sie noch nie gesehen. Und abgesehen vom Reißverschluß hatten diese Taschen noch einen weiteren Vorteil. Die Henkel waren angenäht. Die Henkel der gewöhnlichen mexikanischen Plastikeinkaufstaschen sind angetackert. Mit sehr spitzen Heftklammern. Ich habe mich schon oft an der Hand verletzt, wenn ich etwas aus der Einkaufstasche nahm. Es muß einen Trick geben, wie man mit diesen Taschen richtig umgeht. Mexikaner mit Heftklammerverletzungen an Fingern oder Händen sieht man selten. Und diese Taschen hatten nicht nur einen Reißverschluß und angenähte Henkel, sondern obendrein Seitenfächer. An dem Ständer hingen fünf Taschen. Ich wollte sie alle haben. Sie kosteten sieben Peso das Stück, ungefähr fünfundsiebzig Cent.

Ich war aufgeregt. Kleine Dinge können mich in höchste Aufregung versetzen. Dinge, die wirklich aufregend sind, finde ich weitaus weniger aufregend. Auf eine sehr gute Nachricht kann ich ziemlich einsilbig reagieren. Aber man zeige mir Plastikeinkaufstaschen mit Reißverschluß und ohne Heftklammern, und ich kann mich vor Begeisterung kaum halten. Inzwischen hat sich das gebessert. Ich ängstige mich weniger als früher vor zu guten Nachrichten. Ich bin zuversichtlicher geworden. Dennoch können gute Nachrichten in meinen Augen schnell etwas Bedrohliches haben. Plastikeinkaufstaschen können das nicht. Schon gar nicht, wenn sie ohne Heftklammern sind.

Die Frauen in dem Laden waren sehr aufgeregt, weil ich so aufgeregt war. Sie waren zu viert hinter der Theke. Sie waren alle gleichermaßen aufgeregt. Sie packten mir die Taschen ein. Die Taschen kosteten fünfunddreißig Peso. Ich reichte ihnen einen Hundert-Peso-Schein. Und dann ging es nicht weiter. Sie hatten kein Wechselgeld, kein bißchen. Ich fragte, ob es möglich sei, bei einem benachbarten Laden Wechselgeld zu besorgen. Sie sagte, das sei nicht möglich. Oder etwas ähnliches. Keine von ihnen rührte sich. Sie blieben alle hinter der Theke stehen. Und lächelten mich an. Wir verständigten uns ohne Englischkenntnisse auf ihrer Seite und ohne Spanischkenntnisse auf meiner.

Ich habe selbstverständlich nicht alles verstanden, was gesagt wurde, aber ich war die einzige, der das etwas ausmachte. Die Frauen nahmen die Sache mit größtem Gleichmut hin. Es gab kein Wechselgeld. Fertig. Sie waren völlig zufrieden. Ich war verstört. Ich sagte, ich wolle gern auf das Wechselgeld verzichten und hundert Peso bezahlen. Aber davon wollten sie nichts hören. Ich ließ die Taschen im Laden und ging in das Hotel zurück. »Kein Wunder, daß die mexikanische Wirtschaft schlecht aussieht«, sagte ich zu meinem Mann.

Später besuchte ich Geraldo. Geraldo und Liz wohnten nicht weit von unserem Hotel entfernt. Auf dem Weg zu ihrem Haus dachte ich perplex über den eklatanten Mangel an Geschäftssinn nach, der mir in dem Taschenladen demonstriert worden war. Ich hatte die Taschen gekauft. Ich war mit fünfunddreißig Peso zurückgekehrt. Die Frauen hatten sich sehr gefreut, mich wiederzusehen. »Warum«, sagte ich zu Geraldo, »gibt es vier Verkäuferinnen in einem kleinen Laden, der mit Waren vollgestopft ist, und kein Wechselgeld? Und keine der vier stört sich daran. Keine von ihnen versucht, Wechselgeld aufzutreiben.«

»Selbstverständlich nicht«, sagte Geraldo. Als würde sich das von selbst verstehen.

»Und warum gibt es vier Verkäuferinnen, wenn es nicht mal Wechselgeld gibt?« fragte ich, bemüht, meine Stimme nicht schrill klingen zu lassen.

»Die vier Verkäuferinnen gibt es, damit sie einander Gesellschaft leisten. Und jeder hofft, daß die Kundschaft genug Kleingeld mitbringt«, erklärte Geraldo.

»Aber ist es nicht eine Grundvoraussetzung des Handels, daß man sich auf die Tagesgeschäfte vorbereitet?« sagte ich verzweifelt.

»Nun ja, in New York ist es das sicher, meine Liebe«, antwortete Geraldo. »Aber hier bereitet man sich vor, indem man geöffnet hat. Oder indem man die Regale abstaubt.«

»Ist an diesem System nicht etwas grundfalsch?« sagte ich.

»Unter nordamerikanischen Gesichtspunkten ist es nicht effizient«, erwiderte Geraldo.

»Niemand ist enttäuscht, wenn der Kunde nichts kauft«, sagte ich. »Sie sehen genauso vergnügt aus, als wenn man etwas gekauft hätte.«

»Ganz genau«, sagte Geraldo.

»Es geht also nicht darum, Geld zu verdienen«, sagte ich.

»Ganz und gar nicht«, antwortete er.

»Und worum geht es dann?« fragte ich ihn.

»Um persönlichen Kontakt«, sagte er. »Darum zu reden und zu plaudern und sich die Zeit auf angenehme Weise zu vertreiben. Und aufzupassen, daß man nicht bestohlen wird.«

Ich hatte noch eine Frage. Ich fragte Geraldo, warum der Fahrer, der sich bereit erklärt hatte, uns am Samstag nach Pozos zu fahren, einer Geisterstadt, etwa fünfundvierzig Fahrminuten von San Miguel entfernt, uns angerufen hatte, um uns zu sagen, daß er uns nicht fahren könne. Pozo ist ein Ort voller Stille. Die Anlagen und Geräte der einstigen Bergwerkstadt sind noch vorhanden. Aber alles ist still. Stille Fördertürme, stille Schächte, stille Schlackenhalden, stille Flaschenzüge, stille Ruinen. Das verlassene Bergwerk und die verlassenen Häuser künden von ihrer Verlassenheit. Mein Mann fühlt sich dieser Landschaft mit ihren Pockennarben aus offenen Schnitten und Leere tief verbunden. Mich erschreckt die Verlassenheit. Sie kommt mir düsterer vor als andere Formen der Leere. Dennoch wollte ich meinen Mann dorthin begleiten. Vor zwei Tagen hatte der Fahrer noch alle Vereinbarungen bekräftigt. Zeit, Ort, Fahrpreis. Und an diesem Morgen rief er an und sagte, sein Sohn heirate und er müsse zu der Hochzeit gehen.

»Meinst du, irgend jemand anders hat ihm mehr Geld für einen anderen Auftrag angeboten?« sagte ich zu Geraldo.

»Nein, sicher nicht«, sagte Geraldo.

»Du willst doch nicht etwa sagen, daß ihm plötzlich eingefallen ist, daß sein Sohn heiratet?« sagte ich.

»Nein«, sagte Geraldo. »Aber als er die Vereinbarung mit euch getroffen hat, hatte er wahrscheinlich keinen Kalender vor Augen und hat sich im Datum geirrt. Wahrscheinlich dachte er, er könne die Fahrt machen. Wir haben nämlich ein anderes Verhältnis zu Daten als ihr.«

»Was für ein anderes Verhältnis?« sagte ich.

»Für uns sind sie nicht so eindeutig wie für euch«, sagte Geraldo.

Ich ging zum Hotel zurück und war noch immer perplex. Und besorgt, ich sei vielleicht zu materialistisch. Oder, schlimmer noch, zu pedantisch, zu penibel.

Flugblätter, die für die Ausstellung meines Mannes warben, waren überall in San Miguel angeschlagen. Ich war sehr stolz, wenn ich an einem vorbeikam. Im Fenster der Blue-Door-Bäckerei klebte eines. Ich trat mit dem Inhaber auf die Straße und zeigte es ihm. Er sagte, er wolle versuchen, zu der Eröffnung am Freitag zu kommen. Das Centro Cultural el Nigromante, das Museum, in dem die Bilder meines Mannes ausgestellt wurden, befindet sich in einem ehemaligen Kloster hinter einer Kathedrale. Das Kloster ist aus massiven Steinquadern errichtet. Ein majestätischer Säulengang umschließt einen großen Hof. In dem Hof gibt es Orangenbäume, Blumenbeete und einen Springbrunnen. Und Bougainvilleenranken. Es ist sicherlich eines der schönsten Museen der Welt.

Mein Mann stellte eine Reihe Bilder aus seinem Zyklus *Prophecy of Dry Bones* aus. In dieser Umgebung wirkten die Bilder der »Weissagung über die verdorrten Gebeine« noch unmittelbarer berührend, noch stärker vom Wissen um die Sterblichkeit und einem Gefühl für Raum und Ort geprägt. Die Knochen, die Bewegung, die Hoffnung auf den Bildern, der Glaube, die Bejahung schienen in engem Zusammenhang mit dem mexikanischen Totenkult zu stehen. Sie wirkten in dem alten steinernen Kloster wie am richtigen Ort. Wie zu Hause. Und so eindrucksvoll. Als ich sie nach der Hängung zu sehen bekam, wäre ich fast in Tränen ausgebrochen.

Bei der Ausstellungseröffnung herrschte Gedränge. Wir kannten nur wenige der Anwesenden. Lupe kam früh. Sie hatte sich sehr schick gemacht. Mit hochhackigen Schuhen und einem schwarzen Kleid. Das Haar war aufgesteckt. Sie sah wunderschön aus. Einfach bezaubernd. Die hoheitsvolle, würdevolle, ernsthafte Ausstrahlung, die sie in Küche und Waschstube hat, war bei diesem gesellschaftlichen Anlaß noch betont. Lupe hatte mir eine Schachtel mit Ferrero-Rocher-Pralinen in Geschenkverpackung mitgebracht. Während ich sie auspackte, erklärte sie mir, daß sie sehr gut seien. Und spielte mir als Pantomime vor, wie sie sie verzückt aß. Ich wußte, daß die Pralinen Lupes halben Tageslohn gekostet hatten. Ich umarmte sie.

Lupe machte mich mit ihrem Freund bekannt. Er machte einen ganz reizenden Eindruck. Ein wenig eingeschüchtert in dieser Umgebung, was man von Lupe nicht behaupten konnte. Sie war in ihrem Element. Als sie sich mit ihrem Freund entfernte, hörte ich, wie sie ihm die Bilder erklärte. »Profecias«, sagte sie feierlich. Er nickte. Mit biblischen Prophezeiungen kennen die Mexikaner sich aus. Mexikaner haben ein intuitives Verständnis unserer Verbindung zu den Toten. Sie wissen, daß eine Welt, die nicht unmittelbar zu erkennen ist, dennoch allgegenwärtig sein kann.

Seit meiner Kindheit wußte ich, daß es möglich war, in einer Welt zu leben, die nicht die eigene Welt und dennoch Teil von einem ist. Ich wußte, daß es möglich war, unauflöslich mit einer Welt verbunden zu sein, die vor der eigenen Geburt bestanden hatte. Ich wuchs mit wenigen Verwandten auf, aber bei uns zu Hause waren immer viele Leute anwesend. Das waren die Toten. Die Toten waren für mich in unserem Haus gegenwärtiger als die Lebenden. Sie nahmen viel Raum ein. Ihre Gegenwart war fühlbar.

Wenn man wie ich zu der ersten Generation von Kindern der Überlebenden aus NS-Todeslagern gehört, ist man von Geburt an den Toten verbunden. Man wird so unfehlbar, so unweigerlich neben ihnen geboren, als wäre man ihnen in die Arme gelegt worden. Man kann sie spüren. Man kann sie berühren. Man ist Teil von ihnen. Teil jener zu sein, die tot sind, ist etwas, was Mexikaner sehr gut verstehen. Es ist Teil ihrer Kultur.

Der Allerseelentag ist in Mexiko einer der wichtigsten Feiertage. Er wird an zwei Tagen begangen, am ersten und am zweiten November. An diesen Tag verkehren die Verwandten der Toten mit ihren Toten, indem sie ihnen Gaben darreichen und Altäre zu ihrem Gedenken errichten. Der erste November ist der Tag, an dem der toten Kinder gedacht wird, der zweite November ist der Gedenktag der erwachsenen Toten. An diesen Tagen heißen die Lebenden die Seelen der Toten willkommen. Freudig. Glücklich. An dem Willkommen für die Seelen der Toten ist nichts Morbides.

Das letzte Mal war ich in San Miguel zu Allerseelen gewesen. Es war mehrere Monate vor der Eröffnung der Ausstellung mit den Bildern meines Mannes. Seit meinem allerersten Mexikobesuch hatte ich mir gewünscht, zu Allerseelen in diesem Land zu sein. Ich brauchte nur ein paar Jahre, um den nötigen Mut zu finden. Die Verwandlung, die San Miguel zu Allerseelen durchmachte, war erstaunlich. Überall waren die Toten und ihr Leben gegenwärtig. Totenaltäre in Geschäften, auf Fußböden, auf Ladentheken. Und Totenaltäre in den Fenstern der Häuser, auf den Marktständen, in Kirchen, in der Bücherei, in der Bank und im Postamt. Altäre auf Regalbrettern und auf Tischen und Simsen.

Altäre in den Gärten und auf den Gehsteigen. Diese Altäre sind das Willkommen, das die Lebenden den Seelen der Toten darbieten. Die Altäre sind mit Gaben bedeckt. Blumen, Weihrauch, Kerzen, Süßigkeiten, Früchte, Gemüse und eigens für diesen Feiertag gebackenes Brot. Und die sorgsam

zubereiteten Lieblingsspeisen der Toten und ihre Lieb-
lingsalkoholika. Auf den Altären befinden sich an promi-
nenter Stelle auch Fotos der Verstorbenen und eine Auswahl
von Dingen, die ihnen gehörten und die etwas von ihrem
Leben widerspiegeln. Diese Altäre waren sehr ergreifend. Es
waren kleine, wortlose Porträts. Voller Text. Voller Liebe.
Voller Leben. Sie sagten mehr, als es Dutzende Seiten lang-
atmiger Ansprachen oder ausgefeilter Grabreden könnten.

Ich war einige Tage vor dem Allerseelentag nach San
Miguel gekommen. Am zweiten November war ich in meinem Hotelzimmer in der Nähe des Stadtzentrums aufgewacht
und hatte mir gedacht, daß meiner Mutter die cremefarbenen
Leinenservietten, die ich am Vortag auf dem Markt gesehen
hatte, sicher gefallen würden. Ich beschloß, solche Servietten
für sie zu kaufen. Und dann überkam mich Entsetzen. Ich
hatte vergessen, daß sie tot war. Daß sie seit fast eineinhalb
Dekaden tot war. Seit Jahren hatte ich diesen geistigen Aus-
setzer nicht mehr gehabt. In den ersten drei, vier Jahren nach
ihrem Tod war es mir häufig widerfahren. Ich wollte etwas
für sie kaufen oder sie anrufen, und dann fiel mir ein, daß
das nicht mehr möglich war. Sie war tot. Verschieden.

Mein Zurückfallen in diesen Zustand brachte ich erst
mehrere Stunden später mit Allerseelen in Verbindung, als
ich durch die Stadt ging. Bei näherem Nachdenken war das
eine ziemlich verzögerte Reaktion. In San Miguel gab es
überall Ringelblumen, die in Mexiko auch Totenblumen
heißen. Und Totenschädel aus Zucker und aus Pappmaché
und aus Draht und ebensolche Masken. Und Totengerippe.
Und La-Catrina-Figürchen. Las Catrinas sind elegante, vornehm gekleidete weibliche Geripppe. Grandes Dames. Manche sind sehr schön, obwohl es Geripppe sind. Ich konnte es
nicht ertragen, sie anzusehen. Sie erinnerten mich an meine
Mutter. Die Mischung aus ihrer großen Schönheit und ihrer
Vornehmheit und Eleganz im Leben und dem erschrecken-
den Geripppe, zu dem sie wurde, als sie dem Tod nahe war.

Die Leute kauften Gebäck für die Toten. Und buntgefärbte Püppchen und Totenschädel und Skelette und Särge aus Zucker für ihre Altäre. Die Gaben sind dafür da, die Seelen der Toten auf die Erde zurückzulocken. Man glaubt, daß die Toten das Aroma der Gaben aufnehmen können, die danach von den Lebenden gegessen werden. Auf den Straßen herrschte große Geschäftigkeit. Die Leute kauften Trockenfrüchte und karamelisierte Yamswurzeln und standen an, um die Namen ihrer geliebten Toten mit Zuckerguß auf die Zuckergerippe und Zuckersärge schreiben zu lassen. Niemand wirkte traurig. Mir kamen fast die Tränen.

Ich dachte, zu Allerseelen wäre ich gegen meine eigene Trauer gefeit. Ich dachte, ich könnte zusehen und aufnehmen, wie die Mexikaner den Tod feiern. Ihn zum Bestandteil des Lebens machen. Aber so vieles am eigenen Innenleben läßt sich nicht ohne weiteres antizipieren oder lenken. Selbst nach Jahrzehnten der Psychoanalyse. Am Allerseelentag kam ich mir so verlassen vor. So elend. Ich dachte den ganzen Tag an meine Mutter. Ich dachte an sie, wenn ich meine Hände ansah. Wir haben die gleiche Handform. Und die gleiche Gesichtsform. Jahrelang sah ich meine Mutter, wenn ich in den Spiegel schaute. Jahrelang habe ich mir die Haare sehr dunkel gefärbt, dunkler als die Haarfarbe meiner Mutter, damit ich wußte, daß ich ich war und nicht sie. Manchmal ist die Trennungslinie zwischen Menschen, die einander lieben, nicht sehr deutlich. Ich habe Jahre gebraucht, um mir darüber klar zu werden, wer wer war.

Jeder Altar, an dem ich an diesem Allerseelen vorbeikam, erinnerte mich an meine Mutter. Jedes Gebet und jede Gabe erinnerte mich an sie. Manche der Altäre waren sehr kunstvoll herausgeputzt, andere waren ganz schlicht. Manche brachten mich zum Lachen. Auf einem Altar saßen tönerne Geripppe beim Kartenspiel. Der Verstorbene war offenbar ein besessener Kartenspieler gewesen. Auf einem anderen Altar spielte eine gespenstische Gestalt Gitarre. Aus dem Mundwinkel hing ihr eine Zigarette. Die meisten Altäre waren sehr ergreifend. Sie zeigten Kleinigkeiten aus dem Leben der Verstorbenen, eine Brille oder eine Teekanne oder einen Schal oder eine Hose. Und stets ein Foto des Verstorbenen im Sonntagsstaat.

Den Eingang zum Hauptfriedhof säumten Essensverkäufer und Blumenverkäufer. Auf dem Friedhof herrschte Gedränge. Von Menschen und Gräbern. Jedes Grab war mit einem Altar geschmückt. Die Leute saßen oder knieten und plauderten miteinander und mit ihren Toten. Sie pflegten die Gräber und sangen und beteten. Und sie aßen und tranken. Die Atmosphäre war kein bißchen traurig. Sie war festlich. Die Gegenwart der Toten war spürbar. Die Toten wirkten sehr lebendig. Sehr gegenwärtig. Die kleinen Alltagsgegenstände, die zusammen mit den Lieblingsspeisen und -getränken und -blumen auf den Gräbern versammelt waren, riefen das Leben der Toten so eindringlich ins Gedächtnis. Wenn man an einem Altar vorbeiging, hatte man den Eindruck, als kenne man den Toten.

Ich wollte einen Altar für meine Mutter errichten. Ich wollte ein paar ihrer Abendkleider, ihre Schuhe, ihre diamantgefaßte Brille und Fotos von ihr in Ausgehkleidung dort unterbringen. Und vielleicht ihren Biskuitkuchen und die Radieschenrosetten, die sie so gern schnitzte.

Ich fragte mich, wie mein Leben ausgedrückt werden könnte. Was würde mich repräsentieren? Listen. Listen, wie ich sie seit meiner frühesten Jugend anlege. Listen meiner Abnehmpläne. Wieviel Gewicht ich bis zu welchem Zeitpunkt verlieren wollte. Listen interessanter Kindernamen, Einkaufslisten, Aufgabenlisten. Listen für jeden Aspekt meines Lebens. Seitenweise Listen von Stichpunkten für jedes meiner Bücher. Für jedes Kapitel. Für jeden Absatz. Gekennzeichnet mit farbigen Büroklammern. Büroklammern wären unverzichtbarer Bestandteil meines Altars. Und Stifte und Bleistifte und Radiergummis und Papier. Papiertaschentücher und Pfefferminzdragees wären auch vorstellbar. Beides muß ich immer bei mir haben. Nichts könnte besser die angstbesetzteren Momente meines Lebens repräsentieren. Obwohl meine Listen sich dafür vielleicht genausogut eignen.

Nach einer Stunde Aufenthalt auf dem Friedhof bekam ich keine Luft mehr. Als würde mein Brustkorb zusammengedrückt. Ich erlebte eines der Angstsymptome, die meinen Organismus hin und wieder heimsuchen. Mit einem Mal hatte ich genug. Ich wollte nichts mehr vom Tod wissen. Ich wollte weg von den Altären, weg von den Toten. Ich verspürte mit einem Mal das unbändige Verlangen, so schnell wie möglich den Friedhof zu verlassen. Mein Mann nahm mich an der Hand und führte mich durch das Gräberlabyrinth hinaus. Durch die Menge. Durch die Seelen, die Geister. Durch die Kerzen und den Weihrauch und die Blumen und das Essen und die Fotos. Mein Mann sagte, ich sei sehr blaß. Er schlug vor, ich solle etwas essen. Ich sagte, ich wolle nur zum Hotel zurück. An einen vertrauten Ort.

Als wir das Hotel erreichten, läutete in unserem Zimmer das Telefon. Es war mein Vater. Er hatte keine Ahnung, warum ich nach Mexiko gefahren war. Ich hatte mir gedacht, daß meine Reisen zu den Todeslagern ihm schon genug Sorgen bereiteten. Ich wollte seine Sorgen nicht noch steigern, indem ich ihm erzählte, daß ich eigens zu Allerseelen nach Mexiko gefahren war. Ich bemühte mich, heiter zu klingen. Mein Vater klang ein wenig niedergeschlagen. Er sagte, er habe nur meine Stimme hören wollen. Er sagte, es gehe ihm schon wieder besser, nachdem er meine Stimme gehört hatte. Ich fragte ihn, was ihn bedrücke. Er schwieg. Und dann sagte er: »Mum war so ein hübsches Mädchen.« Mein Vater sprach oft von meiner Mutter. Ich legte dem Zeitpunkt dieses Anrufs und dem Thema unseres Gesprächs keine besondere Bedeutung bei. Mein Vater und ich hatten wahrscheinlich schon zahllose Male gleichzeitig an meine Mutter gedacht.

»Mum war so ein hübsches Mädchen«, wiederholte er.

»Das war sie«, sagte ich.

Ich bin inmitten großen Kummers und inmitten großer Liebe aufgewachsen. Meine Mutter liebte meinen Vater so leidenschaftlich, wie er sie liebte. Ich wuchs inmitten dieser Leidenschaftlichkeit auf und lernte, daß die Liebe alles ist. Daß die Liebe das ist, wofür man lebt. Die Liebe meiner Mutter zu meinem Vater, das Bedürfnis herauszufinden, ob er nach dem Krieg noch am Leben war, hielt sie davon ab, sich das Leben zu nehmen. Wie ihre Schulfreundin es getan hatte. Meine Mutter wußte, daß jedes andere Mitglied ihrer Familie tot war. Sie war die einzige Überlebende. Ihre Schulfreundin, die Auschwitz überlebt hatte, hatte sich vom Dach eines Gebäudes gestürzt. Wenige Stunden nachdem sie erfahren hatte, daß alle, die sie geliebt hatte, tot waren. Meine Mutter suchte nach meinem Vater.

Die Stimme meines Vaters am Telefon klang so bedrückt. Ich beschloß, Allerseelen nicht zu erwähnen. Ich versuchte, meinen Vater mit einer lustigen Geschichte über meinen Versuch, ihm ein Fax zu senden, von seinem Kummer abzulenken. Am Tag meiner Ankunft in dem Hotel in San Miguel hatte ich an der Rezeption um ein Blatt Faxpapier gebeten. Dann hatte ich mich abgewendet und mich mit jemandem unterhalten. Als ich an die Rezeption zurückkam, hatte die Rezeptionistin das Faxgerät auseinandergenommen, um an die Faxrolle zu gelangen. Die Einzelteile der Maschine bedeckten die Rezeption. Und die Rezeptionistin hielt triumphierend die Rolle in der Hand, bereit, sie mir zu überreichen. Ich war sprachlos. Ich hatte nur ein ganz normales Blatt Papier haben wollen. Aber ich konnte nichts sagen, weil die Frau mich so glücklich anstrahlte. Ich schrieb das Fax, aber es konnte nicht gesendet werden. Das Gerät mußte erst zusammengebaut werden. Mein Vater lachte. »Ich habe mir schon gedacht, daß du würdest mir ein Fax schicken, wenn du es hättest gekonnt«, sagte er. Aber seine Stimme klang immer noch traurig. Ich sagte, ich würde ihn am nächsten Tag anrufen.

Nachts wachte ich auf; mir war speiübel. Entsetzlich übel. So übel, daß ich nicht weiterschlafen konnte. Die Übelkeit machte mir angst. Und die Vorstellung, in einem mexikanischen Bergnest zu erkranken, machte mir angst. In meinem halbbenommenen Zustand war es mir bereits gelungen, mich an eine der medizinischen Halbinformationen zu erinnern, die ich auf Abruf gespeichert zu haben scheine. Und zwar an die, daß einem Herzinfarkt oft Übelkeitsanfälle vorausgehen. Das beruhigte mich nicht sonderlich. Und dann hatte ich keine Zeit mehr zum Nachdenken. Die Übelkeit überfiel mich mit solcher Wucht, daß sie mich fast aus dem Bett schleuderte. Ich lief ins Badezimmer und begann mich zu übergeben. Ich habe mich nur selten in meinem Leben übergeben. Anders als die arme Ruth Rothwax, die sich durch *Zu viele Männer* hindurch übergibt, bin ich damit nicht vertraut. In San Miguel übergab ich mich bis zum Gehtnichtmehr. Ich gelangte zu dem Schluß, daß es sich um eine Lebensmittelvergiftung handeln müsse, ausgelöst durch den Salat, den ich abends gegessen hatte und jetzt wiedersah.

Mein Mann gelangte zu dem Schluß, daß mein Erbrechen streßbedingt sei. Die halbe Nacht und den Großteil des nächsten Tages verbrachte ich mit dem Kopf in der Toilettenschüssel. Die Diagnose meines Mannes weckte keine Begeisterung in mir. Ich interpretiere genug meiner Störungen als Streßsymptome. Diese Art Hilfe war mir keine Hilfe. Ich sagte, daß ich mir nicht vorstellen könne, daß man sich streßbedingt so lange übergeben könne. Vielleicht ein paar Stunden lang, aber nicht bis in den nächsten Tag hinein. Ich wußte, daß ich mich auf schwankendem Grund befand. Ich hatte keine nobelpreiswürdige Forschung zum Zusammenhang zwischen Streß und Übergeben betrieben. Aber ich sprach aus dem Bauch heraus. Sozusagen.

Mein Mann sagte, Liz und Geraldo, die mit uns gegessen hatten, seien nicht erkrankt. Er erinnerte mich daran, daß Liz den gleichen Salat gegessen hatte wie ich. Sie sei eben den lokalen Bakterien gegenüber abgehärteter als ich, sagte ich. Ich glaube, daß mein Mann mir nur helfen wollte. Aber mir war es lieber, dem Salat die Schuld zu geben. Nach lebenslangem Salatverzehr konnte ich monatelang kein Salatblatt, keine Karotte ansehen.

Tagelang lag ich krank in San Miguel im Bett und sehnte mich nach meiner Mutter. Ich lag im Bett und träumte von meiner Mutter. Ich lag im Bett und dachte an meine Mutter. Oft frage ich mich, ob meine Mutter je geahnt hat, wie oft ich an sie denken würde. Wieviel von ihr bei mir bleiben würde. Dauerhaft.

An diesem Morgen in Krakau verspüre ich plötzlich den Wunsch, Polen zu verlassen. Ich bin erst seit drei Tagen hier und will abreisen. Ich habe mich mit meinem Mann versöhnt. Ich habe ihm verziehen, daß er gesagt hat, unglücklich in Polen sei ich glücklicher als andernorts, wenn ich dort glücklich bin. Wir haben eine halbe Stunde lang Haarspaltereien und Spitzfindigkeiten über seine Worte ausgetauscht, und dann habe ich eingelenkt. Ich weiß nicht, warum ich so verzweifelt bemüht war, mich als rundum und pausenlos heitere und glückliche Person darzustellen. Übertrieben muntere Zeitgenossen sind mir ohnehin suspekt. In Maßen unglückliche Menschen finde ich weitaus erträglicher als permanent fröhliche.

Das Gefühl, daß ich Polen verlassen will, wird übermächtig. Ich muß mich vergewissern, daß ich aus Polen abreisen kann. Daß ich das Land verlassen kann. Ich sehe meine Flugscheine an. Sie sehen beruhigend aus. Ich frage meinen Mann, ob er an der Rezeption angerufen und gemeldet hat, daß die Toilette schon wieder leckt. »Noch nicht«, sagt er. Mein Mann sagt häufig: »Noch nicht.« Wenn ich ihn frage, ob ein Kunsthändler ihn für eine Reihe Bilder bezahlt hat, oder ob jemand, dessen Anruf ich erwarte, angerufen hat, sagt er: »Noch nicht.« Ich habe nie begreifen können, was er mit diesen Worten meint. Die Antwort lautet doch eindeutig nein. Nein, das Geld ist nicht gekommen. Nein, der Anruf hat nicht stattgefunden. Die Antwort »noch nicht« macht mich seit fast dreiundzwanzig Jahren regelmäßig wahnsinnig. Noch nicht. Kein Jude würde das jemals sagen. Nein, lautet die Antwort, mit panischer Stimme gesprochen. Der Mann, den ich geheiratet habe, wäre sehr gern Jude – etwas, was ich nie verstanden habe, obwohl er mein ein und alles ist. Manchmal vertut er sich und denkt, er wäre Jude. Was er nicht begreift, ist, daß ihm die erforderlichen Angst- und Panikgene fehlen, die den wahren Juden ausmachen. Ich renne zur Rezeption, um das Toilettenproblem zu melden. Mein Mann muß darüber lachen. Er findet mich amüsant.

Etwa eine Stunde später lacht keiner von uns. Wir sind beide sehr still. Wir sind auf dem Weg nach Auschwitz. Mein Mann hat mich jedesmal begleitet, wenn ich ein Todeslager besucht habe. Er war genauso oft in Auschwitz wie ich. Das hat mir oft ein schlechtes Gewissen bereitet. Ein Todeslager zu besuchen ist kein Vergnügen. Es entspricht nicht gerade einem Traumziel. Aber der Mann, den ich liebe, hat darauf bestanden, mitzukommen. Hat darauf bestanden, daß er es als Privileg betrachtet. Ich bin mir nicht sicher, ob ich Auschwitz ohne ihn besuchen könnte. Ich bin mir nicht sicher, ob ich es allein ertragen könnte. Ich weiß, daß ich es ertragen kann, weil er mich begleitet.

Wir haben denselben Fahrer wie beim letzten Mal. Er hat uns im selben Mercedes nach Auschwitz gefahren, in dem wir jetzt sitzen. Der Fahrer, ein Mann um die vierzig, läßt sich anmerken, daß er sich auskennt. Er weiß, daß ich die drei Kilometer Entfernung zwischen Auschwitz und Birkenau zu Fuß gehen will, nicht fahren. Er weiß, daß ich mich lange dort aufhalten werde. Er weiß, daß ich nicht Radio hören will. Er findet, daß ich unwohl aussehe. Ich denke mir, daß die meisten, die Auschwitz besuchen, nicht unbedingt aussehen, als wären sie auf dem Weg nach Cannes oder nach Ibiza. Wir wohnen im selben Hotel und im selben Hotelzimmer und werden von dem Fahrer nach Auschwitz gefahren, der uns letztes Mal gefahren hat. Es ist schwer, sich des Eindrucks einer gewissen Kreisförmigkeit zu erwehren. Bewege ich mich im Kreis? Vollenden diese zyklischen Besuche einen Kreis? Was für einen Kreis? Wo hat er seinen Anfang? Und wo sein Ende? Gibt es eine Vollendung?

Die Sonne scheint. Und der Himmel ist von klarem Blau. Polnische Himmel kenne ich nur grau und verhangen und düster. Nicht strahlend wie jetzt. Ich habe das Wagenfenster ein Stück heruntergelassen. Der Duft von Frühlingsblüten in der Luft ist schwer zu ignorieren. Mich verstört dieser Duft. Ich will auf dem Weg nach Auschwitz keine Frühlingsdüfte riechen. Es kommt mir unrecht vor. Das Wetter verstört mich. Ich will nicht an einem herrlichen Tag nach Auschwitz fahren. Ich starre den Himmel finster an. Als würde er sich respektlos verhalten. Ich würde am liebsten mit dem Fuß aufstampfen wie ein Kind, dessen Pläne vereitelt wurden. Ich würde am liebsten mit dem Fuß aufstampfen und kehrtmachen.

Der Gedanke kehrtzumachen ist verlockend. Vielleicht will ich gar kein weiteres Mal nach Auschwitz fahren. Trotz meiner Sehnsucht. Trotz der schwerkraftartigen Anziehung, die der Ort auf mich ausübt. Schlimmer als die Anziehung eines Liebhabers. Sobald sie zu wirken beginnt, kann ich an nichts anderes mehr denken. Und jetzt bin ich auf dem Weg. Und will kehrtmachen. Bevor ich heute morgen in den Wagen stieg, mußte ich fünf Brötchen essen. Fünf große Brötchen. Das ist mehr Brot, als ich normalerweise im Lauf einer ganzen Woche esse. So etwas ist mir schon früher passiert. Jedesmal, wenn ich nach Auschwitz fuhr, hatte ich das Bedürfnis, Brot zu essen. Das ist nichts, was ich beabsichtigen würde. Tatsächlich vergesse ich es immer wieder. Und dann muß ich im letzten Moment Brot kaufen. Und andere Vorräte einpacken. Heute habe ich Wasser mitgenommen, Äpfel und Bananen. Und drei weitere Brötchen. Und Kaugummi für den Fall, daß mir übel werden sollte.

Wir fahren durch sanftes Hügelland. Es sieht so grün und fruchtbar und bukolisch aus. Kühe grasen, und hin und wieder sieht man eine Ziege. Die Landschaft hat nichts Gewalttätiges. Nichts Bedrohliches. Kein Indiz dessen, was dieses besondere Stück Erde aufgenommen hat. Kein Indiz dessen, was die umliegenden Wälder und Haine geschluckt haben. Ich verspüre den irrationalen Drang, Schilder aufzustellen. Ich will, daß die Gegend ausgeschildert wird. Was sollen die Schilder verkünden? »Dieses Stück Land ist nicht so friedvoll, wie es den Anschein hat«? Was würde das bewirken? Überhaupt nichts. Ich ermahne mich, ruhiger zu sein.

Es fällt mir sehr schwer, meine alles andere als rationalen, alles andere als vernünftigen Impulse zu zügeln, wenn ich mich in Polen befinde. Als ich das letzte Mal in Auschwitz war, hörte ich, wie eine Amerikanerin beim Anblick der Baracken sagte: »Wer hat die Leute hier eingesperrt?« Sie sagte es in dem müßigen und beiläufigen Ton, in dem man sagen würde: »Warum gibt es heute keinen frischen Fisch?« oder: »Warum sind die Pflaumen so klein?« Ich hätte sie am liebsten geschlagen.

Mein Mann sagt mir, daß wir gleich da sein werden. Ich erschrecke. Ich hatte mich daran gewöhnt, im Wagen zu sitzen. Auf dem Weg zu sein. Aber nicht daran, anzukommen. Ich spüre, wie ich mich verspanne. Als wir ankommen, fällt mir auf, wie leer es dort ist. Normalerweise ist der Parkplatz voll. Voller PKWs und Busse. Heute ist er fast leer. Am Eingang sind keine Touristenscharen zu sehen. Niemand fotografiert die Arbeit-macht-frei-Inschrift. Auschwitz wirkt wie ausgestorben. Ich kann mein Glück kaum fassen. Mir ist zumute, als hätte ich Auschwitz für mich allein. Ich frage den Fahrer, warum heute so wenig Leute da sind. Er sagt, er wisse es nicht. Er sagt, daß er außerhalb von Birkenau warten werde.

Ich gehe zum Haupteingang hinein und gehe durch das Gebäude zu dem Kiesweg, der zum Krematorium 1 führt. Diesen Weg könnte ich mit geschlossenen Augen gehen. Ich weiß, daß mein Mann hinter mir geht. Ein Gefühl der Ruhe überkommt mich. Ich fühle mich plötzlich ruhig. Friedvoll. Gelassen. Gesammelt. Auschwitz ist heute so ruhig. Es sind so wenig Leute da. Als ich das letzte Mal hier war, im Winter, herrschte Gedränge. Ich atme ganz ruhig. Inmitten der Stacheldrahtzäune und der Arrestblocks und der Baracken empfinde ich Frieden.

So viel Ruhe habe ich noch nie an diesem Ort des Todes empfunden. Meine Ruhe hat fast etwas Erschreckendes. Woher rührt sie? Ich habe schon früher Momente der Ruhe in Auschwitz erlebt. Momente des Friedens. Doch es waren immer nur Momente. Augenblicke. Und sie waren mit Verstörung und Entsetzen und Aufregung verbunden. Meine Glieder sind locker und entspannt und beinahe schwerelos. Jede Spur von Anspannung und Angst ist von mir gewichen. Die Ruhe, die ich empfinde, ist eine Ruhe, wie ich sie selten erlebe.

Diese Ruhe ist überraschend. Sie kommt mir unrecht vor. Zwei Minuten in Auschwitz, und ich komme mir so gelassen vor wie der Dalai Lama. Wäre ich nicht in Auschwitz, könnte ich es komisch finden. Was für eine Art Irre bin ich? Mir ist nicht nur friedvoll zumute, sondern sogar beglückt. Nicht einmal der Umstand, daß in dem kleinen Café im Eingangsgebäude inzwischen Hamburgers und Hot Dogs verkauft werden, hat meinen Gleichmut beeinträchtigt.

Ich gehe zum Krematorium 1. Ich atme tief durch und gehe hinein. Die dunkle, dumpfige Atmosphäre ist mir so vertraut. Nichts scheint sich verändert zu haben, seit ich das letzte Mal hier war. Alles sieht unverändert aus. Vielleicht ändern Orte wie dieser sich nicht. Vielleicht verharren sie in einer Art Stasis, sobald sie ihre Aufgabe erfüllt haben. Ihrer Zeit verhaftet. Ihrer Aufgabe.

Ich kann es nicht fassen, daß ich wieder hier bin. So vielem so nahe. Und so wenigem. Ich berühre die Wand des Krematoriums mit den Fingern. Ich berühre sie leicht, wie man einen Menschen berühren würde. Ruß von der Wand löst sich von meinen Fingern. Ich erschrecke. Ich sehe den Ruß an. Was ist in diesem Ruß? Wessen Haut? Wessen Knochen? Mit der heutigen DNS-Technologie wäre es vermutlich möglich festzustellen, wer der Schmutz an meinen Fingern einst war. Ich bin froh, daß der Ruß noch vorhanden ist. Froh, daß er nicht weggeschrubbt worden ist.

Ich gehe in dem dunklen Raum mit seinen verkohlten Wänden umher. Krematorium 1 beansprucht nicht viel Platz. Viel weniger wurde auf viel größerem Raum bewerkstelligt. Ich spüre die Gegenwart so vieler anderer. Ich spüre die Gegenwart von Tanten und Onkeln und Großeltern und Cousins und Cousinen. Ich spüre, daß ich zu ihnen gehöre. Ich spüre, daß ich hierher gehöre. Das habe ich schon bei früheren Besuchen gespürt. Dieses Gefühl der Zugehörigkeit. Das Gefühl, Teil von etwas schwer Faßbarem zu sein. Schwer faßbar und doch deutlich. Und unmißverständlich. Ich spüre, daß ich hierher gehöre. Das spüre ich nur an wenigen Orten.

Der Waggon, der in Krematorium 1 die Leichen in die Öfen brachte, steht direkt vor einem Ofen, ragt sogar ein wenig in den Ofen hinein. Mich überkommt der Drang, den Waggon aus dem Ofen zu ziehen. Der Eisenwaggon steht auf Schienen. Ich ziehe an ihm. Er ist sehr schwer. Ich stelle mich vor den Waggon. Ich ziehe mit Leibeskräften. Ich renke mir fast die Schulter aus. Aber es gelingt mir, den Waggon zu bewegen. Ihn aus dem Ofen zu ziehen. Ich trete einen Schritt zurück und bin zufrieden. Etwa fünf Minuten lang. Und dann frage ich mich, was ich da anstelle. Ich bin in Auschwitz. Und stelle die Gegenstände um.

Ich denke mir, daß es nichts zu sagen hat, ob mein Handeln vernünftig ist oder nicht. Ich empfinde eine ungeheuere Befriedigung darüber, daß ich den Waggon aus dem Ofen gezogen habe. Ich weiß, daß ich niemandem das Leben rette. Ich weiß, daß es viel zu spät ist, um Waggons aus dem Ofen zu ziehen. Aber ich bin trotzdem froh, daß ich es getan habe. Im Ofen steckend sah der Waggon ungeschlacht und vulgär aus. Eine allzu grobe Vereinfachung dessen, was an jener Stelle tausende Male geschehen ist. Ich kremple meine Ärmel hoch. Mir ist heiß von der Anstrengung. Aber ich bin glücklich. Der Waggon sieht viel besser aus, viel machtvoller, wenn er in einer gewissen Entfernung zu dem Ofen steht.

Niemand ist im Krematorium 1. Die ganze Zeit, die ich hier war, war außer mir niemand da. Ich hatte den Ort ganz für mich allein. Ich sehe mich um, ob es noch etwas zu verbessern gibt. Das Krematorium ist eine schlichte Einrichtung. Es ist nicht aufwendiger als ein Pizzaofen. Ich nehme an, daß es heißer war als ein normaler Pizzaofen. Ich denke an all die Muttergottesfiguren und Kreuze vor den Häusern und Bauernhöfen, die ich unterwegs gesehen habe. Wo war Gott, als das alles geschah? Wo war er, als diese Öfen mit Müttern und Vätern und Kindern und Brüdern und Schwestern und Nichten und Neffen gefüttert wurden? Wo war er? War er auf Urlaub in Brasilien oder in Venedig? So muß es wohl gewesen sein. Dieser Ort war von Gott verlassen.

Ich verlasse das Krematorium 1 und gehe durch eine der Baracken. Die Ausstattung ist so brutal. Die Leisten der Pritschen sind grobgezimmert und achtlos aneinandergefügt. Kein Wunder, daß Scheiße und Pisse hindurchtropften. Kein Wunder, daß Scheiße und Pisse von einem verseuchten Häftlingsgerippe auf das andere tropften. Meine Mutter hat von den Dingen gesprochen, die von Pritsche zu

Pritsche tropften. Den Dingen, die auf sie tropften. Und auf andere. Von der Scheiße, der Pisse, dem Erbrochenen, dem Eiter. Mir ist, als könnte ich auf manchen der Pritschen noch Flecken erkennen. Überbleibsel jener, die hier hindurchgingen. Ich sehe aufmerksam hin. Ist von meiner Mutter etwas an diesem Ort hinterblieben? Ich glaube es. Ich glaube, daß von jedem, der jemals hier war, etwas hinterblieben ist. Für alle Zeiten.

Ich lehne mich an eine der Pritschen. Was tue ich hier? Ich weiß es nicht genau. Ich weiß keine Antwort. Ich glaube, daß ich nach etwas suche. Wenn ja, dann wäre es praktisch zu wissen, was. Ich weiß, wohin ich als nächstes gehe. Das habe ich seit langem vor. Ich gehe zu der Stelle, an der Rudolf Höß gehängt wurde. Ich habe mich in *Zu viele Männer* selbst in die Szene seines Todes, die Szene seines Erhängens, eingeschrieben. Nicht wirklich mich, sondern die arme Ruth Rothwax. Ich habe sie an die Stelle gebracht, an der Höß sein Erhängen abermals durchlebt. Oder ein zweites Mal stirbt. In der Fiktion ist das möglich. Ich habe Ruth Rothwax gezwungen zuzuhören, wie die Luft aus Höß wich. Wie er sich entleerte. Erstickte. Höß war eine beharrliche und gesprächige und störende Gesellschaft für Roth Rothwax gewesen. Und für mich. Ich erinnere mich an das Schreiben seiner Todesszene. An das Schildern der Geräusche, von denen die letzten Zuckungen seines Körpers begleitet waren. Und ich erinnere mich an die Stille am Ende des Tages, an dem ich die Todesszene schrieb. Es war eine gespenstische Stille. Eine Todesstille.

Die Stelle, wo Rudolf Höß vor seinen Schöpfer trat, ist hier, in Auschwitz. Sie liegt nicht weit weg von dem Haus, in dem er auf dem Gelände des Todeslagers mit Frau und Kindern wohnte. Ich gehe langsam. Ich weiß, wo die Stelle ist. Ich finde sie auf Anhieb. Und bin dann überwältigt. Davon, daß ich dort stehe, wo Rudolf Höß gehängt wurde. Ich bleibe lange dort stehen. Ich war so lange mit Rudolf

Höß eng verbunden. Fast kommen mir die Tränen. Warum, weiß ich nicht recht. Vielleicht, weil ich jetzt weiß, daß ich mich von ihm befreit habe.

Ich lege drei kleine Steine an den Ort seines Todes. Steine auf ein Grab zu legen ist eine jüdische Sitte. Man tut es, um die Toten zu ehren. Um zu bezeigen, daß ihr Grab besucht wurde. Die Steine sind ein Bild für die Ewigkeit. Blumen sind zu vergänglich.

Ich nehme Abschied von Rudolf. Ich denke an ihn als an Rudolf. Oder als an Höß. Rudolf Höß wurde am 16. April 1947 gehängt. Ich war acht Monate alt, als Rudolf gehängt wurde. Ich sehe mich am Schauplatz des Hängens um. Von Rudolf ist nichts zu sehen. Die Luft ist unbewegt. Keine Regung. Höß ist fort. Ich gehe. Sein Haus will ich nicht aufsuchen. Ich denke mir, daß ich mit Rudolf fertig bin.

Ich gehe zu meinem Mann. Er ist in der Nähe. Er hat mich beobachtet, ohne daß es mir auffiel. Er nimmt meine Hand. Er sagt, daß ich blaß aussehe. Ich sage, daß es mir gutgeht. Wir gehen zum Eingang von Auschwitz zurück. Ich will auf die Toilette gehen, bevor wir Birkenau aufsuchen. Ich werfe einen Blick in die große Cafeteria am Haupteingang von Auschwitz. Das Angebot ist größer geworden. Inzwischen gibt es ein Büffet mit warmen Speisen. Es gibt Geflügel und Fleisch und Fisch. Und verschiedene vegetarische Gerichte. Ich frage meinen Mann, ob er denkt, daß man hier à la carte essen kann oder soviel man will für einen Festpreis. Er lacht. Aber er findet es nicht komisch, daß es hier eine Cafeteria gibt. Ich auch nicht.

Niemand sollte es fertigbringen, sich in Auschwitz zu einem herzhaften Essen hinzusetzen. Niemand sollte es fertigbringen, ein Weinglas zu erheben und Prost, *cheers*, *salud* oder *bon appétit* zu sagen. Alle Tische sind sehr schön gedeckt. Und auf jedem Tisch steht ein Körbchen mit frisch-gebackenen Brötchen. Dicken, runden Brötchen. So dick, daß sie schwanger wirken. Einer der Tische ist reserviert. Er ist für sechs Personen gedeckt. Ich sehe hin. Ich traue meinen Augen nicht. Wer kann auf die Idee kommen, in Auschwitz einen Tisch für sechs Personen reservieren zu lassen? Wer kann so wild darauf sein, hier zu essen, daß er nicht das Risiko eingehen will, keinen Tisch zu bekommen? Wer kann auf die Idee kommen, daß Auschwitz der ideale Ort für ein gemeinsames Mittag- oder Abendessen wäre? Ein Kellner bietet mir einen Platz an. »Nein, danke«, sage ich. »Kommen Sie, wenn Sie das Museum besichtigt haben«, sagt er. »Es ist kein Museum, es ist ein Todeslager«, sage ich zu ihm.

Die Toilettenfrau in Auschwitz sagt zu mir, daß ich nicht genug Groschen für die Toilettenbenutzung habe. Ich habe zehn Groschen – ein paar Cents – zu wenig dabei. Ich biete ihr mein ganzes Kleingeld an. Sie schüttelt den Kopf. Ohne die fehlenden zehn Groschen darf ich die Toilette nicht benutzen. Ich werde wütend. Ich werde zornig. Ich versuche ihr zu erklären, daß das nicht in Ordnung ist. Daß viele Besucher hier verstört sein können und die Toilette benutzen müssen, ohne das richtige Kleingeld bei sich zu haben. Aber sie ist unerbittlich. Ich gehe zum Eingang und erkläre einem Beamten mein Problem. Er sieht mich verständnislos an. Ungerührt. Ich spüre, wie mein Blutdruck steigt. Ich fange an, Namen meiner Verwandten aufzusagen, die in diesem Lager ermordet wurden. Mit lauter Stimme. Ich deute an, daß ich es überflüssig finde, den Kummer jener, die hierher kommen, unnötig zu steigern. Ein Touristengrüppchen steht neben mir. Der Beamte eilt mit mir zur Toilette und weist die Toilettenfrau an, mich durchgehen zu lassen. Ich bin sehr verstört. Ich würde die Frau am liebsten treten.

Ich brauche den halben Weg nach Birkenau, um mich zu beruhigen. Birkenau ist düsterer aus Auschwitz. Es ist ein durch und durch finsterer Ort. Selbst unter einem wolkenlos blauen Himmel. Im Sonnenlicht und ohne den Stachel-

draht könnten manche Teile von Auschwitz einem Ferien-
lager des 19. Jahrhunderts nicht unähnlich sehen. An Birkenau ist auch im hellen Sonnenschein nichts Sonniges.
Was von Birkenau übriggeblieben ist, wurde nicht verschö-
nert. Niemand versucht, dieses Todeslager als Museum zu
bezeichnen. Hier gibt es keine Cafeteria. Und keine Buch-
handlung. Birkenau, ein Appendix zu Auschwitz, zieht weit
weniger Besucher an. Heute ist es leer.

Ich stehe an der Stelle, an der meine Eltern aus dem Zug
getreten sind, der sie hergebracht hat. Aus dem Viehwag-
gon, in den man sie gepfercht hatte. Mein Vater hat mir
diese Stelle gezeigt, als ich von einigen Jahren mit ihm in
Polen war. Er lief mit den sicheren Trippelschritten hin, mit
denen er immer läuft. Er fing an zu laufen, sobald er aus
dem Wagen gestiegen war, den wir gemietet hatten. Wir befanden uns bereits im Eingang von Birkenau. Auschwitz-
Überlebende dürfen bis nach Birkenau hineinfahren. Andere Besucher müssen draußen parken. Es ist eines der un-
wichtigeren Privilegien im Leben. Mein Vater lief sofort zu
der Stelle, wo die Häftlinge ausgeladen worden waren. Ich
war verblüfft. Birkenau ist nicht klein. Es bedeckt 170 Hek-
tar Boden, 420 Morgen Landes. Mein Vater wußte genau,
wohin er laufen mußte. Mein Vater wußte genau, wo die
Züge gehalten hatten. Und er wußte genau, wo er von meiner Mutter getrennt worden war.

Ich gehe die Gleise entlang. Ich gehe vor und zurück. In
Birkenau ist es sehr still. Ich höre mich atmen. Ich bin nahe
an der Stelle, wo jemand meiner Mutter auf den Hinterkopf
geschlagen und sie in die Reihe zurückgeschoben hat, die
Leben bedeutete. Die Reihe jener, deren Leben einstweilen
verschont wurde. Mein Vater hat mir gezeigt, wo die Selek-
tionen stattfanden. Männer und Frauen wurden getrennt,
sobald sie eintrafen. Dann wurden sie unterteilt, in jene, die
am Leben bleiben durften, zumindest eine Zeitlang, und
jene, die sofort sterben mußten. Meine Mutter wollte ihrer

Schwester, ihrer Schwiegermutter und ihrer Nichte ins Gas folgen. Sie wollte sie nicht im Stich lassen. Jemand trat hinter sie und drückte sie in die Reihe derer zurück, die weiterlebten. Meine Mutter hat sich oft gefragt, wer das gewesen sein mag.

Mein Vater hat mir die Baracke gezeigt, in der er in Birkenau gewohnt hat. Er lief hin trotz der vereisten Pfützen und trotz meiner Bitten, langsamer zu gehen. Er war über achtzig. Er wußte genau, wohin er lief. Er lief an einer Baracke nach der anderen vorbei. Sie sahen alle gleich aus, bis er die erreichte, die er suchte. Die Baracke, die ihn beherbergt hatte. Falls man dieses Wort dafür verwenden kann. Als er sie erreichte, hielt er inne. Und wartete auf mich. Wir gingen zusammen hinein.

Wir blieben hinter dem Eingang stehen. Mein Vater schwieg. Seine Miene zeigte ungläubiges Staunen. Als könne er es nicht fassen, sich dort zu befinden. Er schüttelte immer wieder den Kopf. Etwa fünf Minuten lang. Dann ging er zu der Pritsche, auf der er geschlafen hatte. Er berührte sie. »Sehr bequem war das nicht«, sagte er. Er ging durch die ganze Baracke. Er ging zur Hintertür. Er zeigte mir die Ritzen in der Tür, durch die er hinausgespäht hatte. Sie sahen genauso aus wie damals, sagte er. Kein bißchen verändert. Weder verwitterter noch ausgebessert. Mit einem Mal erinnerte mein Vater sich an einen jüdischen Jungen mit einer wunderschönen Stimme, der eines Abends eingeliefert wurde. Er hatte die ganze Nacht jüdische Lieder gesungen. Und verschwand am Tag darauf. »Er hatte so eine schöne Stimme«, sagte mein Vater. Ich fragte meinen Vater, welche der Latrinen er benutzt hatte. Er führte mich zu dem Latrinenblock. Dort standen wir lange nebeneinander. Mein Vater sagte, er könne es nicht fassen, an diesem Ort zu sein. Und er könne es nicht fassen, daß ich mit ihm dort sei.

Ich gehe durch Birkenau und denke an meinen Vater. Birkenau ist groß. Ich vergesse immer, wie groß es ist. Man kann sich das Ausmaß der Schlächterei ausmalen, das die Nazis im Auge hatten, wenn man durch Birkenau geht. In Auschwitz wurden mehr Leichen, mehr Tote eingeliefert, als zu bewältigen waren. Wenn man mehr Ladungen Ermordeter angeliefert bekommt, als man beseitigen kann, dann wird es schwierig. Die Nazis wußten, daß sie ihre Anlagen erweitern mußten, wenn sie ihren Ausstoß, ihre Produktivität steigern wollten. Sie waren nicht dumm. Sie bauten ihre Anlagen aus. Birkenau eignete sich dafür hervorragend. Alles klappte wie am Schnürchen.

Die großen Gaskammern befanden sich am Ende des Lagers. Die meisten Baracken waren ohne Fundamente auf morastigem Boden errichtet. Die Häftlinge trocken unterzubringen lag nicht im Interesse der Nazis. Birkenau umfaßte auf seinem Höhepunkt mehr als dreihundert Gebäude. Heute sind nur noch sechzig davon vorhanden. Man kann die Lage der Gebäude erkennen, die zu Kriegsende von den Nazis im Bemühen, ihre Spuren zu verwischen, abgebrannt oder abgerissen wurden. Die verbliebenen Baracken liegen vereinzelt und verstreut mitten in den Reihen um Reihen dieser Fußabdrücke, dieser Reste von Spuren. Manchmal denke ich mir, daß diese Spuren eindrucksvoller sind als die Baracken. Man kann ihre Leere betreten.

Ich bin seit einer Weile gegangen, als mich plötzlich der Drang überkommt, das Handy zu benutzen, das ich in meinem Rucksack mit mir führe. Ich will überprüfen, ob man aus Birkenau telefonieren kann. Ich will überprüfen, ob dieses finstere, scheußliche Universum tatsächlich mit der übrigen Welt verbunden ist. Ich überlege mir, wen ich anrufen könnte. Meinen Vater will ich nicht anrufen. Nicht von hier aus. Ich könnte meinen Sohn anrufen. Ich hole das Handy aus dem Rucksack. Aber ich kann den Anruf nicht tätigen. Meine Ruhe ist dahin. Ich bin wie gelähmt. Wie erstarrt. Meine Zähne klappern, obwohl es nicht kalt ist. Ich will hier raus. Als ich meinen Mann sehe, erzähle ich ihm, daß die Bildsymbole des Handys mir gemeldet haben, daß der Empfang in Birkenau ausgezeichnet sei.

Auf dem Rückweg überqueren wir die Weichsel. Jedesmal, wenn ich diesen Fluß überquere, frage ich mich, ob er noch immer von Asche verstopft ist. Oder ob die Asche sich zuletzt aufgelöst und verteilt hat. Sich der Asche zu entledigen war für die Deutschen gar nicht so einfach. Es gab so viel Asche. Selbst sehr dünne Leichen hinterlassen Asche. Eine Menge Asche wurde in die Weichsel gekippt. Zu einem bestimmten Zeitpunkt hörte die Weichsel fast zu fließen auf, so viel Asche und Knochen und Zahnfragmente enthielt sie.

Am nächsten Tag gehen wir in ein Restaurant in Kazimierz, in dem Klezmermusik live gespielt wird. Klezmer ist die traditionelle alte Instrumentalmusik der osteuropäischen Juden. Sei ist klagend und zugleich packend, festlich und fröhlich. Unterwegs kommen wir an einem anderen Restaurant in Kazimierz vorbei, in dem ebenfalls Klezmermusik gespielt wird. Die Bühne für die Klezmermusik in diesem Lokal ist ziemlich außergewöhnlich. Rotwildköpfe mit ausladenden Geweihen sind an den Wänden angebracht. Einer der Köpfe ist riesengroß. Und an einer Wand befindet sich eine große ausgestopfte, jettschwarze Krähe auf relativ dünnen Zweigen. Auf einem Baumstumpf in der Ecke erhebt sich ein großer, furchterregender ausgestopfter Adler. Es gibt ausgestopfte Eulen, ausgestopfte Füchse und ausgestopfte Dachse. Und in Gips zieht sich weiter oben ein Relieffries von Fasanen und Wachteln die Wände entlang. Ich bin mir sicher, daß Klezmermusik noch nie in Gegenwart so vieler Vertreter des Tierreichs gespielt wurde. Ich denke mir, daß die Inhaber des Lokals versehentlich statt eines jüdischen Dorfs eine polnische Jagdhütte nachgebildet haben.

In dem Restaurant, in dem wir zu Abend essen, versichert mir der Kellner, daß die Musikanten zwar Polen seien, die Musik jedoch authentisch jüdisch sei. Ich weiß nicht, warum ich immer wieder erwarte, es mit Juden zu tun zu haben. Mit jüdischen Menschen, mit jüdischen Musikanten. Ich kann nicht verstehen, warum ich nicht begreifen kann, daß es das nicht mehr gibt. Im Land gibt es mehr jüdisches Kunsthandwerk als Juden. In jedem Café und Restaurant und Laden in Kazimierz wimmelt es von diesen Gegenständen. Von Kerzenhaltern und Gebetbüchern und Jarmulkes wimmelt es in diesem Restaurant. Überall. Als Dekoration. Zuviel Dekoration. Es sieht eher aus wie Abfall als wie Dekoration. Auf der Speisekarte stehen Gerichte wie Sabbatsuppe und gefüllter Gänsehals und Gänsemägen, mit Zwiebeln und Knoblauch fritiert. Ich weiß nicht, was Sabbatsuppe sein soll. Und die vielen Gänsespezialitäten verwirren mich. Haben diese Leute sich möglicherweise mit den Schöpfern der polnischen Jagdhütte kurzgeschlossen? Und müde bin ich auch. Ich wünschte, wir wären nicht hergekommen.

Eine Broschüre auf dem Tisch informiert uns, daß die Frau von Steven Spielberg die Musik dieser Kapelle gemocht hat und ihren Mann mitgebracht hat, damit er sie spielen hört. Die Kapelle beginnt zu spielen. Sehr hemdsärmelig. Sie klopfen die Melodien herunter. Eine Tischgesellschaft von etwa fünfzehn jungen Deutschen redet die ganze Zeit, während die Kapelle spielt. Ich kann es kaum fassen, daß die jungen Leute sich so ungehörig benehmen. Ich kann es kaum fassen, daß sie so schlecht erzogen sind. Die Kapelle scheint sich nicht darum zu scheren. Sie spielt jedes Lied mit Höchstgeschwindigkeit und in größtmöglicher Lautstärke herunter. Die jungen Deutschen hören am Ende jeder Nummer zu reden und zu lachen auf, um frenetisch zu klatschen. Die Kapelle macht fast keine Pause zwischen den Nummern. Es ist nicht zu übersehen, daß sie es eilig haben, mit der Sache zu Ende zu kommen und nach Hause zu gehen.

Eineinhalb Stunden später sind sie fertig. Ich habe Kopfschmerzen. Die Deutschen klatschen im Stehen wie verrückt. Am Nebentisch erzählt ein Schotte von Mitte vierzig, der mitten unter der Musikdarbietung in Begleitung einer sehr großen und sehr jungen Frau gekommen ist, seiner Begleiterin, was für ein ekelhafter Fisch der Karpfen ist. Karpfen auf jüdische Art steht auf der Speisekarte. Dieses Gespräch hat der Schotte während der Musik angefangen. Als wir gehen, läßt er sich noch immer über die Ernährungsgewohnheiten des Karpfens aus. Die sehr große junge Frau lauscht wie gebannt.

Am nächsten Morgen bedient uns beim Frühstück eine neue Kellnerin. Sie versucht zu lächeln, als sie uns sieht, doch das Lächeln bleibt eine Grimasse. Die Dienstleistungsbranche in Polen hat sich noch nicht ganz von dem Ethos bemühter Indifferenz befreit, das in der kommunistischen Ära Geltung hatte. Das Ergebnis ist ein Schlingerkurs zwischen Unterwürfigkeit und Griesgrämigkeit. Die Kellnerin an diesem Morgen tut mir leid. Sie sieht aus, als gäbe sich sich große Mühe.

Ein paar Tische von uns entfernt sitzt ein Mann. Ich weiß, daß ich ihn nicht zum erstenmal sehe. Er ist mit seiner Frau zusammen. Er ist sehr voluminös. Und dann erinnere ich mich. Wir sind ihm vor einigen Jahren in Paris begegnet. Er wohnte im selben Hotel wie wir. Normalerweise erkenne ich Leute nicht unbedingt wieder. Es gibt Mitbewohner in unserem Haus in New York, deren Gesicht ich mir nicht einprägen kann. »Wer ist das?« sage ich zu meinem Mann, wenn wir einem von ihnen auf der Straße begegnen und gegrüßt werden.

An diesen Mann erinnere ich mich ganz deutlich. Er ist Amerikaner. Wir haben ihn in Paris beim Frühstück beobachtet. Er schaute das Körbchen mit Croissants auf dem Tisch an und sagte sehr laut: »Diese Croissants sind verdammt klein. Glaubst du, sie geben uns ein paar mehr?«

Er war so aufgeregt, daß er nichts essen konnte, bevor er mehrmals sehr laut »Miss« gerufen hatte, um sich zu erkundigen, ob er noch mehr Croissants haben konnte. Auch die *pains au chocolat* fand er klein. Mein Mann hat ihn auch wiedererkannt. »Das ist der ›Die-Croissants-sind-verdammt-klein‹-Typ«, sagt mein Mann.

Ich fange an zu lachen. An diesem Morgen stört er mich nicht. In Paris ist er mir fürchterlich auf die Nerven gegangen. Mit seiner lauten Stimme und seinem Verdruß über die kleinen Croissants. Aber in Polen kann ich ihn ertragen. Ich freue mich fast, ihn zu sehen. Und plötzlich verspüre ich Heimweh. Sogar der Anblick eines weniger faszinierenden Amerikaners stößt mich nicht ab. Ich will nach Hause. New York fehlt mir. Amerika fehlt mir. Und die amerikanische Tüchtigkeit. Ich will nach Hause. In mein Arbeitszimmer, in meine Gegend, zu Christine, die sich um meine Augenbrauen kümmert und meinen Mann Peter nennt. »Wie geht es Peter?« sagt sie immer, wenn sie mich sieht. Ich will zurück zu meinem eigenen Leben. Ich rufe die Fluggesellschaft an, um herauszufinden, ob wir einen Tag früher als geplant zurückfliegen können. Es ist möglich. Ich bin außer mir vor Freude.

Der Krakauer Flughafen ist ziemlich leer. Mit einem Mal mache ich mir Sorgen, daß so früh am Morgen die Geschäfte vielleicht noch nicht geöffnet haben könnten. Ich will für meinen Vater Wedel-Schokolade kaufen. Mein Vater liebt Wedel-Schokolade. Er liebt diese Schokolade mehr als jede andere Schokolade der Welt. Es ist die Schokolade seiner Kindheit. Alle Geschäfte haben geschlossen. Bis auf einen kleinen Kiosk. Er führt Wedel-Schokolade.

Ich suche alle Zlotys und Groschen aus meiner Handtasche zusammen. Ich gebe dem Mann hinter der Theke die Zlotys und Groschen. Ich frage ihn, wieviel Wedel-Schokolade ich für dieses Geld bekommen kann. Ich mache mir Sorgen, daß es nur für eine Tafel reichen könnte. Ich beruhige mich mit dem Gedanken, daß mein Mann sicher noch ein paar Zlotys hat. Der Mann zählt das Kleingeld und legt acht große Tafeln Schokolade auf die Theke. Ich vergesse immer wieder, wie billig Wedel-Schokolade in Polen ist. »So ungeheuer günstig«, sage ich zu meinem Mann. Ich frage ihn, ob er noch Zlotys übrig hat. So ist es. Ich gehe zu dem Kiosk zurück. Ich verlasse Polen mit mehreren Kilo dunkler Zartbitterschokolade von Wedel.

In New York packe ich die Schokolade in einen Karton, um sie meinem Vater zu schicken. Eine große Tafel Schokolade behalte ich für uns. Ich beschließe, die Schokolade zu kosten. Ich habe seit Jahren keine Wedel-Schokolade gegessen. Sie schmeckt herrlich. Mein Vater hat recht. Diese Scholokade ist nicht von dieser Welt. »Nicht von dieser Welt« ist die Standardreaktion meines Vaters auf die Erwähnung von Wedel-Schokolade und auf den Genuß der Schokolade selbst. »Nicht von dieser Welt, nicht von dieser Welt«, sagt er. Ich esse noch zwei Riegel Schokolade und gerate in ein wahres Koma der Schokoladenseligkeit.

Ich beschließe, bei meiner nächsten Reise nach Polen noch mehr Wedel-Schokolade zu kaufen. Und dann bleibt mir die Luft weg. Was soll das heißen: bei meiner nächsten Reise nach Polen? Ich bin eben erst zurückgekommen. Und ich konnte das Land nicht schnell genug verlassen. Wie kann ich mit dem Gedanken spielen, wieder nach Polen zu reisen? Als könnte er hellsehen, ruft mich mein Vater an. »Bist du mit dieser Polengeschichte jetzt endlich fertig?« sagt er. »Warst du jetzt oft genug dort?« – »Ich hoffe es«, sage ich. Er seufzt. Für seine Begriffe klingt mein Ton nicht entschieden genug. Das macht mir selbst ein wenig Sorge.

»Hast du mir ein bißchen Wedel-Schokolade mitgebracht?« fragt mein Vater.

»Aber gewiß doch«, sage ich zu ihm.

»Das habe mir schon fast gedacht«, sagt er in glücklichem Ton.

»Wie viele Tafeln?« fragt er. »Vier oder fünf? Oder sechs?«
Mein Vater rät für sein Leben gern. Unablässig schätzt
und mutmaßt er Mengen und Inhalte und Möglichkeiten.
Oft denke ich, er hätte Romancier werden können.

»Ich habe mehr als sechs Tafeln gekauft«, sage ich zu ihm.
»Oj Gott«, sagt er. »Ich müßte dich inzwischen kennen gut
genug. Ich wollte schon sagen: zehn.«

»Mehr als zehn«, sage ich zu ihm. Er fängt an zu lachen.

»Ich habe selber welche gekostet«, sage ich zu meinem
Vater. »Sie schmeckt wirklich vorzüglich.«

»Natürlich tut sie das«, sagt er. »Sie ist nicht von dieser
Welt. Es ist vorzügliche Schokolade. Ich habe dir immer gesagt, daß es ist vorzügliche Schokolade. Ich weiß, was ist
eine vorzügliche Schokolade.«

»Sie ist köstlich«, stimme ich ihm zu.

»Du kannst es dir erlauben, zu essen etwas Schokolade«,
sagt mein Vater. »Du bist zu dünn.«

»Ich bin nicht dünn«, sage ich zu meinem Vater.

»Du bist inzwischen sehr schlank«, sagt mein Vater.

»Halbwegs schlank«, sage ich und wechsle das Thema.

Ich erzähle meinem Vater, daß ich ihm die Schokolade
mit UPS schicken werde. Sie soll frisch ankommen.

»Der Versand mit UPS wird kosten mehr als die Schokolade«, sagt er.

»Wesentlich mehr«, sage ich.

»Du verwöhnst mich«, sagt er, und dann fällt ihm etwas
anderes ein. »Und dick machst du mich auch.« Aber über
Körpermaße will ich jetzt nicht sprechen. Ich verabschiede
mich von meinem Vater. Er sagt, er sei sehr froh, daß ich
nicht mehr in Polen bin. Darüber bin ich selbst sehr froh.
Ich bin sehr froh, wieder in New York zu sein.

Ich arbeite in meinem Arbeitszimmer, als etwas sehr Unerfreuliches passiert. Mit dem Roman, an dem ich schreibe,
geschieht etwas völlig Unerhörtes. Pearl Poyas verwandelt
sich in Ruth Rothwax. Pearl, die auf der Busfahrt nach New

York so eindeutig Pearl war, hat sich wenige Wochen nach der Ankunft des Busses verändert. Sie ist zu jemandem geworden, über den ich nie wieder zu schreiben beabsichtigt hatte. Sie ist zu Ruth Rothwax geworden. Zu Ruth Rothwax, die in *Zu viele Männer* mit ihrem Vater Edek und mit Rudolf Höß durch Polen reiste. Ruth, die eine Vielzahl von Weckern und mehrere Weckanrufe in jedem Hotel benötigt, ist wieder da. Ich bin wie unter Schock und versuche mich damit abzufinden, daß sie wieder da ist. Und offenbar zu bleiben beabsichtigt. Wenigstens für die Dauer dieses Romans.

Ich vermute, daß sie sich eingeschlichen hat, als ich nicht aufgepaßt habe. Eines Tages wollte ich »Pearl« schreiben und habe »Ruth« geschrieben. Das fiel mir erst am Ende des Tages auf, als ich den Namen Ruth schon zehnmal geschrieben hatte. Später habe ich nachgezählt. Ich wußte, daß Pearl und Ruth ähnliche Ansichten über Frauen haben. Pearl hat ein scharfes Augen auf Frauen und darauf, was sie einander und sich selbst antun. Und das ist etwas, was auch Ruth sehr beschäftigt. Ein Teil von mir kann einsehen, daß Ruth in diesen Roman gehört. Das hier ist ihre Geschichte. Ihre Umgebung. Ruth liebt New York. Wahrscheinlich mehr, als Pearl es tut. Und etwas noch Beunruhigenderes hat sich ereignet. Als Ruth auftauchte, brachte sie zwei ihrer Weggenossinen mit, Zofia und Walentyna, und ihren Vater Edek.

Walentyna und Zofia, zwei polnische Witwen, deren ich mich entledigt zu haben wähnte, sind mit Ruth zusammen erschienen. Knall auf Fall. Mit ziemlich viel Lärm und Aufsehen am Flughafen JFK. Ruth Rothwax war kaum weniger verblüfft als ich. Es stellt sich heraus, daß Zofia mit einem Geschäftsvorhaben gekommen ist. Und Walentyna soll ihre Partnerin sein. Zofia und Walentyna haben alle Zlotys, die sie besaßen, in Dollar umgetauscht. Ihr Plan klingt nicht allzu solide oder vernünftig oder finanzierbar. Aber Zofia kennt keine Furcht. Und keine Kleinmut.

Ruth ist durch ihre Ankunft ziemlich verstört. Und auch die Rolle ihres Vaters in dieser Sache gibt ihr sehr zu denken. Hat er die beiden erwartet? Wußte er, daß sie kommen würden? Ruth vermutet, daß er es wußte. Aber ich weiß, daß sie sich täuscht. Ruth fragt Sonia Kaufman, die sich noch immer in dem Roman breitmacht. Sonia ist überzeugt, daß Edek eingeweiht war, Komplize ist. Ruth bekommt Kopfschmerzen. Und ich auch. Das ist das Buch, das ich auf keinen Fall schreiben wollte.

Mein Vater ruft mich an. In Melbourne ist es tief in der Nacht. Normalerweise ruft er mich um diese späte Stunde nicht an. Er hat Probleme mit seiner E-Mail. Irgend etwas ist wieder einmal mit seiner E-Mail nicht in Ordnung. Er drückt immer wieder die Funktion »Senden«, aber seine E-Mail weigert sich zu gehorchen. Die E-Mails bleiben stecken. Und er macht sich Sorgen, daß er vielleicht auch keine E-Mails empfangen kann. Er bittet mich, ihm eine E-Mail zu schicken und sie ihm danach zu faxen, damit er nachprüfen kann, ob er sie erhalten hat. Ich sage: Einverstanden.

Er fängt an, mir zu erklären, was seiner Meinung nach mit seiner E-Mail nicht in Ordnung ist. Ich unterbreche ihn.

»Dad, du machst dir keine Vorstellung, was passiert ist«, sage ich.

»Was denn, was denn?« sagt er aufgeregt.

»Edek Rothwax ist wieder da«, sage ich. »Er ist wiedergekommen. Er ist wieder da, in meinem neuen Buch.«

»In dem neuen Buch?« sagt mein Vater.

»In dem neuen Buch«, sage ich.

»Oj Gott«, sagt mein Vater und beginnt zu lachen. Ich sitze am anderen Ende der Leitung und höre zu, wie er lacht.

Mit freundlicher Unterstützung
der Brauerei Kapsreiter

Die englische Erstausgabe erschien 2002
unter dem Titel *Between Mexico and Poland* bei Picador,
Pan Macmillan Australia Pty Limited.

© Lily Brett 2002

Deutsche Erstausgabe

© 2003 Franz Deuticke Verlagsgesellschaft m. b. H.
Wien – Frankfurt/Main
Alle Rechte vorbehalten.
www.deuticke.at

Typografische Gestaltung: Silvia Wahrstätter
Umschlaggestaltung: Studio Hollinger
Umschlagfoto: © Jacqueline Mitelman
Druck: Ueberreuter Buchproduktion, Korneuburg
Printed in Austria
ISBN 3-216-30556-2